金融法学文库

刘志云 主编

本书系国家社科基金项目（14BFX093）的
结项成果

后危机时代我国影子银行监管法的反思和重构

FINANCIAL LAW

陈斌彬　原凯 著

法律出版社 LAW PRESS·CHINA

目录

绪 论

一、本书研究的背景与目的

2008年发端于美国次贷危机的金融危机可谓是20世纪30年代大萧条以来美国最严重的一次经济衰退。这场危机不仅如飓风般席卷全美各地，引发大量金融机构的破产、倒闭和失业人员的流离失所，而且还重创了欧盟、英国、日本及其他发达经济体，导致全球资产价格泡沫破裂、流动性枯竭及实体经济遭到极大的破坏。人们不禁要问，为什么一向以规则细密、监管严苛著称的美国，还会爆发如此大规模的金融危机？危机的祸因何在？2008年危机爆发后，人们推导出的普遍结论是，此次危机并非发端于传统的商业银行体系，而是肇始于一个与其存在密切关联却又迥然不同的影子银行体系。因为在国际社会中，对于这样的体系，无论是作为正式国际金融组织的国际货币基金组织（International Monetary Fund，IMF）和世界银行，还是作为非正式的松散型国际金融组织的金融稳定论坛（Financial Stability

Forum，FSF）[①]和巴塞尔银行监管委员会（Basel Committee on Banking Supervision，BCBS），都没有发挥他们各自应有的作用，提前或及时对影子银行的运营风险加以预警、监测和化解。为此，IMF货币与市场部高级经济学家朱斯蒂尼亚尼（Alessandro Giustiniani）研究员一针见血地指出，虽然引发本轮金融危机的原因错综复杂，但最客观、最根本的原因反倒不在影子银行本身，而在于国际社会对其监管的漫不经心。[②]

事实上，在本轮金融危机演变过程中，对影子银行的监管缺失或疏忽大意不仅反映在国际层面，也反映在一国内部。例如在美国，危机后政府成立的《总统金融市场工作小组》（President's Working Group on Financial Markets，PWG）对全美金融市场和各主要金融机构及其赖以适用的系列监管法律和监管政策进行了全面的反思和详尽的梳理，最终认定：危机产生的原因多种多样，但影子银行的肆意创新及政府的监管疏失则是其中无可争议的一大主因。[③] 无独有偶，英国前金融服务局（Financial Service Authority，FSA）[④]主席特纳（Turner）也认为："没有从系统性风险的角度来评估影子银行在此次危机中所扮演的角色是造成英国等其他国家金融监管者根本性失败的原因之一。"[⑤]于是，在大家接连的声讨与反思中，"影子银行"或"影子银行体系"——一个在各国金融体系中蛰伏已久的金融业态，开始浮出水面，大量进入人们的视野和官方文件，并越来越为国际社会及各

---

① FSF是1999年4月由7个发达国家（俗称G7）为促进全球金融体系稳定而成立的松散型合作组织，成员包括阿根廷、G7以及欧盟央行和IMF等国际机构。2009年4月2日在伦敦举行的二十国集团（G20）峰会决定，将FSF成员扩展至包括中国在内的所有G20成员国，并将其更名为金融稳定理事会（Financial Stability Board），即下文的FSB。FSB的主要职责是关注金融市场风险，加强各成员国监管机构之间的合作和信息共享，促进全球金融稳定等。其成员扩展至包括中国在内的所有G20成员国的央行、财政部和监管机构以及主要国际金融机构和专业委员会。中国财政部、中国人民银行、银保监会均为FSB的成员机构。

② See Alessandro Giustiniani, "Post-crisis financial reform: where do we stand?", *Journal of Financial Regulation and Compliance*, 19(4), 2011.

③ See FCIC, "Financial Report of the National Commission on the Causes of the Financial and Economic Crisis in the United States", January 2011, p. 27. http://fcic-static.law.standford.edu/cdn_media/fcic-reports/fcic_finai_report_full.pdf, 2017-02-01.

④ 根据英国于2013年4月1日正式生效的《金融服务法》，原金融服务局已被撤销，其职能分别由新设的审慎监管局和金融行为局承担。

⑤ Jenkins, Patrick and Brooke Masters, "Shadow Banks Face Regulator's Security", *Financial Times*, 2010-11-16.

国金融监管当局所关切。2010 年 11 月,各国首脑在首尔召开的 G20 峰会上就“如何加强对影子银行的监管”议题展开专门的讨论和磋商。会上,以 FSF 为基础成立的金融稳定理事会(Financial Stability Board,FSB)正式领命担当起会同其他国际金融监管组织制订和实施影子银行监管的国际标准及规划的重任。与此同时,在历经对影子银行疏于监管的锥心之痛后,以美英为代表的很多 G20 成员国政府也无不积极地参与到 FSB 牵头的加强影子银行监管的活动中来,纷纷对本国的金融监管法制加以调整和变革,以期将影子银行整合进正式的监管法律范畴,从根源上弥补这一监管漏洞对本国金融稳定的威胁。①

就我国而言,尽管受 2008 年美国金融危机的影响相对较小,但近年来影子银行机构及其各类产品业务发展迅猛,大有一种“野蛮生长”之势,行业风险和负面效应日益凸显。比如 2011 年的“温州民间借贷危机”、2012 年的“中诚 30 亿元信托兑付危机”、2013 年全国性的“银行闹钱荒”、2014 年的“吉林信托理财产品的逾期兑付”、2015 年的“E 租宝”和“泛亚”欺诈门事件等。由此可见,虽然影子银行的兴起对推动当前我国金融体制变革和缓解中小企业融资难等问题意义重大,但对其缺乏监管而可能造成的灾难性后果在我国同样存在。因此,针对当前我国影子银行监管零散、缺位及其在防范影子银行运营风险及监管套利上的乏力与低效,从法律视角探索如何对之加以完善与重构,无疑成为“经济新常态”下我国金融业发展不可回避并亟须解决的重要问题。② 本成果申报的动因正是源自于此。课题组试图通过对论题的研究和阐发,达致如下两个目的:一则为金融监管当局更好地贯彻“十九大”报告所确立的“深化金融体制改革,增强金融服务实体

① 根据 FSB 在 2011 年 4 月 12 日发布的题为《影子银行:范畴的界定》的报告,影子银行自身所带来的系统性风险和监管套利是各国最大也是最需要予以关注的威胁。FSB, *Shadow Banking: Scoping the Issue*, April 12, 2011, p. 3.

② “经济新常态”一词为 2014 年 5 月习近平总书记在河南考察时首创,并于同年载入党的十八届四中全会报告。概括而言,“经济新常态”是对当下我国经济发展状况以及未来较长时期内经济发展态势的总体概括。其主要特征表现为:经济增长速度转变为中高速增长;经济结构上优化升级;经济增长动力从要素驱动、投资驱动转变为创新驱动。“经济新常态”的提出,昭示了中央领导层在综合判断我国当前的经济发展态势和国际形势的基础之上,对当前经济发展工作所做出的全面性政策性指导。

经济能力……健全金融监管体系,守住不发生系统性金融风险的底线”这一战略抉择提供方向性的指导和可操作性的监管对策;二则通过增量式制度变革设计以对现行的金融监管法的效率、公平和安全价值目标进行更深层次上的均衡与整合,继而创设出一种既立足我国国情又顺应国际金融监管改革发展趋势的中国式影子银行法律监管模式,用于服务和指导转型时期我国的影子银行监管实践,为当前整个金融市场的安全、高效运行提供应有的制度保障。

此外,从学科意义上讲,课题组也希冀本成果的研究能极大拓展现有金融(监管)法的调整范畴,使之延伸到非正规金融领域,帮助大家更好地把握金融监管法内在演化规律(如监管与市场、规范与发展,安全与效率),从而勉力为构筑金融法学科的体系大厦尽献自我的微薄之力。

二、相关文献之简评

在后危机时代,国内外学者对影子银行理论与实践发展的学术探讨如火如荼,相关的文献可谓汗牛充栋。① 本成果无意在此对它们进行全面概览式的梳理,而只是择取“监管”的片段切入,就其中对与影子银行法律监管相关的文献进行撷英和例示。就国外而言,作为影子银行发源地的美国自然最为丰富集中。典型的比如,在监管对象上,美联储纽约分行(Federal Reserve Board of New York)副行长阿德里安(Tobias Adrian)早在2010年就强调要对资产证券化进行严格的监管,这样才能避免过度的杠杆和期限错配,否则会损及金融稳定性;②在监管法律上,哈佛大学法学院副教授摩根里克斯(Morgan Ricks)2011年就全面梳理了危机前美国联邦和主要州层面涉及影子银行规制的法律、法规和SEC的监管规章体系。③ 乔治梅森大学的亚历山大·古迪纳夫博士(Alexander Goodenough)2011年分析了危机后

---

① 中国社科院李锦成和蔡蓓蕾两位博士曾对国内外影子银行研究文献作了较为全面的综述。李锦成、蔡蓓蕾:《国际和国内影子银行研究:一个文献综述》,载《国外社会科学》2016年第6期。

② See Tobias Adrian, *Shadow Banking System: Implications for Financial Regulation*, DIANE Publishing, 2010.

③ See Morgan Ricks, “Regulating Money Creation after the Crisis”, 1 *Harv. Bus. L. Rev.* 75, 2011.

美国与影子银行相关的新近立法即《多德—弗兰克法案》及沃尔克规则的实施进展和它们在监管影子银行上所关切的重点问题。① 2013 年第 127 期《哈佛法律评论》发表的一篇佚名评论则剖析了美国《证券法》、《投资公司法》、《投资顾问法》及 SEC 的系列联邦法规等在规制影子银行上的宽松与强制性之所在；②在监管体制和方式上，耶鲁大学教授戈顿（Gary Gorton）和梅特里克（Andrew Metrick）于 2010 年提出了一些有效的监管措施，包括对抵押品、政府担保保险实施严格的指导方针。他们还建议对货币市场共同基金实施保险，通过起草新形式的狭义银行规章制度来进一步控制影子银行的风险，并利用安全港规则来激励影子银行的规范化运营。③ 杜克大学的史蒂文·施瓦茨（Steven L. Schwarcz）教授在 2012 年则主张监管应致力于使影子银行体系制造系统性风险的潜能最小化，并提出引入"功能监管"而非"机构监管"以取得更好监管效果。④ 维克森大学法学院助理教授安德鲁·威尔斯坦因（Andrew Verstein）于 2011 年专门分析了 SEC 对 P2P 监管的低效和失误，主张由新成立的消费者金融保护局取代 SEC 介入 P2P 的监管。⑤

就国内而言，自 2010 年来，迄今为止，学者对影子银行监管的研究成果数量可观。总结而言，这些成果主要分为：（1）对境外影子银行监管体系的引介、比较和借鉴。包括但不限于介绍危机后国际社会和美英欧等发达经济体因应影子银行监管不力的法制变革和对我国的启示。如周莉萍

---

① See Alexander Goodenough, Dodd-Frank, "Regulating Systemic Risk in the Offshore Shadow Banking Industry", 3 *Geo. Mason J. Int' l Com. L.* 137, 2011.

② See Harvard Law Review, "Notes Danger Lurking in the Shadows: Why Regulators Lack the Authority to Effectively Fight Contagion in the Shadow Banking System", 127 *Harv. L. Rev.* 729, 2013.

③ See Gary Gorton &Andrew Metrick, "Regulating the Shadow Banking System", *Brookings Papers on Economic Activity*, No. 2, 2010.

④ See Steven L. Schwarcz, "Regulating Shadow Banking", 31 *Rev. Banking & Fin. L.* 619, 2012.

⑤ See Andrew Verstein, "The Misregulation of P2P Lending", *UC Davis Law Review*, Vol. 45. No. 2, 2011.

(2012)、袁达松(2012)、齐萌(2013)、王云泽(2016)等;①还有探讨美国及其他国家影子银行系统性风险及监管利弊影响的,如秦岭(209)、钟伟(2011)、王达(2012)。② (2)围绕我国影子银行监管进行顶层设计或宏观概览式的分析,如巴曙松(2009)、李建军(2011)、尹振涛(2013)、谢平(2014)等。③ (3)专门针对我国影子银行运营特征、风险及监管制度的设计研究,如隋平(2013)、张明(2013)、潘静(2014)、沈伟(2014)、于永宁(2015)等。④ (4)在现有金融法框架下就某一具体种类影子银行机构或业务的规制展开探讨,像从P2P层面,如封延会(2011)、冯果(2013)、姚海放(2013)等,⑤或从集合投资计划的视角,如杨东(2013),⑥或以通道业务(包括银信理财)为例,如张春华(2011)、潘静(2013)、沈伟(2014)、田孝明(2016)等,⑦或纯

---

① 参见周丽萍:《论影子银行体系国际监管的进展、不足、出路》,载《国际金融研究》2012年第1期;袁达松:《对影子银行加强监管的国际金融法制改革》,载《法学研究》2012年第2期;齐萌:《后危机时代影子银行监管的国际金融法制变革》,载《财经科学》2013年第4期;王云泽:《影子银行监管比较分析》,载《江南大学学报》(人文社科版)2016年第2期。

② 参见秦岭:《美国影子银行的风险及监管》,载《金融法苑》2009年第79辑;钟伟:《影子银行体系的风险及监管改革》,载《中国金融》2011年第12期;王达:《论美国影子银行体系的发展、运作、影响及监管》,载《国际金融研究》2012年第1期;谢平等:《互联网金融监管的必要性与核心原则》,载《国际金融研究》2014年第4期。

③ 参见巴曙松:《加强对影子银行体系的监管》,载《中国金融》2009年第14期;李建军、田光宁:《影子银行体系监管改革的顶层设计问题探析》,载《宏观经济研究》2011年第8期;尹振涛:《影子银行监管更需顶层设计》,载《中国金融》2013年第17期。

④ 参见隋平:《论影子银行风险及监管制度构建》,载《亚太经济》2013年第4期;张明:《中国影子银行界定、成因、风险与对策》,载《国际经济评论》2013年第3期;潘静:《中国影子银行体系监管路径与制度建构》,西南财经大学2014年博士学位论文;沈伟:《中国的影子银行及规制工具选择》,载《中国法学》2014年第4期;于永宁:《我国影子银行监管法律制度的反思与重构》,载《法商研究》2015年第4期。

⑤ 参见封延会、贾晓燕:《人人贷的法律监管分析:兼谈中国的影子银行问题》,载《华东经济管理》2012年第5期;冯果、蒋莎莎:《论我国P2P网络贷款平台的异化及其监管》,载《法商研究》2013年第5期;姚海放:《网络借贷平台的法律规制研究》,载《法学家》2013年第5期。

⑥ 参见杨东:《市场型间接金融:集合投资计划统合规制论》,载《中国法学》2013年第2期。

⑦ 参见张春华:《我国银信合作理财业务面临的监管政策及其发展趋势》,载《江西财经大学学报》2011年第6期;潘静:《中国影子银行的金融监管研究》,载《现代法学》2013年第5期;沈伟:《理财产品的系统性风险、消费者保护及规制工具选择——以中国影子银行为背景》,载沈伟、[美]罗伯塔·罗玛诺等:《后金融危机时代的金融监管》,法律出版社2016年版;田孝明:《资产管理业务及通道类产品法律风险及防范对策》,载《金融法苑》2016年第92辑。

粹从信托的视角，如李将军（2012）、刘洋（2014）等。[①]

无疑，以上文献为本成果研究奠定了良好的基础，但这些成果仍存在不同程度的局限性和亟须深入挖掘的空间：首先，与发达国家引发金融危机的"影子银行"不同，我国影子银行是在金融市场竞争不足且存在"金融排斥"的背景下产生的。而上述国外文献普遍缺乏对这一特定市场语境的考察，对我国影子银行监管的参鉴作用和指导意义有限。其次，有关影子银行的监管机构设置、识别评估、市场准入、风险防范、信用控制与金融消费者权益的保护本是一个有机的系统工程，但国内的研究大部分都停留在上述某一两个环节的制度建构，相关的成果仍然是零散和初步的，尚未上升到"体系"的高度。即使有的学者如沈伟教授（2014）、阎庆民研究员（2014）和管彬教授（2015）等较全面地从宏观和微观审慎的维度提出了规制我国影子银行的具体法律路径和对策，[②]但美中不足的是，这些文献并没有对这些路径和对策背后所蕴含的立法理念与价值取向进行深度的整合和挖掘，欠缺从行为监管和央地监管配置角度对影子银行提出相应的规制对策，周延性不够，故而难以对我国的监管实践起到全面的指导作用。再次，既有的国内研究大部分在思路上均通过逻辑推导和扩大解释，将影子银行纳入传统银行审慎监管框架内予以规制应对，未能充分展现影子银行区别于其他金融机构尤其是正规金融机构的特殊监管制度需求。最后，现有研究大多着眼于经济学、金融学的视角，从法学的展开不多，尤其是从横向和纵向监管权配置的维度对中国影子银行监管法律的完善与重构进行系统性研究更是凤毛麟角，迄今国内尚无这方面的法学论著问世。

三、研究的思路和主要内容

（一）基本思路

在后危机时代，我国经济开始进入增长速度换档期、结构调整阵痛期和

---

① 参见李将军：《我国信托业是银子银行吗？》，载《中央财经大学学报》2012 年第 3 期；刘洋：《中国信托业的影子银行特征及其对金融体系的影响》，载《清华金融评论》2014 年第 6 期。

② 参见沈伟：《中国的影子银行及规制工具选择》，载《中国法学》2014 年第 4 期；阎庆民、李建华：《中国影子银行监管研究》，中国人民大学出版社 2014 年版；管彬：《影子银行体系及其法律规制》，载管彬：《金融法的风险逻辑》，法律出版社 2015 年版。

前期刺激政策消化期的"三期叠加"态势之中,各种矛盾和问题相互交织,困难重重。具体到金融领域,最直观、最突出的问题便表现在金融结构失衡和中小企业融资难问题。① 而一方面,作为内生于投融资市场的影子银行,无疑可以在很大程度上纾解我国这种金融错配的老大难问题,缓解金融抑制和金融歧视。但另一方面,影子银行"自由无序"带来的金融风险和侵害金融消费者的事件又频频发生。这决定了我国金融监管不可作壁上观。本成果的研究立正是基于经济新常态下我国影子银行发展的这种"双刃剑"效应,以"安全和效率相衡平"价值理念为指导,遵循"发现问题——分析问题——解决问题"的认知思路,从金融监管权的横向与纵向配置两个维度对中国式影子银行监管法律完善与重构进行研究。具体思路如图 0 - 1 所示:

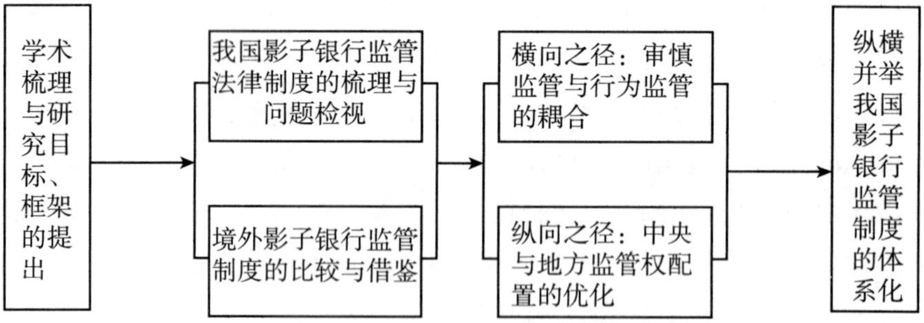

图 0 - 1　两个维度

(二)主要内容

具体来说,除了绪论和结论之外,本书的主体内容分为以下五章:

第一章,正本清源:何谓"影子银行"。"精确性是立法语言的灵魂",② 准确地界定影子银行概念无疑是完善和重构中国影子银行监管法律的前提。然"影子银行"作为 2008 年金融危机后才为国人知晓的新的金融术语,国内外对其内涵和外延的认知仍众说纷纭。本章在此无意于另辟蹊径,

① 中小企业是推动我国社会经济发展的主力军,但当前我国中小企业融资发展步履维艰,获取贷款额在全国银行贷款份额中徘徊在 10% 左右。肖文:《纾解中小企业融资困境三问》,载《光明日报》2015 年 10 月 29 日,第 16 版。

② 蒋婷:《立法语言情态模糊限制语的实证研究》,载《暨南学报》(哲学社会科学版)2012 年第 6 期。

对影子银行做出与前人截然不同的定义，而是对学界和业界中现存的三种常见的影子银行界定方式进行缕析，认为在综合论的基础上辅以三要素（功能、风险和监管）来限定影子银行最为全面和科学。循此认知，本章接着对影子银行的内涵特征、类型构成、运行机理等展开深入研究，并以欧美为例全面考察了全球影子银行的演进历程及类型化分析其对一国金融体系稳定的正反效应。最后，本章从一般金融监管理论和经济法的社会本位性的双重视角诠释了一国政府对影子银行施以监管的必要性和法理基础，从理论上为全文研究奠定了逻辑起点。

第二章，问题与不足：对当前我国影子银行监管法的梳理与反思。与西方（美国）影子银行作为"投资银行的影子"不同，我国的影子银行刚刚处于起步阶段，更多的则以"商业银行影子"的面目出现。本章正是立足于我国影子银行市场独立性不足的现实背景，先对中国式影子银行的兴起、运营特征和风险表现作一探讨，然后分从"一般法"和"专门法"视角对当前我国金融监管法律在规制与调整影子银行的现状、路径及疏漏进行了较为全面的梳理与检讨。毋庸置疑，作为一种市场型间接金融体系，我国影子银行目前虽未如欧美那样独立运作，形成高度复杂的资产证券化链条，但其为规避监管所采用的高杠杆操作和期限错配的运营机理及跨市场、跨行业的运营策略无疑使现行金融的风险更具隐蔽性、脆弱性、突发性和传染性，并对当前"一行三（两）会"的机构监管体制提出了如下的拷问：一是监管重叠和监管排斥导致了宏观审慎监管的缺失；二是微观审慎监管标准的不统一导致了监管套利丛生；三是行为监管的乏力使金融消费者在市场中经常受诸如飞单私售、欺诈销售、非法集资、个人信息泄露等风险事件的无端侵害；四是中央和地方监管权纵向配置不清导致地方政府对地方性影子银行的监管滥用和监管推诿。

第三章，他山之石：境外影子银行监管改革实践之观照。在后危机时代，加强影子银行监管几成各国之共识，美英欧等发达金融体业已纷纷通过金融法制变革的方式加强监管。其中可资借鉴的经验有：第一，注重监管架构的顶层设计，如建立专门应对系统性风险的宏观审慎监管机构；第二，采用结构性限制措施，规范商业银行与影子银行间的业务关联，防止因两者间监管标准的差别化而出现监管套利；第三，在加强和扩大影子银行注册监管范畴的同时,继续通过立法的例外规定“呵护”影子银行成长必需的创新空间,为一些特殊的影子银行及其业务提供品种、载体及管理人的规制豁免;第四,从“行为监管”角度加强对金融消费者权益的保护,重新树立他们对金融市场的信心。

第四章,宽严相济:后危机时代我国影子银行监管理念之重塑。法律是人们凭借其理性而创设的行为规范或制度,因此短时间内追求法律法规形式的完备或制度外观的健全并非难事,但是法律规范或制度安排等一切技术性内核环节的设置及完善绝非一蹴而就。其必须依赖于一定的立法理念与价值取向做指导。申言之,监管法制的完善与变迁须以监管理念的现代化为先导。影子银行监管法律亦不例外。为此,本成果设专章考察了金融监管理念之重要性及其与金融监管法互为表里的动态辩证关系,并立足我国经济新常态下实体经济亟须金融支持的现实背景,对我国影子银行监管理念和原则进行了省思与切合实际的定位。本章认为“金融深化”是经济可持续发展的基石,“金融抑制”是经济失速的催化剂。对当下的影子银行监管法而言,其欲在中国经济应对“三期叠加”的关键时期发挥保驾护航的作用,就须对立法中的“安全、公平与效率”这三种价值目标进行衡平。① 当然,这种“衡平”并不意味着将它们等量齐观,而应充分发挥市场在配置资源中的决定性作用,确立效率优先,兼顾安全与公平的现代化监管理念。

第五章,纵横并举:我国影子银行监管的体系化之径。德国著名法学家古斯塔夫·拉德布鲁赫(Gustav Radbruch)曾言:“面对法律,法学学者的任务有三:解释、构造、体系。”②此言表明体系之于法律的重要性。因为法律规范的体系化,昭示着与法律内在逻辑诉求密切联系的理念,是为实现法律功能之必须。就影子银行而言,其一方面极易通过创新绕开微观审慎监管,

---

① 依据金融法中的“三足定理”,在金融监管中,存在一个三角关系,即金融监管和金融法要在金融安全、金融公平和金融效率之间求得某种平衡。换言之,金融安全、金融效率和金融公平构成了金融监管法的三个价值目标。有关金融法的“三足定理”的论证,参见邢会强:《国务院金融稳定发展委员会的目标定位及职能完善——以金融法中的“三足定理”为视角》,载《法学评论》2018 年第 3 期;冯果:《金融法的“三足定理”及中国金融法制的变革》,载《法学》2011 年第 9 期。

② [德]古斯塔夫·拉德布鲁赫:《法学导论》,米健等译,中国大百科全书出版社 1997 年版,第 169 页。

将个体的风险扩散至宏观层面，从而形成影响金融全局的系统性风险；另一方面又会凭籍自身的信息优势和滥用自己的优势地位欺诈和侵害金融消费者。故为“抑恶扬善”，有效地抑制影子银行的负面效应，仅靠以“防范和化解风险为本”的审慎监管显然难以奏效，尚需建构以“保护金融消费者权益为本”的行为监管制度，才能维持消费者对市场的信心。进言之，从横向层面而言，金融监管目标的实现离不开审慎监管和行为监管这两大支柱的支撑。而就纵向层面而言，在我国这样一个幅员辽阔、金融发展地区差异化的现实背景下，这两大支柱的成功运作仅凭中央的一己之力是难以奏效的，亟须地方政府的鼎力配合。是故，本章基于上一章“宽严相济”这一监管理念对我国影子银行监管法的构成和调整性作用，针对既有影子银行监管立法的零散性、滞后性、不完整性和过于刚性等缺陷，以“防范金融风险”、“保护金融消费者”和“促进金融效率”这三大目标为统摄，拟从横向（审慎监管与行为监管完善）及纵向（央地监管权限配置优化）两个视角来探讨我国影子银行监管法的体系化。这种体系化的思路是在“盘活”既有金融监管法（一般法）存量效应的基础上进行增量式的影子银行立法（特别法），而后双管齐下，将两者进行有机的协调与耦合，形成纵横交错的双层影子银行监管框架。

四、研究的特色

概括而言，本书具有以下几个方面的特色：

第一，注重理论与实际、实务相结合。影子银行作为一种金融创新产物，也是在后危机时代才为各国金融监管当局所关切和重视，这在我国尤甚。有关影子银行运营的利弊影响、监管架构的设计、监管路径、监管内容和监管方式等问题尚存争议。对于这些问题的解决，本成果并不像一般引介文献那样，在介绍完影子银行概念特征及域外变革做法后就急于一一给出自我的见解对策，而是先深入问题的本源即立法理念与价值取向的层面，结合我国所处的社会经济背景探寻我国对影子银行监管之真义，然后再以探寻的真义为圭臬，辅以现实中发生的典型案例作为支撑展开分析，最后才落脚到具体规制对策的设计和优化。这种理论与实际相结合不仅体现在对我国影子银行引发体系危机和非法集资，侵害投资者权益的多个案例的法理分析上,而且也体现在笔者根据我国经济新常态和金融排斥的现实背景对影子银行监管理念与原则的定位与解析上。

第二,着力重构一套完整系统的中式影子银行监管法律体系。本轮金融危机后,国内很多学者普遍注意到现行金融监管法在应对系统性风险方面的乏力与低效,故而无不极力主张在原有微观审慎基础上进行宏观审慎监管框架的建构。[①] 相比以往,这种宏微观审慎监管有机结合的安排无疑大大地拓展了金融监管法的调整范畴,使之在审慎监管的规范层次上获得一种新的提升和飞跃。然而,这种提升和飞跃距离全面实现金融监管目标仍有“行百里者半九十”之憾。因为金融监管的目标不仅是金融机构的安全稳健与效率,还要追求金融公平,即维护金融消费者的正当权益。诚如英国著名的金融学家迈克·泰勒(Michael Taylor)所言,金融监管仅仅停留在审慎监管完善的层面仍不足以全面发挥其对金融经济的保驾护航功能,尚需强化对金融机构的行为监管,以保障金融消费者免受无道德的金融机构的侵害。[②] 申言之,审慎监管与行为监管作为金融监管的两大支柱,两者之间必须寻求一种有机平衡,才能最大限度发挥两者之间相互促进和相互补充的作用。[③] 鉴此,本书在进一步梳理、总结、提炼、补充、整合既有的宏微观审慎监管成果的同时,也试图在既有研究的基础上针对我国影子银行侵害金融消费者权益的各种不当行为,增加“行为监管”方面的制度讨论与研究。[④]

① 这方面的文献包括但不限于:巴曙松、王景怡等:《从微观审慎到宏观审慎:危机下的银行监管启示》,载《国际金融研究》2010 年第 5 期;周建松、陶永诚等:《构建宏观、微观审慎监管有机结合的新型金融监管体制》,载《财贸经济》2010 年第 7 期;郭晓庆:《审慎监管理论基础在金融危机中的重大更新》,载《海峡法学》2011 年第 1 期;黎四奇:《后危机时代宏观审慎监管法律化问题研究》,载《国际经济法学刊》2012 年(第 19 卷)第 3 期;余绍山、陈斌彬:《从微观审慎到宏观审慎:后危机时代国际金融监管法制转型及启示》,载《东南学术》2013 年第 3 期。

② See Michael Taylor, “The Road from Twin Peaks and the Way Back”, http://www.InsuranceJournal.org/ content/reposi tory/16/Abstract% 202.pdf.

③ 参见王华庆:《论行为监管与审慎监管的关系》,载《中国银行业》2014 年第 5 期。

④ 泰勒在 1995 年发表的《双峰监管:新世纪的监管结构》一文中认为金融监管的目标应当是“双峰”的:一是实施审慎监管,旨在维护金融机构的稳健经营和金融体系的稳定、防范系统性风险;二是实施行为监管,旨在纠正金融机构的机会主义行为、防止欺诈和不公正交易、保护消费者和投资者利益。有关“双峰监管”论的具体内容,参见 Michael Taylor, *Twin Peaks: A Regulatory Structure for the New Century*, Center for the Study of Financial Innovation, London, December 1995。

同时,本成果针对我国现行中央垂直监管范围有限、力量不足的弊端,结合许多地方影子银行经营的草根性和地域性之特质,从纵向的角度提出优化央地金融监管配置的对策建议。最后,本书在综合前述各研究的基础上,借鉴泰勒所倡的"双峰监管"(twin peaks regulation)模式,提出了"双层+三元结构双峰"监管框架,①以着力重构一套相比前人更为完整系统的影子银行监管法律体系。

第三,法学与金融学、经济学的有机结合。影子银行作为现代金融体系的组成部分,故对其监管法律的研究,必定离不开对金融学和经济学研究成果和方法的借鉴,尤其是在金融学和经济学追求的效率目标也已构成金融监管法价值不可缺或少的情境下。然而,金融学或经济学研究往往是基于效率这一单义的目的,而法学研究却是多义的,除了效率,还有安全、公平和正义等。为避免与金融学和经济学人士的研究成果相混同,本书在撰写中始终将这种借鉴置于为法律完善提供支撑和服务的从属地位,使之收敛到监管立法的问题上去。这种将法学与金融学、经济学的成果和方法相结合而又不失法学主体地位的研究特色正是本成果成员所致力达到的。

第四,观点立场鲜明,毫不含糊。学术研究是为实践服务,而非一种自我感觉良好的文字游戏。特别是在研究对象日益复杂化,利益格局日益差序化的今天,如果一项法学研究仅从法律上对研究对象做出多元的价值判断,而无法给出特定阶段(如制度建构时)的价值位阶顺序,则无论其最后给出的制度完善对策如何的完美齐全,最终都会缺乏可操作性和适用性而流于形式。为避免类似研究"悲剧"的出现,本书在涉及影子银行监管的一些重大问题上始终做到观点鲜明,绝不模棱两可。比如,在监管价值取向上,虽然"效率"与"安全"历来为一国金融监管法终极所求,但对当下的中国影子银行监管法而言,本书对其并不仅仅停留在"效率、安全、公平三者衡平"这一含糊不清的价值定位上,而是对三者的位阶次序做出明确的选择,主张以追求效率即"激励创新"为先,兼顾安全与公平即"防范风险"和"保护金融消费者"。又如,在监管模式上,尽管国内早有理论界和实务界

---

① 有关"双层+三元结构双峰"监管模式的具体内容,本书第五章和结束语部分会对之展开更为详细的分析。

人士充分论证了现行监管模式并没有绝对的优劣之分，一国采用何种方式而应根据金融业的发展状况，或需要解决的问题和社会可承受力作综合判断。[①] 此论断本无可厚非，但本书并没有停留于这种应然层面的理论判断，而是将这种"综合判断"化为实然上可操作性的对策建议，主张在后危机时代，我国应分步骤和渐进式地推进金融监管体制的改革，以最终实现和达致"双层 + 三元结构双峰"监管框架。当然，此种监管框架未必尽善尽美。而且，在别人看来，其与中国金融业实情也未必如本书所论证的那般严丝合缝，但正如山东大学沈伟教授所言"为应对后危机时代的无尽挑战，我们最需要的是指向性和针对性强，路径明晰且具有一定深度和广度的改革路线图"。[②] 本书所倡的就是这样的一种改革路线，其不仅可以在更深层次上引起大家的讨论和争鸣，而且能为监管当局的决策提供一种多元的思考面向和选择途径，进而为整个社会早日脱离"后危机时代的混沌、迷茫和束手无策的境地"做出自我的贡献。

五、对若干关键词的解释和说明

本书的名称为《后危机时代我国影子银行监管法的反思和重构》，文中涉及的关键词包括"影子银行""金融监管法""金融消费者"等。虑及学界对这几个概念的内涵和外延尚存争议，故为确保本书在逻辑论证上的自洽性，避免读者从各自的认知角度对之做出不同的解读，笔者觉得有必要事先对它们作一解释和说明：

首先，本书对"影子银行"采用综合论的定义方式，既涵盖一般意义上的不受监管或少受监管的法人、非法人金融机构或这些金融机构内设的某一个理财业务部门，又包括这些机构和内设部门发行的金融产品、开发的金融工具或提供的金融业务等。故除了特定场合因表述顺当和以示强调所需而采用"影子银行机构"或"影子银行产品（业务）"外，本书在大部分叙述

---

① 参见陈斌彬：《危机后美国金融监管体制改革述评》，载《法商研究》2010 年第 3 期；黎四奇：《对后危机时代金融监管体制创新的检讨与反思：分立与统一的视角》，载《现代法学》2013 年第 5 期；吴云、张涛：《危机后的金融监管改革：二元结构的"双峰监管"模式》，载《华东政法大学学报》2016 年第 3 期；等等。

② 沈伟等：《后金融危机时代的金融监管》，法律出版社 2016 年版，第 10 页。

中都将“影子银行”作为集合性概念使用，一般不再做具体的细分。至于本书何以采用综合论的定义方式，个中的原因详见本书第一章第一节的阐析，在此不予赘述。

其次，与“影子银行”一样，学理上对“金融监管法”中“法”的范畴究竟何所指亦无明确的界定。本书认为，在今天金融日益全球化和一体化的态势下，金融对一国经济战略安全越发重要。这就决定了“金融监管”应是一项全民参与的社会治理工程，已非一国中央和地方政府之力所能担当。是故，现代语境下的“金融监管”应该是一个主体多元化和层次多极化的复合型监管架构，即除了传统的行政金融监管之外，至少还应包括同业自律组织的金融监管、社会中介组织的金融监管和金融机构的内部监管等。与之相应，作为“复合型”金融监管所赖以凭借的“法律”即“金融监管法”也应是多元化的。其不仅体现为一般意义上的国家机关制定的具有强制性效力的金融法律、行政法规和部门规章等硬法，也应包含那些由各级国家机关和各类金融市场参与主体（如金融行业协会或金融机构本身等）制定的不具有强制性但却能在特定领域产生法律约束力的通知、指引、意见、准则和纪律等软法。① 具体到本书研究的对象——“影子银行监管法”亦然，其法律渊源当然也包括涉及影子银行监管的一切硬法和软法。但是，鉴于市场主体依据自身制定的软法实施的自我监管在性质上仍属于市场调节的范畴，与外部的来自政府施加的行政监管在本质和手段方式上并不相同，故本书在论证影子银行监管必要性和强调将影子银行纳入法律监管的范畴时不是“眉毛胡子一把抓”，将所有的监管类型都涵盖在内，而是站在行政监管的立场来展开的。如此，才能在逻辑上诠释为什么有的“影子银行”已有行业协会监管或内部控制机制，而本书为何还要主张将之纳入法律监管的范畴。② 需要说明的是，除了论证影子银行监管必要性场合之外，本书其他语境中的影子银行监管法律均包括前述的硬法和软法。

---

① 北京大学的罗豪才教授系国内对软法和硬法首作分析并加以系统研究的学者。有关软法和硬法的联系和区别，参见罗豪才：《软法的理论与实践》，北京大学出版社 2010 年版。

② 以当下风靡全国的众筹融资为例，虽然国家在硬法层面至今尚未对之加以立法，但从软法层面，早在 2014 年 12 月 18 日，中国证券业协会就发布了对之加以规范的《私募股权众筹融资管理办法（试行）（征求意见稿）》。

再次,对于“金融消费者”这个名词,顾名思义,其应指基于家庭生活消费目的而购买金融商品或接受金融服务的个人,不同于纯粹获取资金收益或利润为目的投资者。① 也确有很多境外国家或地区的金融立法对两者作了诸如目的或财力、经验等方面的区分。② 然在笔者看来,金融交易不同于实体商品交易,其具有消费和投资的双重性质,两者存在很多交叉之处。③ 特别是在金融机构经营综合化、金融商品跨界化和金融消费行为多元化的今天,金融“消费”与金融“投资”的界限越来越模糊,同一个金融行为主体往往兼具不同的身份。若金融监管部门再刻意强调金融“投资”者与金融“消费”者的目的差异和地位不同,从而将购买或接受金融服务的主体泾渭分明地划分为投资人、存款人、投保人或信托人等已越来越无必要。诚如有学者所言,行为人选择一项金融服务也就是挑选商品的过程,其就是金融市场上的消费者。④ 而且,若从交易地位考量,个体自然人无论是消费者还是投资者,其相较于提供金融服务的金融机构而言都处于劣势地位,都应该同时被保护。是故,笔者赞成不管一项金融交易是出于消费还是投资的目的,“只要购买或接受金融服务的人就应为金融消费者”的提法。⑤ 进言之,本书所指的“金融消费者”与前面的“影子银行”一样,是个集合性的概念,囊括了存款人、保险合同相对人、投资者等所有购买或接受金融服务的个人或机构。与之相应,本书所倡的“保护金融消费者权益”的目标内含了“保护上述各市场参与者权益”的逻辑意蕴,而不仅限于某一个金融业态中的金融服务购买者。

最后,需要强调的是,出于特定语境的表达习惯,本书对同一事物或对象的指称,可能会有不同的措词表述。比如,在论述金融监管主体时,会有

---

① 国内有很多学者持类似的观点,如王卫国、吴民许:《〈消费者权益保护法〉修订与金融消费者保护》,载《中国法律》2010 年第 5 期。

② 如美国 1999 年的《现代金融服务法案》、日本 2000 年的《金融商品销售法》和我国台湾地区 2011 年的“金融消费者保护法”。

③ 典型的如人们在银行购买理财产品,究竟这是一种接受银行理财服务的消费行为还是自我为追求资金保值增值的投资行为,这在目的上很难区分,而且这种区分对当事人来说也无任何意义。

④ 何颖:《论金融消费者保护的立法原则》,载《法学》2010 年第 2 期。

⑤ 比如,中央财经大学法学院杜晶博士就持这种观点。杜晶:《金融消费者的界定及其与金融投资者的关系》,载《中国政治青年学院学报》2013 年第 4 期。

诸如“监管当局”“监管机构”及“监管部门”等。又如,在谈及商业银行时,会有“传统银行”“商业银行”或“银行”之类的表达。虽然这些术语看似不同,但在内涵指向上并无二致。像“监管当局”“监管机构”及“监管部门”在本书中,如若没有特别的限定,它们均指称对包括影子银行在内的金融市场实施监管的中央机构。在我国,它们具体就是“一委一行三会”或“一委一行两会”之统称。[①] 此外,在本书稿的主体撰写工作即将完成之际,课题组迎来了我国金融监管机构的重大变革与调整:国家先是在2017年7月14日宣布成立金融稳定发展委员会,而后又于2018年3月17日对银监会和保监会施以合并,组建中国银行保险监督管理委员会(以下简称银保监会),在中央监管架构层面将“一行三会”变为“一行两会”。[②] 虑及“一行三会”已经运行十五年了,而“一行两会”的监管格局才成立伊始,其预设的制度功效及相关问题在实践中尚未完全展现和暴露,加之本书在2014年7月就获立项,中间跨度已近四年了,这使本书成果对我国影子银行监管问题的系列反思主要是基于“一行三会”存在的背景,故而有些表述可能会因应彼时特定法律文件之需而依然保留“一行三会”或“一行三(两)会”的提法。当然,如果涉及银保监会成立之后的监管主体问题,本书则会与时俱进地采用“一行两会”的表述,以跟先前的“一行三会”相区别。

---

① 这里的“一委一行三会”,即为“国务院金融稳定发展委员会、人民银行,银监会、证监会和保监会”之简称,指的是2017年11月“国务院金融稳定发展委员会”正式成立后至2018年3月17日银保监会组建之前的金融监管体制;而“一委一行两会”即为“国务院金融稳定发展委员会、人民银行,银保监会和证监会”之简称,指的是2018年3月17日银监会和保监会合并之后至今的金融监管体制。

② 第十三届全国人大一次会议于2018年3月17日表决通过了《中共中央关于深化党和国家机构改革的决定》,决定将银监会和保监会合并,组建中国银行保险监督管理委员会。

第一章　正本清源：何谓“影子银行”

“概念乃是解决法律问题所必需和必不可少的工具，没有限定严格的专门概念，我们便不能清楚地和理性地思考法律问题。”①因此，“在法律经济化的当下，为了保证法律自身的学科独立性与科学性，在我们对法律制度进行认知与评价时，很有必要从概念的解剖入手”。② 具体就本书研究的对象——影子银行而言，尽管2008年国际金融危机以来其已然成为全球使用频率最高的金融术语之一，但仍是一个悬而未定的概念。大家对影子银行究竟为何物仍各说纷纭，莫衷一是。这也导致实践中各国金融监管当局对其的判断、测算、跟踪和监管的方式与途径各不相同。因此，欲对影子银行建立起一套行之有效的法律监管规则与体系，我们首先就是要对何谓影子银行有一个完整清晰的认知与定位。有鉴于此，本章先在总结、梳理现行各方对影子银行定义的基础上，尝试从功能、风险与监管三要素组合的思路对影子银行概念的内涵作一完整的归纳和界定，然后

① ［美］E. 博登海默：《法理学、法哲学与法律方法》，邓正来译，中国政法大学出版社2004年版，第486页。

② 黎四奇：《对后危机时代影子银行监管的冷思考》，载《暨南学报》（哲学社会科学版）2014年第8期。

以此为基准，用于指导和阐析影子银行的特征、运行风险、发展历程等。最后，本章将聚焦于探讨对影子银行实施监管的法理基础，以为下面各章研究的深入展开奠定必要的理论铺垫与实践素材。

第一节　“影子银行”之辨析

一、“影子银行”的提出

就世界范围而言，若单从形式意义考察，“影子银行”一词最早的出现可上溯到英国剑桥大学商学院的杰弗里教授（Geoffrey）2002 年所著的《货币的未来》一书。在该书中，杰弗里教授用“影子银行”统称“所有从事地下外汇交易的见不得阳光的机构”。[①] 显然，这种意指与当下人们广为讨论的作为商业银行“影子”的“影子银行”在内涵上相去甚远，故从实质意义而言，学界比较公认的最早从与商业银行关联角度使用“影子银行”这一金融术语的当属美国太平洋投资管理公司（Pacific Investment Management Company，PIMC）执行董事保罗·麦卡利（Paul McCulley）。其在 2007 年 9 月美联储年度经济研讨会上将“影子银行”界定为“游离于监管体系之外，从事类似于传统商业银行业务并与之相对应的非银行金融机构”。[②] 此一界定在当时虽未引起与会专家学者们的注意，但随着 2008 年金融危机影响的不断发酵和人们对影子银行幕后危机推手作用的逐渐认知与反思，“影子银行”这一新型的金融术语越来越为国外众多的金融监管组织和专家学者所引用和阐发，成为一个人们津津乐道的名词。大家开始尝试从各自的认知角度对之加以界定或列举。这些界定尽管表述各异，所举范围也不尽相同，但概括而言，主要有以下三种定义方式：

一是组织机构论，认为“影子银行”就是游离于监管体系之外，与商业银行相平行对称的另一类融资中介机构。持此观点的典型代表，除了上述

---

① Geoffrey Ingham，*The Future of Money*，OECD Publications Service，2002，pp. 123 – 140. 另见李建军、徐赛兰、田宁光：《中国影子金融体系研究报告》，知识产权出版社 2012 年版，第 1 页。

② Paul A. McCulley，“Teton Reflections”，http://www. pimco. com/EN/Insights/Pages/GCBF%20August – %20Sepember%202007. aspx.

的麦卡利，还有PIMC的创始人比尔·格罗斯（Bill Gross）、美国前财政部长盖特勒（Geithner）和英国前金融服务局主席特纳（Turner）等。其中，格罗斯在其专栏文章《小心“影子银行”体系》中将“影子银行”定义为“借助杠杆效应持有大量股票、债券和复杂信贷产品的金融中介机构，是多年来没有受到监管，凭空将次级住房贷款类资产打包成一大堆用三个英文单词的第一个字母缩写组合命名，且只有华尔街的精英们才清楚的投资工具”。[①] 盖特勒则认为“影子银行”是通过非商业银行短期市场融资，用于购买大量高风险、低流动性的长期资产，但又缺少类似传统银行存款保险等保护机制的中介机构，是一种与商业银行相互“平行的银行系统”（Parallel Banking System）。[②] 特纳在其2009年3月所作的《对全球金融业危机的监管回应》中则干脆将“影子银行”的机构形式直接限定为结构性投资载体（Structured Investment Vehicles，SIVs），投资银行与共同基金。[③]

除了上述实务界人士外，一些权威的金融监管组织中亦不乏此观点者。如IMF在2009年11月的《全球金融稳定报告》中用“准银行”（near bank）来指称“影子银行”，认为其范围包括不受监管的投资银行、抵押贷款经纪人或发起人、对冲基金、证券化载体及其他私人资产池等机构。[④] 又如，美国纽约联邦储备银行2010年7月在其发布的名为《影子银行》的报告中，首次亦以官方的名义将影子银行定义为“从事期限、信用及流动性转换，但无法像商业银行那样获得中央银行流动性支持或公共部门信用担保的金融中介机构”。[⑤]

二是业务（工具）论，认为影子银行是那些与传统银行业务相类似的各种创新型的金融业务或融资工具、产品。典型的如美国的金融危机调查委

---

① Gross, B, “Beware our Shadow Banking System”, *Fortune*, 2007-11-28.

② Timothy F. Geithner, “Reducing Systemic Risk in a Dynamic Financial System”, *Federal Reserve Bank of New York*, 2008.

③ The Turner, “A Regulatory Response to the Global Banking Crisis”, http://www.fsa.gov.uk/pubs/other/turner_review.pdf, April 22, 2009.

④ IMF, “Initial Lessons of the Crisis”, http://www.imf.org/external/np/pp/eng/2009/020609.pdf, Dec. 9, 2009.

⑤ Zolltan Pozsar, “Shadow Banking”, *Federal Reserve Bank of New York Staff Report*, No. 458, July 2010.

员会（Financial Crisis Inquiry Commission，FCIC）认为“影子银行”是与传统银行业务相类似，但不受监管或受到较少监管的类银行信用中介业务（Bank-like Financial Activities）。① 欧洲央行（European Central Bank，ECB）在2012年4月发布的《欧盟影子银行概况》报告中也将“影子银行”界定为“发生在受监管的银行系统之外，提供与信用中介功能相关的流动性和期限错配金融活动或工具”。② 美国国家经济研究局的真纳利（Gennaioli）博士等人在其2011年所做的《影子银行模型》研究报告中将“影子银行”定义为“能够发放或者获得贷款，及将其打包成各种各样的资金池，且能以外部债务形式为这些池资产融资。典型的影子银行是受监管银行以外的业务或工具”。③

三是综合论，意即对上述两种方式的综合，认为影子银行不仅涵盖那些经营传统银行业务的非银行金融中介机构，也包括与之相关的不具备机构地位的类银行业务的融资类产品和工具。如美国经济学家保罗·克鲁格曼（Krugman）2009年在《萧条经济学的回归和2008年经济危机》中就认为“影子银行”既指通过财务杠杆操作，持有大量证券、债券和复杂金融工具等非银行金融机构，同时也包含一系列的融资计划。④ 又如，同年任职于美国货币监理署的另一美国经济学家丹尼尔·E. 诺勒（Daniel E. Nolle）也将“影子银行”分为两部分：一部分是指传统的非银行金融机构，如证券公司、保险公司、养老基金、货币市场共同基金及其他类似实体组织；另一部分是指围绕着基于债务偿付的证券化和资金池化而兴起的“结构性融资”产品，具体包括发行抵押支持证券（Mortgage-backed Securities，MBS）及发行消费者信贷和商业信贷资产支持证券（Asset-backed Securities，ABS）。⑤ 再如，

---

① FCIC, "Shadow Banking and the Financial Crisis", *Preliminary Staff Report*, May 2010, p. 4.

② European Central Bank, "Shadow Banking in the Euro area: An overview", *Occasional Paper Series*, No. 133, April, 2012.

③ Gennaioli, N., Shleifer, "A Model of Shadow Banking", *NBER Working Paper*, No. 17115, June, 2011.

④ 参见[美]保罗·克鲁格曼：《萧条经济学的回归和2008年经济危机》，刘波译，中信出版社2009年版，第153页。

⑤ Daniel E. Nolle, "What is Different about this Recession? Nonbank Providers of Credit Loom Large", http://www.financialstability.gov/docs/CPP/Report/OCC_Roleofnonbanks.pdf, Dec. 9, 2009.

美国另一著名金融专家,现供职于中国建设银行的辛乔利(Simjonelee)博士也认为,影子银行指的是那些行使银行功能但不受监管或少受监管的非银行金融机构、工具和产品。具体构成主要有投资银行、对冲基金、私募股权基金、SIVs、货币市场基金、担保债务契约(Collateralized Debt Obligations, CDOs)、信用违约互换(Credit Default Swap, CDS)、资产支持商业票据(Asset-Backed Commercial Paper, ABCP)和再回购业务(Repo)等。①

与国外相似,国内学者对影子银行的定义也是异见纷呈:有的赞成组织机构论,将我国的"影子银行"限定为商业银行之外所有的其他金融机构,认为中国的影子银行主要包括证券公司、信托公司、贷款公司、抵押担保公司以及典当行、民间借贷机构等非银行金融机构。如秦岭(2009)、何德旭(2009)、杜亚斌(2010)、徐澄(2011)、李扬(2011)等;②有的则持业务工具论,将影子银行定义为一种"信贷融资体系"或"信贷融资业务和工具",认为中国的影子银行可划分为银行类相关业务、非银行类金融机构业务、准金融相关业务以及民间金融业务等。如易宪容(2009)、裴欣(2013)、沈建光(2013)等;③有的则倾向于综合论,认为影子银行是非银行金融机构以及非正式金融组织及其产品运营体系的总称、不仅包括非银行金融机构,还包括相关的产品或工具。如周丽萍(2010)、李建军(2011)、袁增霆(2011)、袁达松(2012)、隋平(2012)、曾刚(2013)、沈伟(2014)等。④

---

① 参见[美]辛乔利:《影子银行——揭秘一个鲜为人知的金融黑洞》,中国经济出版社2010年版,第6页。

② 参见何德旭等:《影子银行体系与金融体系的稳定性》,载《经济管理》2009年第11期;杜亚斌等:《影子银行体系与金融危机》,载《审计与经济研究》2010年第1期。

③ 参见易宪容:《"影子银行体系"信贷危机的金融分析》,载《江海学刊》2009年第3期;裴欣:《影子银行:发展现状与监管对策》,载《生产力研究》2013年第2期。

④ 参见王丽萍:《影子银行体系的机制及其脆弱性》,载《金融市场》2010年第10期;李建军等:《影子银行体系监管改革的顶层设计问题探析》,载《宏观经济研究》2011年第8期;袁增霆:《中外影子银行体系的本质与监管》,载《中国金融》2011年第1期;袁达松:《对影子银行加强监管的国际金融法制变革》,载《法学研究》2012年第2期;隋平:《逍遥法外:金融危机后的影子银行监管》,中国政法大学出版社2012年版;曾刚:《影子银行的特征与风险》,载《农村金融研究》2013年第9期;沈伟:《中国的影子银行及规制工具选择》,载《中国法学》2014年第4期。

二、“影子银行”的内涵与特征

（一）“影子银行”概念的内涵

正所谓“横看成岭侧成峰，远近高低各不同”，影子银行的定义、内涵及外延与各经济体的金融市场结构和成熟度、金融和经济发展阶段及金融监管环境密不可分。[①] 这些因素在不同国家或地区的差异决定了“影子银行”在空间维度上的表现形式必然不尽相同，人们难以对其内涵与外延形成统一认识。即使是在同一国家，因为理论界和实务界透视影子银行的视角不同，也会得出不同的结论。[②] 是故，国内外学者出现上述“公说公有理，婆说婆有理”的纷争性表述本不足为奇。诚如 FSB 在《2012 年全球影子银行监测报告》最后所总结的，“具体何种对象才算影子银行，可能并不存在国际通行口径，要视不同经济体的金融体系和监管体系的具体情况而定”。[③] 就此而言，笔者认为无论对影子银行作何界定，上述三种定义中所指向的机构、产品或工具皆有可能成为影子银行的表现样态。这是因为：

其一，从“影子银行”这一术语的最初表意出发，顾名思义，“影子银行”就是“银行的影子”。这一贴切的类比说明“影子银行”不仅像商业银行的影子一样存在，而且在功能上与商业银行并无二致。众所周知，商业银行（传统银行）的本职就是通过吸收存款和发放贷款这种基本的业务形式在金融体系中承担信用（货币）创造、信用转换、期限转换和流动性转换的功能。[④] 相比而言，“影子银行”虽没有“银行”名称之实，不能直接采用专属于商业银行的吸收存款和发放贷款信用中介机制，但它却能通过与现代金

---

① 参见巴曙松：《从改善金融结构角度评估“影子银行”》，载《新金融评论》2013 年第 2 期。

② 参见沈伟：《影子银行的监管逻辑和进路：以影子银行本质属性为切入点》，载《学海》2017 年第 2 期。

③ FSB, *Global Shadow Banking Monitoring* Report, November 18, 2012.

④ 这里的信用（货币）创造功能体现在商业银行可以通过自身经营活期存款的机制，创造出活期存款，从而创造出用于非现金结算的“货币”；这里的信用转换功能表现在商业银行从储户处吸收资金借贷给借款人，自己承担对储户的还款义务，从而将本来属于借款人的信用转换成银行自身的信用；这里的期限转换功能是指商业银行可以将储户分散的短期存款集中在自身处转换成中长期贷款给借款人，实现短借长贷；这里的流动性转换功能是期限转换功能的必然结果，是指商业银行利用短期存款、现金等高流动性工具去投资流动性较低的资产（如中长期贷款）。

融市场密切联系的各种创新融资安排进行类似商业银行的(货币)信用创造或(货币)信用转移,使资金绕开传统商业银行体系,直接从资金拥有者流向资金需求者,从而达致复制和实现商业银行的上述功能。从国内外实践来看,这种具有类似商业银行信用中介功能的融资安排既可以由纯粹的商业银行之外的金融机构以自己的名义独立行使,如前文相关学者提及的投资银行、SIVs、共同基金、对冲基金及各类的私人信用贷款机构等;也可以由依附于不同金融机构、但却没有主体地位的各类金融产品或工具(业务),如MBS、ABS、CDOs、货币市场基金和部分理财业务等。因此,组织机构论和业务工具论将两者割裂开来难免有偏颇之嫌。

其二,若将“影子银行”仅仅限定为非商业银行的金融机构,亦可能将那些由传统商业银行发起、主导或者提供信用及流动性支持的类贷款融资安排排除出“影子银行”的范畴。像在我国,有很多金融机构既从事传统金融业务,也从事影子银行业务,如现实中商业银行发起的“非银行同业渠道”业务,即商业银行以信托投资公司、证券公司、基金公司、保险公司等非银行金融机构为通道,行使信托受益权转让、信用挂钩收益互换产品、券商定向资产管理计划、基金特定资产管理业务等。无疑,这些业务或产品往往以“投资”之名行使“贷款”之实,是商业银行为规避法律法规限制或监管要求将表内资产转向表外资产的一种管道或工具,从而实现在功能上与其表内的正规信贷融资等效,完全符合“影子银行”最初之本意。然组织机构论者仅简单凭其发起者为商业银行,不是非银行金融机构而认为其不是影子银行显然与客观现实相悖。

其三,在笔者看来,一项金融创新只要能复制和替代商业银行固有的表内信贷融资功能,至于其是采用机构、业务抑或工具等何种形式实现上述功能则在所不问。更何况,影子银行实际上很难有一个单一主体,而是由多个金融中介通过金融市场连接构成的业务链条,是一个金融市场和金融中介的交叉领域。只有众多的影子银行连接成一个网络,形成影子银行体系,才能担任类似于传统银行信用中介的经济角色。[1] 换言之,在现代金融市场下,机构、业务和工具这三者是相互区别但又密不可分地形成一个系统,纯

---

① 参见阎庆民、李建华:《中国影子银行监管研究》,中国人民大学出版社2014年版,第16页。

粹意义上的影子银行机构是非常少的。[①] 那种认为影子银行只作为产品的母体而存在继而推断影子银行是机构而非产品的观点仍然落在传统的以机构为主的金融行业分区的思维窠臼，显然不利于对影子银行风险源的统计与监测。[②] 鉴此，从“影子银行”这一称呼最初提出的本意和有效防范金融风险的角度出发，笔者认为采取“机构 + 业务”（产品或工具）的综合论方式界定影子银行更为合理。[③] 2010 年，英格兰银行金融稳定部副总裁保罗·塔克（Paul Tucker）就是从这个角度，将“影子银行”定义为：向企业、居民和其他金融机构提供流动性、期限匹配和杠杆提升等服务，从而在不同程度上替代传统商业银行核心功能的各种工具、结构、企业和市场。[④] 2014 年 1 月，我国国务院办公厅下发的《关于加强影子银行监管有关问题的通知》虽然没有对“影子银行”做出正面直接定义，但从其开篇中关于“近年来，随着我国金融市场的改革发展，一些传统银行体系之外的信用中介机构和业务（以下统称影子银行）日益活跃……”的表述，似乎可以推断我国监管高层对影子银行是持综合论界定方式的立场。[⑤]

需要强调的是，笔者虽倾向于综合论的界定方式，赞同应将机构、产品或工具纳入影子银行的范畴，但反对据此对“影子银行”进行漫天撒网式界定，比如简单将其当作“替代传统银行核心功能的各种工具、结构、企业和市场”或将其打包当作“‘二战’后商业银行以外的几乎所有金融创新业务”

---

① 参见邵宇：《影子银行：国际图景及中国形态》，载《金融发展评论》2013 年第 8 期；李俊霞、钟伟：《影子银行体系》，中国金融出版社 2015 年版，第 7 页。

② 湖南大学法学院黎四奇教授就持这种观点，黎四奇：《对后危机时代影子银行监管的冷思考》，载《暨南学报》（哲学社会科学版）2014 年第 8 期。

③ 为了更准确反映出影子银行内涵的综合性意蕴，阎庆民和李建华主张用“影子银行体系”的提法更为合适，认为此表述不仅可以涵盖机构，还可以涵盖业务、产品工具等。李俊霞和钟伟也认为影子银行是由机构、业务和工具等多个层面形成的一个系统，故而将其定义为“影子银行体系”更为准确。笔者既已赞同综合论，自然对此表示赞同。是故，下文有些场合因表达需要笔者也会用“影子银行体系”指称“影子银行”。有关上述的主张，参见阎庆民、李建华：《中国影子银行监管研究》，中国人民大学出版社 2014 年版，第 47 页；李俊霞、钟伟：《影子银行体系》，中国金融出版社 2015 年版，第 7 页。

④ Tucker, "Shadow Banking, Financial Markets and Financial Stability", http://www.bis.org/review/r100126d.pdf.

⑤ 关于国务院办公厅下发的《关于加强影子银行监管有关问题的通知》的具体内容，本书第二章第二节会做专门的介绍和解读。

的统称。[①] 事实上,只要我们仔细回溯麦卡利对“影子银行”一词表述的意蕴,就会发现那些从事或具备“类似于传统银行业务”功能的金融中介唯有置于“游离于监管体系之外”这一限定条件之下才能成为“影子银行”。这也是为什么后续很多学者在影子银行的诸界定中一开始就会冠之予诸如“不受监管或少受监管”“不受商业银行类似严格监管”“无中央银行流动性支持”“缺少存款保险”等相关限定性措辞的原因所在。可见,影子银行产生与发展的动力很大程度上是源于对传统银行监管的规避。因此,从该概念被人造的第一天开始就不是纯粹以一个商业银行复制品(影子)的面目出现,而是深深烙上了“不受监管或少受监管”的条件印记。换言之,在今天传统银行和影子银行共同拥有信用转换、期限转换、流动性转换和高杠杆等运营特征的情形下,唯有“不受监管或少受监管”这一特征才能将影子银行从金融体系中与传统银行区别开来。而从监管当局角度来看,其正是没有将影子银行置于自身的有效监管(如没有监管或监管不足)之下,才使影子银行潜在的系统性风险外化、膨胀为现实的金融危机。原美联储主席本·伯南克(Ben S. Bermanke)在肯定“通常定义的影子银行应包含一系列金融机构和业务”的基础上也特别强调“他们综合起来,行使传统银行的功能,但却在受监管的传统存款机构之外行使这些功能”。[②]

基于此,笔者认为,综合论中那些仅仅基于金融基本功能(如信用转换、流动性转换、期限转换和高杠杆等)而没有结合“不受监管或少受监管”的限定性条件来定义影子银行并不周延、客观,容易造成机构和业务的混淆,不符麦卡利当时创设“影子银行”一词之本意。就以我国的信托业为例,从机构角度来说,所有信托公司的成立和运营都要满足和遵循严格的

---

① 如纽约大学经济学教授努里埃尔·鲁比尼(Nouriel Roubini)就持这种看法。Roubini. N.,“The Rising Risk of a System Financial Meltdown:The Twelve Steps to Financial Disaster”, http://ww.rgemonitor.com,2013-11-20.

② Ben S. Bermanke,“Financial Regulation and Supervision after the Crisis: The Role of the Federal Reserve”, http://www.federalreserve.gov/newsevents/speech/bernanke20091023a.htm, 2016-02-05.

“一法三规”且经银监会的批准,[1]故而不能算为“影子银行”。[2] 然而,从业务的角度而非机构的形式来看信托公司与其他金融机构开展的诸如银信合作、票据信托和理财资金池等创新型业务,它们不受当前信托法和银监会的审慎监管,故而又是“影子银行”。我国的证券公司亦然。作为经国家批准设立的非银行金融机构,并非其从事的每一笔业务都是影子银行业务。像传统的证券经纪业务、承销业务和自营业务等,因为它们均在证券法的严格规制和当局的审慎监管之下,风险可控。然而,当一家证券公司从事直接放贷业务或与信托公司合作发行面向房地产的集合投资计划理财业务时,则此时证券公司很可能因不受证监会的审慎监管而具备了“影子银行”的特征。由此可见,在认知和界定某一机构或业务是否为影子银行的问题上,我们除了考察其是否发挥了类似商业银行功能和潜在的系统性风险问题之外,还必须在上述综合论的框架下通过更为深入的条件限制来确定影子银行的边界,即综合考虑该机构或业务在既往或现行法律框架下所受的监管程度。惟其如此,才能返璞归真,既符合麦卡利创设“影子银行”这一术语之本意,又能切合危机后国际社会讨论和关注影子银行的内在意图。

总之,“影子银行”这一概念是国际社会各界反思美国次贷危机的产物,是对金融体系中那些存在已久且在功能上与商业银行几无二致但却会带来系统性风险及监管套利的金融中介(机构、产品或工具)的概括或提炼,反映了人们对降低或减少这类金融中介可能潜藏的系统性风险及监管套利的迫切愿望。欲科学准确地界定影子银行,应坚持问题导向,观其实质。虽然当前国际社会对影子银行的范围和统计口径尚未形成统一的共识,但大家之所以竞相引入麦卡利的“影子银行”一说,就是对放任影子银行发展会引发一国系统性风险乃至金融危机这一深刻的教训已无争议,故而一致希望监管当局能够对影子银行进行有效的治理和监管,降低其内在的脆弱性以维护金融安全与稳定。诚如 FSB 所强调的,影子银行所带来的

---

① 信托行业中的“一法三规”系指《信托法》《信托公司管理办法》《信托公司集合资金信托计划管理办法》《信托公司净资本管理办法》。

② 国内著名经济学家巴曙松就持这样的观点。李高阳:《争议影子银行:杨凯生界定是否游离监管》,载《第一财经日报》2013 年 3 月 4 日,第 6 版。

系统性风险和监管套利是最大也是最需要予以关注的威胁。[①] 在笔者看来,这正是危机后国际社会持续关注、界定和监管影子银行的根本动因所在。借这一动因,笔者认为判断某一金融机构或业务是否为“影子银行”,至少应有以下三个要素可资考量:一是从功能的要素判断该机构或业务是否复制了商业银行的全部或部分核心业务(如吸收存款、发放贷款或支付结算等),即是否实现和发挥了类似商业银行的核心信用中介(如信用创造、信用转换及融通资金等)功能。二是从风险要素判断这种复制活动是否会带来潜在的系统性风险和监管套利风险。由于信用转换、期限转换与流动性转换带来的信用风险一旦处置不慎,极易发酵成潜在的系统性风险,故是否会带来系统性风险的判断也主要从这几个方面切入。三是从监管的要素看这种复制活动是否游离于政府的监管体系之外。这里的“游离于政府的监管体系之外”有两个层面的含义:一是指影子银行不受当局的监管;二是指影子银行少受监管。意即监管当局虽已将影子银行纳入监管的视野,但囿于认知水平和监管能力等主观条件,其对影子银行虽有一些类似于传统银行的监管标准要求如资本充足率、贷款集中度、杠杆比率、投资范围与风险计提等,但这些标准要求在程度上远低于传统银行,而且大都停留在指引、通知、意见等软法性层面,未能如传统银行那样被纳入硬法规制范畴。

事实上,2011 年 4 月,FSB 对“影子银行”所做的官方界定,即认为影子银行是“游离于受监管的传统银行体系之外,并可能引发系统性风险或监管套利的信用中介实体和活动”的定义也正是涵盖了上述的功能、风险和监管三个层面的要义。[②] 2012 年 4 月,FSB 在给 G20 的报告中继续沿用了这个定义,并强调使用“影子银行”这个称谓并不具贬义。[③] 无疑,相比上述的其他定义,此定义既能一针见血地刻画出影子银行在金融体系中所具有

---

① FSB, “Shadow Banking: Scoping the Issues”, April 12, 2011. http://www.financialstabilityboard.org/publications/r_110412a.pdf.

② FSB, “Shadow Banking: Scoping the Issues”, April 12, 2011. http://www.financialstabilityboard.org/publications/r_110412a.pdf.

③ FSB, “*Strengthening the Oversight and Regulation of Shadow Banking*”, April 16, 2012. http://www.financialstabilityboard.org/publications/r_110412a.pdf.

的实质功能及其潜在的风险所在,又能将其置于“不受监管”的语境之下,可谓是经济性定义与监管性定义的有机结合,能更有效地解决现代金融市场下因金融创新和监管环境变化所引发的影子银行边界不清的问题,体现出这一称谓的科学性、合理性及与现实生活的兼容性。可以说,在目前国际社会还未对影子银行概念形成完整统一的认知及我国国内现有的法律、行政法规和监管机构规范性文件等官方文本也没有对之做出正面定义的情境下,FSB 的上述定义适用性可谓最强,其被较多国内外学者接受已是一个不争的事实。① 鉴于此,在参考 FSB 定义的基础上,本书得出的影子银行定义如下,即影子银行是目前不受监管或少受监管的能复制商业银行基本业务(如吸收存款,发放贷款和支付结算等)、发挥商业银行核心功能(期限转换、流动性转换和信用风险转换)的且会引发系统性风险和监管套利的非银行信用中介实体和业务活动的总称。至此,除非有特别说明,否则本书以下对国内外“影子银行”的研究均在此一概念语境之下进行。

(二)“影子银行”与传统银行的区别

影子银行与传统银行在业务上可谓密切联系,如影随形,共同履行信用中介职能,提供流动性,推动了资金从最终储蓄者流向了最终贷款者,但其却具有以下几个鲜明的特征:

第一,影子银行业务是一种高风险的金融交易。所谓高风险金融交易,是指那些为追求高额利润回报而自愿冒高风险进行投资和交易的金融行为。② 影子银行的这种高风险性表现为“三高”,即高风险偏好、高杠杆、高期限错配。③

首先,高风险偏好是指影子银行不仅打破了传统银行零售的服务模式,采取了类似打包组合、回购交易的批发销售模式以获融资,而且还偏好于将所获融资投向那些高信用风险、低流动性的长期金融资产。毋庸置疑,这类资产往往是传统商业银行不愿意或不能涉足的,比如本轮金融危机中处处可见的次级抵押债券、垃圾债券、CDO、CDO2 甚至 CDO3 等结构性金融

① 参见孙国峰:《中国影子银行界定及其规模测算》,载《中国社会科学》2015 年第 11 期。

② 参见徐冬根:《后次贷危机时期高风险金融交易的法律规制研究》,载屈广清主编:《后次贷危机时期政府救济措施的国际法考量》,吉林大学出版社 2010 年版,第 20 页。

③ 参见邵东亚:《影子银行:国际图景及中国形态》,载《金融发展评论》2013 年第 8 期。

产品。

其次,高杠杆的本质是高负债、"以小博大",即用少量资金从事数倍乃至数十倍的交易。虽然影子银行不能像传统银行那样吸收公众存款以获融资,但高杠杆运作却是司空见惯的,其被媒体形象比喻为"在刀尖上跳舞"。以美国为例,其影子银行的高杠杆运作主要包括表内杠杆(从一级交易商或回购方式获得的抵押融资)和表外杠杆(衍生品中嵌入的复合杠杆)两种方式。前者表现为运用财务杠杆举债经营。如危机前的贝尔斯登、雷曼兄弟两家投资银行的财务杠杆率分别达到了33.5倍和30.7倍,而一般的商业银行也就在10倍左右;后者则表现为对包括CDS、各类远期(forward)、期货(futures)、期权(options)和互换(swap)等金融衍生产品的购买与投资。以CDS为例,据统计,截至2008年7月,美国CDS的总市值高达62万亿美元。这一数字为其危机前基础资产(1.4万亿美元次级贷款存量)的44倍。曾作为世界排名第一的保险公司即美国国际集团(AIG)正是身陷在CDS投资巨亏的泥潭,最后不得不诉诸国有化措施才得以避免破产。

最后,期限错配是指"借短投长",即将客户的短期负债投资于期限较长的资产,导致客户资金期限与资产运用期限的不匹配。事实上,传统商业银行也具有期限错配的功能。不过,其更多的是采用"吸收短期存款(或货币市场短期负债)+发放长期贷款"的模式,是一种间接融资,而影子银行则采用"向投资者发行一种短期货币要求权(如信托凭证、基金份额或理财产品等)+中长期贷款"的运行模式,介于间接融资和直接融资之间。这种模式高度依赖于短期证券市场的批发融资,其负债更为短期和脆弱,加之资产多以ABS等长期证券为主,两者错配的程度要比商业银行严重得多,尤其在市场出现大幅波动时,更容易引发影子银行出现流动性危机。

第二,影子银行业务是一种表外业务。所谓表外业务(Off-Balance Sheet Activities),是指金融机构所从事的、按照现行的会计准则不计入资产负债表内、不形成现实资产负债但能增加其收益的业务。这些业务是有风险的经营活动,在一定条件下会形成金融机构的或有资产和或有债务。与传统商业银行是在一张资产负债表内部完成信用中介职能不同,影子银行则往往是在一个表外的业务链条中完成的。这个表外业务链是商业银行和其他金融机构在金融市场的对接下进行的。以商业银行的"同业渠道"这一影子银行业务为例，其正是商业银行通过寻求其他金融机构（如信托公司、基金公司、证券公司等）提供的通道，将某些本在贷款项目下的资产转变为与资本消耗少且能规避信贷政策的同业往来、同业代付、信托受益权等资产。这类资产在功效上与传统的信贷资产并没有本质上的区别，但其持有人却被商业银行发起的“委托贷款”“银信合作”“银证合作”等业务“巧妙”地加以变更，从而实现资产从商业银行表内到表外的腾挪。

第三，影子银行不受监管或少受监管。这里的不受监管存在两种情况：一是法律没有规定所导致的不受监管，即影子银行机构及业务活动基于创新而处于法律尚未识别的领域，在新的针对性法律出台之前，监管当局会因“无法可依”而不能确定对其监管状态致其游离于监管体系之外；二是事实上的不受监管。即法律设定了相关禁止性要求或报批程序，但现实中仍存在违反法律法规要求或未经法律允许但尚未被监管当局所查处的“影子银行”。[①] 这里的“少受监管”表明影子银行机构及其业务活动虽在现有的金融监管视野之内，但监管当局囿于认知水平和自身监管水平而未能对之实施有效的监管，致使这些影子银行受监管的程度远不如传统银行。或者说这种监管力度相比影子银行机构及其业务可能导致的风险远远不够，无法控制相关风险。[②] 众所周知，传统银行在各国一直是置于当局的严格监管之下。各国的中央银行法和商业银行法均对商业银行的准入、运营和退出及危机救济机制等方面做了详尽的规定。这些规定不仅有对商业银行的资本充足率、杠杆率、存贷款比率及信贷规模等稳健性经营指标提出了严格的上限要求，而且还令其应有诸如缴纳存款准备金、投保存款保险等方面的强制性义务。然相比而言，很多影子银行并没有纳入上述法律监管的覆盖范围，即使有被纳入也没有上述诸多指标的严格限制，其信用创造过程也相对宽松，不仅无须计提贷款拨备和进行大量的信息披露，而且也无须缴纳存款准备金和存款保险费。这意味着影子银行能使用同样多的资本从事更加高收益的业务活动而无须像商业银行那样承担高额的监管遵循成本。

第四，影子银行业务透明度低，潜在的运营风险大。影子银行的不透明

---

① 这种情况为法律执行不力所导致，并非立法原因。

② 参见袁达松：《对影子银行加强监管的国际金融法制变革》，载《法学研究》2012 年第 2 期。

性主要体现在产品设计和信息披露制度两方面。影子银行不能像商业银行那样直接吸收存款,主要依赖发行短期债务工具从货币市场获得资金供应,然后运用于证券化、衍生金融产品及贷款等各类资产,故其业务很多是涉及证券的设计、发行、收购及担保的所有方面。以国外的实践为例,影子银行正是通过回购协议融入资金,购买信贷资产和发行各种证券化产品,然后再将这些产品作为抵押进行再次证券化和再抵押的循环操作,从而创造出一个"抵押市场价值/扣减率"的信用创造模式,形成了一个完整的不同于传统银行的信用扩张链条。而且,这些证券化产品设计的复杂性主要体现在金融工具的结构化、杠杆操作、证券化和衍生品的嵌套等。以前文提及的担保债务凭证 CDO 这一产品为例,它是以现金流切割技术和证券化技术为金融手段,通过打包、信用分层、信用评级及信用征信等环节层层结构化过程打造形成的。大部分投资者无从深入了解其产品构成和定价,更难知晓产品运行步骤、产品信息的真实性等实质信息。而且,很多 CDO 产品交易大都通过场外交易进行,主要依靠市场纪律的约束,其未像场内交易有严格的公开信息披露制度。事实上,在本轮金融危机中,类似于合成 CDO 的结构更为复杂的衍生品在美国影子银行体系内不胜枚举。这些影子银行产品游离于金融安全网的保护范围之外,其经营活动不公开,不透明,不仅对监管当局和投资者都形成了信息"黑箱",而且在其出现经营困境时,既不能如传统银行一样获得美联储最后贷款人的支持,也不能获得联邦存款保险公司(Federal Deposit Insurance Company, FDIC)的保险,潜在的运营风险较大。

基于以上特征的描述,笔者将影子银行与传统商业银行的区别总结如表 1 – 1 所示:

表 1 – 1 影子银行与传统商业银行的区别

项目	影子银行	商业银行
资金来源	货币市场基金或出售权益、银行贷款	存款、贷款、结算、支付清算
融资模式	批发(发放—分销)	零售(发放—持有)
杠杆率	20 倍以上	低收益,10 倍左右

续表

项目	影子银行	商业银行
资产负债表	贷款被隐匿在投资科目下或被搬运出表外	贷款作为资产记在表内
存款准备/预留头寸	无须缴纳存款准备金，最低水平由双方协定，不能从中央银行借款	缴纳存款准备金，由中央银行决定，可以获得中央银行“最后贷款人”的支持
存款保险	没有投保存款保险	一般都有存款保险
监管状态	不受监管或少受监管，依靠市场纪律	受到严格的监管
金融工具和产品结构	以 MBS、ABS、CDO/CDS 等证券化结构产品和通道类产品，结构比较复杂	各类不同期限的存款和贷款产品，结构比较简单
信息披露	场外交易，无强制性信息披露要求	比较透明，有强制性信息披露要求

资料来源：笔者根据相关文献资料整理。

第二节　影子银行的分类及运作

一、影子银行的分类

诚如德国法学家卡尔·拉伦茨（Karl Larenz）所说，当抽象概念及其逻辑体系不足以掌握生活现象或意义脉络的多样表现形态时，大家首先想到的就是类型化方法的应用。① 是故，在目前理论界和实务界对“影子银行”这一世界性概念尚未达成普遍共识的情境下，本书以下拟尝试从影子银行的表现形态、运作方式和受监管程度的强弱三个标准对其做一类型化划分和缕析，一则更好地帮助读者进一步把握影子银行的上述特征，全面认识本书所确立的影子银行概念；二则为下文针对影子银行分类监管制度的构建作一对象上的铺垫。

① 参见［德］卡尔·拉伦茨：《法学方法论》，陈爱娥译，商务印书馆2003年版，第337页。

(一)机构类、产品(工具)和业务(活动)类的影子银行

这是按影子银行主体表现形态的不同所做的分类。前已述及,在"影子银行"概念内涵的界定上,本书倾向于赞同综合论的观点,主张影子银行应包含多种层面,包括机构、产品(工具)与业务(活动)。首先,就机构而言,现行的影子银行既包括商业银行之外的一些非银行金融机构,也包括商业银行内部一些从事非传统银行业务的部门或分支机构。而这些机构无论是否具有法人地位,均为市场上较为成熟的机构投资者,与商业银行的"发放并持有到期"不同,其运作模式主要是"创造并交易",几乎完全是基于市场交易生存发展的。典型的前者如投资银行、私募基金、货币市场基金、资产管理公司及政府主办的非银行抵押贷款机构等;后者如银行融资性理财部门、特殊目的载体 SPV、资产支持商业票据管道等。其次,就产品(工具)而言,影子银行既有一些非银行金融机构为追求利润而主动创造、开发的产品,也有商业银行内部为规避监管增强竞争力而被迫创新提供的产品。前者主要有前文提及的 MBS、ABS、CDO 和资产支持信用等证券化产品、CDS 等信用衍生品;后者则有如银信合作、银证合作及银保合作等各种形形色色的理财产品。最后,就业务(活动)而言,影子银行就是上述各类影子银行机构以各种影子银行金融工具或产品为交易对象所形成的一种业务活动,具体包括资产证券化业务、融资性信托业务、P2P 理财业务、股权众筹业务及其他可能影响资产负债表的有风险的金融创新业务等。

(二)政府资助类、内部类和外部类的影子银行①

这是按设立主体的不同所做的分类,由美国著名经济学家佐尔坦·鲍兹(Zolltan Pozsar)于 2010 年提出。所谓政府资助类的影子银行,在美国主要是指房地美(Fannie Mae)和房利美(Freddie Mac)等"政府设立企业"(Government Supported Enterprise,GSE)及其金融活动。其作为联邦住宅贷款银行(Federal House Loan Banking,FHLB)系统的重要组成部分,虽不能直接吸收存款和参与发放贷款,但可以通过出售政府机构债券和 MBS 等证券化产品从房屋抵押贷款的二级市场中收购贷款,成为资金来源方(债券投资

---

① 这种分类方法由美国著名经济学家佐尔坦·鲍兹(Zolltan Pozsar)提出。Zolltan Pozsar, *Shadow Banking*, Federal Reserve Bank of New York Staff Report, No. 458, July 2010.

者)与资金需求方(贷款人)之间的信贷中介,好比商业银行是储户与贷款人之间的信贷中介,故而是对传统银行信贷融资模式的一种替代。而"内部"类的影子银行主要是指商业银行纷纷以并购经纪—交易商(broker-dealers)的方式设立金融控股公司(Financial Holding Company,FHC),并通过其旗下的其他银行、资产管理公司、基金公司和财务公司等从事信贷中介活动及表外融资活动。可以说,这些机构均从商业银行体系中派生而来,主要发放信用卡贷款、不符合要求的居民抵押贷款、商业性抵押贷款和杠杆化的贷款并将这些贷款进行打包、处理和证券化,成为将贷款从商业银行的资产负债表转移至影子银行体系的重要媒介;"外部"类的影子银行则是由多元化的投资银行控股公司通过并购有贷款资格的金融公司及资产管理公司获得信贷平台(lending platforms),并以此为基础从事资产证券化及金融衍生品交易。由于这类机构在商业银行体系外部运作,与商业银行无直接关联,故冠之以"外部"。前两类影子银行在一定程度上受到联邦政府的隐性担保,而后一类则不具有此特点。① 该分类同样也适用于国内的影子银行。如我国财政部发起设立的长城、信达、东方、华融四大金融资产管理公司就有点类似美国的"政府资助类"影子银行,目前没有立法对其运作加以规范,但却得到官方的隐性担保。还有很多央企旗下的全资融资租赁公司、贷款公司、信托公司或国有资产管理公司全额注资的各类担保公司、信托公司亦可归为此类。②商业银行发行的各种通道类理财产品及委托贷款等可归为类似美国"内部类"贷款影子银行;其余的具有商业银行信用中介功能的私人非银行金融机构可被划入"外部类"影子银行。

(三)少受监管类及无监管类的影子银行③

这是按受监管强度的不同所作的分类。其中,少受监管类的影子银行是

① 参见潘静:《中国影子银行体系监管的路径选择与制度构建》,西南财经大学2014年博士学位论文,第58页。

② 山东大学法学院沈伟教授对此做过研究,发现国内很多大型的央企、国企如中国移动、中国石化、中国铁路集团、中粮集团和扬子江造船控股集团等,都在利用它们充足的现金流通过旗下的贷款公司或信托公司直接贷款给其他公司。这类的企业设立的影子银行占据中国影子放贷人的90%。沈伟:《中国的影子银行及规制工具选择》,载《中国法学》2014年第4期。

③ 这是参考北京大学经济学院朱元倩博士所作的分类,朱元倩:《中国的影子银行体系及其分类监管》,载《农村金融研究》2013年第9期。

指虽有受到外部监管,但这种监管力度远远不够或与其蕴含的风险不匹配而导致监管走向失效的影子银行。① 具体而言,这类的影子银行又可细分为业务监管缺失型、机构监管缺失型和业务与机构监管双缺失型三种。业务监管缺失型是指机构受到的监管较严,但业务受到监管较弱的影子银行。这种影子银行主要包括受严格机构监管的商业银行的一些表外业务或资本计提不足的表内业务,如表外的理财产品、同业业务、委托贷款、票据卖断并返入销售等。而机构监管缺失型恰恰与之相反,是指业务受到的监管较严,但机构受到监管较弱的影子银行。该类影子银行主要包括一些非银行金融机构和新型融资机构所从事的严控杠杆、充分计提了资本的表内业务。如信托公司、财务公司的表内业务,以及担保公司和小额公司所从事的满足拨备和资本要求的融资和信用转换业务。业务与机构监管双缺失型是指机构和业务所受的监管程度都较弱的影子银行。在这种影子银行中,或由于其金融创新速度过快导致现有的法律规制滞后;或由于监管当局对其金融创新风险把握不准而暂时无法出台更为明确的规制安排;或由于分业监管体制下各监管主体相互推诿导致监管状态的不明等。在我国,这种影子银行包括信托公司等非银行金融机构的一些通道业务、小额贷款公司绕过自有资本金要求所从事的一些融资业务及线上线下相结合的 P2P 理财业务等。无监管类的影子银行既包括那些本来在法律上就不受机构和业务监管的影子银行,如民间借贷和危机前美国国内发放次级贷款的按揭贷款公司;也包括那些通过创新和监管套利造成事实上不受监管的影子银行。比如各类金融创新下出现的尚未被监管当局纳入监管范畴的新型机构、产品和工具,像第三方理财、众筹平台和"明股实债"式的融资等。②

二、影子银行的运作机制

众所周知,传统银行的信用中介功能是在法律严格的规制下通过直接吸收存款,发放并持有贷款的这种运作模式来实现的。而作为一种类商业银行

---

① 这些法律不仅多表现为指引、试行意见,尚未定型,而且缺乏针对性。

② "明股实债"是指以股权名义进行投资,但其权利义务、交易实质均类似或实际上是一种债权债务关系。其与传统单纯股权或者债权投资的区别在于虽然形式上以股权的方式投资于标的公司,但实际上却具有类似"刚性兑付"的保本约定。

的信用中介体系，影子银行又是如何绕开传统银行得以发挥上述的中介功能，实现存贷款资金的对接呢？欲回答这个问题，我们就必须对影子银行信用中介的运行机制有所了解。下面笔者以欧美的影子银行为例对此加以阐释。①

欧美影子银行体系的核心是证券化和批发融资，即通过资产证券化向金融资产提供流动性，故其业务往往涉及证券的设计、发行、收购及担保的所有方面。在这其中，诸多影子银行以机构、产品或工具的形式相互联结，各尽其职，在不同阶段分别扮演着“发行人”、“受托人”、“服务人”和“投资者”的多重角色，构成一条错综复杂的非银行金融中介链，用于向货币市场进行批发融资。具体而言，这条中介链的主要运作步骤如表1－2所示：

表1－2　欧美影子银行信用中介运作过程

内容	第一步	第二步	第三步	第四步
功能和交易目的	贷款发起和购买	贷款证券化	贷款的再证券化	批发性融资
参与的影子银行机构	各类融资公司或仓储行等	各资产管理机构及旗下的SPVs，投资银行、经纪—交易商等	SIVs，投资银行、信用对冲基金、经纪—交易商等	货币市场共同基金、固定收益共同基金、证券出借方等
参与的影子银行工具或产品	资产支持商业票据（Asset-Backed Commercial Paper，ABCP）	资产支持证券ABS	ABS，CDOs及CDOs的各级衍生品	1美元资产净值（影子银行的“存款”）

资料来源：笔者根据鲍兹（Zolltan Pozsar）教授对欧美影子银行运作机制描述的归纳。Zolltan Pozsar，*Shadow Banking*，Federal Reserve Bank of New York Staff Report，No. 458，July 2010.

第一步，贷款发起和购买。即先由传统银行或抵押贷款机构发放各种种类和期限不同贷款，然后各类融资公司或仓储行（warehouse bank or seller）等

① 这部分内容的描述，笔者适当参考了美国著名经济学家佐尔坦·鲍兹（Zolltan Pozsar）对欧美影子银行运作机制的介绍。Zolltan Pozsar，*Shadow Banking*，Federal Reserve Bank of New York Staff Report，No. 458，July 2010.

影子银行机构跟进购买这些信贷合约,使之移出商业银行的资产负债表,[①]最后将其汇集、打包、形成资产池出售给对应的资产管理公司(通常是大型商业银行或投资银行旗下的子公司)所建立的特殊目的载体(Special Purpose Vehicles,SPVs)。[②]

第二步,贷款证券化。即SPVs以所有权人的身份通过内部增级、重组和外部评级等途径对其购买的各种信贷资产进行分档、加工和改造,将之设计成不同级别、五花八门的ABS证券(信贷资产的一级金融衍生),并借助以投资银行为中心的场外销售交易系统发售给各种SIVs、证券套利机构及信贷对冲基金等机构。

第三步,贷款的再证券化。即为减缓或取消投资者对ABS等结构性产品风险的疑虑,上述的影子银行机构在购入各种期限不同的ABS后,通常不仅会对其继续加以重组、改造和构建,在ABS担保的基础上设计出CDOs(信贷资产的二级金融衍生),而且还会让利益相关的信用评级机构、保险公司及其他第三方担保人参与其中,以确保每一份设计出来CDOs获得较高评级后再转售给各类经纪—交易商。

第四步,批发性融资。即经纪—交易商将其购入的CDOs批发性出售给受监管或不受监管的货币市场共同基金、固定收益共同基金、养老基金、保险公司及货币市场的其他直接投资者(如证券出借方)等。[③]

当然,并非所有影子银行信用中介的运行都需经过上述四个步骤,有些可能只需其中一两个步骤就可完成存贷款资金的对接。首先,若商业银行将高信用级别的汽车贷款打包出售给银行表外设立的多方销售通道,那么信用中介链可能就此完结。再者,如果ABS抵押物的信贷资产质量和信用等级较低(像2008年金融危机爆发前处处可见的美国次级按揭贷款),则第三步中将ABS重组、构建成CDOs的二次证券化改造可能就无法一次奏效,即会出现再打包、构建成基于CDOs的CDOs,甚至是CDOs多次方的过程。在此

---

① 这种信贷合约一般为流动性不强的中长期贷款。

② 该影子银行机构有时表现为发放贷款的商业银行内部的理财部门。

③ 一般而言,货币市场基金是通过资产支持商业票据(Asset-Backed Commercial Paper,ABCP)等工具将社会零散资金转化为短期批发资金进行购买。而固定收益共同基金、养老基金、保险公司则通过购买较长期限的中期票据和债券为影子银行提供资金。

情境下，整个信用中介链势必被进一步拉长。总之，证券化基础贷款池的资产总量越大、质量越低，则影子银行信用中介链将其质量提高至货币市场基金等投资者所求的标准和信用等级的改造步骤就越多，产品也就越复杂。但无论改造步骤有多少，影子银行的信用中介链条都是始于发起者从传统银行购入而构建的贷款池，止步于批发资金市场。①

第三节　影子银行的产生、演进及影响

一、影子银行的发展脉络：以欧美为主的考察

作为全球影子银行的创始者，美国影子银行最早可追溯到 20 世纪 70 年初住宅抵押贷款的证券化。② 此阶段美国经济出现了前所未有的滞胀和凯恩斯国家干预主义的失灵，使新自由主义在美国从非主流地位上升到主流地位。在之影响下，美国政府为提升经济效率和活力，于 20 世纪 70 年代中后期便开始实施了系列经济自由化政策，放松甚至取消了部分微观层面的经济调控，特别是在金融领域逐步放宽 Q 条例对存款利率的限制，从而在美国境内掀起了一场金融自由化运动。③ 这场运动使美国金融市场迅速膨胀，金融创新层出不穷，金融体系和运行结构发生了根本性的变化，主要表现为：一方面，以货币市场共同基金、私人养老基金及金融公司为代表的非银行机构投

① 唐红娟：《影子银行体系：功能、脆弱性与监管改革》，知识产权出版社 2012 年版，第 44 页。

② 美国的资产证券化肇端于国民抵押贷款协会（Government National Mortgage Association，GNMA，俗称 Ginie Mae，即“吉利美”）1970 年发行的抵押贷款担保证券（MBS）。李国安等：《国际金融监管法制的现代化研究》，法律出版社 2016 年版，第 23 页。

③ Q 条例是 1929 年经济大萧条之后美联储颁发的旨在禁止储备银行向活期储户支付利息，同时规定定期存款支付利息最高限额的条例。然自 1970 年 6 月起，美国政府就提出了解除利率管制的设想。美联储根据美国经济发展和资金供求的实际情况，首先将 10 万美元以上、3 个月以内的短期定期存款利率市场化，而后又将 90 天以上的大额存款利率的管制予以取消。同时，继续提高存款利率的上限，以此来缓和利率管制带来的矛盾。1980 年 3 月，美国制定了《存款机构放松管制的货币控制法》，决定自 1980 年 3 月 31 日起，分 6 年逐步取消对定期存款利率的最高限制，即取消 Q 条例。1986 年 4 月，美国政府取消了所有储蓄存款账户的利率上限。对于贷款利率，除住宅贷款、汽车贷款等极少数例外，也一律不加限制。至此，Q 条例完全终结，利率市场化得以全面完成。

资者大量崛起。这些机构不受 Q 条例的限制,通过大量购买回购协议及其他投资期限短、流动性高及安全性好的金融产品为投资者提供了存款利率上限以上的回报,从而极大削减和弱化了商业银行吸收存款的能力。以货币市场基金为例,自 1971 年首只基金成立至 1977 年,其资产总额就攀升至 40 亿美元,而 2008 年危机前更是达到峰值,高达 3.76 万亿美元,相当于传统银行存款总资产的 32%,占比美国同年 GDP 的 26%。① 是故,在这些非银行机构的倒逼下,美国的很多商业银行竞相效仿国民抵押贷款协会的做法开展以资产证券化为主的表外业务,以寻求更大的利润空间和摆脱金融"脱媒"(disinter-mediation)现象的困扰。它们将住宅抵押贷款及日后自助贷款、汽车消费贷款、学生贷款和信用卡应收账款等贷款资产通过打包、分割等复杂的证券化技术转化为二级市场上的可投资证券,由此催生了很多帮商业银行处理贷款的仓储和获取更高资产收益的"内部类影子银行"。这些影子银行一般为商业银行或其控股金融公司设立的表外实体或机构,它们在承接商业银行转售过来的贷款后通过风险隔离,进行资金池的构建,将其重新组合、增信和结构化改造设计成标准化的证券,出售给上述各类非银行的机构投资者。据统计,1993 年,全美商业银行共发起 227 亿美元的长期贷款,其中转移给影子银行才 2 亿美元,而在 2006 年,全美商业银行所发起得 3150 亿美元长期贷款中,转移给影子银行的就高达 1250 亿美元,并且约有 80% 的次级抵押贷款是通过证券化来进行融资的。② 正是在这些影子银行的推动和示范下,各种类型的贷款资产证券化业务在美国如雨后春笋般涌现。另据统计,至次贷危机爆发前的 2007 年,美国信贷市场中的 MBS 发行额为 19,878 亿美元,其他贷款资产支持证券 ABS 发行额为 12,531 亿美元,两者合计 32,409 亿美元,占当年全部证券发行额的 52%。③ (见表 1-3)

---

① 参见[美]尼古拉斯·波尔斯特:《中美影子银行:比较与启示》,载《21 世纪经济报道》2013 年 6 月 24 日,第 24 版。

② 资料来源:Gorton G. and Metrick A., "Securitized Banking and the Run on Repo", *Journal of Financial Economics*, 2012, 104(3), p. 123.

③ 相关数据转引自王勇:《美国影子银行发展及监管》,载《金融发展研究》2012 年第 4 期。

表 1-3 1996~2008 年美国市场各类证券发行量

单位:十亿美元

年份	市政债	国债	住宅抵押贷款相关证券	公司债	联邦机构债券	其余资产支持证券	合计
1996	185.2	612.4	492.6	343.7	277.9	168.4	2080.2
1997	220.7	540.0	604.4	466.0	323.1	223.1	2377.3
1998	286.8	438.4	1143.9	610.7	596.4	286.6	3362.7
1999	227.5	364.6	1025.4	629.2	548.0	287.1	3081.8
2000	200.8	312.4	684.4	587.5	446.6	337.0	2568.7
2001	287.7	380.7	1671.3	776.1	941.0	383.3	4440.1
2002	357.5	571.6	2249.2	636.7	1041.5	469.2	5325.7
2003	382.7	745.2	3071.1	775.8	1267.5	600.2	6842.5
2004	359.8	853.3	1799.0	780.7	881.8	869.8	4642.6
2005	408.2	746.2	1966.7	752.8	669.0	1172.1	5715.0
2006	386.5	788.5	1987.8	1058.9	747.3	1253.1	6222.1
2007	429.3	752.3	2050.3	1127.5	941.8	901.7	6202.9
2008	389.1	1037.3	1344.1	706.2	1114.9	163.1	4754.7

资料来源:美联储资金流量表(1996~2008 年)。

另一方面,信贷资产的证券化不仅推动商业银行的放贷模式由传统的“发放——持有”转变为“发放——分散”,带动了前述附属于商业银行的各“内部类影子银行”,而且亦为其他一些非银行金融机构通过交易证券化的贷款而间接充当类商业银行的信贷中介提供了制度温床。随着 1999 年《金融服务现代化法案》(Financial Service Modernization Act of 1999)的实施和 1933 年《格拉斯—斯蒂格尔法》(Glass-Steagall Act)及 Q 条例的终结,美国迎来了全面混业金融的时代。投资银行、保险公司、货币市场共同基金、对冲基金、结构化投资实体等大量的非银行金融机构依托互联网金融创新技术、资金优势和监管制度中的某些真空因素等,开始主动介入商业银行的业务领域,亦纷纷经营起各种类商业银行的融资业务和资产证券化业务,从而在资产端用各种证券化产品替代传统的信贷,形成了形态各异的“外部类”影子银行机构。

综上而言,我们可以进一步将美国影子银行的发展概括为以下四个阶段:

第一阶段是 1970 ~ 1980 年的萌芽形成。随着彼时金融自由化的兴起和美国政府对存款利率管制的放宽,货币市场共同基金、私人养老基金及金融公司等非银行机构的迅速崛起,商业票据、欧盟债券及垃圾债券的迅速发展,部分的商业银行开始发行长期住房抵押贷款证券。在这个时期,影子银行在美国正式出现并得到一定程度的发展,不过在规模和影响力方面均与商业银行、保险公司差距甚远。

第二阶段是 1980 ~ 2000 年的快速成长。在这个时期,影子银行的核心工作就是进行抵押贷款的证券化,即将商业银行各类长期贷款所产生的现金流,通过分组和重新打包,抵押和创造出被市场参与者在二级市场上可以购买的安全、短期且流动性强的证券资产。与此同时,商业银行的贷款被直接或间接分销给各类的影子银行机构或大众投资者,影子银行渗入金融体系的方方面面。

第三阶段是从 2000 年开始至危机前的疯狂增长。在这个时期,《金融服务现代化法案》得以实施,美国金融业迎来了全面混业经营的时代。影子银行摆脱了先前法律对其分业经营的束缚。它们在传统抵押资产证券化的基础上创造出大量的如 CDO、CDS 等一系列复杂的结构性衍生金融产品,交易呈几何数量暴增。在本轮金融危机前的 2006 年,美国影子银行规模已开始超越了传统商业银行,成为美国金融体系中的运行主体。根据纽约联邦储备银行的统计,①美国影子银行规模从 20 世纪 70 年代逐步攀升。到 2007 年年初,其在金融工具方面,资产支持商业票据、结构化投资工具、拍卖利率证券、可选择偿还债券和活期可变利率票据等资产规模达 2.2 万亿美元。通过第三方回购隔夜融资资产为 2.5 万亿美元,对冲基金持有资产达 1.8 万亿美元,五大投资银行的资产负债表规模达 4 万亿美元,整个影子银行系统的资产规模高达 22 万亿美元的峰值,远超彼时整个传统银行体系的资产 14 万亿美元。②

---

① 这是 2011 年纽联储基于联邦储备委员会的资金流量记录,将所有证券化活动资金流中的负债部分(MBS、ABS 和其他 GSE 债务)及没有存款保险支持的短期货币市场交易(回购、商业票据和其他货币市场共同基金债务)加总起来所做的统计。

② 相关数据转引自李俊霞、钟伟:《影子银行体系》,中国金融出版社 2015 年版,第 49 页。

第四阶段是 2008 年金融危机后的回落与调整。在这个时期，美国影子银行在遭到 2008 年金融危机重创后开始逐步进入了“去杠杆化”的调整时期。其影子银行总资产规模有所萎缩，对经济的信用供给能力有所收缩，如 2011 年下降到 18 万亿美元，但整体规模依然庞大，且很快又恢复了增长之势头，成为美国金融体系中无可匹敌的主力军。据统计，截至 2013 年 9 月，美国影子银行总资产又上升恢复至 20.94 万亿美元的水平，远高于保险公司和养老基金的 18.99 万亿美元和商业银行的 15.78 万亿美元。[①]（见图 1－1）

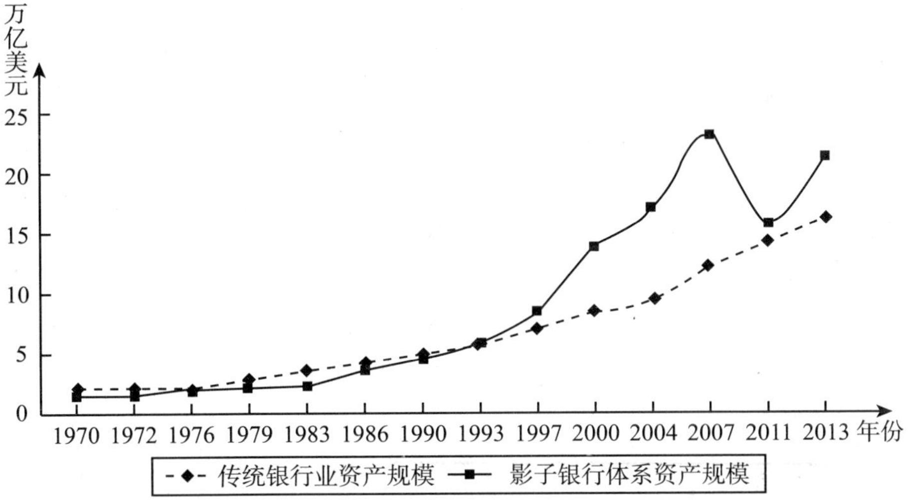

图 1－1　美国影子银行与传统银行业资产规模对比

无独有偶，作为全球影子银行较为密集的另一发达经济体欧盟，其影子银行虽出现较晚，但演进阶段与结构形态与美国大体相似。根据欧洲央行（European Central Bank，ECB）2012 年发布的研究报告显示，欧盟的影子银行肇端于 20 世纪 80 年代初，其主要由四部分组成：资产证券化业务、货币市场基金、回购协议业务和对冲基金。该报告以 2008 年的金融危机为分水岭，选取 2007 年第二季度和 2011 年第二季度这两个时间点对欧盟的商业银行及影子银行资产规模及份额作了统计和对比。根据该报告提供的有关影子银

① 资料来源：Federal Reserve Bank of New York，“ Board of Governors of the Federal Reserve System”，*Flow of Funds Accounts of the United States*，2011。

行的统计数据(见表1-4):在资产证券化方面,2007年第二季度和2011年第二季度,欧盟境内发行的各类资产证券化及衍生金融产品规模分别为73,000亿欧元和76,000亿欧元;在货币市场基金方面,2007年第二季度和2011年第二季度分别为12,000亿欧元和110,000亿欧元;在回购协议业务方面,2007年第二季度和2011年第二季度分别为68,000亿欧元和61,000亿欧元。①

表1-4 欧盟商业银行与影子银行资产规模及份额的对比②

项目		2007年第二季度		2011年第二季度	
		资产规模(亿欧元)	占比(%)	资产规模(亿欧元)	占比(%)
商业银行机构		256,000	54	280,000	51.5
影子银行体系	资产证券化及衍生品交易	73,000	15.4	76,000	13.9
	货币市场基金	12,000	2.5	11,000	2
	回购市场业务	68,000	14.37	61,000	11.21
	对冲基金	1300	0.2	1000	0.18
	影子银行汇总	154,300	32.62	149,000	27.38
商业银行与影子银行汇总		410,300	86.74	429,000	78.86
所有金融机构总资产		473,000	100	544,000	100

资料来源:笔者根据ECB与FSA提供的相关数据整理而成。Klára Bakk-Simon, Stefano Borgioli, Celestino Girón, Hannah Hempell, Angela Maddaloni, Fabio Recineand Simonetta Rosati. *Shadow banking in the Euro area: An overview*: Occasional Paper Series No. 133, 2012, April; UK Financial Services Authority, *Prudential Risk Outlook*. Journal of Financial Economics, 2011, forthcoming.

---

① 需要说明的是,由于相对上述几类影子银行而言,对冲基金的规模偏小,加上对冲基金缺乏足够长时间的序列数据,ECB在统计欧盟影子银行体系规模是并没有计算对冲基金。根据FSA的估算,欧盟对冲基金持有的资产规模在这两个时点上约为1300亿欧元和1000亿欧元。UK Financial Services Authority, "Prudential Risk Outlook," *Journal of Financial Economics*, 2011, forthcoming.

② 若按国家进行分类,荷兰、卢森堡、法国和爱尔兰的影子银行规模占整个欧元区的比重较大,分别是27.2%、22.2%、12.6%及12.4%。在这些国家中,证券化及衍生品交易在融资体系中占据较为重要的地位。由于德国推行商业银行全能银行制,即商业银行不仅可以经营传统银行业务,而且还经营证券、保险、金融衍生业务以及其他新兴金融业务,有的还能持有非金融企业的股权,故其影子银行的体量在整个欧盟的比重不算大,仅为6%。相关数据参见Klára Bakk-Simon, Stefano Borgioli, Celestino Girón, Hannah Hempell, Angela Maddaloni, Fabio Recineand Simonetta Rosati, "Shadow banking in the Euro area: An overview", *European Central Bank: Occasional Paper Series* No. 133, 2012, April。

由上表可见，危机前后，尽管影子银行在欧盟方兴未艾，但其规模和增长速度与同期的商业银行相比仍稍逊一筹。这说明，就间接融资而言，欧盟依旧是由商业银行主导的间接金融体系，其与上文描述的美国影子银行主导的间接金融体系显然大不相同。

二、影子银行的运营影响：“双刃剑”效应

作为现代金融体系的重要组成部分，影子银行在欧美的迅速发展已经深刻地改变了这两大经济体乃至全球金融市场的结构，并对现行全球金融体系的稳定产生了复杂的影响。这种复杂的影响可谓利弊参半，具有明显的“双刃剑”效应。笔者下面对此加以分析。

（一）影子银行的积极效应

第一，影子银行提高了金融市场的流动性，优化了金融资源的配置结构。首先，影子银行通过购买传统商业银行的贷款资产或以此作为基础资产发行各类证券化产品为商业银行信贷资产的流通提供了一个庞大的二级市场，使商业银行在转移或隐藏风险、降低吸收存款成本及提高资本充足率的同时，还能以出售贷款或贷款证券化方式获取价差收益，提前收回本金。进言之，影子银行就是通过这种方式将商业银行的中长期资产转变为短期的流动性资产，为其提供并增加流动性。而后，商业银行又通过贷款业务重新将这些流动性变为可贷资金投入市场创造出新的流动性。如此循环反复，令整个金融市场的流动性川流不息。其次，影子银行的发展强化了商业银行体系与金融体系之间的联系，有助于一国金融体系向“市场型金融体系”（market-based financial system）演进。这是因为商业银行的贷款可通过影子银行的信贷中介与资本市场和货币市场的投资者形成直接对接。这使传统商业银行发放贷款的目的将逐渐由传统的获取存贷利差收益转变为获取低买高卖的价差收益，成为“生产”贷款的企业。在此情境下，一国的金融体系将在以往间接融资与直接融资二元分野的基础上形成横跨两者之间的第三方融资模式，金融配置结构将因此将变得更加富有弹性和灵活，市场流动性与银行流动性得以相互融合与转换，从而增强了社会货币资金的保值增值能力。

第二，影子银行拓展了金融风险的管理手段，较好地迎合了现代社会多样化的投融资需求。影子银行的出现、发展与传统的金融结构无法满足投资

者的需求息息相关。以美国为例，早期Q条例对存款利率和现行FDIC对银行存款承保上限的规定使得银行活期存款利率远远无法满足投资者获利的需求。而受国债市场规模以及外国投资者对美国国债强劲需求的限制，短期国债以及以国债为担保的金融资产也难以满足投资者（特别是机构投资者）对资金安全性的需求。于是，以MBS、ABS、CDO和回购协议等为代表的各类影子银行产品及工具应运而生。这些影子银行一方面为融资者提供了非传统的资金和流动性来源，使闲置资金得到有效利用；另一方面为减缓投资者对产品风险的疑虑，不仅引进外部利益相关的信用评级机构、保险公司及其他第三方担保人进行增信担保，而且还设计出类似CDS等信用衍生产品，为投资者提供了大量转移、分散与管理金融风险的机会和手段，从而很好地迎合了投资者规避风险和寻求资金保值与增值的现实需求，充分发挥金融资金对经济的推动作用。

第三，影子银行减缓了一国的金融抑制，有助于破解中小企业融资难的困境。“金融抑制”一词最早出现在美国斯坦福大学的罗纳德·麦金农（Ronald I. McKinnon）和爱德华·肖（Edward S. Shaw）教授所著的《经济发展中的货币与资本》一书中，意指一国政府对金融实行过分干预和管制所导致的金融体系不健全，金融市场作用不充分和金融产业的低效。在“金融抑制”背景下，信贷资源的供给和分配本身就不公平，加之政府人为地对存贷利率及贷款规模等实施严格的上限控制和过高的公司债券、股票的发行门槛，部分有潜力的经济主体尤其是中小企业很难从正规金融体系中获得相应的融资支持，久而久之会因此陷入发展的困顿而使一国金融与经济形成一种相互制约的恶性循环状态。然影子银行的出现则有效地避免了这种状况。其所提供的多样化、差异化的融资方式（如小额贷款、互联网金融等）可在较大程度上满足中小企业“短、平、快”的融资需求，有效解决了正规金融对中小企业服务供给不足和薄弱的问题。此外，影子银行市场化的定价方式和运作模式亦会对一国利率管制形成外在的倒逼力量，提升金融服务的深度和广度。以美国货币市场基金的出现为例，其深刻改变了以商业银行为主导的资金供求模式，削弱了其长期垄断下的低成本优势，并确立了资金供给者提供资金定价的新机制。这些改变有力地冲击了彼时美国当局对利率的管制，终使国会不得不进行利率市场化改革，于1986年完全废止Q条例的施行。

第四，影子银行提高了资金的配置效率，有效地节约了金融交易成本和推动一国的金融创新。影子银行不仅通过创造大量的信用流通工具和衍生产品进行多层次的信用、期限和流动性转换，吸引了大量的私人货币资金，形成高额负债，而且自身也通过授信业务，将资金投向社会各个领域尤其是那些被正规金融排斥在外的中小微型的高新技术产业，从而增强储蓄转化投资的能力，有助于调整一国产业结构和提升资金的配置效率。同时，影子银行在节约交易成本方面也是显而易见的。其不仅通过贷款证券化极大地降低了商业银行和借款人的筹资成本及贷款使用的监督成本，而且在金融市场批发交易时，也在向市场参与者提供金融产品交易所必需的信息服务和信息评价，从而降低了他们收集、过滤资产和交易对手信息所需承担的交易成本。此外，从上文对欧美影子银行运行机制及演进历程的梳理，我们不难发现其不仅是金融创新的产物，而且还能反过来刺激金融创新，成为推动新一轮金融创新的原动力。比如，在金融工具或产品方面，影子银行运用集成化的金融工程模型和智能化的信息采集手段所推出的一系列复杂的证券化产品和各级衍生金融产品如 ABS、CDO 和 CDS 等都是前所未有的；在金融市场方面，影子银行亦开辟了 OTC 衍生品交易市场、P2P 理财市场、回购市场和各类资产抵押商业票据市场等；在交易方式方面，影子银行则使商业银行的传统贷款从“发放——持有”转变为“发起——分销”的经营模式；在金融制度方面，影子银行在“创新——监管——再创新——再监管”的螺旋形动态辩证博弈中必然引发各国在金融监管理念、体系、方式和手段方面的变革（本书下面会对此作一重点分析）。总之，创新是影子银行的“生命线”，影子银行就是通过创新求生存，更是通过创新推动一国的金融功能向高层次扩展与提升，更好地为实体经济服务。

（二）影子银行的负面效应

由上可见，影子银行对一国金融体系的积极作用是毋庸置疑的，然而我们不能因此忽略影子银行可能带来的负面效应，否则一旦对之处置不慎就会令其上述积极作用消失殆尽，给整个金融体系带来难以估量的灭顶之灾。2008 年金融危机的爆发正是肇因于此。概言之，影子银行的负面效应可以总结为其对一国金融体系稳定的潜在威胁及对金融监管有效性的弱化。具言之，主要表现在以下几个方面：

第一,影子银行高度的期限错配性增加了一国金融体系的流动性风险。前已述及,与传统商业银行相比,影子银行天生具有特殊的资产负债结构:一方面,为获取高额收益和扩大市场份额,影子银行通常将其资金勇于购买各种期限长、虚拟性强、流动性较差的证券化产品。由于这些产品的基础资产多为传统银行发放的长期贷款,信用风险较高,一旦遭受外部重大利空事件或市场不稳定因素冲击时,往往无法及时得以变现,容易出现流动性枯竭。另一方面,影子银行的负债主要依靠 ABCP,融资券(Commercial Paper,CP)、回购协议等短期融资工具在货币市场上进行批发融资。而这些资金的供给者主要是货币市场基金、固定收益共同基金、养老基金等机构投资者,普遍具有短期性、易传染性和不稳定性,对市场利率极度敏感。故一旦市场出现下行预期,则这些机构会因为应付其背后投资者接踵而来的赎回压力而不得不选择提前抛售资产,从而切断影子银行赖以生存的批发性融资通道,促其本不见好的流动性"雪上加霜",加剧自身生存的危机。可见,影子银行这种借短贷长的期限错配性决定了其不能有效应对外部市场下行的冲击,容易引发一国金融体系的流动性风险。

第二,影子银行高度复杂的衍生化结构增加了一国金融交易的信用违约风险。以欧美等发达经济体的影子银行为例,其最典型的特征就是通过打包、信用分层、信用评级及使用各种增信工具将贷款资产进行证券化。特别地,20 世纪 90 年代之后,随着金融业务多元化和人们投资需求的多样化,这种资产证券化技术发展迅速,证券化产品越来越繁多;证券化链条越来越长,风险与收益层级划分越来越细。例如,2006 年美国新世纪金融公司向花旗集团出售了一笔次级贷款,花旗将其出售给旗下的一个金融公司,而这个公司又将该笔贷款通过证券化方式发行,并将其划分为 19 个层级,且每一层级都给投资者不同的优先受偿权及不同利率和还款计划。无疑,影子银行通过这种高度复杂的衍生化结构在帮助贷款发行人转移风险,将流动性较差的抵押贷款(主要是住房贷款)转变为流动性良好证券化资产的同时,也为贷款发行人道德风险的滋生提供了温床。这集中表现在贷款发行人在高额利润和市场竞争的驱动下往往疏于对借款人资质的要求和审查,结果使大量不具备偿付能力、信用记录差、高风险的借款人获得了贷款。次贷危机前美国处处可见的"忍者贷款"(NINJA Loans)和"谎言贷款"(Liar Loans)就是典型例证。[①] 如此势必使证券化资产池中的基础资产质量越来越差，而一旦出现基础资产价值的大幅下跌及次级贷款利率的大幅上升，借款人为降低其损失往往会选择以放弃基础资产赎回权为代价的违约行为。根据 2008 年美国联邦金融机构监督委员会(Federal Financial Institution Examination Council，FFIEC)的一份研究报告，从 2001 年到 2007 年，申请资料不全或完全没有申请资料贷款占比从 26% 上升到 52%，而这些次级住房抵押贷款市场的违约率则从 2007 年年初的 4% 急剧上升到 87%。与之相对应，次贷占比和次贷证券化率都呈现断崖式下跌，从而造成资金流源头的枯竭。[②] 可见，影子银行高度复杂的衍生化结构在使最终产品与原始资产的联系日渐疏远的同时也使基础资产质量越来越差，出现现金流的不稳定性，容易引发一国交易双方的信用违约。

第三，影子银行内生的脆弱性和顺周期性的运作机制更容易引发一国金融体系的系统性风险。所谓系统性风险(systemic risk)是指与整个市场相关联的，影响金融市场或体系而不是个别参与者的风险。金融史表明，在不同的金融发展阶段，金融体系都会产生系统性风险，然影子银行体系尤甚。这是因为：首先，前已述及，影子银行自有资本非常有限，其大部分资金都是以发行短期融资工具的形式从货币市场筹集，然后投资于高风险、低流动性的长期资产。这种短借长用，期限错配的投资方式使之在遭到挤兑时不堪一击。其次，影子银行颠覆了商业银行的运作模式。这不仅表现在其将商业银行吸收存款、发放贷款的简单过程，分解加工成了依靠批发市场融资，以证券化产品为基础的信贷链条，而且还体现在杠杆率操作上：由于不受存款准备金和资本充足率的约束，很多影子银行如脱缰野马，大量利用财务杠杆进行举债经营。这种“以少博多”的杠杆投资一旦遭遇市场下挫，不仅自身内部容易形成一个损失的自我加强、愈演愈烈的资产抛售循环，而且还会“一损俱损”，殃及链条上其他金融机构。再次，影子银行自身的风险很容易通过商业

---

① “忍者贷款”是指不核查借款人收入、工作和资产的次级贷款。NINJA(忍者)是“No Income，No job，No Assets”的缩写。[英]戴维·史密斯：《动荡年代：金融危机怎样改变未来经济》，张静等译，电子工业出版社 2011 年版，第 69 页。

② Jeremy C. Stein, *Securitization*, *Shadow Banking*, *and Financial Fragility*, Harvard University Press，2010，pp. 234 – 236.

银行外溢至整个金融体系。这是因为一方面,影子银行自身缺乏稳定的筹资渠道,其需要与商业银行进行密切的业务合作方能在竞争中“脱颖而出”;另一方面,商业银行出于获利所需,不仅经常深度参与资产证券化和结构化投资等影子银行业务,而且还会暗中为影子银行体系的信用转换、期限转换及流动性转换提供信贷支持。这种“各取所需”的业务联动进一步加剧影子银行引发系统性风险的可能性。① 最后,与传统银行体系相比,影子银行的顺周期性更加明显,②“金融加速器效应”更加突出。这具体表现在:一方面,当经济上行或繁荣时期,影子银行机构的风险偏好增强,倾向于不断扩张资产负债和提高杠杆率以推动资产价格泡沫的形成;另一方面,当经济出现衰退或市场丧失信心时,影子银行会因去高杠杆产生流动性支付困难,继而引发类似传统银行“挤兑”的资金溃逃和资产抛售,给金融体系带来更大的潜在系统性风险。

第四,影子银行无处不在的监管套利行为极大地弱化了一国的金融监管效果。所谓监管套利(Regulatory Arbitrage)是指在其他条件相同的情况下,金融机构利用不同监管机构在监管规则和标准上的不同,选择监管环境最宽松的市场进行经营活动,从而获得因降低监管成本,规避管制而获取的超额收益。③ 作为与商业银行并驾齐驱的另一个融投资系统,影子银行及其活动不受监管或所受监管较小,无须消化其风险的真实成本(这是因为监管机构通常要求商业银行消化其真实成本)。这种监管洼地使其相对商业银行更具成本优势,容易萌发监管套利的动机。意即市场参与者从传统监管严格的商业银行市场转移到监管宽松的影子银行市场,全部或者部分地规避监管,以获得差别化利益。详言之,因影子银行而生的监管套利有两种:一是转换主体身份,即将本应受审慎性监管的机构转换为免于监管或少受监管的影子银行。如商业银行发起设立非银行的管道公司(conduit company),由其代替商业银行发行商业票据或资产支持商业票据等吸收储蓄外的资金;二是转换工

① 参见陈斌彬:《境外影子银行监管制度的新进展及其启示》,载《商业研究》2013 年第 2 期。

② 影子银行的顺周期性是内生的,除了主体本身的有限理性和心理因素外,还存在众多放大顺周期性的“催化剂”,如资本金要求,公允价值会计准则,金融风险计量模型、薪酬激励制度和贷款价值比率等。

③ 参见时辰宙:《监管套利:现代金融监管体系的挑战》,载《新金融》2009 年第 7 期。

具形式,即通过结构化改造,将原本受到法律限制的业务设计成不受法律调整的融投资工具。如危机前美国处处可见的 CDO、CDS 等高杠杆性结构化投资产品。监管套利的祸害在于:商业银行在审慎监管下本应将其风险的真实成本内部化,然凭借影子银行经营上的表外性这一"管道",其往往会绕开资本监管从事表外投资,将风险转嫁至影子银行。可见,影子银行无处不在的监管套利及由此带来的泛证券化不仅使得相关监管法律无法达到防范其风险和危机的目的,规避和弱化了一国政府的监管效果,同时又给整个金融体系增加了额外的风险,加大了金融脆弱性。

第四节 对影子银行施以监管的理论依据与法理基础

前已述及,国际社会在对本轮金融危机发生成因的反省当中,影子银行成为危机的主要诱因之一的观点已成共识。是故,在此定论下,影子银行似有被妖魔化之趋势,在各国成了"人人喊打的过街之鼠"。于是乎,将其纳入正式、严格的监管法律体系似乎成为各国立法者和监管当局吸取危机教训,进行"悔过自新"的不二选择。客观上讲,危机后世界范围内的金融立法实践与理念开拓正不惜余力地朝着这一目标选择迈进与靠拢。然而,为何要将影子银行纳入法律监管?难道其必要性仅仅是本轮危机给我们带来的教训?答案显然不是。虽然影子银行在本轮危机中成为千夫所指的对象,但笔者认为,我们应冷静地摆脱单纯危机事件影响的羁绊,从整个金融业和影子银行特质及其与一国经济秩序稳定和金融消费者利益保护等内在的勾连出发,探寻对影子银行施以监管的本质原因,否则就很容易因为危机之后的一时激情和愤慨而陷入对其盲目监管和加重监管的误区。

一、影子银行监管必要性的应然诠释:以一般金融监管理论为视角

毋庸置疑,影子银行作为金融创新的产物,其已经构成现代金融体系不可缺少的组成部分,故从一般意义而言,现行的用以诠释金融监管必要性的各种金融监管理论当然同样可适用于影子银行。众所周知,金融为现代经济的发展提供基础设施(infrastructure),是现代经济的核心,具有优化资源配

置、调节经济运行之功效。其资本运作良善与否关乎社会稳定的实现。然而,在人类历史长河中,金融业时常出现不稳定或陷入危机混乱状态中,不能正常发挥作用,妨碍甚至破坏国民经济的发展。因此,为防止金融风险,保持社会稳定,就必须对金融业实施监督管理。于是,从20世纪初,经济学界就着眼于"金融监管必要性"这个基本命题从不同角度展开了探讨,并形成了各自不同的理论见解,主要包括:

(一)公共利益论

"公共利益理论"溯源于20世纪30年代初英国经济学家庇古(Alfred Pigou)和美国经济学家萨缪尔森(Paul Samuelson)的福利经济学思想。① 该理论从亚当·斯密"看不见的手"出发,认为现代社会不存在完全竞争的市场,即市场在某些领域并不具备效率,存在诸如公共物品、信息不对称、垄断、过度投机及外部不经济等失灵现象,会造成社会福利的损失。以金融业为例,比如,金融行业天生所具有的影响全社会利益和经济发展的"公共物品"特性也决定了私人不愿意也不能做出整体的制度安排来限制过度投机和稳定金融体系。又如,金融业市场的准入壁垒和风起云涌的金融业并购浪潮容易导致一国的金融市场被少数大型金融机构所垄断,降低社会福利水平。再如,金融活动中由于存在信息不完全或不对称的情形,使银行、证券公司、保险公司等金融机构比金融消费者拥有更加充分的信息,从而有可能利用这一优势条件将风险或损失转嫁给消费者。因此,在社会公众利益高度分散化的今天,唯有让国家法律授权的政府机构代表社会整体利益在一定程度上介入金融经济,通过监管来约束金融机构行为,确保其合规运作,才能纠正或消除金融市场缺陷,提高资源配置效率和防止金融消费者的利益受损。可以说,"公共利益理论"是20世纪30年代西方金融危机出现后提出的影响最广泛的金融监管理论。②

(二)公共强制论

"公共利益理论"蕴含这样的一种逻辑假设:不受约束的金融市场常会

---

① 参见陈斌彬:《我国证券市场法律监管的多维透析——后金融危机时代的思考与重构》,合肥工业大学出版社2012年版,第24页。

② 参见朱大旗:《金融法》,中国人民大学出版社2007年版,第120页。

出现失灵，而政府作为全体市场参与者的利益代表，其监管能够提高金融市场潜在的公共利益，故而是克服市场失灵的根本之径。然而，在解决市场失灵的问题上我们为什么非要倚靠监管这一行政机制而不用司法机制，比如私人诉讼呢？1998 年美国哈佛大学教授安德烈・施莱弗（Andrei Shleifer）及爱德华・格莱泽（Edward Glaeser）在他们合作的一系列论文和著作中总结出来的“公共强制理论”则对此问题作了进一步的回应。[①] 其认为私人诉讼（司法机制）和政府监管（行政机制）虽都能成为弥补市场失灵的方法，但他们对经济生活的社会控制措施都是不完美的，而最优的监管安排就应对两者进行权衡，以确认何者更具专业性，规制成本更低，规制效果更好。[②] 基于此，“公共强制理论”的一些基本主张可以概括为如下几个方面：首先，在纠正金融市场失灵方面，监管者较法院更具专业性和效率性。这是因为监管者不仅职能单一，业务熟练，而且在查处违法违规行为方面能主动出击，完全不同于法院“不告不理”的被动监管方式。其次，私人诉讼过高的成本可能会阻却对违法行为的规制。这是因为单个原告即使胜诉获得赔偿可能低于付出的诉讼成本，从而打击受害人的诉讼积极性。但是，监管者可以将众多受害的个体申诉汇总起来，一并对违法者进行处罚，从而实现规制违法的规模经济。[③] 因此，在中等执法能力的前提下，尤其是当严重的社会危害来自市场行为时，政府监管是有效的。特别是当外部性导致了大规模危害时，为确保相应的惩罚所必需的罚金数额非常高，因此责任体制特别容易受到破坏，在这种情况下，单纯依赖法院监管可能无法实现有效性。最后，政府监管主要是以事前防范为主，兼具事后威慑，而私人诉讼却存在滞后性。因为法院通过判例来确立证券监管规则和对受害人进行损害赔偿必须在受害人提起诉讼并判决之后才得以最终完成，并且在法律没有规定或超出法律规定的领域，其对失

---

① Andrei Shleifer, "State versus Private Ownership", *Journal of Economic Perspective* 1998, Vol. 12, pp. 33 – 150; Andrei Shleifer, *The Grabbing Hand: Government Pathologies and Their cures*, Harvard University Press, 1998.

② 参见[美]安德烈・施莱弗：《理解监管》，载吴敬琏：《比较》（第 16 辑），中信出版社 2005 年版，第 108 页。

③ 参见[美]丹尼尔・F. 史普博：《管制与市场》，余晖等译，上海三联书店、上海人民出版社 2008 年版，第 33 页。

灵现象是无能为力的。[①] 不言而喻,在“公共强制理论”的视域下,同为解决金融市场失灵的手段,政府的行政监管相比私人诉讼更显必要。

(三)金融脆弱论

“金融脆弱性理论”为英国布朗大学教授海曼·P. 明斯基(Hyman P. Minsky)于1963年所倡。其基于资本主义繁荣与衰退长期波动的现象将借款企业分为三类:抵补型、投机型和庞氏型,[②]并认为在一个商业周期开始时,绝大多数企业都属于抵补性企业。然随着经济的进一步繁荣,市场显现出一派利好气氛,企业预期收益上升,纷纷扩大借款,导致投机型和庞氏型企业迅速增多。这样,在借款人中高风险的后两类借款人的比重越来越大。于是,风险积聚越来越多,金融脆弱性越来越严重。特别地,当资本主义经济的长波遭遇滑坡时,任何打断信贷资金流入生产部门的事件都将引起违约和破产,而这又进一步反馈影响金融体系,甚至爆发金融危机。[③] 进一步地,美国巴德学院教授克雷格尔(Kregel)1997年从机构角度提出了“安全边界的降低导致金融脆弱性”的观点。即在经济扩张时期,银行赋予借款人正面信用记录的权重提高,相应降低银行经营的安全边界。当安全边界降至最低限度时,即使现实经济略为偏离预期,也会引发信贷关系紧张。而为了保证固定收入,借款人不得不改变既定的投资行为,引发实际债务负担加重并产生金融危机。[④] 总之,金融业是一个特殊的高风险行业,具有内生的脆弱性。为减缓和降低金融的这种脆弱性,避免出现金融风险和导致金融危机,需要政府对金融业实施严格的监管。

(四)金融挤兑论

1983年,两位美国金融学家道格拉斯·戴蒙德和菲利普·迪布维格(Douglas Diamond & Philip Dybvig)提出了著名的银行挤兑理论(DD模型),

---

① 参见[美]安德烈·施莱弗:《理解监管》,载吴敬琏:《比较》(第16辑),中信出版社2005年版,第111页。

② 抵补型企业是指未来的收入现金流足够支付债务本息的借款企业,无疑,这类借款企业最安全;而投机型和庞氏型企业则指无法以现金收入偿还债务,依靠债务滚动来偿还债务的借款企业,一旦市场出现变化或利率上升,其财务状况就会恶化。

③ 参见王东风:《国外金融脆弱性理论研究综述》,载《国外社会科学》2007年第5期。

④ See Jan A. Kregel, “Margins of Safety and Weight of the Argument in Generating Financial Fragility”, *Journal of Economic Issues*, Vol. 31, No. 6, 1997, pp. 543 - 548.

认为银行作为一种金融中介机构，其基本的功能是将不具流动性的资产转化为流动性的资产，但正是这种功能本身使银行容易遭受挤兑。这是因为金融机构间存在密切而又复杂的债权债务关系，当一家银行发生支付危机的负面效应极易会因为社会公众的恐慌发生连锁反应，出现突发性、集中性和灾难性的挤兑危机，触发大范围甚至全面的金融系统危机。而DD模型正是在分析银行挤兑原因的基础上对政府在防范和减少银行挤兑的作用作了分析，进而得出政府监管于克服银行挤兑具有十分之必要性。①

（五）金融非理性行为论

与传统金融理论认为人们的决策是建立在理性预期、风险回避、效用最大化以及相机抉择等假设基础不同，1972年美国俄勒冈大学经济学教授保罗·斯洛维奇（Paul Slovic）在其论文《人类判断的心理学研究对投资决策的意义》提出了行为金融理论，并经后来的耶鲁大学经济学教授乔治·阿克洛夫（George A. Akerlof）罗伯特·希勒（Robert J. Shiller）等人的进一步阐发，创立了行为金融学。② 行为金融学将心理作用和投资行为相结合，发展了动物精神的概念，③认为并非每个市场参与者都能完全理性地按照理论中的模型去行动，人的非理性行为比如“躁动和恐慌”行为等在经济系统中发挥着不容忽视的作用。详言之，在金融市场，投资者的动物精神存在消极面，它可能导致投资者出现羊群效应。这种集体非理性行为不但容易出现在宏观经济不稳定时期，即便是在稳定的宏观经济条件下，也可能产生。如果市场出现问题，投资者又容易走向另一个极端，出现过度恐慌情绪，导致金融市场的剧烈波动，金融风险由此产生。行为金融学研究说明了人们的行为模式远非古典经济理论所假设的那样简单，贪婪、诱惑、嫉妒、怨恨和恐惧等情感不但会影响个人的决策，而且可能导致整体经济的动荡不安。这种由人类固有的

---

① See Douglas Diamond & Philip Dybvig, “Bank Runs Deposit Insurance, and Liquidity”, *Journal of Political Economy*, University of Chicago Press, Vol. 91, No. 3, 1983, pp. 401 – 419.

② 参见［美］乔治·阿克洛夫、罗伯特·希勒：《动物精神》，黄志强等译，中信出版社2009年版。

③ 在经济学者中，凯恩斯（John Maynard Keynes）较早提出了所谓的“动物精神”概念，凯恩斯的基本出发点是，投资行为不能用理论或理性选择去解释，因为经济前景根本难以捉摸，因此他提出投资的冲动要靠“动物精神”，即靠自然本能的驱动。李国安：《国际金融监管法制现代化》，法律出版社2016年版，第12页。

非理性偏差导致的市场低效无法通过市场自身来解决,有必要政府运用法律手段捍卫市场公正和对投资者进行教育,帮助人们认清复杂事物和拒绝诱惑,免受社会影响做出错误判断。由此可见,行为金融理论从人的非理性因素揭示了金融风险的普遍的、深层次的原因,为诠释金融监管必要性提供了新的视角。

二、影子银行监管必要性的实然诠释:以自身的运营特质为视角

如果说上述各种金融监管理论只是从一般金融业的共性层面为影子银行监管提供了应然的理论支持,那么下面笔者将在此基础上结合影子银行的运营特质来进一步诠释这种监管之必要性。

首先,影子银行的运行较一般金融业态(如传统商业银行等)呈现出更为严重的信息不对称。① 信息不对称问题是影响金融系统功能发挥的主要障碍。就影子银行而言,其运营中呈现出的信息不对称问题要比其他金融业态更为明显和严重。比如以欧美为例,从前文对其影子银行资产证券化运营过程的描述不难发现,影子银行在深度参与商业银行贷款证券化中业已形成了一条涵盖资金借贷、资产打包、资金增级、信用评级、产品销售等环节的信用链条,参与主体囊括发行人、服务人、管理人、担保人、分销人和信用评级机构等。无疑,如此复杂的结构化运作过程和多样化的参与主体必然加剧了交易双方信息不对称的程度,使作为终端的投资者对影子银行产品风险信息往往无从获得和辨析,导致风险隐蔽性增强。又如,当前国内很多商业银行内部的影子银行业务如"银证合作""银信合作"理财产品等在现实中都是通过滚动发行和构建资金池的方式得以维系,资金的来源与资金的实际运用无法形成一一对应。然投资者仅与商业银行签订理财协议,将资金转入银行指定账户,对资金池的构建过程并不清楚。加之这些理财资金总是由商业银行事先选定的一些信托公司、证券公司、基金子公司等"非银行同业渠道"来完成对外投资的,投资者对资金的具体流向可谓一无所知,更遑论能了解到具体

---

① "信息不对称"这一经济现象的研究最早可追溯至阿克洛夫对"柠檬市场"所进行的研究,通常指交易双方各自具有对交易具有影响且水平不同的信息,由此可能引发道德风险或逆向选择等问题,并导致金融市场的失灵。

投资项目。由此可见，在影子银行运营中，信息不对称不但没有因为融资市场的发达而缓解，反而因为其各种创新性运营模式的出现而变得更加对立和严重。是故，为减缓影子银行市场因严重的信息不对称而滋生的逆向选择与道德风险等市场失灵问题，依循上述的公共利益理论和公共强制理论的逻辑，由国家通过强制性信息披露等手段对其实施监管就显得愈加必要。

其次，影子银行高度的期限错配和过度复杂的金融创新加剧了金融业的脆弱性，蕴藏着较其他金融行业更大的挤兑风险和损失隐患。前已述及，一方面，影子银行的资产负债结构与传统商业银行大不相同，其大量依赖短期的货币市场乃至海外市场融资，具有高度的期限错配，不仅加大了流动性失衡及其风险管理的难度，而且放大了流动性的易变性。另一方面，影子银行过度复杂的金融创新（如各种金融衍生产品）使金融工具与实物资产的联系日渐疏远，放大了金融资产价格的波动性，引致市场投机活动愈发严重。这些光怪陆离的金融衍生品在分散与转移风险的同时，也在金融体系内积蓄了大量风险，加之影子银行之间固有的“一荣俱荣，一损俱损”的高度依赖性使这种风险跨机构、跨市场甚至跨国境传播犹如无人之境，从而加剧和强化了金融脆弱性。此外，需要强调的是，与一般正规金融业不同的是，影子银行始终缺乏微观审慎纪律、中央银行最后贷款人和存款保险三道金融安全网的保障，故其自我强化的资产抛售循环更容易使市场的信心发生动摇，酿成金融恐慌，从而较其他金融机构面临着更大的被挤兑风险和损失隐患。2007 年年底至 2008 年年初，美林、瑞银、高盛等大型金融机构因为次级贷款违约出现了巨额亏损，并进行大规模资产减计，资金供给严重萎缩，货币市场出现恐慌，基金的投资失败引发投资者大规模赎回，美国短期货币市场崩盘导致影子银行体系的生存基础遭到毁灭性打击，引发危机全面升级，并迅速波及商业银行、保险公司等众多金融机构。[①] 因此，为有效减缓影子银行内在的脆弱性和预防出现影子银行的挤兑，依循上述的金融脆弱论和金融挤兑论的分析逻辑，金融监管措施对影子银行的介入就极显必要。

最后，影子银行天生具有监管套利的动因决定了它比其他金融市场更容

---

① 参见郭春松：《金融危机、影子银行与中国银行业发展研究》，经济管理出版社 2016 年版，第 42 页。

易引发集体投资的非理性行为。前已提及,影子银行具有无处不在的监管套利动机,且这种套利性是天生的,无法通过市场自发调节避免的。孤立地看,单个影子银行的监管套利能规避资本充足率、存贷比、信贷额度与投向等限制而实现高额利润,似乎是一种“不错的理性选择”。然当这种个体的有限理性行为成为一致行动的集体行为时,最终结果往往是非理性的,即出现所谓的“合成谬误”现象。① 进言之,在逐利驱动下,众多的影子银行随处可见的监管套利抹杀了正规金融与非正规金融的界限,其广泛使用的各种泛证券化手段(如 MBS/ABS、银信/银证通道业务等)和各种新型衍生金融工具、新金融工程技术与模型架空了金融监管机构的职能,使传统的针对正规金融的货币和监管框架效果得以大大减弱,带来了风险隐患。此外,影子银行监管套利的获利行为会带来极大的示范效应,形成市场交易的“同向预期性”,更容易引发投资者“追涨杀跌”的过度投机行为,从而加剧经济周期与市场的波动,能成为金融危机的促发力量。可见,作为监管套利的始作俑者,影子银行反监管的特性很容易引发市场集体投资的非理性行为,导致整个金融市场失灵和危及整个金融体系的稳定,故而迫切需要监管机构进行干预,整平游戏规则,防范和制止一些影子银行通过套利行为牟利。

三、影子银行监管的法理基础:金融监管法的社会本位论

法治是市场经济的内在要求。经济的市场化必然要求社会的法治化。相应地,作为市场经济先头堡的金融市场,其建立、运行和发展,更是须臾离不开法治的支持和保障。法治强则市场兴,法治弱则市场衰,这是为国内外金融市场实践所反复证明的一条客观规律。这客观规律表明,金融经济就是法治经济,而作为维系金融经济秩序的金融监管必然天生就具有法律属性。这种法律属性突出地表现在无论是作为监管主体的机构组织与职能分工、还是作为监管内容的一系列监督、检查和管理所必须依赖的操作程序、手段或权力要素的实施,都必须在相应的立法或规章的授权或规定下进行。进言之,金融监管绝非是国家机关对金融市场的一种随心所欲的干预,而是立基

① 合成谬误(Fallacy of Composition)为美国著名经济学家萨缪尔森(Samuelson)所提,亦指一种对局部来说是对的但对总体而言未必是对的经济交易现象。

于一系列多层次的立法框架下进行的管制活动。这一系列的多层次立法框架既可以是国会或立法机关制定的法律(如我国全国人大制定的金融基本法律),也可以是中央政府制定的行政法规和各地具有地方立法权的权力机关制定的地方性法规(如我国国务院颁发的金融行政法规和一些地方人大颁发的地方性金融法规),还可以是金融监管当局制定的行政性规章和规范性文件(如我国“一行三会”颁发的“实施办法”“通知”等)。笔者将它们统称为金融监管法律。无疑,这些金融监管法律已经构成了金融监管活动的权力渊源和实质内容,决定着金融监管的基本性质、规模和方向。美国管制经济学家史普博(Daniel F. Spulber)亦强调,金融监管的构成是法规和有关行为,其中的“行为”被界定为因法而立的行政机构的行为。[①] 足见,金融监管法与金融监管关系密切,两者合二为一、互为表里:金融监管离不开法律,金融监管法被视为金融监管的逻辑起点,其可以为金融监管行为及其监管程序的正当性与合法性提供一种法律上的解释与支撑。进言之,金融监管的过程本身就是金融监管法得以推行和实施的过程。对影子银行的监管亦然。下面,笔者将从法律即金融监管法律的视角来进一步探究影子银行监管的法理基础。

通说认为,金融监管法指的是调整国家金融监管机构对金融机构及其金融活动进行监督管理所产生的社会关系的法律规范的总称。[②] 或者说,金融监管法是通过对金融机构的准入、经营行为、退出机制以及金融监管机构的职能、权限的规定来对整个金融市场进行调节,从而规范、约束、指引与保障各种金融机构的行为。[③] 这些定义表明,金融监管法立足于整个金融市场,是以社会整体的经济利益和金融秩序稳定为归依,具有鲜明的社会本位性。在这种理念追求下,如果一项金融交易仅仅是满足一方或双方当事人追求高额利润或避免自身投资损失之所需,而给整个金融市场利益带来负效应(如引发严重金融风险,酿成金融恐慌等),则金融监管法就会对这种交易做出否定性的评价,同时运用国家的行政力量对其进行干预或纠正,以实现金融利

---

① 参见[美]丹尼尔·F. 史普博:《管制与市场》,上海人民出版社1999年版,第44页。
② 参见岳彩申、盛学军:《金融法学》,中国人民大学出版社2010年版,第27页。
③ 参见李昌麟:《经济法学》,法律出版社2007年版,第531页。

益的分配正义,最终维护社会整体经济利益的最大化。就影子银行而言,谋求更高的收益率恰恰是整个影子银行体系的终极目标,也是当下众多资金散户将存款搬离商业银行转向影子银行的目的,然影子银行所遵循的高杠杆操作、期限错配和表外腾挪的证券化运营机理与天生跨市场、跨行业的综合性运营偏好不仅容易引发过度的金融创新和金融投机,形成影响一国金融全局的系统性风险,而且还加剧了其与借款人、投资者之间的信息不对称,导致市场出现逆向选择和道德风险,损害不明就里的客户利益,继而破坏一国金融利益的分配正义。尤其是影子银行体系中的一些系统重要性金融机构所滋生的"大而不倒"(Too big to fail)道德风险在金融市场中创造了一种鼓励冒险投资的激励机制,扰乱了市场竞争秩序甚或造成一国政府的主权债务危机。[①] 事实上,无论是发达国家还是新兴国家,金融市场的稳定与安全不仅是国家经济安全的核心,甚至与国家的整体安全密切相关。相应地,社会对金融安全的考虑已越来越超出经济的范畴,上升到维系整个社会稳定的政治考量高度,即出现一国因"政治的因素导致对金融服务业的结构性控制"。[②] 是故,尽管以追求个人权利本位,倡导自由竞争的民商法(在金融领域体现为金融交易法)能与影子银行天生的自由、创新品性相契合,但金融业在一国经济、政治利益的核心地位和影子银行与其他金融体系高度的关联性均决定了国家在肯定影子银行市场自由竞争重要性的同时必须对其漠视乃至不惜侵犯整个市场利益的短视行为加以制止和惩处。这就是催生了迥异于金融交易法的金融监管法的出现。进言之,传统的金融交易法把金融市场整体视为市场参与个体的简单相加,个体利益的增加也是整体利益的增加,但在金融监管法看来,金融市场整体并非个体的简单相加,而是个体的有机整合,个体利益的增加并不必然导致整体利益的增加,甚至两者会呈相反的方向运动。因此,作为金融法最核心的组成部分,金融监管法是以金融市场整体经济利益作为其理念基础,具有鲜明的社会法性质。当然,金融监管法对金融市场整体经济利益的强调是站在市场参与者的个人利益必须得到合理的保障的

---

① 有关系统重要性金融机构"大而不倒"之弊端的论者功能,参见陈斌彬:《系统重要性金融机构的监管法制研究》,载《重庆大学学报》(社会科学版)2017年第1期。

② [美]哈维尔·E.杰克逊、小爱德华·L.西蒙斯:《金融监管》,吴志攀等译,中国政法大学出版社2003年版,第7页。

基础之上。因为“一切法律都是以约束人作为它的开始，又都是以推进人的自由和社会的自治作为它的归宿”。① 与其他经济管制法一样，金融监管法要求从整个市场整体效益视角去认识和评价市场参与者的行为，并不意味着其对市场个体追求自身利益的否定和替代。②

一言以蔽之，一国对影子银行施以监管的法理基础在于监管所赖以为据的法律即金融监管法具有鲜明的社会本位性，其已将市场主体对单一的个体利益的追求拓展到一个更为广阔的空间背景里去，追求的是一种基于金融市场的更高层次的社会整体利益。无疑，在这样法律的指引和统摄下，凡是监管部门在影子银行监管实践中所采用的用以防范影子银行出现系统性风险，促进影子银行运营效率与分配公平及保护金融消费者和公众合法权益为归依的监管手段和方法在法理上均具有其不可辩驳的正当性和合理性基础。

综上所述，本书认为，无论是从传统的经济干预理论出发，还是从纯法学的本位价值来看，对影子银行施以监管的必要性可谓自不待言。这不仅缘于自由放任的市场有与生俱来自身无法克服的“失灵”顽症，而且更重要的是其他管制方式如自律监管和司法监管在应对市场这种顽症上均有自身的不周延之处，尤其在处置那些关系到金融市场全局利益的核心问题，比如系统性风险、监管套利和流动性危机等问题上更显“有心无力”和“捉襟见肘”。此时就需要金融行政监管挺身而出。而且，金融（行政）监管在立法上所具有的及时性与动态性，在执法上所具有的主动性与强制性均是自律监管和司法监管所不能具备的。③ 有鉴于此，国家通过法律授权的专门机构对影子银行施以监管已构成现代金融监管的有机组成部分。

---

① ［德］拉德布鲁赫：《法学导论》，米健等译，中国大百科全书出版社1997年版，第77页。

② 参见李曙光：《经济法学》，中国政法大学出版社2007年版，第44页。

③ 有关（金融）行政监管、自律监管与司法监管各自优劣的比较，参见陈斌彬：《我国证券市场法律监管的多维透析》，合肥工业大学出版社2012年版，第17～23页。

本章小结

“影子银行”无疑是2008年金融危机以来全球使用频率最高的金融术语之一。如何吸取危机的教训对其施以有效的监管俨然成为后危机时代各国金融监管当局亟须完成的一大课题。在这其中,厘清影子银行的概念无疑是建构整个影子银行监管框架的基石。是故,本章对当下学界盛行的机构论、业务(工具)论和综合论这三种影子银行定义模式作了深入的比较和论证,得出“机构+业务”(产品或工具)的综合论界定方式更切合影子银行运营实际的结论。继而,为避免综合论下影子银行定义的过于泛化,本章从麦卡利最初创造“影子银行”这一措辞的本意和各国对影子银行运营风险的关切出发,参鉴了FSB对影子银行定义之思路,在综合论的基础上提出了功能、风险与监管三个要件标准,以力图揭示一个更为清晰的和可被识别的影子银行定义框架。综合而论,本章认为“影子银行”是目前不受监管或少受监管的能复制商业银行基本业务活动和发挥银行核心功能的且会引发系统性风险或监管套利风险的非银行信用中介组织及其业务活动的总称。[①] 基于此概念,本章接着梳理了影子银行的核心功能和本质属性,比较了影子银行和传统银行之间的主要异同,介绍了影子银行分类、运营特征及其演进过程和潜在的“双刃剑”效应。最后,本章转入理论层面,梳理了对影子银行施以监管的必要性和其应有的法理基础。这种必要性既体现在市场失灵亟须政府监管弥补的应然层面,又体现在影子银行自身运营风险特质(如严重的信息不对称、高度的期限错配及无处不在的监管套利)亟须政府防范和纾解的实然层面。而对影子银行施以监管的法理基础在于监管所赖以为据的法律即金融监管法具有鲜明的社会本位性。其已将市场主体对单一的个体利益的追求拓展到一个更为广阔的空间背景里去,追求的是一种基于金融市场的更高层次的社会整体利益。进一步地,本章在肯定影子银行监管必要性的基础上

① 这里的基本业务是指吸收存款,发放贷款和支付结算,这里的基本功能是信用转换、期限转换和流动性转换的功能。

深入论证了金融监管与金融监管法律互为表里，缺一不可的内在逻辑关联。具体到影子银行市场亦然。监管当局对影子银行金融监管的过程本身就是影子银行监管法得以推行和实施的过程。是故，欲吸取危机教训，改变影子银行无人监管或少受监管的局面，一国监管当局不仅要将影子银行纳入监管的范畴，更要立法先行或对既有的影子银行监管法的缺陷不足进行反思和完善，使之能在保障和促进影子银行市场健康持续发展上发挥应有的能动作用。

第二章　问题和不足：对当前我国影子银行监管法的梳理与反思

我国虽没有发达国家那样高度复杂的金融市场和影子银行体系，但同样也出现了影子银行机构和影子银行的产品与业务，而且近年来日益活跃，呈现出快速增长的态势。尽管我国现行的影子银行规模与西方发达国家不能同日而语，但鉴于2008年金融危机展示的巨大冲击和深刻教训，以及2011年上半年以来，浙江温州企业主群体性"跑路"、山西柳林高利贷引发信贷危机和内蒙古鄂尔多斯民间借贷链条断裂等金融风险及局部危机事件的接连爆发，国内业界和理论界人士无不主张应加强对影子银行的监管。李克强总理在2017年第十二届全国人民代表大会第五次会议上所作的《政府工作报告》也特别强调应对不良资产、债券违约、影子银行、互联网金融等累积风险保持高度的警惕。那么，我国的影子银行与前述欧美的有何不同？现行的影子银行监管法是否涵盖了各种类型的影子银行？它们是否足以担当对影子银行监管与规制的重任？本章将围绕这些核心问题展开，在全面梳理我国影子银行监管法律、法规的基础上，结合影子银行的发展实情，着力对其面临的困境、潜藏的规范不足与纰漏等作一检视和反思，以为后文的完善与重构研究奠定标靶和基础。

第一节　我国影子银行的发展现状及运营特征

一、我国影子银行的勃兴及动因

由上文欧美影子银行演进的历程可以看出，影子银行的产生和发展与整个社会金融市场的发展和金融产品的创新紧密相连。我国亦不例外。虽然我国的金融市场起步较晚，尤其是金融衍生品市场的出现也是近几年才开始的事，[①]但与之密切关联的影子银行近年来却一路高歌猛进，呈现出种类多样化、规模迅速扩大化的发展态势。表2-1和图2-1直观地展现出这一发展过程。从其中提供的数据可以看出，自2010年开始，我国影子银行规模逐年攀升。如2010年为12.31万亿元，2011年为17.87万亿元，2012年就遽升到27.45万亿元，2013年为33.1万亿元，2014年为40.8万亿元，到2015年年底达到53.4万亿元，年平均增长幅度高达23.6%。与之相应，影子银行占同期GDP的比例也逐年增高，已从2010年的30.62%，提高到2015年的77.49%，增加的幅度高达53.06%。总之，与发达国家相比，影子银行在我国虽然起步较晚，所处阶段低，但对我国GDP和货币政策的影响力越来越大。

---

① 2010年4月16日首批4分股指期货合约在中金所挂牌上市标志着我国金融衍生产品市场的正式形成。

表2-1 2010~2015年中国影子银行的规模增长与GDP关系①

年份	影子银行的规模（万亿元）	GDP的规模（万亿元）	影子银行占GDP的比例（%）	年增长率（%）
2010	12.31	40.2	30.62	—
2011	17.87	47.2	37.86	16.87
2012	27.45	51.9	52.89	26.45
2013	33.1	59.52	55.61	20.58
2014	40.8	64.40	63.35	23.26
2015	53.4	68.91	77.49	30.88

资料来源：笔者根据Wind咨询，中国人民银行调查统计司及智研咨询集团出版的《2012~2016年中国影子银行运行态势与发展前景研究报告》中提供的数据整理而成。

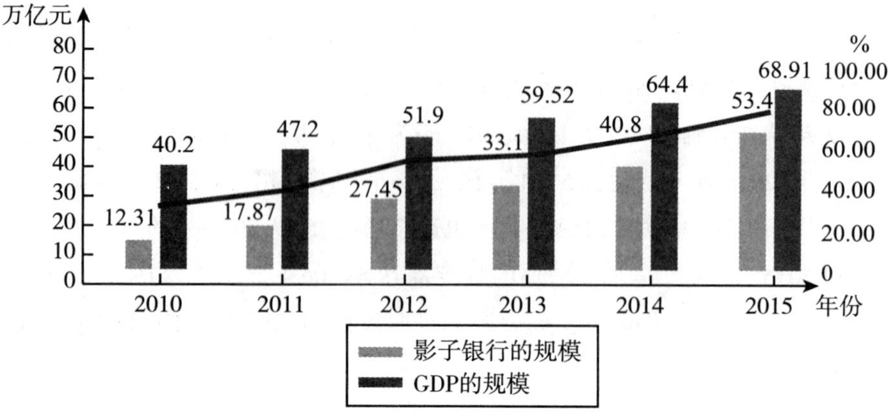

图2-1 2010~2015年中国影子银行的规模增长与GDP关系

具体而言，在后危机时代，我国影子银行的迅速崛起是以下一系列特殊的原因合力作用的结果：

---

① 需要说明的是，由于国内对影子银行的范畴尚存争议，故不同研究对影子银行规模的测算差异较大。根据巴曙松教授的归纳，至少存在由窄到宽四种不同的统计口径（参见巴曙松：《从改善金融结构，促进经济转型角度评估影子银行》，2012年工作论文）。本书主张采用综合论的方式界定影子银行，更倾向于从最宽口径统计影子银行的规模。但即便如此，鉴于部分影子银行机构和业务的交叉和变动，导致没有准确的数据，并且大部分业务规模很小，故该表格内统计的影子银行主要是以银行理财、信托资产规模、证券资管规模、基金规模和保险资产规模为代表。

(一)我国宏观经济运行环境变化引发了民间金融资源需求与供给的结构错位

众所周知,2008年国际金融危机后,我国国内宏观经济运行的环境变得较以往更为复杂脆弱,先前长期依赖的粗放型、外向型经济发展结构受到了极大的挑战和抑制,表现在投资驱动面临瓶颈,出口外需长期低迷,人口红利接近尾声,特别是国内的经济增速开始出现下滑。由表2-2可以发现:自2010年至2016年,我国GDP的增速从10.45%下降至6.7%,下行趋势十分明显。GDP增速的下滑在带来政府收入、居民收入和国内消费增长同步下降的同时,也导致中小企业和三农企业的销售环境恶化、实体经营受挫,普遍面临着资金短缺和结构转型不顺的压力,从而激发了它们对资金融资的迫切需求。然而,中小企业和三农企业普遍规模较小,资信较差,天然具有风险性,因此往往很难从商业银行获取信贷。① 与之相反,地方政府和大中型国有企业凭借自己的优势和地位则往往可以轻松地从商业银行处获得贷款。② 正是商业银行这种"嫌贫爱富"的偏好使作为我国经济发展主力军的中小企业面临金融排斥,在融资上步履维艰。这种制度失衡所引致的利润外溢必然会驱使一些经济主体想方设法开辟银行信贷之外的资金供给渠道。影子银行由此应运而生。事实上,不仅中小企业普遍面临着融资难,近期我国一些资本密集型产业也不同程度存在资金不足的困境。这是因为为应对国际金融危机的冲击,我国政府于2009年出台了以扩大基建投资规模为主要内容的4万亿元(约合5860亿美元)救市计划。这个救市计划虽及时遏制了金融恐慌的蔓延,但同时也带来了地方政府融资平台及房地产投资规模的迅速扩

---

① 如北京大学和阿里巴巴曾在浙江做了一份关于中小企业贷款情况的调查,结果发现受访的中小企业中,只有15%能获得银行贷款,20%左右的企业因没有抵押物或信用记录而从来没有向银行贷款,另外60%至于65%的中小企业不得不寻求商业银行以外的融资渠道获取营运资金。

② 就商业银行而言,在其无法全面、客观、有效和准确获取中小企业真实信用状况前,是无法对自身未来的经营性风险做出合理高效的估计和预测,因而只能选择倾向于透明度高、资产信用状况良好的大中型国有企业而摒弃透明度低的中小企业。这也是商业银行为了控制自身经营风险所作出的一种理性选择。

张,[1]从而形成对银行信贷和其他融资方式的巨大需求。[2] 而且,这些基建投资项目一旦开工,后续融资需求具有很强的刚性。特别是2010年下半年我国实施偏紧的货币信贷政策以来,各商业银行的信贷规模被严格限制,[3]这导致上述很多在建项目无法通过银行正常渠道获得贷款,故而为了保证项目的正常运转也不得不借助商业银行之外的诸如理财、信托、同业、委托贷款等各类影子银行业务来满足自身刚性的融资需求。可见,正是广大中小企业和房地产开发商、地方政府融资平台持续旺盛的融资需求及银行信贷资金供给的偏差与不足催生出的信贷市场推高了影子银行的规模。

表2-2 近年来我国国内生产总值(GDP)与增长率一览

项目	2010年	2011年	2012年	2013年	2014年	2015年	2016年
GDP(万亿元)	40.2	47.2	51.9	59.52	64.4	68.9	74.4
增长率(%)	10.45	9.3	7.65	7.7	7.3	6.9	6.7

(二)我国金融抑制引发了社会民众日益增长的投资需求

如果说中小企业和地方融资平台等融资难的现实只是在需求层面为影子银行的出现提供了一种驱动力,那么我国居民当前日益增长的投资需求则在供给层面为影子银行的成长注入了一种原动力。众所周知,金融抑制一直是我国金融业的一个主要特征。[4] 其首先表现在政府对名义存款利率上限的控制。长期以来,人民银行为防止热钱的过度流入,没有遵从资本的边际

---

① 地方政府融资平台是指地方政府为支持本地基础设施建设或其他工程设立的具有独立法人资格的企业。作为一种特殊目的的公司,地方政府融资平台的注册资本主要是地方政府划拨的土地使用权或其他财产,其目的意在规避法律对地方政府举债的限制性规定。

② 这是因为在这4万亿元救市计划方案中,中央政府只负责1.8万亿元救市资金的划拨,其余资金只能由各项目所在地的政府负责筹集。

③ 以房地产行业为例,中国政府从2010年年初开始对其实施以限购令为特征的新一轮宏观调控。该调控使该行业的年度银行贷款增量在2009年与2010年达到2.05万亿元与2.09万亿元的高峰后,在2011年与2012年分别减少至1.32万亿元与1.37万亿元。无疑,银行贷款的收紧使房地产开发商面临巨大的融资压力。

④ "金融抑制"(Financial Repression)为美国著名经济学家麦金农(McKinnon)于1973年首次提出,意指政府通过对金融活动和金融体系的过多干预抑制了金融体系的发展,而金融体系的发展滞后又阻碍了经济的发展,从而造成了金融抑制和经济落后的恶性循环。这些手段包括政府所采取的使金融价格发生扭曲的利率、汇率等在内的金融政策和金融工具。See McKinnon, *Money and Capital in Economic Development*, Brookings Institution Press, 1973, p. 12.

回报率来确定利率,而是人为地压低利率以刺激投资带动经济发展。在这种金融抑制政策下,一方面,受近年来通货膨胀上升的影响,我国银行存款的实际利率远低于市场均衡利率,出现负利率状况,居民的储蓄意愿显著降低;① 另一方面,随着中国经济的不断增长,居民财富快速积累,社会闲散资金大量增加,各方寻求资产保值增值的需求愈加迫切。于是,在存钱意味着赔钱的负利率时代下,将存款从商业银行搬出以寻求更高收益的投资渠道已然成为人们理性的选择。而影子银行的出现则为这些转移出来的"存款"提供了一个好去处:一方面,相比银行存款,影子银行产品的收益率显著高于银行存款利率;另一方面,相比股票、房地产和外汇等高风险资产,其通常具有各种类型的担保,风险相对可控。特别是在 2015 年股灾和近期房地产密集调控及人民币汇率持续走低的背景下,以银行理财为代表的影子银行产品更是炙手可热,俨然成为当下普罗大众理财和投资的首选。② 可见,正是人们旺盛的投资需求及大家对各类影子银行产品的追捧为我国影子银行的运营注入了源源不断的外部资金。这不可不说是影子银行得以持续发展的原动力。

(三)我国金融抑制引发了商业银行通过创新规避监管的内在需求

除了上述的利率管制,金融抑制在我国的另一集中表现就是政府对银行的过多干预与控制。在这其中,政府对银行放贷行为的管制最为明显,其包括信贷规模限制、信贷流向限制、贷存比考核和最低资本充足率等各种监管指标之要求。这就昭示着,商业银行为了保持自身利润的增长和寻求更大的发展空间,只能通过创新将正常的贷款转化为不受上述各指标限制的业务品种。此外,随着中国金融体系的日渐脱媒和金融综合化经营时代的到来,很多非银行金融机构被默许提高金融创新能力,并大举进军资产管理行业,这使商业银行不仅相互之间在争夺存款方面存在激烈的竞争,而且也面临着来自银行体系之外其他金融机构的倒逼。在这种"内忧外患"的竞争压力之

---

① 如 2011 年至 2014 年,我国 CPI 年均同比增速约为 3.17%,远高于同期商业银行存款利率。资料引自王玚:《我国影子银行产生发展原因探究》,载《中国领导科学》2015 年第 6 期。

② 需要说明的是,并非商业银行发行的理财产品都是影子银行。比如,商业银行发行的保本型理财产品属于银行的自营业务,尽管其作为一种信用中介业务具有较强的存贷款替代效应,但因其需纳入银行的资产负债表内核算,受到资产负债表内存贷款业务同等程度的监管,故而不符合本书对影子银行的定义标准,不构成影子银行。

下，商业银行为减缓金融脱媒和遏制银行储蓄资金被外部金融机构所分流，也有通过创新截留储蓄资金在银行体系内的强烈意愿。为此，其往往会采取表外业务或与其他金融机构（如信托公司、证券公司等）合作的形式对外提供替代性融资。于是，各种内生于商业银行体系内部的影子银行产品或业务如银信合作、银证合作等理财产品、委托贷款、信托贷款和未贴现承兑汇票等应运而生。它们在帮助商业银行将部分贷款从资产负债表表内向表外转移，降低风险资产比重的同时，也为商业银行带来新的利润增长点。因此，正是在商业银行的默许和推动下，我国的影子银行尤其是"内部类"的影子银行在其信贷业务所覆盖不到或不愿涉及的领域得以迅速扩张，是典型的金融抑制下我国商业银行创新规避监管需求的一种必然产物。

（四）互联网信息技术的支撑和助推

自20世纪90年代中期民用互联网技术在美国率先普及以后，美国等主要发达国家的互联网金融便开始发展和普及。我国民用互联网技术虽起步较晚，但近年来，在经历对经济社会的快速渗透后，其与金融的融合已势不可当。特别是2013年以来，①在移动互联、大数据科学、云计算、即时通讯与社交媒体等互联网信息技术的共同驱动下，包括第三方支付（如支付宝）、P2P网络借贷（如第一车贷）、众筹（如天使街）、互联网直销基金（如余额宝）等影子银行产品或工具在网上迅速蹿红。② 尤其是移动互联网技术的成熟和终端设备的普及更是极大地拓展了影子银行服务的地理边界，使那些偏远地区的居民、中小微企业、个体工商户和低收入群体均有机会通过互联网（尤其是以智能手机为终端）获得影子银行提供的金融服务。影子银行也因此有了长尾效应。③ 不仅如此，大数据技术和云计算的成熟则改进了信用风险的评估

① 2013年也因P2P网络借贷盛行，余额宝横空出世被业界称为中国的"互联网金融元年"。

② 这种以科技驱动金融业发展，从而改变金融业的传统结构的模式在西方亦被称为"金融科技"（FinTech）。

③ 长尾（The Long Tail）概念由美国"连线"杂志主编克里斯·安德森（Chris Anderson）于2004年在其论著《长尾理论》中，他指出商业和文化的未来不在于传统需求曲线上那个代表"畅销商品"的头部，而是那条代表"冷门商品"的经常被人遗忘的长尾。只要存储和流通的渠道足够大，需求不旺或销量不佳的产品共同占据的市场份额就可以和那些数量不多的热卖品所占据的市场份额相匹敌甚至更大。

建模方法和效率,进而为基于海量数据处理的小额信贷和供应链金融奠定了技术基础。总之,在互联网信息技术的推波助澜下,当下以开放、共享、平等与协作著称的互联网金融俨然已构成我国影子银行的重要组成部分。或者说,正是2013年强势崛起的互联网金融对现有的正规金融的交易和融资模式构成冲击,使我国影子银行的规模有增无减,再次成为举国上下关注的焦点。

二、我国影子银行的种类构成与运营方式

由上可见,我国影子银行主要是在金融抑制背景下基于现有监管规则、金融机构与金融工具基础上进行的一种自我创新。这种创新既有金融业务(工具)的创新,又有金融机构的创新。创新领域的不同必然导致影子银行的表现形式也各不相同。虽然同国外一样,迄今国内学界对影子银行的内涵尚未有统一、明确的界定,但许多专家学者在界定影子银行的内涵时所给出的定义一般也都是围绕非银行信用中介、监管程度、系统性风险和监管套利等几个关键词展开。[①] 以下笔者参照前述对影子银行固有的功能、风险和监管三个内涵的分析,采用综合论方式,比照中国的经济现实,对上述几个关键要素进行综合,以得出我国影子银行的范畴。

(一)我国影子银行的分类与主要表现形式

针对我国金融业的实际情况,本书主张中国式影子银行应是指发挥着类似商业银行信用中介职能的,具有潜在系统性风险且存在监管缺失的金融机构或金融业务与工具的统称。这一统称除了强调我国的影子银行不仅包含机构层面,业务和工具层面之外,还包含了FSB所倡议的功能、风险及监管三个维度的含义:(1)在业务上能复制商业银行的全部或部分核心业务,如吸收存款、发放贷款或办理支付结算业务等;(2)在运营上具备信用转换、期限转换、流动性转换或高杠杆运营的特征,容易引发系统性风险;(3)无须向中央银行缴纳存款准备金或未能被纳入存款保险的范畴,即没有或仅受到轻微的法律监管。

进一步地,从"主体"出发,我们可以将我国满足上述三个要件的影子银

---

① 参见阎庆民、李建华:《中国影子银行监管研究》,中国人民大学出版社2014年版,第44页。

行划分为三类:业务(工具)类的影子银行、机构类的影子银行及机构和业务交叉类的影子银行。

1. 业务(工具)类的影子银行

这类影子银行的特点是机构本身虽已被纳入严格的法律监管范畴,但机构所经营开展的业务(工具)却不受法律监管或只受到轻微的法律监管,故而在业务层面成为满足上述三个要件的影子银行。毋庸置疑,这种不受法律监管或监管较弱的金融业务都是创新型的金融业务。典型的如商业银行与信托、基金、证券、保险等非银行金融机构之间开展的涉及银信合作、银证合作、银保合作和银基合作等交叉业务的理财产品。对商业银行而言,虽然其本身并非影子银行,但开展的这种旨在以规避或弱化信贷规模管控而将相关资产从银行表内移出表外的通道业务就属于影子银行。同理,从另外一方即信托、基金、证券、保险等非银行金融机构来看,虽然这些机构早已受到严格的监管而非影子银行,但它们接受商业银行委托或自身从事的含有投资非标准化债权资产在内的定向资产管理业务就属于影子银行。[①] 此外,近年来商业银行在实践中开展的同业业务、委托贷款业务、未贴现汇票的承兑业务及信贷资产证券化业务等亦属于这边的影子银行业务。

2. 机构类的影子银行

这类影子银行被称为"类银行"准金融机构。同传统的商业银行一样,这类金融机构的业务受到的监管较严,一般只能从事低杠杆、充分计提资本的表内业务或满足拨备和资本要求的融资和信用转换业务。但由于这类机构的资金源于私募而非公募,涉及的利益比较有限,故就机构本身而言受到的监管较弱或几乎不受监管,典型的包括私募股权基金、货币市场基金、小额贷款公司、融资性担保公司和典当行等。

3. 机构和业务交叉类的影子银行

这类影子银行是最窄口径下的影子银行,即无论是从机构的视角,还是从机构本身经营的业务类型或使用的融资工具看,它们均不受法律监管或受

① 根据《中国银监会关于规范商业银行理财业务投资运作有关问题的通知》第1条的定义,"非标准化债权资产"是指"未在银行间市场及证券交易所市场交易的债权性资产,包括但不限于信贷资产、信托贷款、委托债权、承兑汇票、信用证、应收账款、各类受(收)益权、带回购条款的股权性融资等"。

到的法律监管程度较为微弱,远不足以有效防止和减少其可能引发的系统性风险,典型的包括民间合会、地下钱庄及晚近各类金融创新下出现的像P2P理财、股权众筹和第三方支付平台等新型金融机构和业务。表2－3对上述各类影子银行及其对应的主要表现形式做了归纳。

表2－3　中国式影子银行的分类及主要表现形式

分类	主要表现形式
业务(工具)类	银信合作、银证合作、银保合作、银基合作、银行同业业务、委托贷款、信托贷款、未贴现承兑汇票、信贷资产证券化等
机构类	私募股权基金、货币式基金、小额贷款公司、第三方支付结算公司、融资性担保公司、典当行、新兴网络金融公司、民间融资机构(合会),资产管理公司等
机构和业务交叉类	P2P理财、股权众筹、第三方理财机构、国有企业旗下的贷款公司等

(二)我国影子银行的主要表现形式与运营机理

虽然从表面上看,我国也存在业务(工具)类、机构类及机构和业务交叉类这三种影子银行,具有多样化与多元化的特征,但从实际运行结构来看,我国的影子银行主要是以第一种即业务(工具)类的形式出现,而且这些业务类影子银行的形成无不与商业银行紧密关联。或者说,它们几乎清一色是以商业银行为母体衍生而出的。比如,我国的各种理财产品,无论是采用银信合作、银证合作、银保合作或银基合作等形式,均是商业银行表外业务的体现。即这些理财产品通常由商业银行(一般是其内部的理财机构)负责,主导设计、资金募集、资产配置等过程;还有信贷资产证券化、委托贷款、信托贷款和未贴现承兑汇票等亦是我国商业银行的表外业务。在这其中,商业银行无论是作为发起人,还是作为资金融入融出的中间人,收取手续费,都深度参与了各项影子银行业务的多个环节。根据相关统计,截至2015年年底,我国影子银行规模达53.4万亿元,接近GDP比重的78%。然在影子银行体系中,理财产品、委托贷款、信托贷款和未贴现承兑汇票分别为21.6万亿元、10.9万亿元、5.4万亿元和5.9万亿元。这四项以商业银行为主导的信贷型影子银行的规模共43.8万亿元,占整个影子银行规模的82.6%。[①] 为此,有

---

① 参见方先明、权威:《信贷型影子银行顺周期行为检验》,载《金融研究》2017年第6期。

学者认为在我国被称为影子银行的,主要是指非传统银行的信贷业务,或者说是我国商业银行如影随形的朋友。① 在笔者看来,我国银行业正处于金融混业兴起的初期和利率市场化尚未完成的阶段,虽较以往呈现出一定程度的资本脱媒和去中心化趋势,但商业银行通过信贷主导整个金融体系资金配置的地位依旧没有改变。这就决定了今后很长一段时间我国影子银行结构将以业务(工具)类影子银行为主,机构类的影子银行在我国规模占比相对较小。而且,这种业务(工具)类影子银行主要是作为商业银行信贷功能与作用的补充而存在,好比商业银行的影子,故而根据其业务的性质称其为信贷型影子银行似乎更为确切。②

从运行机理上而言,这种信贷型影子银行的构建一般由商业银行系统内部的表外支持部门和商业银行外部的其他信用中介联合参与,③从而发挥传统银行信用创造、信用转换和融通资金的作用。具体的步骤为:首先,由影子银行运作机构进行相关金融产品的设计,构建起预期收益率高于存款利率的金融产品资产架构以吸纳社会资金;④其次,确定产品的第三方托管机构及相应的线上线下销售机构进行公开销售或定向发售;再次,在确认企业或个人认购完已设计好的金融产品后,将回笼的资金进行资金池(assets pool)的构建,然后委托专业的第三方机构(如信托公司、证券公司、基金公司等)投入预先设定好的某个实体经济项目或标的(如特定的地方政府融资平台、某一国家基建项目、房地产项目或私人企业等);最后,在投资项目到期后取得预期收益后,影子银行运作机构计提相应的风险收益和管理费用进行收益清算后,自行或委托原来的销售机构向投资者兑付可能的现金流本金和收益。可见,在这一信用中介链条之中,影子银行机构或业务往往体现为通道作用。这一通道存在形态的背后,在很大程度上体现了其通道能够绕过监管进行监

---

① 参见于永宁:《我国影子银行监管法律制度的反思与重构》,载《法商研究》2015 年第 4 期。

② 有学者就因此将我国商业银行主导的上述各类影子银行统一归称为"信贷型影子银行"。参见方先明、权威:《信贷型影子银行顺周期行为检验》,载《金融研究》2017 年第 6 期。

③ 这里的表外支持部门一般指的是商业银行内部的金融市场部和对公金融部或个人金融部。前者代表融资方负责开发设计产品;后者代表投资方负责产品的销售和结算。

④ 这种金融产品一般由影子银行运作机构自有工作人员进行相关融资架构的设定和规划,或从国外以及其他金融机构购买成熟运作产品模板,然后根据我国的客观情况进行适当的调整和重构。

管套利的合理性。

三、我国影子银行与欧美影子银行之不同

综合上述的分析，笔者将我国影子银行与欧美影子银行之差别归纳为以下几点：

第一，产生原因不同。欧美影子银行是在金融深化和机构投资者崛起的背景下产生的，主要表现为以资产证券化为核心的产品创新以及证券化后高风险的金融市场交易行为，是在货币宽松与监管缺位下金融创新泛滥和金融服务供给过剩的产物，是对金融发展过度的反应。而我国的影子银行则是在中小企业遭受正规金融机构的贷款排斥和民间资本缺乏投融资渠道的背景下产生的，主要表现为以套利性融资为核心，是基于金融供求关系与市场定价为基础的金融创新，是市场反抗金融抑制的产物。

第二，运作主体不同。欧美影子银行的参与主体主要为商业银行以外的其他金融机构如投资银行或金融控股公司等，初衷是突破法律监管体系给传统银行的保护而开展竞争。尽管后来商业银行也参与其中，但整个影子银行与商业银行的关系，仍是竞争大于合作的平行关系。而反观我国，目前还没有形成如欧美那样成熟发达的直接融资市场，商业银行依旧主导着整个国家的融资体系。加之其在网点、规模方面的绝对优势，这使我国影子银行业发展伊始就深深嵌套上商业银行的烙印：不仅体现在各种通道类理财产品、委托贷款、信贷资产证券化等均由商业银行一手设计和策划，还体现在其他金融机构的参与很大程度上也是为配合和实现商业银行信贷挪腾以规避监管提供便利，是充当补充商业银行融资的配角。即便是在商业银行体系之外的私募股权基金、小额贷款公司、融资性担保公司和典当行等影子银行机构，商业银行也是它们资金的托管方和部分资金的原始供给方。它们与商业银行的关系是合作大于竞争。可以说，同为影子银行，欧美的影子银行更多是“外部”类的影子银行，即为“投资银行的影子”，而我国影子银行的主力是商业银行本身或以商业银行为母体衍生出来的信用转换链条，属于“内部”类的影子银行，即为“商业银行的影子”。

第三，运作机制不同。欧美影子银行植根于资本市场占主导地位的金融体系，其以资产证券化为核心，主要通过投向诸如 ABS、CDO 等复杂金融衍

生品而将不同机构、业务相互关联起来，从而构建起单向而复杂的信用中介链条，具有高杠杆、场外交易、链条长、信息不透明和易传染等特点，一旦某一环节出现流动性冲击，容易通过资产负债表、信心等渠道传递蔓延。与之不同，我国影子银行形成于商业银行占主导地位的金融体系中，运作相对简单，本质上是一个将银行存款转换为投资产品的过程。即商业银行通过发售理财产品代替以往吸收存款的形式，然后借助其他金融机构如信托、证券、保险或基金等公司的通道作用将筹集的理财资金进行高息转贷，投向商业银行不愿涉及或国家限制或禁止的信贷市场。此一信用转换业务的链条比较简单，就是“商业银行+通道金融机构”形式，很少通过金融衍生品和证券化手段完成信用转换和创造。加之不同机构、业务之间受制于分业经营、分业监管等体制因素而相对比较独立，故而杠杆率相对较低。正是通过上述的转换，传统的银行信贷业务被移出银行表外，从高监管到低监管，或常常暴露于无监管状态之中。不言而喻，运作机制的不同决定了欧美的影子银行本质上是一种投资型的影子银行，而我国的影子银行则更多是上文所言的信贷型影子银行。

第四，融资模式不同。欧美影子银行通过发行类似MBS、ABS等资产支持证券和其他金融工具进行短期的批发性融资，其对象主要是货币市场基金、养老基金等机构投资者，一般发生在二级市场。而我国影子银行融资对象主要是散户投资者，产品结构相对简单，期限相对较长，本质上是一种零售型融资，鲜有在二级市场进行。这意味着我国影子银行与金融市场的相关性、对资产价格的敏感程度远不及欧美，其面临的流动性风险大都集中在投资领域的信用风险一侧，鲜有类似欧美影子银行内部的那种超高杠杆、极端复杂的结构性风险。

第五，表现形式不同。欧美影子银行主要表现为投资银行、特殊目的机构、货币市场基金、机构化投资载体、对冲基金、资产管理公司、私募股权基金、信托公司等非银行金融机构，以及ABS、MBS、CDO、ABCP等资产证券化或衍生化的结构化金融工具和产品。这些金融机构和产品工具大多通过证券化彼此相互勾连，形成信用链体系，故而常被称为“影子银行体系”。相比而言，我国的影子银行在机构形式上更具多元化，既有类似欧美的私募股权投资基金、信托公司、货币式基金等非银行金融机构，也有欧美所没有的小额贷款公司、典当行和国有企业设立的贷款公司等。不过,我国的影子银行机构通常是以单个实体或准实体并行的运作模式,相互之间较为独立。此外,在业务或产品工具形式上,我国影子银行目前主要表现为"资金池类"或"通道类"的银行理财产品和民间融资,不像欧美更多体现为非银行金融机构发行的各种资产支持商业票据和资产支持证券。①

第六,风险传导路径不同。欧美影子银行体系中的特殊目的机构、货币市场基金、机构化投资载体、对冲基金等都处于金融体系的金字塔结构的顶端,是金融创新的核心力量,并因其规模庞大、高度复杂和系统关联性而具有了系统重要性,从而可以自上而下地引发整个金融体系和实体经济的系统性风险。而在我国的金融体系中,居于金字塔顶端的主要是国有大型商业银行。那些与商业银行开展通道合作的信托公司、证券公司、基金公司和保险公司等非银行金融机构处于金融体系的中下层,P2P 理财、小额贷款公司等民间金融则处于金融体系的最底层。这就决定了我国影子银行的风险将自下而上向商业银行传导,并最终扩散到整个金融体系中并向实体经济蔓延。

表 2-4 中国式影子银行与欧美影子银行之比较

具体内容	中国	欧美
产生原因	在金融抑制导致中小企业遭受正规金融机构的贷款排斥和民间资本缺乏投融资渠道的背景下产生的,是市场与金融抑制博弈的产物	是在货币宽松与监管缺位下金融创新泛滥和金融服务供给过剩的产物,是对金融发展过度的反应
运作主体	商业银行(内部的表外支持部门)	投资银行
运作机制	由商业银行和其外部的其他信用中介联合参与"吸储放贷"过程、信用链条短,杠杆率低	以资产证券化为核心的资金融通过程,信用链条长,高杠杆
融资模式	以向散户投资者零售为主	以向机构投资者批发为主

① 有关资金池类或通道类银行理财产品的具体内容,详见本章第三节的论述。

续表

具体内容	中国	欧美
表现形式	私募股权投资基金、货币式基金、小额贷款公司、第三方支付结算公司、融资性担保公司、典当行、新兴网络金融公司、民间融资机构(合会)、国企内设的贷款公司等非银行金融机构以及银信合作、银证合作、银保合作、银基合作、银行同业业务、信贷证券化、委托贷款等金融业务和产品,这些机构和产品通常彼此间相互独立	投资银行、特殊目的机构、货币市场基金、机构化投资载体、对冲基金、资产管理公司、私募股权基金、信托公司等非银行金融机构,以及 ABS、MBS、CDO、ABCP 等资产证券化或衍生化的结构化金融工具和产品。这些机构和产品通常彼此间相互关联
风险传导	自下而上	自上而下

资料来源:笔者自行整理而成。

第二节 我国对影子银行监管的一般性法律[①]

一、2014 年国务院《关于加强影子银行监管有关问题的通知》

虽然国内外学界对影子银行的概念尚未达成统一的共识,且对其的理论研究相比传统银行尚处于一个初级阶段,但影子银行固有的脆弱性及其在本轮金融危机中所起的推手作用引发了国际社会及各国政府对其少受监管或不受监管的关注。如前所述,在历经对影子银行疏于监管的锥心之痛后,2008 年金融危机后,以美英为代表的很多 G20 成员国政府也无不积极地参与到由 FSB 牵头的加强影子银行监管的活动中来,纷纷将影子银行整合进本国正式的监管范畴。同样,面对国内影子银行机构和业务的蓬勃发展,我

① 本书开篇在对“若干关键词的解释和说明”中就表明了本书是基于法律多元主义理念来诠释和认知“影子银行监管法”中的“法”,亦即本书认为现代金融监管所依据的法律应是一种“多元化的法律”。这种多元化的法不仅包括通常意义上的国家机关制定的具有强制性效力的金融法律、行政法规和部门规章等,也包含那些由各级国家机关和各类金融市场参与主体(如金融行业协会或金融机构本身等)制定的不具有强制性但却能在特定领域产生约束力的通知、指引、意见、准则等规范性文件和行业纪律等。显然,本节和以下各节探讨的“法律”更多指的是后者。

国的监管高层也做出了回应。2014 年 1 月 7 日，经国务院同意，国务院办公厅以其名义发布了《关于加强影子银行监管有关问题的通知》（国办发〔2013〕第 107 号，以下简称第 107 号文）。严格来说，第 107 号文是规范性文件而非行政法规，而且其只有印发给各地方政府、监管机构和金融机构，并未向全社会公开，属于前文所析的软法，并不具有必然的法律约束力。然而，在目前我国国家层面狭义意义上的影子银行立法阙如的现实情形下，第 107 号文作为我国影子银行监管领域最高规格的顶层设计文件，其规范对象着眼于所有的影子银行，在实际中俨然扮演了一般意义上的法律规范作用，故而被社会各界誉为我国影子银行领域的"一般法"或"基本法"。① 概括而言，第 107 号文对我国影子银行整体的监管作了以下几个方面的规定和突破：

第一，首次对影子银行做出分类，明确了监管方向。对影子银行实施监管，首先得需要认定影子银行的范围。第 107 号文首次在官方层面将国内影子银行分为三类：一是不持有金融牌照、完全无监管的信用中介机构，包括新型网络金融公司、第三方理财机构等。二是不持有金融牌照、存在监管不足的信用中介机构，包括融资性担保公司、小额贷款公司等。三是机构持有金融牌照，但存在监管不足或规避监管的业务，包括货币市场基金、资产证券化、部分理财业务等。在此基础上，第 107 号文提出了要认真吸取国际金融危机的深刻教训，进一步增强大局意识和忧患意识，坚持一手促进金融发展、金融创新，一手加强金融监督、防范金融风险，落实责任，加强协调，疏堵结合，趋利避害，在发挥影子银行积极作用的同时，将其负面影响和风险降到最低。

第二，对"一行三会"的监管职责进行清晰的划分。在"一行三会"之间的分工与事权划分上，第 107 号文结合前述影子银行种类的划分，强调按照谁批设机构谁负责风险处置的原则，逐一落实各类影子银行主体的监督管理

---

① 显然，这里的"基本法"在内涵上与一般法理学上的"基本法"并不相同。其划分的依据不是法律效力，而是法律规范的内容和对象。亦即，第 107 号文规范的范畴囊括了一般意义上的影子银行，而本章第三节列举的监管文件均针对特定的影子银行。有鉴于此，本书将前者称为影子银行的"一般法"或"基本法"，而将后者称为影子银行"特别法"。国内也有学者有过类似的指称。参见陈颖：《国务院 107 号文：框定影子银行基本法》，载《南方都市报》2014 年 1 月 7 日，第 15 版；郭雳：《中国式影子银行的风险溯源与监管创新》，载《中国法学》2018 年第 3 期。

责任。而针对当前占据我国影子银行主体的国内金融理财产品，第 107 号文特别要求各类金融机构理财业务，由国务院金融监管部门依照法定职责和表内外业务并重的原则加强监督管理。例如，银行业机构的理财业务由银监会负责监督；证券期货机构的理财业务及各类私募投资基金由证监会负责监督；保险的理财业务由保监会负责监督；金融机构跨市场理财业务和第三方支付业务由人民银行负责监管协调。此外，对于第三方理财和非金融机构资产证券化、网络金融活动等尚未明确监管主体的，第 107 号文则要求由人民银行会同有关部门共同研究制定办法。表 2－5 对上述内容作了归纳。

第三，有针对性地提出六种影子银行风险的防范措施。第 107 号文重申了按照“分业经营、分业监管”和“业务规模与风险承担能力相适应”的原则，在要求各监管机构加强市场主体监管，严格监管超范围经营和监管套利行为与督促被监管对象建立内部控制、风险处置制度和风险隔离机制的前提下，针对国内当前存在的六种不规范和不审慎的影子银行业务如金融理财产品、信托业务、民间融资业务、融资性担保业务、网络金融平台及私募投资基金等，提出了相应的风险防范措施，具体内容见表 2－6。

表 2－5　第 107 号文所确立的我国影子银行监管责任分工

<table>
<tr><th colspan="2">影子银行的表现形式</th><th>监管机构</th></tr>
<tr><td colspan="2">有金融牌照的机构</td><td>依谁批设，谁监管原则确定</td></tr>
<tr><td rowspan="4">金融机构理财产品</td><td>银行类</td><td>银监会</td></tr>
<tr><td>证券、期货及各类私募投资基金类</td><td>证监会</td></tr>
<tr><td>保险类</td><td>保监会</td></tr>
<tr><td>跨市场理财业务和第三方支付业务</td><td>中国人民银行</td></tr>
<tr><td colspan="2">融资性担保公司</td><td>银监会会同地方人民政府</td></tr>
<tr><td colspan="2">小额贷款公司</td><td>银监会会同省级人民政府</td></tr>
<tr><td colspan="2">第三方理财、非金融机构的资产证券化、网络金融</td><td>由人民银行会同“三会”部门制定</td></tr>
</table>

资料来源：笔者根据第 107 号文第二章“进一步落实责任分工”中的内容所做的整理。

表 2－6　第 107 号文提出的针对我国特定影子银行风险的监管措施

影子银行的表现形式	风险监管措施
金融机构理财产品	要求金融机构在其内部将固有业务与理财业务分开管理,建立单独的理财业务组织体系和管理体系,实施单独建账管理和单独的业务监督体系,强化全业务流程监督。其中,商业银行需计提资本和拨备,不得开展资金池理财业务,做到资金来源与运用一一对应;证券公司要加强资本管理,保险公司要加强偿付能力管理
信托业务	明确信托公司"受人之托,代人理财"的功能定位,推动其业务模式转型,回归信托主业,运用净资本管理约束信托公司信贷类业务,严禁开展非标准化理财资金池等具有影子银行特征的业务
民间融资业务	要求通过行业自律组织,建立小额贷款业务规范,禁止其吸收存款和发放高利贷及用非法手段收贷。要求银行按规定与小额贷款公司发生融资业务应作为一般商业信贷业务管理。严格界定典当行和融资租赁公司等非金融机构业务范围,使典当行业回归典当主业,不得融资放大杠杆。融资租赁公司要依托适宜的租赁物开展业务,不得转借银行贷款和相应资产
融资性担保业务	明确界定融资性担保公司的融资性担保责任余额与净资产的比例上限,防止违规放大杠杆倍数超额担保。严禁非融资性担保公司从事融资性担保业务及银行业金融机构为各类债券、票据发行提供担保
网络金融活动	要求金融机构借助网络技术和互联网平台开展业务,要遵守业务范围规定,不得因技术手段的改进而超范围经营。要求网络支付平台、网络融资平台、网络信用平台等机构要遵守各项金融法律法规和不得利用互联网技术违规从事金融业务
私募投资基金业务	要求按照不同类型投资基金的本质属性,规范业务定位,严禁私募股权投资基金开展债权类融资业务

资料来源:笔者根据第 107 号文第三章"着力完善监管制度和办法"中的内容所做的整理。

第四,提出了加强和健全影子银行监管的诸多配套措施。这些措施包括:(1)加强地方政府与行业归口部门的政策衔接,充实监管资源;(2)发挥金融监管协调部际联席会议制度的作用,重点对跨行业、跨市场的交叉性金融业务监管进行协调;(3)强化信息统计和共享,要求人民银行抓紧制定基础性统计框架和规范,负责各类社会融资活动的统计汇总,建立影子银行专项统计,定期向国务院报告统计汇总信息情况,同时反馈各地区和有关行业归口部门,并适时向社会公开发布;(4)加强社会信用体系建设。要求各行业归口部门以不良信用记录为重点,建立相关机构及其高管和从业人员的信用记录,实施信用分类监管。建立失信黑名单制度和失信行为责任人行业禁入制度,健全失信惩戒机制,强化相关机构、人员的诚信意识。

第107号文作为迄今为止针对我国影子银行业务最为全面的一般性监管文件,其在影子银行类别的界定、影子银行监管方向的把握、监管职责的划分以及风险的防范、监管配套措施的健全等方面做出了相应的规定和指引,从而奠定了加强影子银行监管的法律基础,改变了以往由"一行三会"主导的各自为政、画地为牢式的影子银行监管立法模式,标志着我国影子银行监管统一立法时代的到来,这不能不说是我国影子银行监管立法的一大进步。

二、其他间接涉及影子银行监管的一般性法律规定

如果说第107号文为我国影子银行领域的"一般法"是着眼于其内容性质而言,那么此处的其他涉及影子银行监管的"一般性法律规定"则专指狭义的金融法,即由全国人民代表大会及其常委会制定和颁发的一般性金融法律中与影子银行间接相关的条款规定。① 毋庸置疑,我国现行的一般性金融法律都是以正规金融为调整对象,根本没有正面触及影子银行,但如第107号文所界定的,我国的影子银行除了"不持有金融牌照、完全无监管或存在监管不足的信用中介机构"外,还包括第三类即持有金融牌照的机构所开展的存在监管不足或以规避监管为目的的创新型金融业务,如货币市场基金、资产证券化、部分理财业务等。而基于实践中金融业务创新主体往往为金融机构的事实,②则上述所言的一般性金融法律中有关涉及正规金融机构(持有金融牌照的金融机构)的规范条款当然可以通过金融机构与业务创新的内在

① 金融法有狭义和广义之分。狭义的金融法仅指金融法律,在我国专指全国人民代表大会及其常委会制定和颁发的一般性金融法律。我国目前一般性的金融法律共8部,分别为《中国人民银行法》《商业银行法》《保险法》《证券法》《信托法》《银行业监督管理法》《证券投资基金法》《票据法》。

② 通说认为,金融业务创新是指金融机构在业务经营管理领域的创新,是金融机构利用新思维、新组织方式和新技术,构造新型的融资模式,通过各种金融创新工具的使用,取得并实现其经营成果的活动。

关联间接适用于影子银行业务的规制。

首先，归纳起来，上述间接可以适用于影子银行监管的一般性法律条款主要见诸于《银行业监督管理法》《证券法》《证券投资基金法》《信托法》这四部金融立法。具体而言，《银行业监督管理法》第 2 条第 1 款在确立"国务院银行业监督管理机构负责对全国银行业金融机构及其业务活动监督管理的工作"的同时，又在第 2 条第 3 款作了"对在中华人民共和国境内设立的金融资产管理公司、信托投资公司、财务公司、金融租赁公司以及经国务院银行业监督管理机构批准设立的其他金融机构的监督管理，适用本法对银行业金融机构监督管理的规定"的说明。这就表明银监会监管的对象范围不仅包括传统的商业银行、城市信用合作社、农村信用合作社等吸收公众存款的金融机构、政策性银行及其他们的业务活动，而且还包括金融资产管理公司、信托投资公司、财务公司、金融租赁公司以及经其批准设立的其他金融机构及其业务活动。因此，从应然层面看，银监会当然有权对上述各正规金融机构开展的包括影子银行业务在内一切创新型金融业务施以监督和管理。如果说银监会的上述监管权是从第 2 条规定所作的一种隐含推断，那么该法第 19 条对"未经国务院银行业监督管理机构批准，任何单位或者个人不得设立银行业金融机构或者从事银行业金融机构的业务活动"的重申则非常清楚地表明银监会对复制和从事类似银行业金融机构业务活动的影子银行拥有绝对的审批或查处权。

其次，《证券法》第 10 条对证券公开发行与非公开发行的界定也可能间接对我国影子银行的运作构成限制。该条规定：公开发行证券，必须符合法律、行政法规规定的条件，并依法报经国务院证券监督管理机构或者国务院授权的部门核准；未经依法核准，任何单位和个人不得公开发行证券。有下列情形之一的，为公开发行：(1)向不特定对象发行证券的；(2)向特定对象发行证券累计超过二百人的；(3)法律、行政法规规定的其他发行行为。非公开发行证券，不得采用广告、公开劝诱和变相公开方式。依照此规定，当前我国很多影子银行如银行理财产品、P2P 理财产品、股权众筹等以互联网平台为依托所采取的线上公开发售方式无疑很容易满足上述三种情形之一而构成"公开发行"，因此一旦这些影子银行产品被定性为证券，则它们在互联网平台上的融资行为很可能就是"公开发行证券"，故而必须遵循第 10 条的要求,不仅要符合法律、行政法规规定的条件,而且还要依法报经国务院证券监督管理机构或者国务院授权的部门核准。

再次,《证券投资基金法》第十章中关于“非公开募集基金”即第87条至第96条的规定也可能间接对我国当前私募股权投资基金等影子银行的运作构成限制。尽管《证券投资基金法》第2条已经说明了本法调整对象为公开或非公开募集资金设立的证券投资基金,但从实践运作上看,无论基金资金是采取公开募集抑或是非公开募集方式取得,证券投资基金与股权投资基金除了基金资产投资的领域不同之外,其他并无不同。故而笔者认为在当前我国统一投资基金立法尚未正式成型之前,①该法第十章除了第94条第2款要求非公开募集基金财产的证券投资应包括“买卖公开发行的股份有限公司股票、债券、基金份额,以及国务院证券监督管理机构规定的其他证券及其衍生品种”之外,其余涉及“合格投资者”“基金托管”“基金管理人备案登记”“基金募集”“基金合同内容”等私募基金募集运作的共性规定均可通过比照扩大适用于现实中的私募股权投资基金、股权众筹等影子银行。②

最后,《信托法》第4条即“受托人采取信托机构形式从事信托活动,其组织和管理由国务院制定具体办法”的规定也可能会影响现行的信托公司或以信托为运行机理的各类资产管理公司所开展的影子银行业务。特别地,随着2015年4月10日银监会代国务院起草的《信托公司条例(征求意见稿)》正式进入公开意见征求程序,《信托法》这条委任性规范可望在近期结束以往因国务院未制定具体办法而迟迟未能生效的历史。③ 毋庸置疑,该条例一旦正式出台和实施,其对信托公司课以的严格监管特别是对信托业务管理、

---

① 早在2012年全国人大启动《证券投资基金法》修改之前,法学界就非常关注并积极呼吁将私募股权基金纳入,进行统一的投资基金立法(赵娟:《法学界关注PE立法,建议基金法更名为〈投资基金法〉》,载http://www.eeo.com.cn/2012/0925/234044.shtml;朱宁宁:《专家:统一立法让私募股权基金有法可循》,载《法制日报》2012年9月24日,第6版)。2012年12月18日,全国人大常委会修订《证券投资基金法》时虽未能如学界所愿,将私募股权基金纳入,进行统一的投资基金立法,但专门增设了“第十章:非公开募集基金”的系列规定。

② 事实上,证监会在私募基金统一立法方面已经有了尝试。2014年8月21日,证监会发布了不限于规范私募证券投资基金的《私募投资基金监督管理暂行办法》,就比照《证券投资基金法》“第十章:非公开募集基金”各条款内容从合格投资者、基金托管、基金管理人的登记备案、资金募集等方面作了相应的规定。

③ 佚名:《信托公司条例让行业更规范》,载《中华工商时报》2015年4月24日,第12版。

固有业务管理以及净资本、杠杆率、集中度、合格投资者、赔偿准备金等主要监管指标的具体要求将对当前信托公司从事理财产品及银信合作等影子银行业务构成严格限制。

第三节　我国对影子银行监管的专门性法律

一、银行理财业务及其监管法律

（一）银行理财业务在我国的发展及分类

在我国，银行理财业务推出的理财产品是最早进入公众视野的影子银行产品。这里的银行理财业务，是指商业银行在向客户提供理财顾问服务的基础上，通过发售理财产品的形式接受客户的委托和授权，而后按照与客户约定的投资计划和方式进行投资和资产管理的业务活动。在实践中，根据银行是否保证产品本金的兑付，我国的银行理财产品通常被分为保本型和非保本型两种。在这其中，保本型理财产品属于银行的自营业务，其募集的资金以及投资持有资产全部被纳入银行资产负债表内核算，并按银监会规定计提了相应的资产和拨备，纳入存款准备金和存款保险基金的缴纳范围，受到了与存贷款业务同等程度的严格监管，本质上为国际通行的结构性存款，故而不构成本书所界定的影子银行。[①] 然与之不同，非保本型理财产品属于银行“代客理财”的中间业务，其不仅是商业银行腾挪表内信用资产或进行表外融资的一种主要手段，而且一直是我国商业银行理财产品创新的主要领域。这部分业务不仅因产品的不同存在信用、期限和流动性错配的情况，而且系在表外运作，并不能获得中央银行的流动性支持或公共部门的担保，是当下我国影子银行业务中最具有特色和重要的部分。表 2－7 显示了 2014 年至 2016 年我国银行理财业务市场的发展及非保本型理财业务在整个市场的占比情况。表 2－7 也反映了 2014 年至 2016 年我国银行理财产品结构和数量的变化趋势。从中可以发现，虽然近年来我国银行理财业务市场规模总量增长较快，但内部结构变动不一：保本型理财产品市场份额不断萎缩，而非保本型

① 囿于研究主题，若没有特别说明，本书以下的银行理财产品均指非保本型理财产品。

理财产品规模则持续扩大和增加,成为银行理财市场中的最主要品种。截至2016年年底,我国非保本型理财产品占整个银行理财市场的比例已接近八成。

表2-7 我国近三年银行理财业务市场的发展概况

项目	2014年	2015年	2016年
理财资金总账面金额(万亿元)	15.02	23.50	29.05
理财产品存续个数(个)	55,012	60,879	74,200
较上年增加的金额(万亿元)	4.78	8.48	5.55
较上年增加的幅度(%)	46.68	56.46	23.63
非保本型理财产品的金额(万亿元)	10.09	17.43	23.11
非保本型理财产品的占比(%)	67.17	74.17	79.56

资料来源:笔者根据中国银行业理财登记托管中心发布的2014年、2015年和2016年《中国银行业理财市场年度报告》中的相关数据整理而成。①

正是基于非保本型理财业务的影响力及其所展现的影子银行特征,笔者下面将以之为对象,分别从理财资金的"归集"(资金池)和"投放"(通道)两个环节的不同介绍其具体的业务运作模式及其可能潜藏的风险,然后在此基础上进一步梳理我国现行有关银行理财业务的监管立法。

1.资金池类理财业务的概念及运作

无论是发售数量,还是募集资金规模,抑或是运作模式,资金池类理财产品无疑是当下银行理财产品市场中的焦点和重点。② 所谓"资金池",顾名思义就是一个存储资金的空间。与传统的定向理财产品采用理财资金和用款企业"一对一"的运行模式不同,③资金池类理财业务在资金的使用上则采取"多对多"即"资金池——资产池"的对接模式。具体的运作流程如图2-2

① 有关各年度的《中国银行业理财市场年度报告》,可参见中国理财网:http://www.chinawealth.com.cn/zzlc/sjfx/lcbg/list.shtml,最后访问日期:2017年5月28日。

② 根据中国人民银行2013年所作的统计,银行资金池类理财产品占银行全部表外理财产品个数的比例已超过50%。这显示资金池类理财业务已成为当前我国商业银行理财业务的主流运作模式。相关内容参见中国人民银行货币政策分析小组编:《2013年第一季度中国货币政策执行报告》,中国金融出版社2013年版,第17页。

③ 所谓"一对一"运作模式是指商业银行凭借信托公司等非银行金融机构的"平台"或"管道"作用,通过一次性发行理财产品募集资金对应特定的信托计划向企业发放贷款,实现投资上的"专款专用"。随着信贷类理财产品在2010年的迅速降温,这类操作模式逐渐被"资金池——资产池"模式所取代。

所示,商业银行先以同系列或者同类型但不同收益和期限的多元化理财产品为载体,通过滚动发售的形式从特定客户(投资者)处持续募集资金,而后归集形成资金池,并将该资金池的资金投资于符合该系列或该类型理财产品所规定的各类投资标的(如银行存款、承兑汇票、国债、央行票据、货币市场基金、新股申购、信贷资产等)形成资产池,以实现客户理财投资回报和银行管理收益的特定业务。在这其中,资金池类理财产品并未纳入银行资产负债表。银行以动态管理模式保持理财资金来源和理财资金运用的总平衡,并以最后形成的资产池的投资收益作为定价依据,从而最终确定各类理财产品的收益率。有学者总结资金池类理财产品相对于定向理财产品,具有"滚动发售、集合运作、期限错配和分离定价"的特征。①

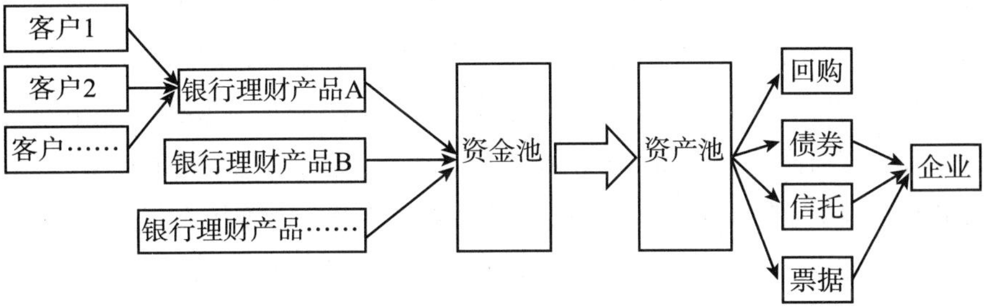

图 2-2 资金池理财业务流程

2. 通道类理财业务的概念及运作

前已述及,我国通道类业务的产生,主要是源于金融抑制背景下,商业银行为摆脱监管指标约束和政策限制及寻求更大的利润空间,通过发行理财产品形式,借助一些非金融机构的帮助将相关资产转移到表外以完成对特定项目的贷款或投资。在这过程中,资金方与项目方一般由商业银行事先选定,非银行金融机构只是利用自身的牌照优势给出一个投融资方案甚或仅仅提供一个用于走账的账户,协助银行将资金从表内挪移至表外。此时,这些非金融机构的作用好比是为商业银行规避监管提供了一条绕道而行的"通道"。可以说,通道类业务是一种相关宽泛的说法,并非一个严格的金融学概

① 参见孙建坤、李艳丽:《商业银行资产池理财产品的风险管理》,载《银行家》2012 年第 11 期。

念,而是金融业界对商业银行和非银行金融机构合谋开发的那些具有一定共性的表外理财产品运营模式的概括和总结。① 银监会在 2014 年 12 月 30 日发布的《中国银监会关于印发商业银行并表管理与监管指引的通知》(银监发〔2014〕54 号)也专门对通道类业务作了正面的定义。该指引第 87 条规定,“本指引所称跨业通道业务,是指商业银行或银行集团内各附属机构作为委托人,以理财、委托贷款等代理资金或者利用自有资金,借助证券公司、信托公司、保险公司等银行集团内部或者外部第三方受托人作为通道,设立一层或多层资产管理计划、信托产品等投资产品,从而为委托人的目标客户进行融资或对其他资产进行投资的交易安排”。依此定义,从外观上看,通道业务跟一般的委托业务在投资交易安排上并无不同,②在法律架构上同样涉及委托资产的转移占有及委托人、受托人和受益人三方利益主体,但从实质上看,通道业务中的受托人仅仅承担一般信托事务(如账户管理、清算分配及提供或出具与信托事务相关的必要文件等)的执行职责,不像委外业务中的受托人那样享有主动管理和处分信托资产的职权。换言之,在通道业务中,信托资金的设立、使用方式和运用的项目对象自始至终由委托人自主决定,受托人除了接受之外并无权改变。正是基于委托人而非受托人的主动管理职权,根据责权一致原则,银监会才在上述第 87 条后面作了“在上述交易中,委托人实质性承担上述活动中所产生的信用风险、流动性风险和市场风险等”的补充性规定。不难看出,银监会的此规定昭示着我国银行业、信托业对通道业务的理解已成共识。虽然证监会和保监会迄今并未出台涉及本行业通道业务的规定,但银监会的上述定义对于其他资产管理行业同样具有参鉴意义。

一般而言,按照合作的通道对象不同,商业银行理财业务中的通道类业务可以分为银信合作、银证合作、银证信合作及银基合作等模式。

---

① 事实上,在今天的大资管时代下,发端于商业银行表外理财产品的通道业务的应用早已超出银行领域。除了信托公司、证券公司、基金公司作为银行的通道外,银行与保险资管公司合作、保险公司与信托公司合作、证券公司与基金公司合作、证券公司与信托公司合作等相互嵌套的各种新模式也不断涌现。鉴于本书是在“影子银行业务”视角下研究通道业务,故除非有特别说明,否则本书提及的“通道业务”一般指的是商业银行的通道业务。

② 委外业务,也称为委托投资业务,是指委托人将资金委托给外部机构管理人,由外部机构管理人按照约定的范围进行主动管理的投资业务模式。

(1)银信合作理财

银信合作是我国商业银行内部最早开发的通道类理财产品。[①] 其运作模式如图2-3所示：首先是信托公司应商业银行的要求针对其指定的用款企业的项目发起相应的资金信托计划，同时银行与投资者签订理财协议，出售理财产品，然后，再由银行将募集的理财资金以单一委托人身份与信托公司签署信托协议，要求和指示信托公司将理财资金按前述的资金信托计划投向其指定的客户或项目。如此通过信托公司的“过桥”，商业银行可在不占用信贷额度的前提下将理财资金用于向先前无法或不便融资的企业提供贷款。当然，以上只是银信合作理财中最基本的模式即信托贷款类银信合作，实际可能还会因为信托投资的标的不同而有不同的运行模式，如资产转让类银信合作、私募股权类银信合作、证券投资类银信合作等。

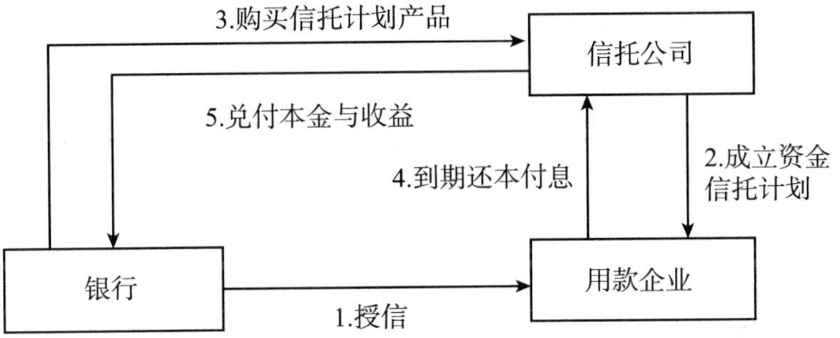

图2-3　银信合作流程

(2)银证合作理财

自2012年10月以来，证监会对证券公司定向资产管理业务的管制则持放松的态度，几乎放开了对证券公司投资范围的限制，使之具备了全面参与银行同业的资格。在此情境下，银证合作理财和下面的银证信合作开始出现。银证合作理财业务的运作如图2-4所示：商业银行要求证券公司成立相应的资产管理计划，同时通过发行理财产品募集资金购买该资产管理计

---

① 2006年5月16日，民生银行发行了投资于平安信托吉林江晖高速公路项目的“非凡”人民币理财T1计划。在该计划中，民生银行代表所有客户作为该信托计划的单一委托客户，对信托计划受托人以及高速公路项目进行监控。这被称为国内第一款银信合作的人民币理财产品。

划，以单一委托人身份委托证券公司管理托管在本行的理财资金，同时要求证券公司在定向资产管理计划中买断商业银行已贴现的信用证或票据资产，实现银行表内资产的出表。

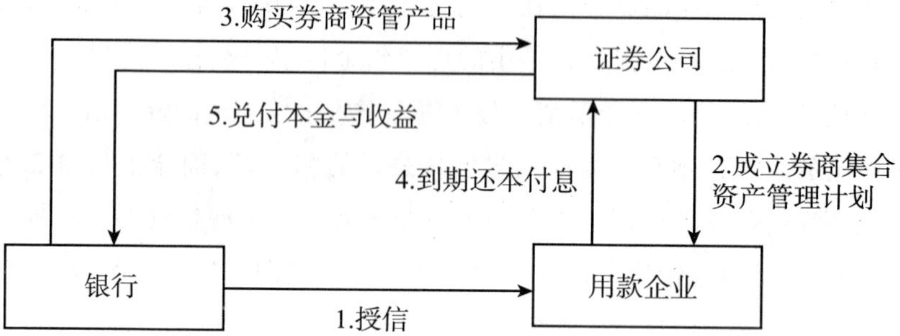

图 2－4　银证合作流程

（3）银证信合作理财

在银行、信托与券商资管合作背景下，银行也有可能将其募集的理财资金投向券商的定向资产管理计划，从而催生了银证信合作理财这一通道业务类型的出现。具体为：商业银行要求证券公司成立相应的资产管理计划，同时通过发行理财产品募集资金购买该资产管理计划，其后再由证券公司委托信托公司成立信托计划，再将资金认购信托计划，进而最终将商业银行的理财资金通过信托公司以信托贷款的形式转移到最终用款企业。

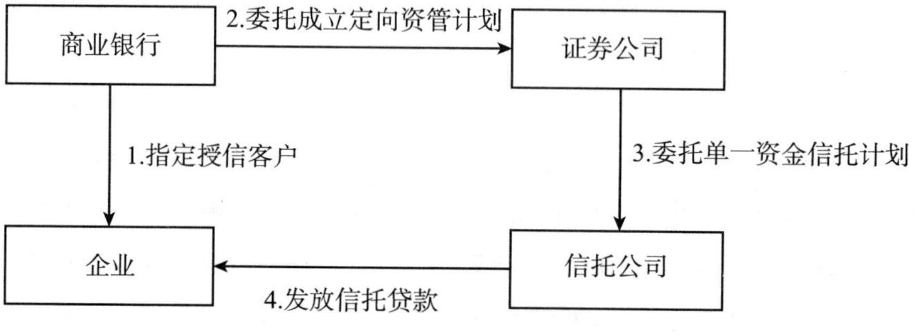

图 2－5　银证信合作流程

（4）银基信合作理财

银基信合作理财是指基金管理公司首先应商业银行的指示通过设立子公司的形式成立专门面向银行客户的资产管理计划，同时银行用募集的理财资金认购该资产管理计划,而后基金子公司再以单一委托人的形式委托信托公司设立面向同一银行客户的信托计划以最终实现将理财资金投向用款企业的目的。在该业务中,基金子公司只承担交易通道的开设工作,如账户开立、银行间市场交易资格开立、信托公司的选择等,至于客户对象、账户管理均无须基金子公司负责。

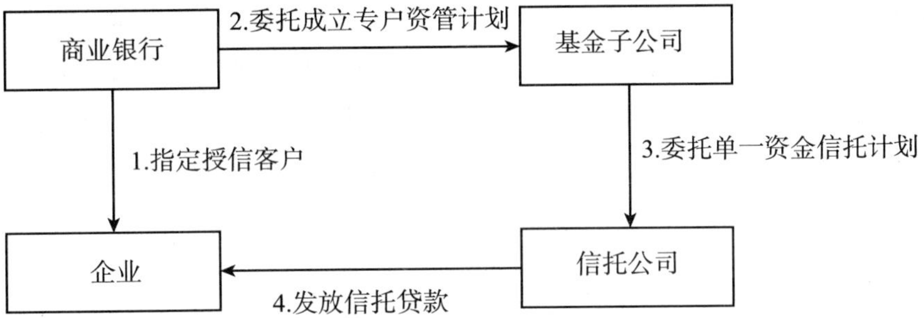

图 2-6　银基信合作流程

(二)我国银行理财业务的运营风险

透过上述各业务流程图,我们不难发现我国的银行理财业务对接了投资者和用款企业的投融资要求,很好地发挥着类似商业银行的信用中介职能,但随着本轮金融危机后国内外经济环境的变化和国内货币政策及监管政策的变化,我国的银行理财业务在发展过程中逐渐背离了其代客理财的初衷,蜕变为商业银行"高息揽储""变相放贷"的工具,从而不可避免在运行中存在以下几个方面的风险:

一是系统性风险。无论是纯粹的通道类,还是资金池类理财业务,抑或是两者的结合,现实中的银行理财资金很大部分是曲线投向高风险的行业,包括国家禁止或限制的"两高一资"行业、[①]产能过剩行业、房地产行业、地方投融资平台及资质一般且无法通过正规渠道申请到贷款的中小企业。虽然从现行各银行的理财产品协议书上看,其均无不例外地在开篇强调"理财投

① 2005 年《中华人民共和国国民经济和社会发展第十一个五年规划纲要》明确提出:"控制高耗能、高污染和资源性产品出口……促进国内产业升级。"据此,在产业经济、商品贸易等领域,人们就将具有"高耗能、高污染和资源性"这三种特点的行业称为"两高一资"行业。

资收益和投资风险由客户自行承担”,①但由于我国商业银行长久积累的声誉和发行产品时的宣传,使投资者有意无意地默认银行保本收益承诺的兑现。故而一旦真正出现产品收益率不达预期或投资亏损,银行为避免产生社会声誉风险和影响未来自身理财业务的扩张,往往会选择以自有资金兜底。社会对商业银行这种“刚性兑付”的普遍预期使银行成为理财产品违约风险的最后承担人。② 不难想象,银行对其发行的理财产品的隐性担保必然会使银行表外信用风险转化为表内的信用风险,并有可能危及银行表内正常的存款。加之银行理财业务往往会涉及多个合作主体,金融机构之间的内在关联性增强,信用风险的空间传染性也更迅速,倘若理财资金投资出现大面积的行业性亏损时,其就可能会引发银行挤兑甚至是银行的破产,增加了整个金融体系系统性风险的隐患。

二是流动性风险。以资金池类理财业务为例,表面上看,银行可以通过滚动发售,集合管理方式将长期资金和短期资金搭配起来,缓解资金池和资产池之间的期限错配,但这种“短借长贷”的配置模式却潜藏着巨大的流动性风险,使资金流动性严重依赖于新发产品的募集规模。一旦市场出现较大的波动导致资金池的滚动性丧失,就会影响整个资产池内理财产品的资金链条,导致资产池对接的项目出现违约,引发理财产品的投资收益不及到期兑付的问题,而银行为确保“刚性兑付”以保证理财业务的正常运转,就不得不主动注入流动性以弥补理财资金的缺口,从而拉高了资金的拆借价格,使自身陷于流动性风险压力不断增大的恶性循环之中,酿成影响整个银行业乃至金融业的流动性风险。

三是道德风险。以通道类理财业务为例,在投资者——银行——非银行

---

① 比如,《中国民生银行理财产品协议书》第1条第1款就规定“本理财产品是受理财合同条款条件约束的如下金融产品:银行接受客户的委托和授权,按照与客户事先约定的投资计划和方式进行投资和资产管理,根据约定条件和实际投资收益情况向客户支付收益并收取管理费等费用;投资收益和投资风险由客户自行承担”。

② “刚性兑付”是指金融产品到期后,不管金融产品投资的项目状况如何,产品发行方都要为投资者兜底支付之前承诺的本息。上文中的“刚性兑付”是指银行发行的理财产品到期后,由于理财产品投资的项目出现风险或亏空导致作为受托人的信托公司没有足够资金进行兑付,则银行为了维护自身的声誉,会通过寻求第三方机构接盘或用自有资金进行兜底,代信托公司向投资者分配投资本金和预期收益。

金融机构(通道)——用款企业这个业务链条中,尽管作为通道的非银行金融机构是项目名义上的受托人,但因其实质上只是起到被动的投资管道的作用,加之对银行“刚性兑付”下必然会承担最终投资风险的强烈预期,故其往往不会对信托项目进行独立的尽职调查,也不计提风险减值准备,更遑论有动力对银行管理运用信托财产尽到监督义务,极易滋生道德风险。

(三)现行的有关银行理财业务的监管立法

我国银行理财产品市场肇端于2004年,[①]但其真正为法律所许可则源于中国银监会2005年11月1日颁布实施的《商业银行个人理财业务管理暂行办法》及其配套细则《商业银行个人理财业务风险管理指引》。该暂行办法首次对我国商业银行个人理财业务的分类定义、业务管理、风险管理及相关法律责任作了规范,揭开了法律保护我国商业银行开展个人理财业务的序幕。从此,工农中建交五大国有控股银行及其他很多股份制银行、城市商业银行以及在华外资银行相继加入银行理财产品的开发和销售行列。我国银行理财市场也因此跨过了萌芽期,进入了“百花齐放、百家争鸣”的快速发展时期。不过,值得注意的是,随着金融危机后以银信合作为代表的通道类银行理财产品的不断兴起和壮大,[②]我国银行理财产品的风险隐患以及“影子银行”的负面效应开始逐渐暴露,监管当局也从2008年开始加快了对银行理财产品规范的步伐,密集出台了十余部法律和政策文件,对银行理财特别是其中的银信合作理财的资金投向、产品期限、风险管理、合规销售及管理模式等方面做出了系列的整改与规定(见表2-8)。下面,笔者就2008年年末以来我国监管当局出台的旨在规范和遏制银行理财业务风险的主要法律文件及其规定加以重点介绍和梳理。

1.《银行与信托公司业务合作指引》

前已述及,2008年金融危机后,我国银信合作理财产品迅速发展,规模

---

① 2004年1月,光大银行发行了首支个人外币理财产品——阳光理财A计划,10月发行了国内首支银行人民币理财产品——阳光理财B计划。此举被业界公认为开启了我国商业银行理财业务创新发展的大幕。

② 我国早期的银行理财产品过于简单,理财资金仅限于投向银行间拆借市场、央行票据、债券及新股申购等。但2008年金融危机爆发后,我国政府推出了“四万亿”经济刺激计划,在地方政府财政资金不足且不得不提供配套资金的情形下,地方政府融资平台只能依靠“银信合作”模式从银行迂回获得贷款。这直接催生了“银信合作”(信贷类)理财产品的壮大。

表 2-8 我国针对银行理财业务专门性监管政策和立法

颁发机构	施行时间	法律政策名称	内容要旨
银监会	2005 年 11 月 1 日	《商业银行个人理财业务管理暂行办法》和《商业银行个人理财业务风险管理指引》	界定了银行理财业务的概念及其类型，要求银行将个人理财业务的风险管理纳入整体的风险管理体系之中，不得从事证券和信托业务，并规定个人理财客户起点是人民币 5 万元
银监会办公厅	2006 年 6 月 13 日	《关于商业银行开展个人理财业务风险提示的通知》	要求银行应按照审慎经营原则，设计符合整体经营策略的理财产品（计划），并向客户充分揭示风险，禁止将理财产品（计划）当作一般储蓄产品进行大众化推销
银监会办公厅	2008 年 4 月 3 日	《进一步规范商业银行个人理财业务有关问题的通知》	就银行个人理财业务中遇到的产品设计管理机制不健全、客户评估流于形式、风险揭示不到位、信息披露不充分等问题进行了规范
银监会	2008 年 12 月 9 日	《银行与信托公司业务合作指引》	对银行和信托公司在开展银信理财合作及其他合作的范围、方式、合作模式等内容进行了规范
银监会	2009 年 7 月 6 日	《关于进一步规范商业银行个人理财业务投资管理有关问题的通知》	对银行的理财资金投资范围（金融产品、银行信贷资产、发放信托贷款、集合资金信托计划等）提出了限制要求
银监会	2010 年 8 月 12 日	《关于规范银信理财合作业务有关事项的通知》	要求信托公司在银信理财合作中自主管理，禁止其开展通道类业务，并要求商业银行将表外资产在两年内转入表内
银监会	2010 年 8 月 24 日	《信托公司净资本管理办法》	确立信托公司净资本计算标准及最低要求、风险控制指标、风险资本计算标准等
银监会	2010 年 12 月 3 日	《关于进一步规范银行业金融机构信贷资产转让业务的通知》	要求银行在开展银信合作业务是，信贷资产应当予以真实转让，要求担保手续应重新办理相应登记手续

续表

颁发机构	施行时间	法律政策名称	内容要旨
银监会	2011 年 1 月 26 日	《关于进一步规范银信理财合作业务的通知》	督促银行资产转表,压缩银信合作信托贷款业务,并要求信托公司按 10.5% 计提风险资本
银监会	2011 年 8 月 28 日	《商业银行理财产品销售管理办法》	确立理财产品风险评级制度,要求商业银行销售理财产品应当遵循风险匹配原则,禁止误导客户购买与其风险承受能力不相符合的理财产品
银监会	2013 年 3 月 27 日	《关于规范商业银行理财业务投资运作有关问题的通知》	要求银行应实现每个理财产品与所投资资产(标的物)的对应,做到每个产品单独管理、建账和核算,并规定了理财资金投资非标准化债权资产的总额的上限
银监会办公厅	2014 年 4 月 8 日	《关于信托公司风险监管的指导意见》	明确事务管理类信托业务的参与主体责任
银监会办公厅	2014 年 4 月 3 日	《关于银行理财业务监管工作的指导意见》	对理财资金运用和投向做出规范,要求银行理财资金不得与银行自有资金混用,不得购买本行贷款和开展资金池业务,促使银行理财业务回归受托理财
银监会	2014 年 7 月 10 日	《关于完善银行理财业务组织管理体系有关事项的通知》	要求银行应按照单独核算、风险隔离、行为规范、归口管理等要求开展理财业务事业部制改革,设立专门的理财业务经营部门,负责集中统一经营管理全行理财业务
银监会	2014 年 12 月 30 日	《商业银行并表管理与监管指引》	首次对银行的通道业务做出了正面的定义,决定对商业银行自身开办以及银行集团内其他附属机构参与的各类跨业通道业务实施并表监管
证监会	2012 年 10 月 18 日	《证券公司定向资产管理业务实施细则》	对证券公司接受单一客户委托的定向资产管理业务进行了规范

续表

颁发机构	施行时间	法律政策名称	内容要旨
证监会	2013 年 3 月 14 日	《关于加强证券公司资产管理业务监管的通知》	督促证券公司加强对与其他金融机构合作的资产管理业务的风险管理,并鼓励其重点开展主动管理性质的业务
中国证券业协会	2013 年 7 月 19 日	《关于规范证券公司与银行合作开展定向资产管理业务有关事项的通知》	规定证券公司开展银证合作定向业务的注意事项,禁止开展资金池业务和将委托资金投资于高污染、高能耗等国家禁止投资的行业,并要求合作银行最近一年年末资产规模不低于 300 亿元,且资本充足率不低于 10%

日益庞大,逐渐成为信托公司的业务主体,但彼时银信合作的相关法规制定进程却相对滞后。故为规范银行与信托公司开展业务合作的经营行为,促进银信合作健康有序发展和保护银信合作相关当事人的合法权益,银监会于 2008 年 12 月出台了《银行与信托公司业务合作指引》(银监办发〔2008〕83 号)。该指引主要分从银行和信托公司的视角对双方在银信理财合作及其他合作业务(如信贷资产证券化)中所应遵守的义务作了规范,并特别强调信息披露、风险揭示及信托公司作为受托人的主动管理职责。

2.《关于进一步规范商业银行个人理财业务投资管理有关问题的通知》

针对金融危机后暴露出高风险理财产品令客户遭受巨额亏损的事实,银监会于 2009 年 12 月出台了《关于进一步规范商业银行个人理财业务投资管理有关问题的通知》(银监发〔2009〕65 号)。该通知要求银行应坚持审慎、稳健的原则对理财资金进行投资管理,规定了理财资金投资金融衍生产品(结构性产品)、银行信贷资产、发放信托贷款、集合资金信托计划、新股申购等应满足的条件要求。

3.《关于规范银信理财合作业务有关事项的通知》

针对信托公司在银信合作特别是信贷资产理财产品中"敲章收费",未能有效体现受托人主动管理的地位,银监会于 2010 年 8 月 12 日颁发了《关于规范银信理财合作业务有关事项的通知》(银监发〔2010〕72 号)。该通知对银信合作理财业务作了界定,重申信托公司在其中的自主管理原则,禁止其开展通道类业务，并要求银行在两年内将现行的银信合作理财业务从表外转入表内，按照150%的拨备覆盖率要求计提拨备，同时按照11.5%（大型银行）与10%（中小银行）的资本充足率要求计提银行资本。

4.《信托公司净资本管理办法》

如果说上述的通知侧重于从银行风险防范的角度规范银信合作理财业务，那么银监会2010年8月24日出台的《信托公司净资本管理办法》（银监会令2010年第5号）则从信托公司风险防范的视角进一步限制银信合作理财业务的开展。该管理办法要求信托公司应当根据不同的投资对象（如金融产品、股权、贷款债权等）的特点和风险状况，按照银监会规定的系数对之进行风险调整，建立动态的净资本管理机制，以确保净资本等各项风险控制指标符合规定标准。这意味着信托公司与银行合作开展理财业务时也必须按照本办法的规定计算净资本和风险资本。

5.《关于进一步规范银信理财合作业务的通知》

为进一步防范银信合作理财业务风险，促进银行和信托公司理财合作业务健康发展，银监会于2011年1月26日又出台了《关于进一步规范银信理财合作业务的通知》（银监发〔2011〕7号）。该通知在前述《关于规范银信理财合作业务有关事项的通知》的基础上再次重申了管理层对银信合作信托贷款业务的限制立场，并要求信托公司对银行未入表的银信合作信托贷款，按照10.5%的比例计提风险资本。

6.《商业银行理财产品销售管理办法》

为规范商业银行理财产品销售行为，促进商业银行理财业务健康发展，银监会于2011年8月28日出台了《商业银行理财产品销售管理办法》（银监会令2011年第5号），要求商业银行销售理财产品，应当遵循风险匹配原则，禁止误导客户购买与其风险承受能力不相符合的理财产品，并从理财产品的销售文本、风险评级、客户风险承受能力评估、销售管理及内控等方面做出相应的规定。

7.《关于规范商业银行理财业务投资运作有关问题的通知》

针对2012年以来，我国银行资金池类理财业务的高速扩张，市场上关于资金池类理财产品"庞氏骗局"争议不断的现实，银监会于2013年3月27日出台了《关于规范商业银行理财业务投资运作有关问题的通知》（银监发

〔2013〕8号）。该通知明确规定："商业银行应实现每个理财产品与所投资资产（标的物）的对应，做到每个产品单独管理、建账和核算。单独管理指对每个理财产品进行独立的投资管理；单独建账指为每个理财产品建立投资明细账，确保投资资产逐项清晰明确；单独核算指对每个理财产品单独进行会计账务处理，确保每个理财产品都有资产负债表、利润表、现金流量表等财务报表。"由此可见，监管当局要求银行应按"一对一"的模式开展理财投资业务，对单个理财产品单独建账，并不鼓励银行开展资金池类理财业务。

8.《关于银行理财业务监管工作的指导意见》

如果说银监会在上述的通知中要求对单个理财产品单独建账只是想缓释银行理财业务积聚的流动性风险，并无封杀资金池类理财业务的意图，那么2014年4月3日其下发的《关于2014年银行理财业务监管工作的指导意见》（银监办发〔2014〕39号）则正面对银行资金池类理财业务予以禁止。该意见要求银行正确对待和控制好理财产品的投资风险，要求银行坚持理财产品单独建账管理、信息公开透明的原则导向，理财资金不得与自有资金混用，不得购买本行贷款，不得开展资金池业务。可见仅时隔一年，银监会对资金池类理财业务的监管态度由容忍到完全禁止，不可谓不相当严厉。

9.《关于印发商业银行并表管理与监管指引的通知》

2014年12月30日，银监会发布了《商业银行并表管理与监管指引》（银监发〔2014〕54号），一改先前禁止信托公司开展通道类业务的立场，决定对商业银行自身开办以及银行集团内其他附属机构参与的各类跨业通道业务实施并表监管，要求商业银行将其按照本指引要求纳入银行集团的全面风险管理，并特别关注银行集团内各附属机构借助通道业务进行的融资活动，关注由此引发的各类风险以及产生的监管套利、风险隐匿和风险转移等行为，避免风险传染。

除了银监会外，我国的证监会和作为证券业自律监管组织的证券业协会也从规范证券公司资产管理业务的视角对银证合作理财业务做了限制。这些规范文件主要有证监会2012年10月和2013年3月颁发的《证券公司定向资产管理业务实施细则》和《关于加强证券公司资产管理业务监管的通知》。前者对证券公司定向资产管理业务的操作规则、风险管理与内部控制进行了规定，为证券公司参与银证或银证信合作理财业务提供了法律依据；

而后者则督促证券公司加强对与其他金融机构合作开展的资产管理业务的风险管理,包括对合作对象的资质、信用、管理能力、风控水平等进行综合评估,审慎选择合作对象及认真进行尽职调查,充分评估投资风险;着力提高投资管理能力、专业服务水平和重点开展主动管理性质的业务。此外,作为落实证监会《关于加强证券公司资产管理业务监管的通知》的配套文件,中国证券业协会于 2013 年 7 月 19 日专门出台了《关于规范证券公司与银行合作开展定向资产管理业务有关事项的通知》,该通知首次对银证合作定向业务做了正面的定义,禁止证券公司在银证合作中开展资金池业务和将委托资金投资于高污染、高能耗等国家禁止投资的行业,并要求与证券公司合作的银行在最近一年年末资产规模不低于 300 亿元,且资本充足率不低于 10%。

二、P2P 平台及其监管法律

(一)P2P 网贷在我国的发展概况及其分类

P2P(Peer to Peer lending)是互联网金融的典型业态,其肇始于 2004 年英国的 ZOPA 网贷平台,ZOPA 的宗旨是"为信用良好者提供低息贷款和高息回报",[①]ZOPA 的上述宗旨说明,P2P 从诞生之日起就与传统银行的低息存款与高息贷款模式存在鲜明对比,而其模式的核心价值在于借助互联网实行金融脱媒,降低金融交易的整体成本,提高交易各方的福利剩余。而金融交易成本的削减也有利于金融普惠化的实施,促进金融正义和金融平等的实现,并最终将金融活动导向实体经济,防止金融体系空耗的产生。

P2P 从根本上说,也是一种借贷,而且是一种商业银行体系之外的信用中介活动,虽然 P2P 平台在我国的定性一直有信用中介或信息中介之争,但 P2P 平台参与的 P2P 活动整体上属于信用中介行为,从而可以归入影子银行体系是没有太大争议的。P2P 业务不但具有影子银行的信用中介特征,其也和其他影子银行活动一样是在监管缝隙中或说通过监管套利来寻求超额利润,而 P2P 引发的金融风险和社会风险也成为近年来我国经济生活中的一个爆点,因此将 P2P 纳入影子银行监管和研究的范围是完全恰当的。

---

① 有关 ZOPA 的宗旨,可参见 ZOPA 官网:http://www.zopa.com/about,最后访问日期:2018 年 5 月 17 日。

我国的P2P行业始于唐宁于2006年创办的“宜信”,而2007年成立于上海的拍拍贷则是我国首家正规意义上的P2P平台。到2017年年末,随着近十年的发展,我国已经有P2P平台7257家,数量创历史新高,成交额达到38,952.35亿元,同比增长38.87%,P2P行业已经成为我国非常重要的一个非银行金融机构,但我国P2P发展呈现两极分化的趋势,从平台角度看交易额在50亿元以上的P2P平台仅有129家,从地区角度看北京、上海和深圳这三个城市就占全国交易额的将近70%。[①] 作为一种重要的影子银行业态,P2P在监管上却是一度滞后的,一方面是因为P2P作为互联网金融创新在法律性质、监管部门和监管政策上还有许多争议,另一方面是因为P2P所具有的普惠取向契合于我国金融转型,因此政府对其一度采取宽监管的态度。与此相应,我国P2P行业到2016年都一直处于野蛮生长的阶段,相关立法或监管部门虽然一直对P2P有这样或者那样的表态,[②]但总体上仍持谨慎观察前提下的宽监管态度。

我国P2P发展到现在有多种运营模式,并处于不断创新之中,不同的角度可以对其进行不同的类型化归纳,但最普遍的分类有两种:一种是根据P2P平台与互联网结合的紧密程度将其分为纯线上模式、线下模式和线上线下相结合即O2O模式,[③]这也是中国人民银行发布《2015中国网贷营运模式调研报告》中的分类办法。具体来说,纯线上模式指的是P2P平台完全只以信息中介的方式在网上提供交易居间信息,交易流程完全在线上完成,是P2P最原始和最纯粹的形式;线下模式指的是借贷的关键流程由P2P平台以传统的线下方式进行,这包括借款项目审核、抵押办理及贷款发放等,线上部分仅限于出借人信息收集、项目发布等,P2P平台成为借贷行为即资金募集和发放的主要推动者,显而易见的是P2P平台这时已经脱离了信息中介的角

---

① 《第一网贷:2017年全国P2P网贷行业大数据报告》,载http://www.p2p001.com/Netloan/shownews/id/16590.html,最后访问日期:2018年5月17日。

② 如在2013年银监会牵头的九部委联合处置非法集资的发布会上,人民银行特别强调了鼓励P2P网络借贷平台创新发展的同时,应严守业务边界和自身的中介性质,平台本身不得提供担保,不得归集资金搞资金池,不得非法吸收公众存款,更不能实施集资诈骗等,此种负面表列的方式也反映了政府对P2P创新的宽容态度。

③ Online To Offline(线上到线下)的缩写,指的是把线下商业运作与互联网平台相结合的运营模式。

色成为了信用中介，这也是近两年来P2P行业整顿的重点，随着《网络借贷信息中介机构业务活动管理暂行办法》[①]（以下简称《网贷暂行办法》）第16条对P2P平台在线下进行借贷的全面禁止，其将逐步退出市场。所谓线上线下相结合模式即为O2O模式，其指的是P2P平台通过线上渠道收集出借人信息，发布项目信息和服务流程，并在线下进行贷款客户开发，并对借款项目和借款人进行各项风控审核，但P2P平台自身不从事借贷担保、不建立资金池并且借贷款项也由第三方托管。目前，O2O模式是我国P2P的主流模式。

另一种是根据P2P平台在P2P过程中的角色做的划分，其大致可以分为纯平台型P2P、担保型P2P和债权转让型P2P。所谓的纯平台型P2P指的是P2P平台完全属于信息中介性质，在资金的供需双方即P2P当事双方之间提供借贷信息发布、借贷当事人资格信用审核、供需内容匹配和其他相关服务，P2P平台在P2P活动中完全只承担居间人的角色，这也是我国P2P监管对P2P平台所做的信息中介定位，纯平台型P2P可以是完全在线上运行，也可以是所谓的O2O模式，其关键点在于P2P平台自身不参与担保或者是借贷活动。担保型P2P指的是P2P平台除了仍然进行居间活动并做好信息中介的工作外，还自身或者由第三方担保机构为借款提供担保，这无疑使P2P平台在某种程度上实质性参与了借贷活动，并且脱离了纯粹信息中介的定位。债权转让型P2P指的是借贷双方不直接发生债权债务关系，而是由平台作为出借人将资金贷给借款人，然后再将由此形成的债权分割处理后将其转让给P2P投资人，在此过程中实际上P2P平台成了借贷的当事方，从而完全变成为信用中介而非信息中介。

不管是如何分类，都可以看出我国现实中的P2P性质较为模糊，其因为利益驱使倾向于直接成为信用中介而非仅仅停留在信息中介层面，从而在多重风险叠加、相关监管缺位和行业自律软弱的情况下一直在法律边缘游走，并引发了大量社会事件。

（二）P2P平台的运营风险

P2P的风险主要包括以下几个方面：道德风险、技术风险、法律风险、信

---

① 参见《网络借贷信息中介机构业务活动管理暂行办法》（银监会令〔2016〕1号）第16条。

用风险和流动性风险。和传统面对面的民间借贷不一样,P2P 实际上是以网络平台为中心的点对点乃至多对多的借贷关系,此外不同于传统民间借贷较为成熟的法律规制,P2P 的监管仍处于极不成熟的阶段,因此 P2P 不仅有传统民间借贷的信用风险和流动性风险,还有某些较为个性的风险特征如道德风险、技术风险和法律风险。当然 P2P 与传统民间借贷所共有的信用风险与流动性风险其表现方式和波动强度也有显著差异,具体来说就是 P2P 的信用风险与流动性风险都远远大于传统民间借贷的相应风险。P2P 风险的承担者主要是 P2P 平台,也包括 P2P 的当事双方。具体来说当 P2P 平台作为信息中介时,其主要承担着技术风险、法律风险;而当 P2P 平台充任 P2P 担保者甚至 P2P 当事者角色的时候,其则更要承担道德、信用和流动性风险,从而成为 P2P 风险聚集的中心。而就 P2P 当事双方而言,风险主要存在于出借人一方,这包括道德风险和信用风险。但这都取决于 P2P 平台对借款人和借款项目前期调查和风控措施的效用,因此无论如何 P2P 平台是 P2P 风险防范的最重要和关键的因素,从而应将 P2P 风险及其防范的相关讨论聚焦于 P2P 平台。

应该指出,根据当前法律法规,一个完全合规的 P2P 平台只能是一个金融信息中介,①而不能以任何形式实质性地参与到借贷活动中。这就能避免上述绝大多数的 P2P 风险,但在实践中由于相关监管规范难以落地,或者监管不力等原因,使相当多的 P2P 平台在经营中或多或少地带有信用中介的性质,因此其现实中所存在风险种类和复杂程度远远超出一个金融信息中介本应遭遇的状况。

具体来说,P2P 平台的风险首先是道德风险,这是主要来自借款人的风险。道德风险指的是在信息不对称的前提下,交易双方中拥有信息优势的一方总是试图做出有利于自身利益的行为而无视给信息弱势一方带来的风险。② 在 P2P 交易中借款人无疑是对贷款项目和贷款资金最为了解和进行

---

① 对于 P2P 平台纯粹信息中介的地位存在某种意义上的逻辑缺陷,因此单凭法律上对网贷平台的信息中介定位很难达到理论预期的效果,相关论点参见戴晓凤:《P2P 网贷平台信息中介定位存在缺陷》,载《金融经济》2017 年第 7 期。

② 谈超:《P2P 网络借贷平台中的逆向选择和道德风险研究》,载《金融经济学研究》2014 年第 5 期。

实际管控的一方,其完全有可能为了自身更大的利益去从事对于出借人不利的行为,在平台作为担保人乃至借贷当事方的情况下也会最终损害平台的利益。道德风险的影响不仅在个体层面,其借助逆向选择的机制将恶化行业环境乃至整个市场,这是因为道德风险较高的劣质借款人往往倾向于承受较高的利息负担,从而逆向淘汰了那些真正优质的借款人,从而形成所谓的劣币驱逐良币的现象,要解决道德风险问题,其根本之道是确立 P2P 平台的信息中介地位,并健全网贷交易市场的第三方信用担保和社会征信机制。

P2P 平台所面临的第二个主要风险是信用风险,其主要来自借款人,也有少部分来自投资人。借款人的信用风险简单来说就是借款人信用信息不真实以及借款后不履约还债的风险。借款人信用信息不真实指的是借款人通过虚假身份信息或伪造项目标的在平台上进行借款,这几乎注定了后续违约的发生,而平台如果未经核实发布了此类虚假信息或者经过核实但却未能发现,则平台可能需要为此违约承担责任;而借款后不履约还债就是传统意义上的信用风险,即在借款发生后,借款人无法及时或根本无法还款,这不仅直接导致了投资人的损失,也在平台实质性参与借贷运作的情况下导致平台自身的经济和信誉损失。当然平台信用风险也可能来自投资方,如投资方借助虚假的身份信息并利用平台为其违法的资金提供掩护,这固然不能直接视为某种违约,但其违法本质已经决定了借贷关系的脆弱,并在极大程度上会导致相关信用风险的发生。

P2P 平台面临的第三个主要风险是流动性风险。这是在我们现阶段 P2P 理财发展异化中的必然产物,虽然一直以来监管部门的导向乃至规则都是将 P2P 平台定位为信息中介,但实际上 P2P 平台作为 P2P 活动的中枢只有游走在监管灰色地带甚至跨界发展为全功能的信息—信用中介,才有可能在现实的市场环境中赢得竞争和获得最大利润。因此国内目前除了纯线上模式的 P2P 平台之外,大多数 P2P 平台或多或少在借贷双方资金归集、借贷标的重组乃至提供还款担保等方面都有涉猎,这也是 P2P 平台形成流动性风险的根本原因,实际 P2P 平台流动性风险的密集爆发及其对社会公众的冲击也是近几年来 P2P 行业的主要负面消息来源以及眼下行业整顿的导火索。

(三)现行有关 P2P 的监管法律

2015 年以来,随着 P2P 平台各类风险特别是流动性风险事件的频发和

P2P 行业规模的不断壮大,这个互联网金融和普惠金融双重光环下的影子银行部门终于引起了广泛关注,并在某些一般性的立法或规范性文件中做了规定,其中较有代表性的包括 2015 年 7 月央行等十部委颁布的《关于促进互联网金融健康发展的指导意见》(以下简称《互金指导意见》)和《最高人民法院关于审理民间借贷案件适用法律若干问题的规定》(以下简称《民间借贷规定》)等。

根据《互金指导意见》,P2P 是“个体和个体之间通过互联网平台实现的直接借贷”,属于民间借贷范畴,受合同法、民法通则等法律法规以及最高人民法院相关司法解释的规范。《互金指导意见》作为互联网金融的纲领性监管文件,依旧反映了政府对互联网金融小心翼翼的心态,而且《互金指导意见》大多数是原则性和方向性的条款,较少具体制度安排。此外,最高人民法院的《民间借贷规定》第 22 条规定:“借贷双方通过网络贷款平台形成借贷关系,网络贷款平台的提供者仅提供媒介服务,当事人请求其承担担保责任的,人民法院不予支持。网络贷款平台的提供者通过网页、广告或者其他媒介明示或者有其他证据证明其为借贷提供担保,出借人请求网络贷款平台的提供者承担担保责任的,人民法院应予支持”,该司法解释规避了对 P2P 性质的界定,将 P2P 视为一般的民间借贷行为,并采取就事论事的态度来处理 P2P 中的相关民事问题。当然,无论是《互金指导意见》还是《民间借贷规定》都不是 P2P 的专门性法律,而是从普通民间借贷角度对 P2P 加以规制,罔顾 P2P 的金融本质,其局限性是显而易见的。P2P 作为新型影子银行种类和全新金融业态,有着特异的规范化需求,应打造更为具体的规制和监管体系。

从专门规制的角度来看,目前 P2P 专门性规范是银监会所打造的“3 + 1”体系,即所谓的一个办法和三个指引。办法指的是银监会等四部委于 2016 年 8 月发布的《网贷暂行办法》,指引则是银监会之后顺序发布的《网络借贷信息中介机构备案登记管理指引》①(以下简称《网贷登记指引》)、《网络借贷资金存管业务指引》②(以下简称《网贷存管指引》)和《网络借贷信息

① 参见《网络借贷信息中介机构备案登记管理指引》(银监办发 2016 年第 160 号令)。
② 参见《网络借贷资金存管业务指引》(银监办发 2017 年第 21 号令)。

中介机构业务活动信息披露指引》(以下简称《网贷信披指引》),[①]上述四个文件虽属于层级不高甚至效力不足的部门规章,但对 P2P 行业做了全面而详细的规定,从而形成了当前我国 P2P 行业的完整制度体系,其中《网贷暂行办法》具有强制性,而三个指引则是属于软法性质的规范。《网贷暂行办法》是 P2P 规制的总纲,全面规定了 P2P 概念特征、监管主体、运营规则和法律责任等,而指引则是主管部门对《网贷暂行办法》的细化,在 P2P 企业备案、存管和信息披露等运营方面做出业务指导。由此可见,了解我国 P2P 监管首先要对《网贷暂行办法》加以全面解读。

《网贷暂行办法》实际上是我国 P2P 监管的一个转折点,使 P2P 行业从之前的丛林状态走向规范化状态,而 2017 年也成为 P2P 行业的合规之年。《网贷暂行办法》最重要的内容可以归结为如下几点:

一是区分并确定了 P2P 和 P2P 平台的概念与性质,明确规定 P2P 是个体和个体之间通过互联网平台实现的直接借贷,而 P2P 平台是依法设立专门从事网络借贷信息中介业务活动的金融信息中介公司。作为信息中介机构 P2P 平台要严守"信息中介"底线,不得提供增信服务,不得直接或间接归集资金,不得非法集资,具体来说就是不得从事自融、资金池、担保、融资推介、放贷、期限错配、资管产品销售、资产证券化、虚假陈述、不同业务混合、高风险业务融资和众筹等活动,其经营范围只能是为出借人与借款人提供直接借贷信息的采集整理、甄别筛选、网上发布,以及资信评估、借贷撮合、融资咨询、在线争议解决等相关服务。

二是构建了 P2P 平台的行政监管、行业自律和社会监督体系,其中监管是主导而自律是为辅助。简单来说,P2P 平台行政监管可概括为"多头双重"和"宽进严出":多头指的是银监会、工信部、公安部和国家互联网信息办公室等四部门对 P2P 平台分别加以审慎和行为监管、电信业务监管、网络安全和金融犯罪监管以及互联网信息内容监管;双重监管指的是银监会与地方金融办对 P2P 平台在中央和地方层次的分工监管,基于 P2P 的地域性和草根性,省级金融办根据属地原则做好 P2P 平台规范引导即地方立法、备案登记、评估分类和风险防范处置等工作;"宽进严出"中的"宽进"指的是 P2P 平台

---

① 参见《网络借贷信息中介机构业务活动信息披露指引》(银监办发 2017 年第 113 号令)。

监管实行备案登记的宽松准入制度;“严出”指的是在经营阶段则实行严格的事中和事后监管,重点在业务行为和信息披露方面。除了刚性行政监管外,P2P 平台还应做好行业自律与社会监督,前者体现为中国互联网金融协会的工作职责,其工作重点体现在自律规则制定、自律执法检查和各项会员服务等方面;而后者则表现在 P2P 平台通过会计师事务所、律师事务所、信息安全测评认证机构和征信机构对 P2P 平台的财务信息、合规信息、系统安全和征信信息加以独立监督和评价。

三是规定了 P2P 参与各方即 P2P 平台、出借人、借款人和存管机构的权利义务。作为 P2P 中心环节的 P2P 平台,其义务最为繁多,具体来说是在贯彻用户实名注册、P2P 信息发布撮合、P2P 主体资格审核、信贷风险集中防范、P2P 募集期限制、平台服务费用收取、P2P 欺诈防范、借贷双方教育及信息披露(包括高管负责制下的借款人、借款项目和 P2P 平台经营信息披露)、线下经营行为限制、主管部门资料报送、出借人保护(投资自主权维护、投资风险提示和投资适合性评估)、客户信息保管、客户资金隔离、恐怖融资和金融违法犯罪防范、信息安全与保存、信息内容管理和有序市场退出等方面履行义务;而作为 P2P 当事双方,出借人的义务是以真实身份和自有资金进行 P2P 投资,并在明确认知相关风险情况下投资,自担风险,借款人的义务则首先是如实陈述个人信息、融资信息、信用信息和其他可能影响出借人投资判断的重大信息,其次是保证资金用途和融资项目的真实合法,最后是确保还款能力和按约还款,禁止重复融资、欺诈借款和在不合规平台融资。与《网贷暂行办法》配套的三个指引即《网贷登记指引》《网贷存管指引》和《网贷信披指引》对 P2P 业务的中心环节即 P2P 平台经营做出了“软”约束。其中,《网贷登记指引》是 P2P 平台的准入环节的操作规范,虽然备案登记仅仅是出于地方金融管理部门对 P2P 平台行政管理的需要,主要涉及平台的登记、信息公示和建档,但并不构成对 P2P 平台的某种质量评价或准入许可,但 P2P 平台完成备案登记并获取备案登记证明后其方能申请增值电信业务经营许可和签订资金存管协议,因此可以说备案登记是设立 P2P 平台的必需环节;《网贷存管指引》是 P2P 网络平台作为委托人与商业银行作为受托人之间就 P2P 业务资金的存管业务所遵循的规范。在存管业务中,作为受托人的商业银行的存管行为并不构成对 P2P 借贷的任何保证或担保,也不承担借贷违约责任，因为存管银行仅仅单纯是负责P2P业务资金账户的开立注销、保管、清算、核对和信息披露等，并仅就上述服务收取合理的费用；《网贷信披指引》规范P2P平台真实、准确、完整、及时地对社会公众披露其组织和审核信息、运营信息、项目信息、重大风险信息、消费者咨询投诉渠道信息和其他任何不公开将误导P2P借贷双方的信息的行为（包含国家秘密的信息除外），P2P平台的董监高人员对披露的信息内容负有保证责任，P2P平台也应将披露的信息报送地方金融监管部门和国务院银行业监督管理机构派出机构。

当然需要注意的是，《网贷暂行办法》及配套三部指引的正确实施目前是以《P2P网络借贷风险专项整治工作实施方案》（以下简称《网贷整治方案》）和《关于做好P2P网络借贷风险专项整治整改验收工作的通知》（以下简称《网贷验收通知》）的开展为前提的。《网贷整治方案》和《网贷验收通知》是对P2P行业当前风险集中爆发的态势进行的救急之策，可以说是有中国特色的运动式治理，其通过全面排查的方式并根据P2P平台是否属于信息中介、是否进行直接借贷、是否从事违规经营触碰监管红线、是否落实存管要求和是否正确信息披露将其分为合规类、整改类和取缔类三种，并对其适用分类处置措施，并在严格验收的基础上予以备案登记或市场清退。监管层期望通过上述整治，逐步引导P2P行业根据《网贷暂行办法》及配套指引的要求规范经营。

除了《网贷暂行办法》《网贷整治方案》以及相关指引外，P2P相关行业协会自律规则的作用也不容小觑，其往往在技术性标准制定和行业实践引领上有着监管部门无法达到的专业水准。目前P2P行业标准的拟定及推行以中国互联网金融协会为主，其最新发布的《互联网金融个体网络借贷合同要素》（T/NIFA 5—2017）团体标准、《互联网金融个体网络借贷资金存管业务规范》（T/NIFA 3—2017）和《互联网金融个体网络借贷资金存管系统规范》（T/NIFA 4—2017），上述标准遵循《网贷暂行办法》及相关指引中的有关内容，并得到了包括P2P网络借贷风险专项整治领导小组办公室在内的监管部门的大力支持和直接指导，其中有些标准已经在监管部门的支持下进行了行业测评,[①]成为了官方认可并发挥实效的行业标准,这也体现出行业自律在P2P领域中的无可替代的独特作用。

三、第三方支付及其监管法律

(一)第三方支付在我国的发展及分类

电子商务的蓬勃发展带动了网络支付的需求,而应电子商务需求而生的支付模式则以第三方支付最具代表性和影响力。所谓第三方支付,是指一些非银行金融机构依靠通信、计算机和信息安全技术,与各大银行签约,在用户和银行支付结算系统间建立连接的一种电子支付方式。[②] 在这其中,提供第三方支付业务的非银行金融机构通常被称为第三方支付机构或第三方支付平台。乍一看,第三方支付很难与信用中介联系起来。因为从业务性质角度看,第三方支付业务不能像商业银行那样经营吸收存款或发放贷款的业务。但是,从功能角度来看,第三方支付不占用自身的任何资金,发挥着资金暂时"栖息地"的作用,具有类似商业银行的支付、结算功能。无疑,这种功能通过便捷的服务加快了货币的流通速度,而货币流通速度与货币乘数有直接关联,决定乘数的大小以及货币流量规模。基于此,第三方支付平台也等于间接参与了信用创造,表面上是货款的中转站,实际上也是一个信用平台,是复制商业银行信用中介功能的一种影子银行。

就我国而言,目前较为常见的第三方支付平台主要有以下三种分类方法:一是按支付是否在线可划分为线上支付与线下支付两种。如支付宝是最大的线上支付公司,银联是最大的线下卡联支付公司;二是按支付所依赖的互联网属性分为PC网络支付和移动支付;三是按支付运营模式可划分独立网关支付和附有担保的支付模式。前者在于提供各个银行间的直通网关服务,使交易更加便利,如易宝支付模式;而后者则在前者的基础上充当担保中介,即由消费者先将资金转入第三方机构账户,在第三方机构确认消费者收到货物后再将资金划转到商户账户。典型的如淘宝+支付宝模式、腾讯+财

---

① 中国互联网金融协会:《协会正式发布个体网络借贷资金存管业务和系统规范团体标准并推动标准测评工作开展》,载 http://www.nifa.org.cn/nifa/2955689/2955725/2969785/index.html,最后访问日期:2018年6月1日。

② 参见黄震:《互联网金融法律与风险控制》,机械工业出版社2014年版,第65页。

付通模式等。①

与传统的通过商业银行进行支付结算的方式相比,这种通过第三方支付平台提供的支付具有以下两个方面的优点:一是能有效解决电子商务中买卖双方互不信任的问题,避免网上交易可能产生的诚信风险。这是因为在支持第三方支付的电子商城中,买方选购商品后,通过登录其在第三方支付平台预先开设的账号支付货款,并由平台通知卖家货款到账和请求发货;当买家接收到商品并确定商品质量没有问题后会通知第三方平台,第三方平台会因此将货款转至卖家账户。在这个交易过程中,第三方支付平台扮演着一个信用增级的中介角色,能够对买卖双方尤其是卖方施以监督和约束,确保货到付款,从而有效地弥补交易双方因交易时空不一所形成的"信用缺位",保证电子商务资金流和物流的有序流转,极大地促进了电子商务交易的发展。二是支付的便捷性。虽然在电子商务交易中,买方可以直接通过网上银行完成支付,但这须以买卖双方为该网上银行的签约客户为前提的。而第三方支付平台提供的一系列应用接口程序,将多种银行卡支付模式进行整合,只需一个界面,便可实现与银行的对接,快速进行某种形式的数据交换和信息确认。买卖双方也因此不需要在各种不同的银行开设不同的账户就可以借助平台轻松地实现资金的收付。简言之,第三方支付不仅能为交易双方节省不少的时间和成本,同时也为银行节省了网关的开发费用,从而极大促进了网上购物的快速和便捷。

正是基于上述的优点,第三方支付越来越为人们所青睐,并迅速成为我国电子商务交易中最主要的一种网络支付方式。由图2-7可见,2010年我国第三方支付市场交易规模为5.1万亿元,此后以保持30%以上的年均增速迅速扩大,并在2014年成功突破20万亿元大关,达到23.3万亿元,同比增长35.5%;2015年交易规模达到31.2万亿元,同比增长33.9%;而2016年交易规模猛增至57.9万亿元,同比增长为85.6%,创下了历史新高。在这其中,随着智能手机的普及和移动互联网络技术的发展,越来越多的互联网支付从PC端延伸到移动端。以支付宝钱包、财付通、易宝支付、微信支付为代

① 相比独立网关支付模式,附有担保的支付模式更为我国社会民众广泛使用。故以下本书没有特别说明,所言及的第三方支付均指这种担保型的支付模式。

表的移动支付更是得到了爆发式增长,成为引领第三方支付发展的排头兵。根据比达咨询(BigData-research)发布的《2016 中国第三方移动支付市场研究报告》的统计,2016 年我国第三方移动支付交易规模就为 38.6 万亿元,较 2015 年增长了 216.4%,约为美国的 50 倍。而根据中国互联网信息中心(CNNIC)2017 年 1 月 22 日第 39 次发布的《中国互联网发展状况统计报告》显示,截至 2016 年年底,我国在线下实体店购物时使用手机结算的比例已达 50.3%,即使在四五线城市,这一比例也分别达到 43.5% 和 38%。①

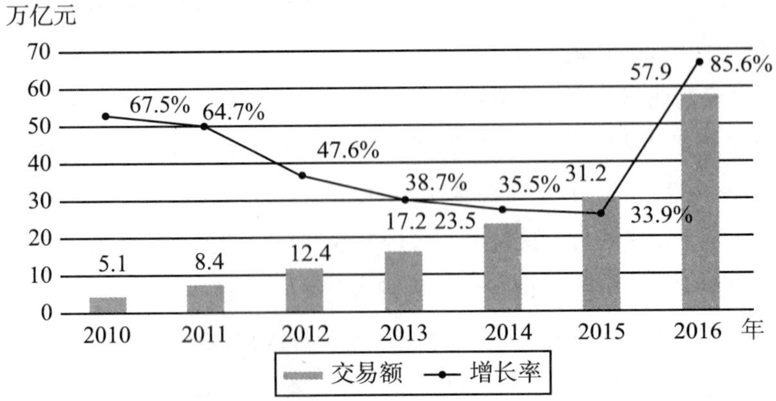

图 2-7 2010~2016 年我国第三方支付市场的交易规模

资料来源:易观智库发布的《2016 年中国第三方支付市场专题研究报告》。

(二)第三方支付平台的运营风险

创新与风险并存,随着市场竞争的日益激烈,第三方支付暴露的风险问题也逐渐增多。以笔者见之,我国的第三方支付平台主要存在以下三个方面的运营风险:

首先是系统性风险。众所周知,传统的支付业务属于银行的中间业务,银行通过手续费和沉淀资金的利息收入获得利润,支付方式并不依赖于电子商务平台。然与之不同,第三方支付的盈利则高度依赖于电子商务平台,且沉淀资金的多少也依赖于电子商务平台上企业与客户之间的信用期限。这种高度依赖使电子商务中的经营风险、收益风险、信用风险、流动性风险等可

① 中国互联网信息中心:《中国互联网发展状况统计报告》,载 http://www.sohu.com/a/214482557_800248,最后访问日期:2017 年 11 月 30 日。

以快速传递至第三方支付系统，进而通过支付系统转移至银行和金融系统。[①] 此外，伴随着电子商务在我国的日渐兴起，我国第三方支付平台不仅交易规模增长迅猛，而且业务范围也从早期单纯提供支付结算服务延伸至资产管理、理财等领域。相应地，越来越多的商业银行出于业务竞争的需要也纷纷与第三方支付平台合作。这就使第三方支付平台与银行之间因沉淀资金的托管而日益密切。然而，由于第三方支付平台并非金融机构，并未被纳入银行监管体系，一旦平台违规挪用沉淀资金投资失败导致支付发生中断或停滞，就会使这种流动性风险通过网络通讯技术扩散至整个金融系统，形成席卷整个金融体系的系统性风险。

其次是网络与信息安全的风险。第三方支付平台在经营中会形成大量用户数据，如交易记录、银行卡资料、客户资料等。由于平台业务均是建立在互联网信息基础上通过软件系统和电脑程序完成的，故其一旦不能采取较高级别的安全技术防范措施，很容易遭到黑客或病毒的袭击，导致消费者在第三方支付平台上的注册信息被泄露，甚至威胁到消费者的资金和账户安全。根据易观智库2011年发布的《中国第三方网络支付安全调研报告》显示，信息安全问题仍是当前很多用户不敢适用第三方网络支付的最主要原因。2011年9月发生的上海捷银支付平台因电脑遭遇木马病毒，客户银行卡信息和支付系统代缴协议的复核权限被盗取，导致10个客户储户资金莫名其妙"被代缴"的事件就引发了业界的普遍忧虑和担心。无独有偶，2014年3月22日，国内安全漏洞监测平台"乌云网"也曝光了携程旅行网对其用于处理用户支付的服务器未做较严格的基线安全配置，存在大面积的目录遍历漏洞，以致支付过程中的调试信息被黑客任意读取。此外，近年来，第三方支付平台也日益成为"网络钓鱼"的主要对象。[②] 如以2016年为例，根据国家互联网应急中心（CNCERT）的统计，其监测发现针对金融机构、第三方支付平台网站的钓鱼页面就有28,199个，涉及IP地址4040个，分别较2015年增长

① 参见王子健：《第三方支付市场沉淀资金风险与防范》，载《银行家》2016年第3期。

② 网络钓鱼（phishing）是以互联网为载体而生的一种攻击方式。Phishing一词用fishing和phone融合而来。由于在最初黑客是以电话作案，所以用ph来替代f而炮制出了phishing这一电子时代的新名词，并原汁原味地保留了fishing中愿者上钩的语义。

28.4% 和54.6% 。[1] 可见,网络与信息安全的隐患已然成为当前第三方支付平台运营所面临的一大风险。

最后是交易安全的风险。这种交易安全风险主要表现为资金沉淀、洗钱和信用卡套现三种。如上所述,在第三方支付平台的担保下,买卖双方达成电子合同后,因为存在发货、物流、验货等时间差,加之迟延交货、清算用时等因素,买方总有一笔相对固定的资金沉淀在第三方支付平台的账户里。从实践中看,这些沉淀资金汇总起来规模巨大、存放分散,存在被支付机构挪用的风险。一些支付机构违规占用沉淀资金用于购买理财产品或其他高风险投资导致资金损失或流动性不足的事件经常可见。[2] 如 2015 年 8 月 24 日浙江易士企业管理服务有限公司因擅自挪用客户备付金被人民银行注销《支付业务许可证》就是典型一例。而第三方支付的洗钱风险是源自现行的第三方支付平台对客户缺乏有效的实名认证及交易背景的确认,导致对于一些通过第三方支付平台的发生的资金交易,商业银行只能按照第三方支付平台的指令将资金由买方账户划入支付平台的账户,再经由平台账户转入卖方账户,很难甄别判断买卖双方资金交易的性质和真实关系。换言之,第三方支付平台在一定程度上对银行施加在交易上的资金流向监控起到了一定的屏蔽作用,从而切断了银行对客户资金的追溯性,为客户利用第三方支付平台洗钱创造了温床。至于信用卡套现,更是第三方支付平台面临的常见风险问题。这种套现是指买方以虚构交易的方式,利用第三方支付平台进行信用卡透支消费,卖方收款提现,从而实现套现以规避支付银行费用的目的。这相当于银行在无息日到期之前又发放了一笔无息贷款,存在极大的安全隐患。

(三)现行的有关第三方支付的监管立法

考究我国对第三方支付的监管立法,最早可肇端于 2009 年 4 月 16 日中国人民银行颁发的第 7 号公告(以下简称 2009 年第“7 号文”)。该公告首次

---

① 相关资料来自国家互联网应急中心的官方网站,参见《2016 年中国互联网网络安全报告》,载 http://www. cert. org. cn/publish/main/46/2017/20170527151228908822757/20170527151228908822757_. html,最后访问日期:2017 年 9 月 28 日。

② 客户备付金被挪用的一个集中表现就是消费者想要发起支付的时候,虽然其在支付机构账户中尚有余额的存在,但由于客户备付金账户已经无钱可付从而出现交易失败、交易异常等情况。

对“第三方支付平台”即“特定非金融机构”作了定性,将之定义为是在中华人民共和国境内从事部分或全部支付清算业务的非金融法人机构及其分支机构,同时要求在中华人民共和国境内注册成立的第三方支付平台应自从事支付清算业务之日起 1 个月内办理登记手续。① 可以说,2009 年第“7 号文”的出台标志着以央行为代表的管理层已开始将第三方支付纳入法律监管的视野。由于在此之前,我国专门的支付清算立法如 1997 年的《支付结算办法》、《票据管理实施办法》和 2002 年的《人民币银行结算账户管理办法》等的规范对象均以传统的“货银对付”式的线下结算方式(如票据、信用卡和汇兑、托收承付、委托收款等)为主,对新兴的第三方支付方式付诸阙如,所以造成第三方支付行业的发展长期处于监管的真空,业务的合法性一直令人存疑。就此而言,称 2009 年第“7 号文”为我国第三方支付法律监管的里程碑文件并不为过。

如果说人民银行的 2009 年第“7 号文”只是对那些已经成立的第三方支付平台提出补办登记手续的要求,监管内容相对有限,那么 2010 年 6 月 14 日人民银行颁发的《非金融机构支付服务管理办法》及其实施细则则对第三方支付平台作了较为全面的规范。首先,办法确立了第三方支付业务的特许经营即牌照制,规定第三方支付平台提供支付服务,应当取得《支付业务许可证》,并接受中国人民银行的监管;其次,办法从平台申请人及其主要出资人两个维度制定了第三方支付的市场准入条件;再次,办法对支付平台的业务范围、支付服务协议的内容、支付指令必须记载的事项、备付金性质及使用、技术手段、客户信息保管及人民银行现场检查方式等作了规范;最后,办法也首次对平台的各种违规行为特别是未按规定履行反洗钱义务等课以相应的法律责任。② 随后,人民银行在出台的《非金融机构支付服务管理办法实施细则》中对相关条件进行了细化,其中对平台高级管理人员的界定为具有大学本科以上学历或者具有会计、经济、金融、计算机、电子通讯、信息安全等专业的中级技术职称且从事支付结算业务或金融信息处理业务 2 年以上或从

---

① 2009 年第“7 号文”将“第三方支付平台”表述为“特定非金融机构”。参见中国人民银行公告〔2009〕第 7 号文第 1 条和第 3 条。

② 参见《非金融机构支付服务管理办法》(中国人民银行令〔2010〕第 2 号)。

事会计、经济、金融、计算机、电子通信、信息安全工作 3 年以上；对反洗钱措施指明具体包括反洗钱基本政策、反洗钱岗位设置、可疑交易监测系统等；对支付业务设施的界定主要包括支付业务处理系统、网络通信系统以及容纳上述系统的专用物理场所等。①

进一步地，为厘清第三方支付中饱受争议的"客户备付金"使用问题，保护客户的合法权益，中国人民银行于 2013 年 6 月 7 日颁发了《支付机构客户备付金存管办法》，对客户备付金银行账户管理和备付金的使用与划拨等进行了详细的规范。2014 年 1 月 26 日，国家工商行政管理总局推出了《网络交易管理办法》，明确了从事网络商品交易的自然人，应当通过第三方交易平台开展经营活动，并向第三方交易平台提交其姓名、地址、有效身份证明、有效联系方式等真实身份信息。此外，为防范第三方支付平台可能滋生的洗钱及恐怖融资活动等风险，2012 年 3 月 5 日中国人民银行印发了《支付机构反洗钱和反恐怖融资管理办法》的通知，要求第三方支付机构总部应当依法建立健全统一的反洗钱和反恐怖融资内部控制制度，并报总部所在地的中国人民银行分支机构备案，同时仍需承担客户身份识别、交易记录保存以及可疑交易标准及报告义务等责任。

接着，2015 年 12 月 28 日，中国人民银行在前述的《非金融机构支付服务管理办法》的基础上又出台了《非银行支付机构网络支付业务管理办法》，并于 2016 年 7 月 1 日正式实施。相比 2010 年的管理办法，新的管理办法对平台的运营规范主要做了以下几个方面的改进：一是针对网络支付非面对面开户的特征，强化了客户身份识别机制：既重申平台应实行实名账户管理，又课以平台在与客户关系存续期间应采取持续身份识别措施，确保有效核实客户真实身份的义务；二是对客户在支付账户上的余额即备付金与其在一般银行账户上的存款做了区别，强调其预付性和不受《存款保险条例》的保护，从而

① 参见《非金融机构支付服务管理办法实施细则》。

澄清了现实中很多人将备付金等同于存款的错误认知;①三是将个人账户划分为三类,并对不同类别账户的余额付款功能及余额付款限额做出不同的要求,从而满足了不同客户的多样化需要,体现了尊重客户的选择权;②四是对支付平台采取了分类监管措施,以提升监管资源配置的科学性和监管效率。这主要体现为人民银行对于综合评级较高且实名制落实较好的支付机构,可以在客户身份验证方式、个人卖家管理方式、支付账户转账功能、支付账户单日交易限额、银行卡快捷支付验证方式等方面赋予其更大的弹性和灵活性;③五是从保障客户的知情权、选择权、信息安全与资金安全四个方面对支付平台提出了较以往更严格的系列要求,以减少客户在网络支付业务中可能面临资金被盗、信息泄露等风险隐患和更好地维护自身的合法权益。④

综上所述,2015 年《非银行支付机构网络支付业务管理办法》的出台,标志着我国对第三方支付相关的立法监管迈开了关键一步。至此,我国对第三方支付的监管形成了以《非银行支付机构网络支付业务管理办法》为中心,《非金融机构支付服务管理办法》和《支付机构客户备付金存管办法》为两翼的法律监管体系,具体内容如表 2 – 9 所示。

---

① 《非银行支付机构网络支付业务管理办法》第 7 条要求支付机构在服务协议中以显著方式告知客户,并采取有效方式确认客户充分知晓并清晰理解下列内容:“支付账户所记录的资金余额不同于客户本人的银行存款……该预付价值对应的货币资金虽然属于客户,但不以客户本人名义存放在银行,而是以支付机构名义存放在银行,并且由支付机构向银行发起资金调拨指令。”

② 参见《非银行支付机构网络支付业务管理办法》第 11 条。

③ 参见《非银行支付机构网络支付业务管理办法》第 32 ~ 38 条。

④ 这些要求包括支付机构应增加信息透明度,定期公开披露风险事件、客户投诉等信息;要求支付机构充分尊重客户真实意愿,由客户自主选择提供网络支付服务的机构、资金收付方式等,不得以诱导、强迫等方式侵害客户自主选择权;要求支付机构制定客户信息保护措施和风险控制机制,确保自身及特约商户均不存储客户敏感信息,并依法承担因信息泄露造成的损失和责任;要求支付机构及时处理客户提出的差错争议和投诉,并建立健全风险准备金和客户损失赔付机制,对不能有效证明因客户原因导致的资金损失及时先行赔付等。

表 2－9　我国针对第三方支付平台的专门性监管政策和立法

颁发机构	施行时间	法律政策名称	内容要旨
中国人民银行	2009 年 4 月 16 日	第“7 号文”	界定了第三方支付平台的机构性质，要求已经注册成立的第三方支付平台向人民银行办理登记备案手续
中国人民银行	2010 年 6 月 14 日	《非金融机构支付服务管理办法》	确立准入牌照制，对第三方支付平台的业务范围、支付服务协议的内容、支付指令必须记载的事项、备付金性质及使用、技术手段、客户信息保管及人民银行现场检查方式做了规范
中国人民银行	2010 年 12 月 11 日	《非金融机构支付服务管理办法实施细则》	对上述支付管理办法中的机构申请人中的高级管理人、反洗钱措施和支付业务措施做了细化
中国人民银行	2013 年 6 月 7 日	《支付机构客户备付金存管办法》	对客户备付金银行账户管理和备付金的使用与划拨等进行了详细的规范
中国银监会、中国人民银行	2014 年 4 月 9 日	《关于加强商业银行与第三方支付机构合作业务管理的通知》	对商业银行与第三方支付机构建立业务关联提出包括客户信息安全保密、双重认证、账户变动即时通知、支付信息保留，风险监测等要求
国家工商管理总局	2014 年 1 月 6 日	《网络交易管理办法》	明确了从事网络商品交易的自然人，应当通过第三方交易平台开展经营活动，并向第三方交易平台提交其姓名、地址、有效身份证明、有效联系方式等真实身份信息
中国人民银行	2015 年 3 月 2 日	《支付机构反洗钱和反恐怖融资管理办法》	要求第三方支付机构总部应当依法建立健全统一的反洗钱和反恐怖融资内部控制制度和向人民银行备案
中国人民银行	2015 年 12 月 28 日	《非银行支付机构网络支付业务管理办法》	强化了客户身份识别机制，进一步厘清了备付金性质、对个人账户进行类型化划分，采取了差异化监管措施

续表

颁发机构	施行时间	法律政策名称	内容要旨
中国人民银行	2017 年 1 月 13 日	《关于实施支付机构客户备付金集中存管有关事项的通知》	要求支付机构应将客户备付金按照一定比例交存至指定机构专用存款账户，首次交存的平均比例为 20%左右，最终将实现全部客户备付金集中存管

四、私募股权基金及其监管法律

（一）私募股权基金在我国的发展概况

私募股权基金（Private Equity Fund，PE），又称私募股权投资基金，是指以非公开募集的方式向特定对象汇聚资本后，由专业管理人管理并主要投资于未上市公司或上市公司非公开交易股权而实现资本增值的投资机构。根据被投资企业所处的发展阶段的不同，通说认为私募股权基金有广义和狭义之分。广义的私募股权基金是指对企业在首次公开发行（Initial Public Offering，IPO）之前各阶段，即包括对处于种子期、初创期、发展期、扩展期、成熟期和预 IPO 等展开股权投资的基金。① 与之相应，私募股权基金在目标企业的不同阶段就有创投（风险）基金（Venture Fund）、成长基金（Development Fund）、夹层基金（Mezzanine Fund）、并购基金（Buyout Fund）与 Pre-IPO 之前的过桥基金（Bridge Fund）等不同称呼。② 狭义的私募股权基金则指对已经形成一定规模的能产生稳定现金流的成熟企业的股权展开投资的基金，主要表现为对创业投资后期的私募股权投资，其中尤以成长基金和并购基金最为常见。无论是广义抑或是狭义的私募股权基金，它们均具备以下几个共性之处：（1）投资对象是非上市企业的股权；（2）投资期限通常为 3～7 年；（3）不谋求被投资企业的控制权，但通常会主动参与和监督被投资企业的经营管理；（4）投资的目的是基于企业的潜在价值，通过投资推动企业发展，并在合

① 参见李斌、冯兵：《私募股权投资基金——中国机会》，上海远东出版社 2002 年版，第 43 页。

② 参见阎庆民、李建华：《中国影子银行监管研究》，中国人民大学出版社 2014 年版，第 185 页。

适的时机通过各类退出方式实现资本增值收益。①

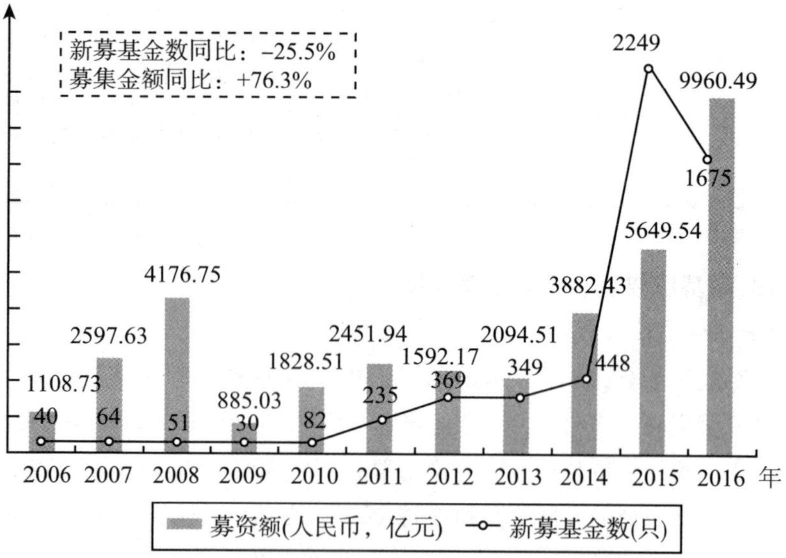

图 2-8　2006～2016 年我国私募股权基金的规模

资料来源：清科创业研究中心：《**2016** 年中国私募股权投资年度研究报告》。

自 2004 年 10 月美国新桥资本(New Bridge Capital)以 12.35 亿元收购深发展 17.89% 的相对控股权后，私募股权基金这个概念逐渐从海外进入国人的视野，并成为中国普通投资者耳熟能详的名词。迄今，经历 14 个春秋的潮起潮涌，私募股权基金已俨然成为我国资本市场中最活跃的机构投资者之一：不仅境外私募股权基金早已通过并购途径大举进入我国市场，本土的人民币私募股权基金也在快速地发展壮大。有学者将之归纳为"八路大军"：各路公司制创业投资机构、政府风险投资引导基金、产业投资基金、券商直投、有限合伙制人民币基金、各类投资公司、社保基金等机构投资者与对外投资的主权财富基金。② 根据图 2-8 显示，从 2006 年到 2016 年，中国境内的私募股权基金个数从 40 只增加到 1675 只，所募集的资金总额从 1108.73 亿

① 通常而言，中国金融业界言及的私募股权投资基金多为狭义的私募股权基金，以与投资于种子期和初创期的创业投资基金或风险投资基金相区别。

② 参见王燕辉：《私募股权基金》，经济管理出版社 2009 年版，第 290 页。

元人民币攀升至9960.49亿元人民币,增加扩大了7.98倍。在这其中,高净值人士和家族财富的参与也助推了私募股权的爆发式增长。目前有84.3%的高净值人士配置了私募股权基金,23.7%的高净值人士的配置比例超过30%,有7.8%的高净值人士配置比例甚至超过50%。

(二)私募股权基金的运营风险

由于私募股权基金以未来的预期收益为投资的根本,故在通常情况下,其运营风险主要表现为投资风险,即投资后因被投资企业运营失败或收益达不到预期而造成无法正常退出,或退出收益达不到预期乃至亏损的风险。无疑,这种投资风险属于机构正常运营的商业风险。但是,如果私募股权基金使用了很多融资渠道,特别是在杠杆收购过程中使用过高杠杆率,则其投资失败带来的风险不仅会累及基金本身及其投资者,而且可能会传递给背后为其融资的银行等金融机构。这是因为私募股权基金在开展杠杆收购过程中通常要采用杠杆融资的方式向外部银行等金融机构获取收购股权所需的资金。相应地,在实践中,银行等金融机构为私募股权基金提供的杠杆贷款数额越来越高,而且随着杠杆融资参与方不断增加,交易结构也越来越复杂。这种高杠杆、复杂化的收购方式势必使私募股权基金尤其是其中的并购基金的投资风险容易被放大传染至银行等金融机构而引起系统性风险。①

(三)现行的有关私募股权基金的监管立法

私募股权基金作为一种投资机构,其将从投资者那里筹集的资金投向作为资金使用者的企业,承担着资金提供者与资金使用者之间的桥梁中介功能,本质上与商业银行的吸收存款和发放贷款的信用中介功能无异。而且,如上所析,当私募股权基金以并购基金面目对外展开投资时,其又具有潜在的系统性风险。加之在中国,私募股权基金受到的法律监管较商业银行少,所以其满足了影子银行构成三要素,具有影子银行的性质。②

---

① 在广义的私募股权基金中,只有那些运用杠杆运作的并购基金才可能引发系统性风险,从而符合本书所定义的影子银行。鉴此,以下对私募股权基金监管法律的研究主要是侧重狭义意义上的私募股权基金,并不涉及专门针对规范创业投资基金的监管法律。

② 中国银监会的阎庆民副主席也持这样的观点。参见阎庆民、李建华:《中国影子银行监管研究》,中国人民大学出版社2014年版,第190页。

总体看来，除了前文提及的一般性法律如《证券法》《证券投资基金法》《信托法》之外，目前我国对私募股权基金监管的专门性法律主要包括 2005 年 11 月 15 日由发改委牵头的国家十部委联合发布的《创业投资企业管理暂行办法》[①]及证监会 2014 年 8 月 21 日出台的《私募投资基金监督管理暂行办法》等。由于前者专门规范的是创业投资基金或风险投资基金，而如上所析，这两种私募股权基金在投资中没有运用杠杆，且其主要投向于中小微实体企业，引发系统性风险的可能性几乎为零，并不构成笔者开篇所定义的影子银行，故而本书以下的论述主要围绕《私募投资基金监督管理暂行办法》及其相关实施细则展开。

《私募投资基金监督管理暂行办法》实际上是对《证券投资基金法》第十章中关于"非公开募集基金"的细化。其设置十章，共四十一条，分为总则、登记备案、合格投资者、资金募集、投资运作、行业自律、监督管理、关于创业投资基金的特别规定、法律责任及附则等内容。具体说来，主要包括以下五个方面：

一是明确了基金管理人和基金全口径登记的备案制度。《私募投资基金监督管理暂行办法》首先重申了设立私募基金管理机构和发行私募基金无须行政审批的总体思路，但要求各类私募基金管理人及各类私募基金募集完毕，均应当向基金业协会申请登记和办理相应的备案手续。同时《私募投资基金监督管理暂行办法》也补充说明了基金业协会的登记备案，不构成对私募基金管理人投资能力、持续合规情况的认可和不作为对基金财产安全的保证。[②]

二是确立了私募基金的合格投资者制度。《私募投资基金监督管理暂行办法》在《证券投资基金法》《公司法》《合伙企业法》等法律规定的累计合格投资者 200 人人数上限的基础上进一步从风险识别能力、风险承担能力、资产（净资产或金融资产）规模或收入水平、单只基金最低认购金额四个方面确立了合格投资者标准。[③] 同时虑及社会保障基金、企业年金等养老基金，

---

① 这里的十部委包括：国家发展改革委、科技部、财政部、商务部、中国人民银行、国家税务总局、国家工商行政管理总局、中国银监会、中国证监会、国家外汇管理局。

② 《私募投资基金管理暂行办法》第 5 条、第 7 条、第 9 条。

③ 《私募投资基金管理暂行办法》第 11 ~ 12 条。

慈善基金等社会公益基金、投资计划和私募基金管理机构及其从业人员固有的专业能力及其识别和承担风险的能力,《私募投资基金监督管理暂行办法》将它们视为当然的合格投资者。此外,为防止变相公开募集,《私募投资基金监督管理暂行办法》明确了以合伙企业、契约等非法人形式通过汇集多数投资者资金直接或间接投资于私募基金的,应当穿透核查最终投资者是否为合格投资者,并合并计算投资者人数。但是,对上述提及的社会保障基金、企业年金等养老基金,慈善基金等社会公益基金及依法设立并在基金业协会备案的投资计划,办法仍将其视为单一的合格投资者,豁免穿透核查和合并计算投资者人数。①

三是明确了私募基金的募资规则。具体包括:(1)不得向合格投资者之外的单位和个人募集资金,不得通过公众传播媒体或者讲座、报告会、分析会和布告、传单、短信、微信、博客和电子邮件等方式向不特定对象宣传推介;(2)不得向投资者承诺资本金不受损失或者承诺最低收益;(3)要求采取问卷调查等方式对投资者的风险识别能力和风险承担能力进行评估,并由投资者书面承诺符合合格投资者条件;(4)要求私募基金管理机构自行或者委托第三方机构对私募基金进行风险评级,选择向风险识别能力和风险承担能力相匹配的投资者推介私募基金;(5)要求投资者如实填写风险调查问卷,如实承诺资产或者收入情况;(6)要求投资者确保委托资金来源合法,不得非法汇集他人资金投资私募基金。②

四是提出了规范投资运作行为的有关规则。具体包括:(1)要求根据或者参照《证券投资基金法》制定并签订基金合同,且合同应参照《证券投资基金法》第93条、第94条规定,明确约定各方当事人的权利、义务和相关事宜;(2)根据基金合同约定安排基金托管事项,如不进行托管,应当明确保障私募基金财产安全的制度措施和纠纷解决机制;(3)提出了坚持专业化管理、建立防范利益冲突和利益输送机制的要求;(4)列举了私募基金管理人、托管人、销售机构及其他私募服务机构及其从业人员禁止从事的投资运作行为;(5)要求私募基金管理人和托管人按照基金业协会制定的信息披露规则

① 《私募投资基金管理暂行办法》第13条。
② 《私募投资基金管理暂行办法》第14~19条。

如实向投资者披露基金信息。此外,《网贷暂行办法》还对私募基金管理人在投资运作、杠杆运用情况、财务报表等信息报送及重要文件资料保存方面提出了要求。

五是确立了对不同类别私募基金进行差异化行业自律和监管的制度安排。主要包括:(1)确立基金业协会作为全国私募基金业统一的自律行业协会组织,要求私募基金在基金业协会办理备案手续时应当根据基金业协会的规定,[①]明确其主要投资方向及根据该主要投资方向注明的基金类别。(2)要求"同一私募基金管理人管理不同类别私募基金的,应当坚持专业化管理原则"。至于具体采取设子公司、事业部还是相对独立管理团队,可由市场自行决定。(3)对私募股权基金和创业投资基金的管理人机构,不强制其加入基金业协会;对其从业人员,不要求其具备基金从业资格。按照《证券投资基金法》,私募证券基金的管理人机构则必须加入基金业协会,其从业人员应当具备基金从业资格。(4)私募证券基金管理人及其从业人员违反《证券投资基金法》有关规定的,按照《证券投资基金法》有关规定处罚。(5)对创业投资基金,《私募投资基金监督管理暂行办法》设专章进行特别规定,强调基金业协会对创业投资基金采取区别于其他私募基金的差异化行业自律,并提供差异化会员服务;中国证监会及其派出机构对创业投资基金采取区别于其他私募基金的差异化监督管理。

除了证监会颁发的《私募投资基金监督管理暂行办法》,我国的证券投资基金业协会则分别于2014年1月7日、2014年12月31日、2015年3月19日和2016年2月4日分别发布了《私募投资基金管理人登记和基金备案办法(试行)》《关于改进私募基金管理人登记备案相关工作的通知》《关于实行私募基金管理人分类公示制度的公告》和《私募投资基金信息披露管理办法》四部自律性文件。前三部自律文件不仅规定了私募基金管理人向基金业协会办理备案登记的实体和形式要件,进一步认可了登记备案的电子证明,而且还从私募基金管理人填报的管理规模、运作合规情况、诚信情况等信息,

① 这里的基金业协会的规定是指基金业协会根据《证券投资基金法》《中央编办关于私募股权基金管理职责分工的通知》于2014年2月7日施行的《私募投资基金管理人登记和基金备案办法(试行)》这一自律规章。

确立了对私募基金管理人进行分类公示的常态化机制。而《私募投资基金信息披露管理办法》则从基金的募集和运作两个不同阶段对信息披露义务人（《网贷暂行办法》确立的私募基金管理人和托管人）信息披露的内容、披露频度、披露方式、披露的标准、披露责任以及信息披露渠道等事项做了较为全面详细的规定。可以说，这些自律文件的颁发与施行标志着基金业协会的监管工作开始转向精细化与功能化。

五、信贷资产证券化及其监管法律

（一）信贷资产证券化概述

所谓信贷资产证券化，其指的是银行业金融机构作为发起机构，将信贷资产信托给受托机构，由受托机构以资产支持证券的形式向投资机构发行受益证券，以该财产所产生的现金支付资产支持证券收益的结构性融资活动。[①] 信贷资产证券化在早期几乎就是证券化或资产证券化的同义语。当然，随着结构化融资工具的盛行，资产证券化的范围已经远远超过了信贷资产证券化范畴，甚至信贷资产证券化自身的含义也在不断扩充。应该说，资产证券化特别是信贷资产证券化是盛行于全世界的一种金融创新，是欧美影子银行最重要的工具载体。在美国影子银行体系里，证券化甚至成为影子银行常规运作模式，而次贷危机的发生也正是美国信贷资产证券化恶性膨胀的产物。在我国，资产证券化特别是信贷资产证券化的历史虽然不长，但其影子银行的本质特征也是确定无疑的，首先是我国信贷资产证券化都经历了出表的过程，从而一般是在传统商业银行的表外运作，其次信贷资产证券化实际上是通过证券化的形式在表外实现银行信用中介的职能，规避银行的相关监管，追求银行常规业务下所不能实现的超额利润，最后信贷资产证券化在我国不断创新，首单产品层出不穷，其监管套利的行为特征十分明显，随着规模的日益增大及其与银行体系的深度绑定，其造成系统性金融风险的可能性也日益增加。

---

① 《信贷资产证券化试点管理办法》第 2 条，中国人民银行、中国银行业监督管理委员会 2005 年第 7 号公告。

(二)监管视角下我国信贷资产证券化的发展历史

虽然我国信贷资产证券化的发展较为滞后,但其不仅是我国资产证券化领域中最重要和最具典型意义的一部分,而且是我国资产证券化历史的起点,具有独一无二的地位和典型的研究意义。早在1992年,我国就开始在海南三亚试行了地产投资券,①而随着最重要的上位法即信托法的颁行,信贷资产证券化获得了国家基本法层面的法律依据,而专项试点工作的开展则是在2005年人民银行与银监会发布《信贷资产证券化试点管理办法》及同年银监会颁行《金融机构信贷资产证券化试点监督管理办法》之后,依据上述文件我国开展了一段时间的信贷资产证券化试点,主要通过国有银行和资产管理公司发行ABS(Asset-Backed Securitization)产品和RMBS产品(Residential Mortgage Backed Securities),前者指的是资产支持证券化,后者指的是住宅房贷担保证券,是信贷资产证券化MBS(Mortgage-Backed Security,抵押支持证券)的一种类型。但在2007年美国发生次贷危机之后,由于监管层的高度谨慎态度,证券化产品在国内一时处于停摆状态,银监会通过《关于进一步加强信贷资产证券化业务管理工作的通知》《中国银监会关于规范信贷资产转让及信贷资产类理财业务有关事项的通知》《商业银行资产证券化风险暴露监管资本计量指引》和《中国银监会关于进一步规范银行业金融机构信贷资产转让业务的通知》等一系列文件对资产证券化进行严厉约束,并在实际上几乎是喊停了资产证券化试点的审批。

从次贷危机过后的2012年起迄今,以银监会和人民银行为主下发了一系列部门规章,大大完善了信贷资产证券化的法律环境,这包括《关于进一步扩大信贷资产证券化试点有关事项的通知》,人民银行与银监会2013年12月31日联合发布的《关于进一步规范信贷资产证券化发起机构风险自留行为的公告》,银监会2014年11月20日发布的《关于信贷资产证券化备案登记工作流程的通知》,中国人民银行2015年3月26日发布的《信贷资产支持证券发行管理有关事宜的公告》等,这极大程度上重启了信贷资产证券市场,其中以备案制为代表的信贷资产证券化的"宽监管"政策的确立更是成为信贷资产证券化发展的助燃剂,从而中国信贷资产证券化及资产证券化市场得

① 参见鲁政委:《信贷资产证券化的协调监管》,载《中国金融》2013年第21期。

到了爆发性的增长。经过数年井喷，中国资产证券化市场呈现出了信贷资产证券化（央行和银监会主管）、企业资产证券化（证监会主管）、资产支持票据（交易商协会主管）和保险资产证券化（保监会主管）多元并存的格局。截至2018年2月，我国信贷资产证券化市场存量达到17,961.11亿元，企业资产证券化市场存量达到17,372.84亿元，资产支持票据（ABN）市场存量达到1068.46亿元，保险资产证券化市场存量达到43.49亿元，[①]我国资产证券化市场的总存量达到了创纪录的36,445.89亿元。就我国信贷资产证券化而言，其不仅在数量上扩张迅猛且仍保持资产证券化市场的主导地位，而且在基础资产类型、交易结构形式、市场参与主体等方面都有着突破性的进展。在我国金融供给侧改革稳步有序推进的情况下，信贷资产证券化已经成为我国一种常规的融资形式，在盘活存量资产、提高金融效率和助力实体经济方面越来越发挥出不可替代的作用。

（三）现行我国涉及信贷资产证券化的专门性法律

目前我国信贷资产证券化的主流模式是以信托公司为中心的，具体说就是作为信贷资产证券化发起机构的银行业金融机构甄选出合乎一定标准的基础资产，并将之移出资产负债表并交予特定目的信托受托机构——主要是信托公司，随后信托公司对其加以结构化处理，即将其转化为资产支持证券，并通过发行渠道交付给投资机构，而投资该证券的收益则来自上述基础资产的现金流，当然这其中还涉及信用增级（对信贷资产证券化参与方提供信用保护，包括内部增级和外部增级两种途径），贷款服务（指根据与受托机构之间的约定，将证券化资产的本金、利息和其他收入及时、足额转入受托机构在资金保管机构开立的资金账户）和资金保管服务（指接受受托机构委托，负责保管信托财产账户资金），但其最核心的部分仍然在于出表、结构化处理和发行环节上，而总结起来信贷资产证券化可以进一步划分为资产转让和证券发行两阶段，资产转让指的是发起人主要是商业银行将基础资产所有权转移到特殊目的信托，而证券发行指的是信托公司作为受托人发行证券并根据认购情况完成特殊目的信托组建。

---

① 相关资料参见中国资产证券化分析网：https://www.cn-abs.com/，最后访问日期：2018年5月17日。

在信贷资产证券化全过程中涉及的最主要法律制度,从内容上看包括以下几个方面:首先是在准入上从审核制到备案注册制的转换,根据2014年银监会下发的《关于信贷资产证券化备案登记工作流程的通知》①以及中国人民银行2015年7号文,②对信贷资产证券化原有的银监会和央行双重审批制度予以废止,原本银监会是对信贷资产证券化的相关机构进行业务资格审批,而央行是在资格审批的基础上进行具体项目审批和额度确定。而在新的备案制下,银行业金融机构只要取得或者豁免取得信贷资产证券化的业务资格,就可以在向银监会备案后三个月内自主发行信贷资产证券化产品,银监会不再对信贷资产证券化产品进行"开包检查",而由合格社会中介机构进行专业评估并向投资者披露相关信息。在银监会备案制的基础上,央行注册制是从项目审批及额度控制方面进一步的细化与落实自由化举措,注册制的核心是已经在银监会取得相关资格并备案的信贷资产证券化发起和受托机构可以向央行申请注册一个有效期,在该有效期内自主分期发行信贷资产支持证券,只要其基础资产具有同质性,在发行信息披露之前有关机构应将相关文件交予央行备案,注册有效期内可以自主决定交易场所、做市安排以及信息披露细节,除了放宽对发起和受托机构的准入要求外,现行信贷资产证券化规则还对其他参与主体如信贷资产证券化产品的投资者的范围做了界定,根据《关于进一步扩大信贷资产证券化试点有关事项的通知》,③信贷资产证券化产品的投资者从早先试点的商业银行扩展到保险公司、证券投资基金、企业年金、全国社保基金等经批准合规的非银行机构投资者,从而有利于壮大信贷资产证券化市场的容量。

而在信贷资产证券化的资产转让和证券发行的实质阶段,其最重要是以下几方面的规则:首先是在保证真实销售前提下做好风险自留,真实销售是证券化产品与基础资产以及发起机构与特殊目的信托风险隔离的必要步骤,而风险自留则是为了杜绝相关机构主要是发起和受托机构的道德风险,更进一步说,只有保证真实销售,信贷资产证券化的基础资产才能真正"出表",

---

① 参见周大胜:《信贷资产证券化备案制浅析》,载《债券》2014年第2期。

② 参见沈祺超:《我国信贷资产证券化注册制研究》,载《法律与新金融》2015年第4期。

③ 《关于进一步扩大信贷资产证券化试点有关事项的通知》(银发〔2012〕127号)第8条。

从而实现受托机构与发起机构之间的风险隔离，而也只有一定风险自留（指的是发起和受托机构保留一定比例的基础资产信用风险）才能约束通过“基础资产差价”盈利的发起和受托机构此方面的道德风险，使其与投资者保持一定程度上的利益一致，但风险自留所导致的发起机构成本应限制在一定范围，从而为发起机构积极参与信贷资产证券化业务提供激励，而这正是《关于进一步扩大信贷资产证券化试点有关事项的通知》①的关键内容，其将风险自留的方式从原本的水平自留变更为美欧式的垂直自留，②并且能由发起和受托机构自主决定风险自留的方式，这无疑大大节约了发起和受托机构的资本，从而为其提供了巨大激励。其次是注重从资产出表到证券发行全过程的信息披露，由于准入制度的改变使信贷资产证券化的实质性审查转变为形式性审查，监管方式从事前监管转变为事中和事后监管，这必然要求监管部门采取更为市场化的信息披露制度对信贷资产证券化加以约束，其披露范围和方式规定在《信贷资产证券化试点管理办法》《资产支持证券信息披露规则》和《信贷资产证券化基础资产池信息披露有关事项公告》等规章中，而对投资者披露资产支持证券和基础资产的详细信息的相关规定主要体现在注册环节的《注册申请报告》，发行环节的《发行说明书》，存续期间的《受托机构报告》和《重大事件报告书》中，其中包含了信用评级、③律师和会计师的专业评估和意见。最后是风险控制和资本要求方面，信贷资产证券化面临信用风险、市场风险、定价风险和再投资风险等多元而交织的不确定因素，因此相关规则从信息披露、内控机制和社会监督诸多角度来构建信贷资产证券化的全面风控体系，而就风险控制而言最为核心的则是对相关机构特别是发起机构的资本要求，这集中体现在证券化风险暴露及其风险资本计提规则上，无论以何种身份参与信贷资产信用化，商业银行都应根据自己参与活动的经济实质并基于风险暴露的具体情况来计提资本以满足资本充足率的监管要求，并

---

① 《关于进一步扩大信贷资产证券化试点有关事项的通知》（银发〔2012〕127号）第3条。

② 参见王鑫：《美欧经验下中国资产证券化风险自留规则的完善》，载《法学评论》2017年第5期。

③ 信贷资产证券化的信用评级规则是在发行时做初始评级，初始评级应当聘请两家具有评级资质的资信评级机构，并在申请发行资产支持证券时向金融监管部门提交两家评级机构的评级报告，在资产支持证券存续期内，则应约定由信用评级机构向投资者披露上年度的跟踪评级报告。

在计算中采纳可信的信用评级结果作为风险权重依据，而商业银行为规避监管实施的任何隐性支持都应还原正常情形下的证券化风险暴露计提资本以满足充足率资本要求。

虽然目前我国信贷资产证券化在准入和实施阶段的制度建设取得长足进步，并大大推动了我国信贷资产证券化市场的发展，从而使其成为我国影子银行的重要组成部分，但在法律规制和监管架构设计上仍然存在的不足仍是显而易见的。这表现在相关规范统合与效力层次不足，分业监管下政出多头、监管协调性欠缺和功能监管不足的病症，而且在具体制度的内容上仍存在不利于金融创新、市场运作和投资者保护的诸多缺陷，以上种种无疑应成为我国信贷资产证券化未来改革的方向。虽有诸种不足，但我国信贷资产证券化的制度建设无疑已经迈开较大的步伐，各项制度不仅从无到有一一落地，而且还初步走出了较为成熟的市场化方向，这不仅给予了各方相当的信心，也必将成为相关市场不断进化的重要基础。

六、其他影子银行的监管法律：以融资性担保公司和小额贷款公司为例

（一）融资担保公司及其监管法律

1. 融资担保公司及其“影子银行”特征

融资担保公司在 FSB 对影子银行的定义里属于有助于创造贷款的机构。FSB 在 2016 年全球影子银行监测报告中指出了影子银行定义的三种口径，把其中最为狭义的影子银行口径描述为“具有期限错配、流动性风险、信用风险转移和高杠杆等风险”的信用中介，FSB 进一步根据经济功能将上述最狭义影子银行分为五类，而担保公司则属于其中第四类即有助于创造贷款的信用中介。[①] 我国担保公司中明显属于信用中介，并有助于创造贷款的并非一般性的担保公司，而是融资担保公司。根据《融资担保公司监督管理条例》（以下简称《融担条例》）的规定，所谓融资担保公司指的是依法设立，经营融资性担保业务的有限责任公司和股份有限公司，而融资性担保指的是担

---

① 参见梁伟、郭旻蕙、吴越、吕茉：《全球影子银行体系发展分析——基于〈FSB 2016 年全球影子银行监测报告〉》，载《金融发展评论》2017 年第 8 期。

保人为被担保人借款、发行债券等债务融资提供担保的行为。融资性担保通过自身信用和连带担保责任为资金供求双方完成交易提供保障，通过借款担保和发行债券担保两种方式为借款人信用增级以及银行业金融机构的信贷风险分担提供了其他金融机构不可替代的作用，而在法律上融资担保属于一种商业性保证担保行为。融资担保公司一方面为中小企业解决融资难问题，通过对中小企业的增信来帮助中小企业获取贷款，另一方面是对银行来说，融资担保公司不仅提供了债权的追加担保，而且也对银行信贷规模的扩大和流动性增加也有直接作用。

融资担保业务特别是贷款类融资担保业务为影子银行的主要理由是：首先，融资担保有着影子银行的核心特征，其是游离于传统银行体系之外的一种金融业态，核心是以自有资本为基础首先进行信用倍增，并以其为中小企业贷款进行信用增级和连带担保，最终使中小企业获得银行贷款。简言之，融资担保基于自有资本在银行体系外促成数倍规模的信用中介业务，这是影子银行的核心特征。其次，从影子银行定义中的监管特征看，国务院办公厅发布的《关于加强影子银行监管有关问题的通知》，即所谓的107号文对影子银行分类中，已经明确融资担保公司属于不持有金融牌照，存在监管不足的信用中介机构，并实行国务院有关部门主要是融资担保部际联席会议制定统一规则下的地方人民政府负责制。① 虽然银监会及相关部门前后发布了多项相关规则，但始终确定的是融资担保公司实行属地化监管，虽然属地化监管符合融资担保公司的行业特点，但各地融资担保的具体监管细则甚至监管部门都不一致，这无疑会引发融资担保公司跨区域监管套利和异地监管不足的问题，从而符合影子银行活动监管套利特征。② 最后，从影子银行风险特征看，与银行体系紧密相关的融资性担保业一直都存在切切实实的风险。我国融资担保业主要是随着银行风控要求的提高而逐步壮大的，是商业银行贷款担保机制的主要合作者，但由于发展速度与监管力度的错位，使许多融资担保公司不是自身资本不足就是担保倍数过于放大，导致在银行信贷发生问

---

① 参见耿建芳、杨宜：《完善融资担保双层监管体制》，载《中国金融》2011年第14期。

② 当然随着银保监会2018年1号文的下发，融资担保公司可能将转型为由银保监会直接监管的持牌金融机构，但究竟实效如何尚有待观察。

题时难以承担连带责任从而造成连锁性的风险,[①]再考虑到担保公司普遍存在的违规吸存和高息放贷行为,虽然有关部门对此进行了多次清理整顿,但相关痼疾始终难以祛除,这更进一步推高了发生金融风险的可能性。

2. 现行我国涉及融资担保的监管法律

目前我国融资担保相关法律可以分成一般性上位法、专门性法律、地方性规范和行业自律规范等,这其中融资担保专门性法律是为核心。

与融资性担保这一民事法律行为有关的一般性上位法律包括《民法总则》《公司法》《合同法》《证券法》《担保法》等,上述法律不仅是融资担保业务的上位法律框架,也是制定融资担保业务各项监管规则、地方规范乃至行业自律规则的基本依据。由于我国民商合一的立法模式,民法总则中的一般性条款特别是关于民法基本原则、民事主体、民事权利、民事责任以及民事法律行为的各项规定都可以适用于融资担保法律关系。此外,虽然融资担保公司属于地方特许的金融机构而非一般的商事主体,但除非与融资性担保相关的特别法有不同规定,否则在一般商事主体的组织、治理和行为的相关法律方面仍应适用现行公司法。同样,除有特殊规定,合同法也适用于融资担保交易中的各项合同关系。在发行债券的融资担保业务上,证券法则应有所适用。而至于担保法的一般原则和其中涉及保证担保的部分内容也与融资性担保密切相关。

融资性担保业务专门性法律包括国务院行政法规、各部特别是银监会的部门规章和监管指引。这其中比较重要的有《国务院办公厅关于进一步明确融资性担保业务监管职责的通知》、《国务院关于促进融资担保行业加快发展的意见》、《融担条例》(从之前即2010年的《融资性担保公司管理暂行办法》升格而来)、《融资担保业务经营许可证管理办法》、《融资担保责任余额计量办法》、《融资担保公司资产比例管理办法》和《银行业金融机构与融资担保公司业务合作指引》等。在上述专门性规范中,以《融担条例》最为重要,其可以说是融资性担保领域的"根本大法",而其他有关的办法或指引都是对《融担条例》所涉事项的进一步细化。根据《融担条例》及其权威部门的

① 参见周新辉、宁薛平:《中国式影子银行的隐性风险及其化解路径》,载《兰州学刊》2014年第3期。

解答,我国融资担保的定位是服务于小微企业和三农以解决其融资难的问题,但鉴于我国融资担保市场一段时间以来风险频发的乱象,《融担条例》对融资担保公司的准入资格、退出机制、审慎经营、监管体制和具体监督管理措施等都作了详细规定,并提出建设政府性融资担保体系作为我国商业性融资担保体系的重要补充,以保障我国融资担保的基本普惠性质。

结合《融担条例》及其相关的办法与指引等文件可明确:融资担保公司在我国属于一种需要获得许可的金融机构,依据是《融资担保业务经营许可证管理办法》,但其许可并非来自金融监管部门,而是来自省级地方政府金融办,因此仍属于107号文中所谓的非持牌金融机构。融资担保公司应严守经营范围,不介入存贷款和投资业务,并在经营上全面贯彻“类银行”的审慎原则,在内控机制建设、担保责任余额(其实即融资担保公司的债务规模)、集中风险暴露、关联交易、反担保、信息披露、准备金提取和自有资金运用方面都应承担具体审慎义务,而银监会更是要通过相关监管规范和指引将上述审慎经营规则细化。[①] 实际上,与其他非银行金融机构相比,融资担保公司属于高资本与高风险并存的一种非银行金融机构。将其与小额贷款公司加以比较就可以发现,融资担保公司虽然与小额贷款公司同属于107号文中“监管不足”的金融机构范畴,但两者在经营模式、监管要求和风险特征上存在明显差别:一是融资担保公司相对于小额贷款公司与商业银行的联系更为紧密,更具备中国式影子银行的特点,这决定了其与小额贷款公司相比在滋生系统性风险方面可能性大了很多;二是融资担保公司的监管要求比小额贷款公司更高,无论是准入、经营还是退出的标准都远非小额贷款公司可比,这实际上间接反映了监管者对融资担保公司在我国金融体系中重要性的清醒认识;三是融资性担保的风险也较小额贷款公司的小额信贷业务为高,因为除超额担保和自担保给我国商业银行体系所带来的间接风险外,融资性担保还与其他非银行金融机构广泛联结,从而成为我国影子银行网络的关键节点,以P2P网贷为例,其在近年来即成为融资担保公司着力拓展的一个业务领

---

① 上述监管规范和指引中比较重要的包括《融资性担保机构重大风险事件报告制度》《银行业金融机构与融资担保公司业务合作指引》《融资性担保公司内部控制指引》《融资性担保公司公司治理指引》《融资性担保公司信息披露指引》《关于规范融资性担保机构客户担保保证金管理的通知》《关于融资性担保机构违规关联担保有关风险的提示函》等。

域，融资担保公司越来越多的选择成为P2P网贷的业务合作方，网贷之家截至2018年4月21日的统计，融资担保公司已经为1179家的P2P网贷平台提供担保，而其中处于运行状态的仅有540家，其他都属于停业、转型或问题平台。

针对融资担保公司的上述特点，2018年银保监会成立后在4月通过《关于印发〈融资担保公司监督管理条例〉四项配套制度的通知》，[①]在《融担条例》基础上更进一步强化了对融资性担保的约束，其中《融资担保业务经营许可证管理办法》明确要求融资担保企业必须向监督管理部门申领经营许可证，为融资担保的市场准入划下了明确的红线，此外《银行业金融机构与融资担保公司业务合作指引》还明确要求银行不得与未申领经营许可证的融资担保公司进行业务合作，从而为融资担保公司准入的许可管理提供了另一层坚强的制度保障。《融资担保责任余额计量办法》要求融资担保公司的融资担保责任余额不得超过其净资产的10倍，即为融资担保公司设置了10倍的杠杆率，并收紧了融资担保责任余额的资产风险权重计算标准，除了在保余额小于一定数额的小微企业（在保余额小于500万元）和农户（在保余额小于200万元）的借款类担保业务风险权重计算可以放宽至75%以外，其他类型的借款类担保的风险权重都按照100%计算，此外AA级信用的被担保人发行债券提供担保时其担保风险权重可以放宽至80%，而在其他情况下都应将发行债券担保的风险权重抬升至100%的水准。在《融资担保公司资产比例管理办法》首次提出对融资担保公司的资产进行分类管理，并对准备金与资产之间的比例作出了限定，从而直接有助于融资担保公司保证自身的代偿能力以及资产的安全性与流动性，并间接引导其注重经营的专注性和审慎性。《银行业金融机构与融资担保公司业务合作指引》则特别强调对融资担保公司的资信考察，与银行合作的融资担保公司需要持有经营许可证、不能有任何违规违法、受处罚以及失信状况，在此基础上需要进一步考察融资担保公司的具体资信来决定其担保额度和风险分担比例等。此外银行应积极利用监管部门和行业组织通过信息抽查和银担合作信息共享平台产生的担

① 《关于印发〈融资担保公司监督管理条例〉四项配套制度的通知》（银保监发2018年1号文）。

保公司信用记录,并注意第三方信用评级的作用。

概言之,上述2018年银保监会1号文以保障金融安全为指针,从准入、经营、资产管理和银担合作等多方面进一步对融资担保公司从严监管,而各地也在1号文下发后对本区域内的融资担保行业进行了全面的清理整顿,有效降低了融资担保行业的杠杆率,并“摘牌”了许多不符合准入资质和不能规范经营的融资担保机构,从而融资担保机构将回归到为农村经济实体以及中小微企业提供担保的普惠本质,有力消除了近年来融资担保业的许多风险点,发挥其为银行业分担风险及为社会长尾群体提供信用补充的作用。

当然就融资担保的相关规范而言,值得一提的还有地方性法规,应该说融资担保的地方性法规不仅仅只是中央层面相应法律、法规与规章的细化,而是在遵守融资担保一般性上位法与专门性法律框架下,根据本地区融资担保发展的实际和发展普惠金融的政策思路加以本土化创新,将本地融资担保行业引导到《融担条例》确定的服务本地实体经济特别是中小微企业和农村经济的方向上去。以安徽省为例,其以财政厅牵头提出的《安徽省政策性融资担保风险分担和代偿补偿试点方案》在融资担保领域创造性地提出了4321新型政银担合作模式,其具体思路是对在保余额在2000万元以下的农户单户和小微企业融资担保业务出现代偿风险时由政策性担保机构、地方政府、银行和融资担保公司四方以40%、30%、20%以及10%的比例分担责任。安徽的这种模式是根据地方实际并借鉴国际经验在条例基础上进行的创新,其积极意义在于“实现政策性融资担保体系与银行业金融机构体系的对接,建立上下贯通的政银担合作体系”,①新模式通过财政资金的投向,落实了政府在融资担保中的引导作用,降低了银行和融资担保公司的风险,提升了中小微企业的信用,从而很好发挥了融资担保在经济发展中的普惠作用。与安徽省模式有所不同的是,山东省将地方融资担保模式的创新聚焦于农业精准扶贫上,通过2013年来的历年省政府一号文件、山东省人民政府印发《促进融资担保行业加快发展的意见》以及包括《关于同意山东省省级农业信贷担保机构组建方案的批复》等地方性规范,山东省初步构建了农业信贷担保体系,其中最有特色的当属“扶贫信贷担保模式”,其精确针对农业经营主体和

---

① 刘兴亚:《融资担保模式探索——以安徽为例》,载《中国金融》2015年第20期。

贫困农户，将地方政府扶贫小额信贷风险补偿金、各级农业担保体系、银行体系和人寿保险机构联结起来，由各方分担了精确扶贫对象的融资风险，充分发挥和协调财政、银行、保险和商业担保的各项功能，共同为融资担保的普惠特质在山东的落地提供助力。①

最后值得注意的是融资担保行业自律组织即中国融资业担保协会在我国融资担保领域的作用。根据《国务院关于促进融资担保行业加快发展的意见》，中国融资业担保协会是行业监管的有效补充，要在行业统计、机构信用记录管理、行业人才培养、文化建设和从业人员管理方面承担责任。更具体的，其主要职责包括立法建议、学术研讨、行业经验交流、宣传出版、考试组织、行业统计、人才培训、文化建设、维护竞争秩序、行业标准制定、信用制度建设、维权会员利益及代表行业对外协调等。总体上看，由于成立时间较短，中国融资担保业协会目前所起的作用仍然有限，行业服务功能的发挥远大于其监管补充职能的发挥，因此在自律机制的全面建设上，中国融资担保业协会仍然任重道远。

（二）涉及小额贷款公司的监管法律

1. 小额贷款的发展与小额贷款公司的法律属性

与融资担保公司不同，小额贷款并非是一种典型意义上的信用中介，而是一种非吸存的商业性放款机构（Non-Deposit-Taking-Lenders，NDTL），但由于在中国目前的实践中小额贷款公司的融资来源可以有多种选项，因此小额贷款公司实际上间接成为了资金供给与需求者之间一个很特殊且市场化的渠道，有意无意中成为一种小众的影子银行类型。

追本溯源，小额贷款是二战后国际减贫努力在金融领域的一种创造，也是普惠金融理念最重要的表现形式。在普惠金融所提倡对社会弱势群体的各种金融权赋予中，融资权无疑是其中最广泛和最重要的一部分，从而小额贷款也成为社会弱势群体实现其融资权的最佳渠道，这也为“二战”之后金融领域的国际减贫经验所证明。小额贷款最广为人知的模式是20世纪70年代由孟加拉国尤努斯教授所创造的格莱珉模式，受到孟加拉国格莱珉模式

① 参见张志刚：《创新农业担保模式强化政策服务功能——山东省农业融资担保理论与实践研究》，载《投资与创业》2017年第10期。

的启发,不同的小额贷款模式也在亚洲其他地方、非洲和拉丁美洲迅速发展起来,从而得到国际广泛关注,联合国将 2005 年命名为国际小额信贷年,也就是为了表彰和提倡这种广为流行的普惠金融实践。① 我国从 1994 年开始引进小额信贷的初衷是弥补农村扶贫中原有贴息贷款方式的不足,其承担主体主要是国际组织和某些国内 NGO,其主要的渠道是国际援助项目,而之后直到 2000 年前后,以农村信用社为主体的金融机构也在农村推动小额贷款,②但由于基层网点和资源投放的不足,还可能由于相关金融机构的对持续推动此项业务的动力不足,小额信贷模式在新千年之际逐渐难以为继。③

作为一种服务于长尾群体的普惠金融创新,我国小额信贷虽然在初期遭遇了上述种种困难,但还是在监管部门即银监会和人行的直接推动下重新开辟方向,其于 2005 年展开了商业性小额贷款公司试点,再经过几年无政府状态后,相关部门在 2008 年出台了《关于小额贷款公司试点的指导意见》(以下简称《小贷指导意见》),将监管权下放到了省级政府层面,在《小贷指导意见》中,监管部门明确了我国小额贷款的目标是要"引导资金流向农村和欠发达地区,改善农村地区金融服务,促进农业、农民和农村经济发展,支持社会主义新农村建设"。并将小额贷款公司定义为"由自然人、企业法人与其他社会组织投资设立,不吸收公众存款,经营小额贷款业务的有限责任公司或股份有限公司",小额贷款公司资金来源只能是自有资本或是不超过两个金融机构的融入资金,其监管意图是使小额贷款公司成为风险可控及规模适中的支农 NDTL。虽然《小贷指导意见》并未明确小额贷款公司的金融机构属性,而不同监管机构的相关文件中对其定性也多有矛盾,④但由于小额贷款公司事实上属于由省级金融办特殊许可并向金融监管部门报备的 NDTL,因此我国影子银行监管的 107 号文最终确认小额贷款公司是为监管不足的信用中介,并将其归属于影子银行范畴。

---

① 参见于凤川:《"尤努斯与穷人银行"》,载《求是》2007 年第 17 期。

② 参见张忠法:《关于小额信贷问题研究与对策》,载《经济研究参考》2000 年第 29 期。

③ 参见周忠明:《小额信贷的风险控制》,载《金融纵横》2003 年第 11 期。

④ 小额贷款公司的金融机构属性有所争议,详见王启迪:《小额贷款公司的特殊法律地位研究》,载《南京邮电大学学报》(社会科学版)2015 年第 6 期。

2. 小额贷款公司发展的转型困境与演化逻辑

在2009年,中国银监会发布了《小额贷款公司改制设立村镇银行暂行规定》,[①]引导部分符合条件的小额贷款公司转型为村镇银行,从而正式获得金融机构的资格,为其长远和规范化发展奠定基础,但由于目前监管层将村镇银行设计为由商业银行控股的金融机构,因此大大限制了民间资本在村镇银行的话语权,导致原有小额贷款公司转型动力不足。当然,政府也意识到这个问题,国务院办公厅在2013年《关于金融支持经济结构调整和转型升级的指导意见》[②]第9条提出要进一步推动民间资本进入金融业,发挥民间资本在村镇银行中的积极作用,但迄今未见成效,保持一般商事主体身份的小额贷款公司仍属行业主流。

小额贷款公司的另一个显著特征是,作为一般商事主体其在实践中其商业性多过公益性,已经偏离了监管层支农普惠的设计目标,异化成民间金融实现放贷合法化和追求超额商业利润的一个渠道。虽然在某种程度上小额贷款公司仍能弥补正规金融机构怠于发展小额信贷的不足,从而多少满足三农领域的金融需求,并且地方金融办在监管或奖励制度上仍对小额贷款公司有着这样或那样的贷款发放领域的要求,但从目前发展轨迹上看,小额贷款公司仍热衷于冲破监管层的定位而从事影子银行活动。

某些地方监管部门也明里暗里地在小额贷款公司准入门槛、资金来源和放贷去向方面有着与中央监管部门设计初衷不同的导向,实际上是以对金融机构实行审慎监管的方式来对小额贷款公司加以规制,如2016年3月22日厦门市出台的《厦门市小额贷款公司管理办法》就规定小额贷款公司注册资本必须在3亿元人民币以上。这远远高于中央层级的规定,此外在贷款投向上,该管理办法可以允许小额贷款公司投向除“三农”之外的小微企业,在贷款来源上,可以通过同业拆借、上市、债券发行和资产证券化,在机构性质上,认定小额贷款公司为非银行金融机构,在抵质押物登记手续和司法保障等方面与本市其他金融业企业实行同等待遇。[③] 从以上种种规定可以看出央地

---

① 《小额贷款公司改制设立村镇银行暂行规定》第4条,银监发2009年48号令。

② 《关于金融支持经济结构调整和转型升级的指导意见》第9条,国办发〔2013〕67号文。

③ 《厦门市小额贷款公司管理办法》第10条和第四章之规定。

相互矛盾的监管取向,使小额贷款公司在实践中已经成为金融机构而非普通商事主体,并且其通过各种渠道完全扮演了某种全领域的信用中介角色,成为中国特色影子银行的一部分。更进一步说,小额贷款公司实践的这种发展,其早就脱离了支农普惠的定位,而发展成为中国摆脱金融领域国有垄断架构的合规民间金融一个重要部分,实际上小额贷款公司的发展毋宁说是反映了民间资本进入金融行业分享国有金融机构垄断性利润的某种曲线路径。

3. 现行我国涉及小额贷款的相关法律

目前我国小额贷款公司的法律法规可以分成以下几类:

首先,适用于民间借贷的一般性法律法规,包括《民法总则》《合同法》《最高人民法院关于审理民间借贷案件适用法律若干问题的规定》以及《关于防范和制裁虚假诉讼的指导意见》等。由于小额借贷目前的法律定位不明,目前我国开展小额借贷的最主要监管依据是人民银行和银监会联合发布的《小贷指导意见》,[①]其中对小额贷款公司的定位仍然混同于一般的工商企业,因此其借贷行为无疑要接受上述有关民间借贷的法律法规的约束。但在小贷监管部门主要是地方政府金融办所发布的规范性文件中,小额贷款公司一般明确属于金融机构,因此当然地被排除于民间借贷的范畴,而从司法实践上看小额贷款公司的定位则处于混乱状态,从最高人民法院到地方法院不时有将小额借贷定性为民间借贷的案例发生,由此可见在中国当前状况下,适用于小额贷款公司的法律法规不能理所当然地将民间借贷相关的法律法规排除在外。

其次,专门用于规制小额借贷的行政法规和各部委规章,其中比较重要的有前面反复提及的人行与银监会联合发布的《小贷指导意见》,其对小额贷款公司的性质、设立、资金来源、资金运用、监督管理和终止等做出了全面规定。当然在各类影子银行机构中,小额贷款公司设立门槛相对偏低,根据其组建为有限责任抑或是股份有限公司相应注册资本在500万~1000万元人民币。根据《小贷指导意见》,小额贷款公司的资金来源是自有资金以及不超过两个银行业金融机构的融入资金;在资金的运用上则强调服务"三农",主要应服务农户及与"三农"相关的小微企业;在监管上由省级政府下

---

① 《关于小额贷款公司试点的指导意见》第1条,银监发〔2008〕23号文。

属的金融办等政府机构负责;在管理上则要健全公司治理,实行审慎资产分类和拨备,着重信息披露和杜绝非法集资;此外在经营良好的基础上,《小贷指导意见》鼓励小额贷款公司根据相关法律法规直接改制为村镇银行。而除《小贷指导意见》外,由于近期以来小额借贷借助互联网金融模式进行了大量危险而活跃的创新,因此小额借贷领域越来越成为监管与实务界博弈的战场,而监管部门也不断以打补丁的方式出台各种各样的规范性文件应对小额借贷创新的爆发性增长,这其中就有这两年争议极大的一种小额借贷业务种类——现金贷。现金贷,依照目前央行和银监会《关于规范整顿"现金贷"业务的通知》和《关于开展"现金贷"业务活动清理整顿工作的补充说明》的定义,其基本特点是"无场景依托、无指定用途、无客户群体限定、无抵押"以及"利率畸高、实际放款金额与借款合同金额不符、期限短、依靠暴利覆盖风险、暴力催收"的一种个人信用贷款业务。部分小额贷款公司也涉足现金贷业务,这当然已经偏离了相关的监管政策,违背了国家允许设立小额贷款公司的初衷,特别是网络小贷模式的兴起成为小额贷款公司发展现金贷的温床,虽然网络小贷实质上只是小额贷款公司开展业务的一种渠道,与现金贷作为一种新兴业务种类有着本质不同,但在实践中网络渠道发放的业务贷款很大程度上就异化成为"四无"和"暴利加暴力"的现金贷。正是意识到了网络小贷这种特殊类型的小额贷款公司与现金贷业务间的密切关系,目前国家在整顿现金贷的行动中也一道对网络小贷采取了紧急暂停措施:包括暂停新批网络小贷,对已批的暂停开业,还要求网络小额贷款公司暂停发放现金贷,包括其变种"校园贷"和"首付贷"等。

最后,我国小额借贷的另一个规范渊源是地方政府机构主要是金融办的监管文件。作为小额贷款公司的法定监管部门,其主要在中央层级文件的基础上对小额贷款的准入和经营的各个方面做了进一步的细化和升级规定,在实践中地方监管文件是对小贷行业影响最大的规范来源。需要指出的是,我国地方小贷规范往往以因地制宜之名,但在实际效果上却抵销了中央层级的法规或规章的立法意图,与中央监管机构的具体监管意图也南辕北辙。目前地方政府主要以金融办为小额贷款公司的监管机构,而其发布的地方规范文件一般有如下几个特点:一是大幅度提高了小额贷款公司的准入门槛,特别在注册资本和股东资质上，以《深圳市小额贷款公司试点管理暂行办法》为例，①其要求小额贷款公司的注册资本达到 1 亿～2 亿元，还对主发起人资质、股东资质、其他高管的任职资格以及小额贷款公司的股份转让做了远比我国《公司法》和《小贷指导意见》更为严格乃至苛刻的规定，从而将小额贷款公司组建门槛抬升至金融机构层级。在引导小额贷款公司经营小微业务的同时却设计如此之高的准入成本，这中间的利益和成本考量无疑难以让小额贷款公司仅仅安于服务三农和实行金融普惠的使命。二是小贷的地方规范一般强调对小额贷款公司经营上的审慎监管和指标式管理，虽然各国普遍对商业性借贷都存在审慎监管的倾向，但除了对作为商业借贷核心的利率做一定管制外，由于小额贷款公司主要通过自有资金放贷而金融风险外溢可能性较低，因此各国监管层都普遍倾向于减少小额贷款公司经营上的合规成本，倾向于通过市场竞争或者行业自律的力量来约束小额贷款公司的经营行为。但反观我国小贷地方规范可以看出，普遍存在对小额贷款公司监管在中央层面上的"加码升级"现象，而忽视了小额贷款公司资金自有、风险自担、市场竞争和行业自律的作用。同样以《深圳市小额贷款公司试点管理暂行办法》为例，其对小额贷款公司的集中暴露风险、贷款规模、关联交易和资产损失准备充足率都有着硬性规定，而较迟制定的《厦门市小额贷款公司管理办法》②更是根据小额贷款公司融入和借出资金来源加以精细化的额度控制。以上表明，地区小贷规范加大了小贷企业的运营成本，而合规难度的差异也客观上为小贷行业在地区间的监管套利埋下了隐患。三是地方小贷规范还有各个不同的区域政策导向和特色内容，如深圳市开展的小额贷款公司融资创新业务试点，厦门市将小贷企业直接定性为金融机构加以扶持，但此类地方小贷规范的具体规定仍在法理和实践上值得商榷，有待考验。

---

① 《深圳市小额贷款公司试点管理暂行办法》第 2 章，深府〔2009〕8 号文。

② 《厦门市小额贷款公司管理办法》第 37～49 条，厦府〔2016〕88 号文。

第四节　对当前我国影子银行监管立法之反思

一、影子银行监管一般性法律存在的问题

前已述及，作为迄今我国影子银行最高规格的监管立法，国务院的第107号文不仅首次在官方层面肯定了影子银行对传统银行体系的有益补充及其在服务我国实体经济，丰富居民投资渠道等方面的积极作用，而且还指明了影子银行的监管方向及监管的责任分工。其重要性不言而喻，但仅靠这份文件来构建全面的影子银行监管体系还远远不够。因为它既没有正视监管对象的复杂性，也没有提出针对性的“有效监管”举措，仍试图将影子银行监管纳入现有监管模式中。[①] 概言之，这份基础性的影子银行监管文件存在着以下几个方面的缺陷和不足：

（一）第107号文并未厘清影子银行的概念，导致大家对影子银行的认知依然模糊，从而无法准确地把握监管对象

作为一项旨在规范影子银行监管的纲领性文件，第107号文理应对影子银行的内涵和外延做一澄清，以帮助大家准确把握影子银行的范畴。遗憾的是，虽然第107号文以“是否持有金融牌照和受到监管”为限定条件将我国影子银行划分为三种类型：没有金融牌照，完全无监管或监管不足的信用中介机构，以及有金融牌照的机构所从事的监管不足或规避监管的业务，但这一划分标准仍不够严谨和科学，有概念泛化之趋势。因为这里的“信用中介机构”一词的外延十分宽泛，几乎可以囊括所有的各种与信用活动有关的中介机构，即除了一般意义上的为信用交易提供信贷支持或各种支付结算等金融服务的金融机构之外，还包括为信用交易提供非金融服务的普通社会中介机构、[②]征信机构及专门的信用评级机构等。[③] 显然，对后三种而言，它们虽也为信用中介机构，但其所经营的业务与商业银行的核心业务无涉，自然谈不

① 参见于永宁：《我国影子银行监管法律制度的反思与重构》，载《法商研究》2015年第4期。

② 如律师事务所、会计师事务所和审计师事务所等。

③ 有关信用中介机构的概念及详细分类，郑万青：《信用中介机构的功能及其法律规制》，载《浙江学刊》2003年第6期。

上实现和发挥类似商业银行的信用中介职能。是故,第 107 号文不加区分地将所有不受监管或监管不足且未持有金融牌照的信用中介机构归为“影子银行”实属不妥。

(二)第 107 号文仅从“监管与否”的角度提出判断一个信用中介机构或业务属不属于影子银行并不周延

虽然“不受监管或少受监管”是影子银行区别于传统银行的一个明显标记,但这种标记存在的意义是建立在影子银行会带来潜在的系统性风险和监管套利风险的基础之上的。换言之,如果一个信用中介机构或其开展的业务不涉及任何货币的信用转换、期限转换、流动性转换或高杠杆操作(就如上文言及的非银行信用中介机构),则该机构自然不会引发个体经营的信用风险或流动性风险,更遑论影响金融全局的系统性风险。职是之故,当被监管对象已断无滋生金融风险之可能,则再一味强调对这种信用中介机构施以金融监管已无必要。再者,既然第 107 号文在开篇中特别强调“影子银行风险具有复杂性、隐蔽性、脆弱性、突发性和传染性,容易诱发系统性风险”,且第四节也专门要求各监管机构做好影子银行的风险防控,包括深入排查风险隐患,加强监督检查,加大违法违规行为的查处力度,那么就应先对影子银行具有的风险类型及可能潜藏的运作环节作一简要叙述。或者,至少在对影子银行作上述三种分类时应进一步限定其风险要素,即在肯定影子银行是一种信用中介机构的基础上强调其须具有类商业银行的业务功能和风险特质,以此排除掉非银行类的信用中介机构。只有这样才能够较完整、客观地刻画出我国影子银行的面目和为下文防范与化解影子银行风险提供必要的制度铺垫。

(三)第 107 号文对影子银行的监管沿袭了现行“一行三会”的分业监管模式,恪守的是一种传统的微观审慎监管思路,仍未脱离“猫抓老鼠”的窠臼

第 107 号文要求按照谁批设机构谁负责风险处置的原则,逐一落实影子银行主体的监督管理责任,并以理财业务为例指定银行业机构的理财业务由银监会负责监督;证券期货机构的理财业务及各类私募投资基金由证监会负责监督;保险的理财业务由保监会负责监督;金融机构跨市场理财业务和第三方支付业务由人民银行负责监管协调。无疑,即使有人民银行的部分业务协调,但这种“谁家的孩子谁抱走”的分业监管模式终究无法避免监管重复

与监管疏漏，导致行业竞争不公平和滋生影子银行间的监管套利行为。

此外，即使各金融监管部门严格按照第 107 号文的要求着力完善监管制度和办法，严控本行业内影子银行风险和确保每家影子银行都能稳健经营，但仍然无法识别和防范影子银行系统性风险的滋生和蔓延。因为这种“各人自扫门前雪，莫管他人瓦上霜”的微观审慎监管思路无法因应影子银行天生跨市场和跨行业运营的本性，故其在应对影子银行系统性风险上只能就事论事。

(四)第 107 号文对影子银行的监管过分倚重传统的行政监管手段，其监管的有效性令人生疑

尽管第 107 号文用了较多篇幅强调完善影子银行监管制度和办法，并分门别类地对金融机构的理财业务、信托公司业务、金融交叉产品和业务合作行为、民间融资、融资性担保、网络金融和私募投资基金共八大影子银行业务的运营提出了系列的规范要求，然而从内容和措辞上看，这些规范要求均以命令的口吻做出，几乎是“一刀切”地要求经营这些业务的金融机构应当为什么和不得为什么，体现了一种极强的行政化管制色彩。而且，在最后“加快健全配套措施”这一节中，第 107 号文给出的诸如加强监管管理协调、强化信息统计和共享及社会信用体系建设等配套措施依然以地方人民政府和人民银行等行政力量为主导，鲜有涉及影子银行所在的行业协会等自律组织的作用。事实上，行业自律监管能“更好地根据法律的精神而不是文字来执行规则”，可以有效缓解行政监管与生俱来的官僚化和机械化的弊端。而且，前面的分析表明我国影子银行迅猛发展的一大肇因就是金融机构对监管的规避。如果只是一味地强化行政监管而忽视行业自律势必然会压制现行影子银行市场的生机与活力，诱发影子银行滋生更强的规避监管的动力。所以，有人戏谑第 107 号文给出的各项监管措施只是将猫鼠游戏向前推进了一步，并不能完全管住影子银行。笔者也认为第 107 号文过于强调政府监管的导向，几乎让政府权力密布于影子银行运营的每一环节。这种忽视行业协会自律组织对政府监管的补充作用的立法思维与现代金融监管强调自律与他律适当平衡发展的精神要义相悖，其监管的有效性着实令人生疑。

（五）第107号文在涉及影子银行监管的一些关键问题上并不明确，缺乏相应的问责机制

例如，第107号文在一些新兴的影子银行诸如第三方理财、非金融机构资产证券化、网络金融监管机构的确定上，只作了由人民银行会同有关部门共同研究制定办法的模糊规定。又如，对那些已经确定监管机构的各类金融机构理财业务，比如前文述及的横跨不同市场的银信合作、银证合作、银证信合作及银基信合作等理财业务的系统性风险究竟由谁来负责处置，第107号文也只是简单提及发挥金融监管协调部际联席会议制度的作用，也无进一步的明确规定。无疑，这种宏观审慎监管机构的缺失势必导致一旦出现理财产品的经营风险，各监管机构为维稳之需，只能继续容忍商业银行等金融机构采用刚性兑付的手段。虽然“刚性兑付”能一时切断风险的蔓延，但无法从根本上防范和化解系统性风险，纯属“治标不治本”。此外，第107号文发文的对象是各省、自治区、直辖市人民政府及国务院各部委和直属机构，其不仅直接点名要求“一行三会”承担相应的影子银行监管职责，也科以地方政府要加强行业归口部门的政策衔接、充实监管资源和严肃查处各类违法违规融资活动等系列义务。然而综观文件全文，我们并没有看到任何相应的问责机制，如何确保上述各有关部门按照文件的要求“抓紧指定具体实施方案，确保各项措施落到实处”则难以保证。

综上，第107号文是我国从国务院层面上首次对影子银行风险防控所做的一次立法尝试，反映了国家加强影子银行监管的决心与行动，但其上述的疏漏与不足决定了其很难担当起全面监管影子银行的重任。从这个意义上讲，业界和很多媒体称第107号文为影子银行的“基本法”可谓“言过其实”，其形式意义显然大于实质意义。

二、银行理财业务监管法存在的问题

（一）立法对银行理财产品的合法性界定依旧不明

虽然截至2016年年底，全国有497家商业银行共发售理财产品74,200

只,存续余额为29.05万亿元,相比2004年理财产品出现之初的规模增加了近570倍,[①]但12年来,我国银行理财产品运行的合法性问题一直没有得到全面彻底地澄清。究其因在于:首先,商业银行理财业务并不在《中华人民共和国商业银行法》第3条所列举的可经营的部分或全部业务范畴之内;其次,即使根据该条第14款,商业银行还可以经营"经国务院银行业监督管理机构批准的其他业务",只要其"经营范围由商业银行章程规定,报国务院银行业监督管理机构批准"即可,但迄今为止,国内并无一家上市的商业银行明文将理财业务纳入其章程之中。而且,即使从银监会根据该款颁发的批准银行开展理财产品的系列规章和各种规范性文件,诸如2005年9月颁发的《商业银行个人理财业务管理暂行办法》和《商业银行个人理财业务风险管理指引》、2006年6月颁发的《关于商业银行开展个人理财业务风险提示的通知》、2008年4月颁发的《进一步规范商业银行个人理财业务有关问题的通知》和2009年7月颁发的《关于进一步规范商业银行个人理财业务投资管理有关问题的通知》等内容来看,我们不难发现它们清一色都限于对个人理财业务的概念、分类、业务规则、风险管理、投资运作等方面的规定,并不涵盖其余类型的银行理财业务。事实上,银行个人理财业务只是银行所有理财业务中的一类而已。因为根据认购对象的不同,银行理财产品(业务)可分为个人理财产品、机构专属理财产品和个人与机构混合理财产品三类。以我国为例,2016年的统计数据显示,我国个人类银行理财产品的存续金额为13.46万亿元,充其量也只占同年银行理财产品存续金额的46.33%。[②] 换言之,另外两类银行理财产品的占比超逾一半。可见,我国现行银行个人理财业务的合法化并不等同于一般意义上的银行理财业务的合法化。是故,在当前银监会并未出台新规章或相关法律文件对涉及面向机构客户的银行理财产品加以规范的情形之下,我们只能说上述个人理财产品之外的其余两类理财产品

---

① 截至2004年,我国共有12家商业银行发售了133只理财产品,募集资金规模为500亿元人民币。

② 《2016年中国银行业理财市场年度报告》,载 http://www.chinawealth.com.cn/zzlc/sjfx/lcbg/list.shtml,最后访问日期:2017年5月28日。

的身份依旧不明，在法律上仍属于“黑户”状态。[①] 这就导致实践中每家商业银行发售这两类理财产品只能诉诸向银监会寻求逐一逐个的审批。然而，这种审批要遵循何种程序要件和提供何种材料文件，外界一无所知。正是这两类理财产品的报批没有阳光化，人们也无法对其合法性地位进行准确地跟踪和确定。[②] 这就可能为一些商业银行内部人员或部门以发售未经银监会批准的理财产品进行高息揽储、非法集资甚或集资诈骗提供了空间和温床，影响了人们对银行理财产品整体合法性的判断和极大损害了投资者的利益。2017 年 4 月 18 日，民生银行北京分行航天桥支行行长张颖伙同他人，私自销售非经银监会批准的金额高达 30 亿元理财产品“飞单”案就是典型的例证。[③]

（二）立法对银行开展资金池类理财业务的禁止规定缺乏柔性和可操作性

通过梳理银监会的上述监管规章，我们不难发现其对资金池类理财业务的立场经历了一个从完全放任不管到完全禁止的 180 度大转变。前已述及，我国银行资金池类的理财业务滥觞于 2010 年，但过去多年来，银监会对其出现和壮大一直置若罔闻。直至 2013 年 3 月 27 日，银监会才突然祭出重拳，下发《关于规范商业银行理财业务投资运作有关问题的通知》，剑指资金池运作模式，要求所有开展理财业务的银行须分账而立，确保“每个理财产品与所投资资产（标的物）的对应”，且“投资非标债权资产的余额在任何时点均以理财产品余额的 35% 与商业银行上一年度审计报告披露总资产的 4% 之

① 虽然银监会 2011 年 8 月颁发的《商业银行理财产品销售管理办法》在名称上去掉“个人”两个字，且在第 2 条中特别说明“本办法所称商业银行理财产品（以下简称理财产品）销售是指商业银行将本行开发设计的理财产品向个人客户和机构客户（以下统称客户）宣传推介、销售、办理申购、赎回等行为”，但该条主要是从销售的角度说明商业银行理财产品的客户群有可能包括个人和机构两类，并没有像对个人理财业务那样对商业银行理财产品做出正面的界定，故而不能据此认为银监会已经批准了商业银行可以开展所有理财业务。

② 事实上，根据《中华人民共和国商业银行法》第 3 条第 14 款，商业银行若要经营前十三种业务之外的其他业务，其除了要报经银监会批准外，还要事先在章程中加以规定。然而，笔者发现近几年来“中农工建”四大国有银行公开披露的年报中始终没有将理财业务列入其经营范围。即便我们相信这些银行开发设计的理财业务均得到银监会的批准，但这种程序上的瑕疵仍然让人有理由怀疑这些银行发行的理财产品的合法性。

③ 关于该案的详情，请参见陈炜：《民生银行 30 亿假理财案进展：揭秘民生银行“飞单”迷局》，载《中国新闻周刊》2017 年 5 月 10 日。

间孰低者为上限”。紧接着,银监会又于2014年4月3日下发了《关于2014年银行理财业务监管工作的指导意见》,直接明文禁止银行开展资金池业务。而2018年4月27日“一行两会一局”联合下发的《关于规范金融机构资产管理业务的指导意见》(以下简称《资管新规》)更是重申“金融机构应当做到每只资产管理产品的资金单独管理、单独建账、单独核算,不得开展或者参与具有滚动发行、集合运作、分离定价特征的资金池业务”。① 无疑,在资金池模式下,银行将不同的理财产品资金投入一个混合的资金池进行统一管理和调度,的确无法确保理财资金与资产项目的一对一匹配,存在独立性、透明性不足和资金甚至可能投向房地产、平台贷款等高风险领域等问题,故而被指有“庞氏骗局”之嫌疑。② 然而,我们可否仅凭资金池理财业务“滚动发售、集合运作、期限错配和分离定价”的外观运营特征就断定其必然是一场击鼓传花式的“庞氏骗局”呢?对此,摩根大通中国首席经济学家朱海斌可谓一语中的,其认为庞氏骗局通常有两个最本质的特征:一是通过发新偿旧延缓债务的偿付时间;二是借款方的利息支付已经超出其当前的财务还款能力。两者相辅相成,若仅关注特征一,那么很可能将经济和金融领域中很多正常的资金收付都归入庞氏骗局。③ 中央财经大学的郭田勇教授也认为,如果仅凭“滚动发行”和“期限错配”就认为银行理财是“庞氏骗局”,那么连银行最基本的存贷业务都可能是“庞氏骗局”,因为其不仅是“期限错配”,而且银行本身连存款的投向都不清楚。④ 对此,笔者也深表赞成,认为“资金池理财”与“庞氏骗局”两者并无必然的等同关系。银监会贸然对其采取“一刀切”的封杀手段未免有矫枉过正之虞,势必会带来适得其反的监管效果,理由在于:

第一,集合资金已是现代金融机构代客理财的一种惯常做法。无论是银行抑或是基金公司等金融机构,其现行开展的大众理财业务都是吸收不特定

---

① 《关于规范金融机构资产管理业务的指导意见》第15条。

② 典型的观点如2012年10月,时任中国银行董事长的肖钢在China daily发表的题为《监管影子银行》的短文中就称“国内银行资金池理财产品存在流动性风险,其兑付依赖于后续产品发行而募集资金,在一定程度上等同于庞氏骗局”。See Xiao Gang, *Regulation shadow banking*, China Daily, October12, 2012.

③ 参见朱海滨:《理财产品是庞氏骗局吗?》,载《金融时报》(英国)2012年12月26日,第3版。

④ 参见陈家林:《理财产品到底是金融创新还是庞氏骗局》,载《都市快报》2013年1月30日,第8版。

人的资金，集腋成裘，然后才集中用于对外放贷或投资。此一过程不可避免会形成一个汇集众多资金和回报的总头寸。如果简单地将这种总头寸归为一种“资金池”加以禁止，令其全部回归到传统的一对一定向运作，则不免要否定现代理财业务的基本运作方式，从而扼杀银行在理财业务上的创新能力。而且，根据中国人民银行2013年所作的统计，银行资金池类理财产品在2012年年末占我国商业银行全部表外理财产品个数的比例已超过50%，存量金额高达3.35万亿元。[①] 如果说银监会禁止银行新发的理财产品开展多对多的资金池理财业务尚可接受，那么如此武断地要求银行对上述庞大资金池理财存量资金进行“解包”和整改，让其完全重回“一对一”的做法则有点苛刻。且不说这种清理可能会极大增加银行的操作成本和降低既有理财资金的使用效率，对整个银行理财业乃至金融市场稳定造成较大的冲击，而且作为资金出让方的投资者也要因此平白承受银行转嫁的整改成本，因此减损了本应得到的投资收益。这也不利于投资者利益的维护。

第二，众所周知，银行资金池类理财产品之所以会让外界引发“庞氏骗局”的猜想，主要原因在于银行在构建资金池和资产池对接链条中可能会存在“暗箱操作”和利益输送，继而引发理财产品的兑付风险，即理财产品不能按合同约定如期兑付投资者相应的本金和利息。为防止这种乱象出现，银监会对之加以法律监管，本无可厚非，但却以全面叫停的方式加以封杀。这种禁止性规定看似严厉，实则简单刚性，操作起来问题重重。首先，银监会在上述的通知和指导意见中并未对之做出正面的定义。而如果定义不明，则很难据此对银行的资金运作行为进行评价、约束和处罚。事实上，在实务中，银行为千方百计地维系每一个资金池理财计划的存续，其除了按照一个个科目建立相对应的资金池外，其可能还会构建一个凌驾于各个资金池之上的资金总池。而且这个资金总池往往是隐蔽和不能被直观找到的。因此，各个银行即使按照银监会的上述禁令对单个理财产品进行单独管理、单独建账和单独核算，也只能清理了看得见的资金分池，从账面上实现资金和产品的一一对应

---

① 根据中国人民银行2013年5月9日发布的《2013年第一季度货币政策执行报告》，截至2012年年底，我国存续理财产品2.1万只，资金金额高达6.7万亿元人民币。相关内容参见李丹丹：《央行警示银行资金池理财产品风险》，载《中华联合商报》2013年5月13日，第B04版。

而已。而对隐蔽的总资金池,每个银行为平衡各分池收益所需,确保本行理财业务的市场竞争力,必然不会自我动刀。因此,有学者认为银监会的一句"不得开展资金池业务"只能发挥监管表态的作用,缺乏法律规制所必需的硬度和可操作性。[①] 其次,判定资金池类理财产品是否为"庞氏骗局",不能仅看其存在发新偿旧和滚动发行的运作外观,还要检验理财资金运用的收益是否能支付理财收益。如果银行理财产品的资金主要投向于实体经济,且其投资收益足以支付理财产品收益,则不应被视为"庞氏骗局"。

总之,资金池类理财产品是商业银行为顺应利率市场化和金融脱媒趋势而自主研发的一种金融创新。对于这种金融创新,我们当然不能期望于市场自我调节,任其自由发展,但也不能因为其具有"庞氏骗局"之外观而因噎废食,采取全面封杀的简单做法。如何在两者之间寻求一种平衡,对之施以科学合理可行的监管,以引导资金池理财业务走向可持续发展的道路则是监管当局不得不要审慎思考的核心问题。

(三)立法对通道类理财业务的规范前后不一,对受托人职责要求过于严苛

与对资金池类理财产品采取一棍子打死的高压立场不同,从银监会现行的监管规章和政策来看,其对通道类理财业务的规范立场前后不一、特别是在对受托人管理职责要求方面与通道类业务的实际格格不入。首先,在是否允许商业银行和第三方机构开展通道类理财业务的问题上,银监会的监管意图含糊不清:其先在 2010 年 8 月颁发的《关于规范银信理财合作业务有关事项的通知》的第 2 条对之做了严格的禁止。[②] 而后,其又在 2014 年 12 月出台的《商业银行并表管理与监管指引的通知》第 87 条对通道类业务的定义及委托人的风险承担做了正面厘定。综合这两个监管文件,我们不难发现它们的规范立场截然相反:一个从通道(如信托公司)业务管理的角度禁止通道类业务;另一个却从商业银行业务管理角度认可了通道类业务。虽然两者规范的出发点不同,但却具有共同的指向。一个不争的事实是如果没有信托公司

---

① 参见谢鸿:《论我国商业银行资金池理财业务的法律规制》,厦门大学 2014 年硕士学位论文,第 20 页。

② 该条规定:信托公司在开展银信理财合作业务过程中,应坚持自主管理原则,严格履行项目选择、尽职调查、投资决策、后续管理等主要职责,不得开展通道类业务。

等第三方非银行金融机构作为通道配合，商业银行的通道类业务是无从谈起的。是故，同为银监会颁发的规范性文件，究竟何者效力为先？着实令人无所适从。

其次，即使我们以“新法优于旧法”原则推定后法（《商业银行并表管理与监管指引的通知》）的效力优于前法（《关于规范银信理财合作业务有关事项的通知》），从而得出银监会是允许通道类业务的存在，但现行一些监管法规和文件对受托人主动管理职责的过分强调却造成了通道类业务发展的羁绊。比如，银监会 2008 年 12 月出台的《银行与信托公司业务合作指引》第 7 条要求在银信理财合作中，“信托公司应当勤勉尽责独立处理信托事务，银行不得干预信托公司的管理行为”；第 11 条则要求“信托公司应自己履行管理职责。出现信托文件约定的特殊事由需要将部分信托事务委托他人代为处理的，信托公司应当于事前十个工作日告知银行并向监管部门报告；应自行向他人支付代理费用，对他人代为处分的行为承担责任”。前已述及，通道业务对非银行金融机构（如信托公司）而言属于被动管理，要求信托公司承担一般受托人的积极主动管理职责和禁止银行的干预显然极大限制了通道类业务的发展。这就导致现实中仅作为通道功能的信托公司为规避上述法律的限制，只能在与商业银行签订正常银信合作理财协议的同时另外借助“抽屉协议”的形式约定自己仅仅承担事务性管理的职责和地位。无疑，这种“阴阳合同”的操作方式在信托项目亏损导致理财资金不能兑付时，极易引发权责不明、原状分配或收益分配无法完全衔接或匹配等法律风险。

（四）立法对理财业务的法律关系定位与实践相悖，不利于投资者合法权益之保护

虽然银监会的上述规章和监管政策并未对理财业务的法律性质做出正面统一的界定，但从其早期 2005 年颁发的《商业银行个人理财业务管理暂行办法》第 9 条对“综合理财服务”所做的定义，即“综合理财服务，是指商业银行在向客户提供理财顾问服务的基础上，接受客户的委托和授权，按照与客户事先约定的投资计划和方式进行投资和资产管理的业务活动”的表述观

之,[①]再结合银监会负责人事后就发布《商业银行个人理财业务管理暂行办法》和《商业银行个人理财业务风险管理指引》答记者问所做的公开表态,即办法和指引明确界定了个人理财业务是建立在委托代理关系基础之上的银行服务,是商业银行向客户提供的一种个性化、综合化服务,我们不难发现,管理层将银行理财业务视为委托代理关系的意图非常明显。依照这种定位,银行理财业务可以理解为客户委托银行将理财资金投资于信托计划或者以与信托计划挂钩的方式进行的一种资产管理活动。很多银行也在其出具的理财协议中直接约定"本理财产品是受理财合同条款条件约束的如下金融产品:银行接受客户的委托和授权,按照与客户事先约定的投资计划和方式进行投资和资产管理,根据约定条件和实际投资收益情况向客户支付收益并收取管理费等费用;投资收益和投资风险由客户自行承担"。[②] 的确,从外观上看,投资者通过认购理财产品将资金委托给商业银行运作,将其视为一种委托代理关系并无大碍,但若深层次地分析银行理财业务的运作实际,我们就会发现这种简单的法律定性不仅与银行在理财业务中"受人之托,代人理财"的角色定位相去甚远,而且还不利于投资者合法权益之保护,理由在于:

首先,在委托代理关系中,代理人一般是以委托人名义从事代理行为,而银行在整个理财业务运行中则以自己的名义对外从事投资管理活动。换言之,银行运用理财资金从事投资管理亦无需获得投资者的授权。同时,银行在实际投资收益中超过投资者预期年化收益率的收益部分则以"浮动投资管理费"名义归银行而非投资者所有。[③] 这与委托合同中,受托人处理委托事务取得的财产,应当全部转交给委托人所有并不一致。此外,与委托人可随时向代理人发出终止委托协议亦不相同的是,[④]投资者一旦认购理财产品,签署理财协议,则其在产品存续期间则无权提前终止理财委托协议。

---

① 该条还进一步规定,在综合理财服务活动中,客户授权银行代表客户按照合同约定的投资方向和方式,进行投资和资产管理,投资收益与风险由客户或客户与银行按照约定方式承担。

② 《中国民生银行理财产品协议书》的定义与说明条款。

③ 以中国银行为例,其发售的所有理财说明书无不在"产品费率"一栏中载明"超过预期年化投资收益率的收益作为理财计划管理人的浮动投资管理费"。

④ 根据《中华人民共和国民法总则》第173条规定:"有下列情形之一的,委托代理终止:……(二)被代理人取消委托或者代理人辞去委托……"

其次，在委托代理关系中，代理人一般是被动依照委托人的授权和指示行事。而在理财业务中，投资者购买理财产品将理财资金交付给银行恰恰是要利用银行作为理财专家的智慧作用，即银行扮演的“受人之托，代人理财”的角色决定了其必须拥有一般代理人所不能具备的不受委托人干涉的自由裁量权，才能有效地履行主动管理的职责。也正因如此，法律在理财业务中特别要求商业银行应按照符合客户利益和风险承受能力的原则，审慎尽责地开展个人理财业务。① 相应地，很多理财协议也都无不例外重申银行应本着“恪守信用、勤勉尽责”的原则，谨慎、稳健管理和运用理财计划财产。无疑，对于委托代理关系，法律只强调委托代理人按照被代理人的委托行使代理权，并无代理人勤勉尽责方面的要求。②

再次，在委托代理关系中，委托人的财产并没有与代理人的财产或代理人管理的其他财产严格区分开来并享有独立性。具体到银行理财业务，若仅以委托代理来定位投资者与理财银行之间的关系，则理财资金可能会在银行出现破产等极端情形下遭银行债权人的追索。此外，前已述及，在通道类银行理财产品日益兴起的背景下，银行委托第三方金融机构（如通道机构）对理财资金进行投资管理已成常态。③ 虽然出于维系声誉及客户资源和避免引发群体性事件的考虑，目前银行在理财产品出现兑付危机时候往往会选择刚性兑付，为理财产品风险埋单，但这一事实既不可持续，也不能消弭现行理财产品参与各方尤其是银行和第三方金融机构责任承担不明的法律风险。进言之，在第三方金融机构未尽受托职责（如故意或重大过失）导致理财产品投资失败而出现兑付危机，且银行又放弃刚性兑付的情形下，银行理财资金亏损的风险究竟是投资者还是银行或作为通道的第三方金融机构承担呢？无疑，若以上述简单的委托代理关系论，则银行委托第三方金融机构对理财资金投资失败的风险自然一概应由作为委托人的投资者承担。显然，这对不实际参与理财资金运作管理的投资者而言并不公平。

---

① 《商业银行个人理财业务管理暂行办法》第 4 条。

② 《中华人民共和国民法总则》第 163 条和第 165 条。

③ 根据银监会 2009 年 7 月《关于进一步规范商业银行个人理财业务投资管理有关问题的通知》第 8 条，商业银行可以独立对理财资金进行投资管理，也可以委托经相关监管机构批准或认可的其他金融机构对理财资金进行投资管理。

最后,虽然前述的《商业银行并表管理与监管指引》规定作为委托人的银行应实质性承担通道业务的信用风险、流动性风险和市场风险等,但实践中银行出于强势地位,不会将承担主要风险的条款写进信托合同。而且,依《中华人民共和国信托法》(以下简称《信托法》)第30条第2款也规定:若受托人根据合同将信托事务委托第三人代理的,即使在合同中明确约定委托人或委托人指定的第三人作为责任承担主体,受托人仍然要承担严格的无过错责任。这就表明在通道类理财业务中,即使商业银行在合同中按照银监会的要求自愿承担信用风险、流动性风险和市场风险,但若依据《信托法》,作为受托人的通道机构依然要承担责任。然而,由于通道机构并未与投资者签订合同,不存在直接的法律关系,故当理财产品出现兑付不能时,投资者只能寻求银行,而银行亦可能以委托代理关系为据将责任推给投资者,如此可能会出现多方机构相互扯皮,拒绝承担兑付责任的状况,从而导致投资者受损利益陷入无法得到及时救济的困境。

以上分析表明,立法将银行理财业务的法律属性简单定位为委托代理关系并不准确,不仅与银行理财业务的运行实践相脱节,且不利于投资者合法权益之维护。

三、P2P监管法存在的问题

(一)目前P2P领域虽然确立了"3+1"专门法体系,但监管方式引发悲观的行业预期

目前我国P2P领域虽然确立了"3+1"的专门法体系,但实际上的贯彻实施是以监管部门的一系列政策性举措为先导的,其核心就是2016年银监会开始的行业整治。作为P2P行业整治的纲领性文件,银监会《P2P网络借贷风险专项整治工作实施方案》发布于2016年4月,并要求在2017年1月底之前完成P2P行业整治的四个阶段,但是直到《关于做好P2P网络借贷风险专项整治整改验收工作的通知》发布的2017年12月,整改类平台的处置仍未完成,而前述通知也在4个月后被暂缓实施,随之备案登记工作也暂时束之高阁。因此可以说,监管层2016年来对P2P全行业开展的整顿,力图将P2P领域规范化工作"毕其功于一役"的初衷无疑在现实中遭受了重大挫折,从而对P2P领域"3+1"体系的贯彻实施也增添了障碍。上述挫折的原因从

根源上说是监管层的一系列文件中所体现的“从紧”思路一时难以为市场接受,而监管层在执法上运动且又反复的风格无疑也使 P2P 行业难以对其形成稳定的政策预期,对广大从业者造成了严重心理冲击,备案登记的暂停实施甚至造成了某种悲观和无端的猜测,这中间最有代表性的就是业界对监管层可能将 P2P 备案制变更为核准制的预计,这明显对行业的健康规范的发展造成了相当不利的心理氛围。普遍认为,一旦通过重现发放牌照的形式来把住 P2P 领域的准入门槛,那么将会把大部分现存的 P2P 平台清理出行业,这样看起来贯彻了中央“守住金融安全底线”的要求,但实际上却过分牺牲了金融效率和金融创新的需求,无疑有利于那些国有平台和大型电商或金融平台的发展,而对中小金融机构来说则难言乐观,牌照管理本身也背离了 P2P 所体现的国家金融普惠化和金融体制市场化的大方向,并最终实际上将断送 P2P 行业本身。由此可见,监管思路和执法方式的不确定性已经成为 P2P 领域发展最大隐患,如何引导和稳定 P2P 从业者的政策预期,如何在具体执行“3 +1”体系过程中把握好创新与安全之间的平衡成为 P2P 领域规范化进程中最突出的问题。

(二)央地监管权力配置混乱和多元治理下协调机制匮乏是 P2P 监管的体制障碍

根据《P2P 网络借贷业务管理暂行办法》(以下简称《网贷暂行办法》)的规定,目前我国 P2P 领域实行二元监管机制主导下的多元治理模式。所谓的二元监管指的是由国务院银行业监督管理机构及其派出机构与地方人民政府共同承担起 P2P 领域的规范制定、行为监管、风险处置和监管协调的工作;而多元治理指的是在上述二元监管的指导下发挥社会力量作为重要辅助来参与 P2P 领域的规范和发展工作,这所谓的社会力量不仅包括以中国金融业协会为代表的行业自律组织的行业服务、规则制定与自律检查,还包括规范经营诚实守信的 P2P 从业者在风险内控、最佳行业实践和批评监督方面的种种作为。但上述以央地二元监管为核心的多元治理模式存在几个严重问题:首先是国务院银行业监督管理机构及其派出机构与地方人民政府之间存在隶属关系不顺位,无论在法律授权与行政管理上都存在彼此不对应的问题,此外地方政府在地方金融管理方面的职权往往是因地制宜,并未有一致和清晰的授权程序和内容,因而其与中央监管部门之间在 P2P 监管上的分权往往具有随意性,从而容易产生各式各样的权力冲突;其次是虽然说 P2P 二元监管一般指的是涉及央地金融职能部门的监管权力配置问题,但《网贷暂行办法》实际上奉行了一种“大而全”的多头监管思路,从而将与 P2P 监管相关的部门扩展到了工信部、国家互联网信息办公室和公安部等部门,这无疑大大加重了 P2P 监管协调方面的负担,如果操作不当,反而会造成 P2P 从业者法律风险的成倍增加;最后是监管思路上的不确定、执法方式上的政策性和行政监管上的“一锅粥”必然导致 P2P 行业自律角色的吃重,这同时也对众多 P2P 企业的合规经营和风险控制能力提出了严峻挑战,但值得注意的是作为收费会员制的民间组织,中国互联网金融协会在行业监管方面实际上难以摆脱会员利益的俘获,而作为行业与政府沟通的纽带,其在当前行业问题丛生同时政府监管混乱的情形下所起的治理作用较为有限,因此《网贷暂行办法》中对行业组织角色的定位目前仍处于“画饼”阶段。而依靠 P2P 企业自觉自愿的风控机制建设、批评监督与行业实践推广固然是多元治理的题中应有之义,但其难免触及“成本控制”的敏感神经,在当前“劣币驱逐良币”以及行业政策前景不明朗的情况下难堪大任。

(三)对 P2P 平台过于简单化的信息中介定位与市场实践之间存在鸿沟

监管层对于 P2P 平台定位经历了从模糊到清晰的过程,即从一般商事主体的定位到确认其为纯粹的金融信息中介,但无论是何种认识,其与我国 P2P 行业发展实践之间都存在较大的差距。从市场实践角度看,我国相当部分的 P2P 平台可以说是在从事信用中介行为,构成了我国影子银行的一个新兴种类,P2P 平台的金融属性使得其确然不属于一般商事主体,但将其仅仅限定为撮合借贷的信息中介无疑也是在监管规范与市场实践之间人为的划下了一道鸿沟。

《网贷暂行办法》对 P2P 平台的定位是直截了当的,那就是依法设立,专门从事网络借贷信息中介业务活动的金融信息中介公司,其以互联网为主要渠道,为借款人与出借人(贷款人)实现直接借贷提供信息收集、信息公布、资信评估、信息交互、借贷撮合等服务。暂行办法还为 P2P 平台的经营划出了十三条红线,以确保其严守网络信息中介的定位,把其经营严格限定在实体经济导向的普惠融资领域,并且仅以信息中介而非信用中介的角色提供融资服务。其在借贷方面的实质性的义务仅仅是对借贷双方和融资项目的信息做“必要的审核”，而此处“必要的审核”的具体内容则语焉不详，为借贷双方留下了极大的隐患，同时也为P2P平台制造了逃避责任的后门。而作为一种公信力较低且信息不对称严重的新兴金融行业，P2P平台如果不在借贷活动的关键环节如资信评估、借贷担保和风险分担方面深度介入，而仅仅是通过不成熟的第三方合作机制来补齐上述短板，其固然把自身风险降到了最低，但也把自身的经营空间和利润前景压缩到了最小，并在同时无疑放大了投资者的风险，从而难以形成对投资者的说服力，并最终封杀了行业进一步的发展空间。

当然，在监管部门对P2P平台信息中介定位不可撼动的情形下，P2P平台完全可以通过特殊股权安排或其他关联关系设定等手段将信用中介业务转移到其他关联实体经营的方式规避上述监管约束，甚至可以通过其他方式将P2P平台的信息撮合功能隐蔽化，从而避免监管上的备案乃至牌照管理的要求。可以想见，对P2P平台纯粹的信息中介定位将滋长更多的监管套利行为，其高昂的合规成本将进一步加剧P2P行业的分化，从而将背离P2P作为普惠性质金融创新的初衷。而此种监管定位和市场实践之间的错位与争议，也将在我国未来P2P监管的发展过程中长期存在。

四、第三方支付监管法存在的问题

（一）对第三方支付平台的属性定位过于简单，未能反映平台实际的运作情况

第三方支付平台的属性究竟何在？——这是一个该行业规范进程中首先应被厘定的先决问题。对此，2009年第7号文首次以官方文件将之定性为“特定非金融机构”，即为“在中华人民共和国境内从事部分或全部支付清算业务的非金融法人机构及其分支机构”。虽然2010年的《非金融机构支付服务管理办法》及其实施细则没有进一步对第三方支付平台做出正面的界定，但从这两个规章的冠名已非常清楚表明管理层仍然秉承第三方支付平台为“非金融机构”的立场。然而，在第三方支付平台实际运作过程中，其业务又与金融机构相重合，如清算结算业务、担保责任、保存沉淀资金，客户通过虚

拟账户进行理财、充值、消费、转账等。[①] 因此,截然地将第三方支付平台与金融机构分离开来并不客观。对此,学者黎四奇教授撰文反问如果第三方支付机构不属于金融的范畴,那么央行为什么要敢为人先地出台专门性的规范文件呢?[②] 笔者亦认为,既然《非金融机构支付服务管理办法》开宗明义表明其以《中国人民银行法》为上位法,[③]而在《中国人民银行法》是以银行业金融机构、金融资产管理公司、信托投资公司、财务公司、金融租赁公司以及经国务院银行业监督管理机构批准设立的其他金融机构为调整对象的情境下,[④]如果再恪守第三方平台是非金融机构,那就会"牛头不对马嘴",即出现用一个调整金融机构的上位法去指导和调整非金融机构的矛盾场面。即使人民银行在后来的《非银行支付机构网络支付业务管理办法》中将"第三方支付机构"指称为"非银行机构"的表述在外延上似乎较"非金融机构"更广,[⑤]但亦不能由此推断出现行立法改变了对"第三方支付机构为非金融机构"的属性定位。因为"非银行机构"是一个非常开放性的概念,只要不是商业银行、城市信用合作社、农村信用合作社等吸收公众存款的金融机构以及政策性银行,其他都应该一概被搁置于这一范畴中。所以,这里的"非银行机构"究竟是指"非银行的金融机构"抑或是"非金融机构"依旧含糊不清。可见,为了达到将复杂问题简单化的目的,人民银行将第三方支付平台生搬硬套地塞入"非金融机构"或"非银行机构"的大箩筐中,不仅不能自圆其说,而且也与第三方支付平台业务范围与金融机构趋同的现实趋势相悖,并不严谨和科学。

---

① 参见李莉莎:《第三方电子支付法律问题研究》,法律出版社 2014 年版,第 45 页。

② 参见黎四奇:《对钓鱼欺诈中第三方支付机构作为或不作为法律问题的思考》,载《法律科学》2012 年第 3 期。

③ 《非金融机构支付服务管理办法》第 1 条规定:"为促进支付服务市场健康发展,规范非金融机构支付服务行为,防范支付风险,保护当事人的合法权益,根据《中华人民共和国中国人民银行法》等法律法规,制定本办法。"

④ 《中国人民银行法》第 52 条规定:"本法所称银行业金融机构,是指在中华人民共和国境内设立的商业银行、城市信用合作社、农村信用合作社等吸收公众存款的金融机构以及政策性银行。在中华人民共和国境内设立的金融资产管理公司、信托投资公司、财务公司、金融租赁公司以及经国务院银行业监督管理机构批准设立的其他金融机构,适用本法对银行业金融机构的规定。"

⑤ 《非银行支付机构网络支付业务管理办法》第 2 条将"第三方支付机构"重新定义为"依法取得《支付业务许可证》,获准办理互联网支付、移动电话支付、固定电话支付、数字电视支付等网络支付业务的非银行机构"。

(二)对沉淀资金的监管规定不够周延,未能有效地反映资金的真实构成和解决资金孳息归属问题

前已述及,由于第三方支付在运营中对支付账户处理和支付指令处理存在时间差,交易双方的资金流转普遍存在延时交付和结算的情形,不可避免会在其账户沉淀下大量的交易资金。对此,虽然《非金融机构支付服务管理办法》明确了客户备付金不属于支付机构的自有财产,[①]且《支付机构客户备付金存管办法》也专门对客户备付金的存放、归集、使用、划转等存管活动等进行了规范,但这种规范并不能触及沉淀资金的全部。因为这两部立法做定义的"客户备付金"是指"支付机构为办理客户委托的支付业务而实际收到的预收待付货币资金"。[②] 从这里所强调的"实际收到"和"预收待付"这两个界定要件,我们不难发现"客户备付金"的范畴仅限于客户的在途资金(又称"交易途中资金"),即上述提及的客户下单后为保证交易的安全性,在收货和验货之前暂时转付给第三方支付平台账户以准备待付的货款。然而,从沉淀资金形成与来源角度看,其除了客户的在途资金之外,还会有客户平时存放的剩余资金(又称"账户余额"),即有些客户为避免频繁将资金从传统银行账户转至第三方平台账户操作而提前向第三方平台账户充值的超过交易货款的那部分剩余款项。无疑,这些剩余资金也构成沉淀资金的一个重要来源。然而,这些剩余资金因不被列入客户备付金,平台对其存放、归集、使用、划转等存管活动可不受上述有关调整客户备付金监管规章的约束,故而极易与平台自身的营运资金相混淆,存在被平台挪用的风险。事实上,除了对上述账户余额资金存在监管疏漏,人民银行对沉淀资金的归属及其利息分配问题的规定也一直模棱两可,并不明确。比如,《支付机构客户备付金存管办法》仅仅要求所有备付金银行账户利息总额应按一定比例计提成风险准备金,并强调支付机构开立备付金收付账户的合作银行少于4家(含)时,计提比例为10%,但对剩下没有被计提的90%备付金银行账户利息应如何处置却没有下文。虽然现行立法强调备付金不属于第三方支付机构,但由于其不是以客户本人名义存放在银行,而是以支付机构名义存放在银行,这就导致

---

① 《非金融机构支付服务管理办法》第24条。

② 《支付机构客户备付金存管办法》第2条。

实践中，计提风险准备金后的备付金银行账户利息都被划转到第三方支付平台的自有资金账户。不难想象，以全国近 300 家第三方支付平台计，我国每年汇总的沉淀资金总额及活期利息，都将是一个庞大的资金"水库"。以 2013 年为例，根据 2014 年 5 月 23 日国家邮政局发展与研究中心与德勤联合发布的报告，我国网络零售总额 1.84 万亿元。如果按照平均 5 天交易周期和活期存款储蓄利率计算，来自网购的备付金利息收入就高达 8822 万元。① 是故，在现行立法没有对这些庞大资金利息的归属做出明确规定情形下，加之目前大部分备付金在银行所开的管理账户属于集合账户性质，并没有针对具体客户的明细分类账，即使一味强调支付机构接收的客户备付金必须全额缴存至支付机构在备付金银行开立的备付金专用存款账户，②但平台仍然可以通过伪造交易等手段规避监管，进而获取对这些利息收入连同备付金一定程度的支配权和使用权。如此，很容易诱发支付平台为变相挪用和赚取利息收入而一味通过扩大客户备付金规模赚取利息收入，从而偏离了提供支付服务的主业。至于人民银行 2017 年 1 月 13 日发布新规禁止对备用金存款账户不计付利息的做法更是一种令人诟病的"鸵鸟政策"，③此做法看似暂时平息了各方对沉淀资金利息收入的分配权之争，但这种治标不治本的举措依旧没有从根本上解决利息收入的归属问题。

（三）对平台安全技术标准的监管要求不够清晰和严格，难以从技术层面有效防范平台业务的运营风险

与主要通过专网链接的银行间支付系统相比，第三方支付平台依托公用网络，安全环境相对较差。因此，一旦缺乏相应的"防火墙"技术措施，平台很容易遭到外部的木马、病毒、钓鱼欺诈及黑客袭击等而出现漏洞、崩盘或客户信息被泄露、资金被盗等危害事件的发生。因此，从技术层面对第三方平台提出严格的标准要求，这不仅是确保交易双方网上远程支付结算安全进行

---

① 数据来源：劳佳迪：《支付宝换银行惊爆备付金收益秘密》，载《中国经济周刊》2014 年 6 月 3 日。

② 《支付机构客户备付金存管办法》第 3 条。

③ 2017 年 1 月 13 日人民银行发布《关于实施支付机构客户备付金集中存管有关事项的通知》，其第 1 条规定："支付机构应将客户备付金按照一定比例交存至指定机构专用存款账户，该账户资金暂不计付利息。"

的应有之义，而且攸关客户合法权益的维护和第三方支付产业的持续健康发展。然而反观我国现行的监管立法，对第三方支付平台安全技术标准的重视程度不够。以《非金融机构支付服务管理办法》为例，比如其在市场准入方面并没有将技术标准列为《支付业务许可证》申请人的必备条件，而只要求申请人向所在地的人民银行分支机构提供技术安全检测的认证证明。① 然而，这种认证证明是否足以使得平台具备第32条所要求的"确保支付指令完整性、一致性和不可抵赖性，支付业务处理的及时性、准确性和支付业务的安全性"的技术手段则不得而知。② 而且，平台准入后若被发现其无法具备上述的安全技术手段，监管当局应对之作何处置也不得而知。再以《非银行支付机构网络支付业务管理办法》为例，虽然其对平台提出了"相关系统设施和技术，应当持续符合国家、金融行业标准和相关信息安全管理要求"，但笔者认为这种要求仍不够清晰，因为"三会"制定的金融行业信息安全标准各异，作为非金融机构的平台究竟应符合何种标准着实令人难以适从。③ 而且，即使平台"未符合相关标准和要求，或者尚未形成国家、金融行业标准"，上述立法并没有对之加以取缔或责令其形成国家、金融行业标准，而只是要求"支付机构应当无条件全额承担客户直接风险损失的先行赔付责任"。显然，这种不将技术因素作为准入的必要条件，企图以事后对平台课以赔偿责任的方式督促平台提高技术安全水平的做法无异于隔靴搔痒，效果甚微。

五、私募股权基金监管法存在的问题

作为我国首部关于私募股权基金的专门性监管立法，《私募投资基金监督管理暂行办法》及其配套的自律规章极大地填补了我国私募股权基金监管

---

① 《非金融机构支付服务管理办法》第8条和第11条之规定。

② 《非金融机构支付服务管理办法》第32条规定，支付机构应当具备必要的技术手段，确保支付指令的完整性、一致性和不可抵赖性，支付业务处理的及时性、准确性和支付业务的安全性；具备灾难恢复处理能力和应急处理能力，确保支付业务的连续性。

③ 比如，在银行业领域有银监会2006年10月20日颁发的《商业银行合规风险管理指引》、2006年8月7日颁发的《银行业金融机构信息系统风险管理指引》，在证券业领域，有证监会2013年9月24日颁发的《证券期货业信息安全保障管理办法》；在保险业领域，有保监会2011年11月16日颁发的《保险公司信息系统安全管理指引（试行）》。

立法的空白,为我国私募股权基金今后的持续健康发展奠定了法律基础。然而笔者认为,现行的监管立法层次较低且多具有探索性,对私募股权基金监管的特殊性关注不够,在一些规定上仍存在以下诸多不足之处,尚待进一步的完善与细化:

(一)对私募股权基金管理人市场准入门槛的要求过低,相关规定模糊

众所周知,基金管理人是维系基金组织的中枢,在投资基金中扮演着最为核心和关键的角色。因为基金资产能否真正实现保值、增值,基金预期的投资目标能否成功实现,完全倚仗于基金管理人对基金资产的管理和运用。可以说,基金管理人管理和运用基金资产的行为主宰着基金的命运,也直接决定着基金持有人对基金的投资热情和信心。[①] 因此,无论是对公募或私募基金,各国或地区的基金立法无不对基金管理人提出相应的任职资格要求。而反观我国的基金立法,其对私募基金管理人的市场准入几乎不设门槛,只要求其从业人员具备私募基金从业资格和高管人员最近三年没有重大失信记录及未被证监会采取市场禁入措施,而对其净资产状况、债务状况及从业人员是否有经济类犯罪记录等均无提及,[②]与对公募基金管理人严格的市场准入要求形成鲜明的对比。[③] 笔者认为,虽然私募股权基金面向的是合格投资者,但其与基金管理人之间的失衡现象同样严重:一边是动辄上亿元的巨额基金资本,另一边是个人资产微薄的基金管理人,代理成本问题(逆向选择和道德风险)突出,即使有些私募基金管理人承担无限连带责任(如有限合伙型私募股权基金),但若不对其事先设置一定的财产门槛,一旦发生债务纠纷,债权人希望作为普通合伙人的基金管理人承担无限责任可能是水中捞月。更何况前已述及,一些私募股权基金在特定情形下亦可能形成系统性风险。故在我国目前尚未建立起完善的全社会信用体系下,立法在强调“设立私募基金管理机构和发行私募基金不设行政审批”的同时应有必要提高基金

---

① 参见陈斌彬:《证券投资基金管理人不当行为的法律规制》,厦门大学出版社2009年版,第56页。

② 《私募投资基金管理人登记和基金备案方法(试行)》第16条和第17条之规定。

③ 《中华人民共和国证券投资基金法》第13条和第15条分别从组织和人员两个方面对基金管理人的任职资格作了严格限制。

管理人登记备案的前置条件,增加类似净资产、资历等方面的要求。然而,遗憾的是立法却采用了避重就轻的做法,规定基金业协会的登记备案只是形式上的备案,不做实质审查,不能为基金财产安全性做担保。① 这势必会在实践中造成市场失灵风险的监管困境。此外,立法对于自然人是否可以作为私募基金管理人及其作为基金管理人需要满足怎样的条件并无涉及,令人拿捏不定。② 因为根据《合伙企业法》,自然人和普通的法人均可成为普通合伙人,所以可以推知作为有限合伙型私募股权基金的管理人除了法人和合伙企业外,也应可以为自然人。还有,立法要求私募基金的合格投资者应具备相应风险识别能力和风险承担能力,这到底应如何判定?标准是什么?其同样未做出相应的说明。这些都有待现行立法进一步加以澄清。

(二)对私募股权基金信息披露的规制过分倚靠于基金合同,容易被规避或陷于无效

私募基金虽然无须像公募基金那样进行公开的信息披露,但其对投资者的信息披露义务仍是不可缺少的,这是因为投资者投资基金本质上是依赖基金提供的信息所作的一种商业判断。私募基金唯有准确、完整、准时和真实地向投资者披露相关的信息,才能真正保证投资者进行正确的投资判断。《私募投资基金监督管理暂行办法》虽然注意到私募基金信息披露的重要性,并在第24条对基金管理人和基金托管人的信息披露义务作了专门的要求,但这种信息披露的要求却以"按照合同约定"为前提。这就意味着若私募基金发起人在发售基金合同中没有约定信息披露条款,则基金管理人就可以无须"向投资者披露基金投资、资产负债、投资收益分配、基金承担的费用和业绩报酬、可能存在的利益冲突情况以及可能影响投资者合法权益的其他重大信息"。然而,基金合同是一种由基金管理人在发起成立基金时就单方面已经负责起草的格式契约,投资者只有通过购买基金单位完成资金交付后才能成为真正意义上的基金持有人,并且投资者在成为基金持有人的同时也就意味着其已无条件地接受基金合同,对基金合同根本没有任何讨价还价的

---

① 《私募投资基金监督管理暂行办法》第9条之规定。

② 虽然《中华人民共和国证券投资基金法》第12条规定"基金管理人由依法设立的公司或者合伙企业担任",排除了自然人充当基金管理人的可能性。但是,该条规定的适用对象是公募或私募的证券投资基金,并不适用于私募的股权投资基金。

余地。[①] 进言之,基金管理人利用单方面起草基金合同的优势地位减少其本应有的信息披露义务并非不可能。是故,基金合同天生形成的缺陷注定了立法对私募股权基金信息披露的规制条款容易被规避而陷于无效。

（三）对违法者缺乏相应的责任承担和惩罚机制,约束力形同虚设

比如,《私募投资基金监督管理暂行办法》为弥补《证券投资基金法》第87条规定的漏洞,[②]规定应当对最终投资者的资质进行穿透核查、对投资者人数进行合并计算。但是,具体如何“穿透核查”与“合并计算”不仅并未言明,而且对违反此项规定的行为并未设置相应的责任机制。实践中,经常出现许多资金实力有限的一般投资者利用法律漏洞,将多人的资金汇总交给同一个人,由其开立一个账户作为一个投资者而参与到有限合伙私募股权基金当中,这种隐性“合同”规避了人数和资产规模的限制,极容易造成抗风险能力弱的投资者参与并形成非法集资。再如,《私募投资基金监督管理暂行办法》第11条虽强调私募基金应向合格投资者募集,但对发行人向非合格投资者募集的却没有提出具体罚则,而仅在第18条要求填写虚假信息或者提供虚假承诺文件的投资者“承担相应责任”。这种本末倒置的责任配置无疑会纵容私募基金发行人的越界私募,弱化合格投资者的制度功效。[③]

此外,立法的一些规定失之过严。比如,立法对私募基金“不得通过报刊、电台、电视、互联网等公众传播媒体或者讲座、报告会、分析会和布告、传单、手机短信、微信、博客和电子邮件等方式,向不特定对象宣传推介”的规定被业界普遍认为失之过严。因为“不特定对象”中既可能为一般投资者,也可能为合格投资者,如此“一刀切”的禁止极易将潜在的合格投资者排除在外,人为地缩小私募对象的范畴和增加私募融资的障碍。[④]

---

① 参见陈斌彬:《证券投资基金管理人不当行为的法律规制》,厦门大学出版社2009年版,第32~33页。

② 《中华人民共和国证券投资基金法》第87条规定,非公开募集基金应当向合格投资者募集,合格投资者累计不得超过二百人。

③ 参见陈斌彬:《美国证券私募豁免规制及其镜鉴》,载《国际经济法学刊》2016年第2期。

④ 《私募投资基金监督管理暂行办法》第14条。

六、信贷资产证券化监管法存在的问题

我国信贷资产证券化固然已经小心翼翼地迈开了市场化的第一步,但是在立法、监管、市场体系和具体制度细节上仍留有诸多瑕疵,立法与监管者在安全与效率之间仍在做着双方平衡的算术题,但总体而言其态度仍较为保守与迟滞,其对信贷资产证券化的进一步发展构成了制度上的阻碍。

(一)我国信贷资产证券化相关法律规定的内容仍有较大欠缺

首先是立法问题,虽然由于我国信贷资产证券化主要采取信托与证券的运作模式,从而信托法和证券法也成为与我国信贷资产证券化的运作关联最密切的一般性上位法,但当前信托法在信托财产所有权归属方面存在一定缺陷,从字面上看信托财产并未真正独立于委托人,这使以信托架构为基础的资产证券化运营存在根本性的问题,由于我国信托法中信托财产的独立性不足,从而信托财产的债权物权化处理、无因性转换和流动性生成自然也存在相应的问题,相应的一系列配套制度也难以展开。

另外,信贷资产证券化制度的本意是将信贷资产的最终形式即信托收益凭证定位为证券法所谓的股票和债券之外的其他类型证券,从而适用于我国证券法法律法规体系,这将大大有利于信托受益凭证的市场化进程和投资者保护的开展,而将信托受益凭证确立为证券也和大多数国家的主流做法相一致,但目前来看,虽然《信贷资产证券化试点管理办法》(以下简称《信资管理办法》)将其描述为全国银行间债券市场上发行和交易并代表信托受益权份额的某种金融产品,但仍对其法律性质避而不谈,这无疑为其适用证券法律规范制造了障碍。

除信托法和证券法之外,信贷资产证券化所涉及的一般性上位法还包括合同法和担保法等,就合同法而言,如在信贷资产转让阶段必然涉及对基础资产债务人的通知问题,但在资产证券化操作中如果严格履行合同法中的债权转让通知义务则完全不具可行性,而《信资管理办法》又并非合同法的特别法,因此实践中就造成了不同效力等级的法律存在冲突而导致难以适从的问题。就担保法而言,虽然担保物权作为从属权利一般在主债权转让时一并移转,但我国担保物权登记制度的缺失和某些具有特殊限定性担保物权的存在阻碍了担保物权的流转,从而也对信贷资产的完全转让和证券化流转设置

了难题。①

从专门性规范的角度而言，对我国信贷资产证券化的规范起到“根本大法”作用的仍是中国人民银行和中国银行业监督管理委员会联合制定的《信资管理办法》，而信托资产证券化在准入和运营中其他更为细节的内容则是通过央行和银监会的各类部门规章予以规范，由此可见，我国信贷资产证券化专门立法的效力层级仍处于部级层次，缺乏真正意义上的国家立法，难以对信贷资产证券化市场的发展提供法律权威的支撑，从而成为我国信贷资产证券化领域一个亟待解决并存在根本意义的制度建设问题。

（二）我国信贷资产证券化的监管体制滞后于市场实践的发展

当然，除了一般和专门性立法的上述不足外，我国信贷资产证券化的监管框架与市场实践之间也有相当的不匹配，目前我国信贷资产证券化的监管机构主要是央行和银监会。其因在于传统上信贷资产证券化的基础资产主要是经过出表处理的银行信贷资产（其中主要是对工商企业的贷款），以商业银行和信托公司为参与主体，而其发行和流通的市场也主要是银行间债券市场。但随着近年来特别是2014年推行备案制以来，信贷资产证券化的格局从基础资产、参与主体到产品种类都发生了巨大的变化，就基础资产而言其类型不断扩展，包括了不良资产、消费贷款、个人住房抵押贷款、汽车贷款、租赁债权和公积金贷款等；就参与主体而言，新晋参与信贷资产证券化业务的主体包括股份制银行、城市商业银行、农商行、汽车金融公司、资产管理公司、金融租赁公司和财务公司等；就产品种类而言，从传统的ABS和MBS，到新兴的更加细化的CDO、CLO、RMBS和CMBS，信贷资产证券化的运作日益复杂，业务链条不断扩展、积聚风险日渐升高且跨界发展倾向也愈益明显；就交易市场而言，虽然仍以银行间债券市场为主体，但已经有不少信贷资产证券化产品已尝试在交易所上市，如2014年在上交所发行上市的平安银行1号小额消费贷款资产支持证券即为一个典型样本。②

以上种种说明，信贷资产证券化的分业监管架构亟须更新，亟须从功能

---

① 参见李文莉、魏晟：《信贷资产证券化法理基础与法律控制——以不良资产处置为视角》，载《法律适用》2017年第13期。

② 参见《中国经济信息》综合报道：《ABS产品的坎坷上市路》，载《中国经济信息》2014年第13期。

而非机构的视角来看待信贷资产证券化，而当前存在的大量监管冲突或监管缺位的问题也从侧面说明了信贷资产证券化的原有监管架构已经难以适应行业的新发展。此外，随着投资者主体的不断多元化，对信贷资产证券化的行为监管需求也凸显出来，虽然投资信贷资产证券化产品的投资者属于机构投资者范畴，有别于典型意义上的金融消费者，但信贷资产证券化交易中同样也存在因发起人或发行人与投资者之间的信息不对称而导致的道德风险、信用风险以及其他有损公平公正的交易风险，因此对信贷资产证券化发起人与证券化产品发行人加以行为监管，约束其履行公平交易的义务，是信贷资产证券化的题中应有之义。但总体而言我国“内双峰”模式的行为监管仍在分业监管框架内艰难生长，而直接约束信贷资产证券化发起人或证券化产品发行方的行为监管规范更是处于完全空白的阶段，因此随着信贷资产证券化风险事件的陆续发生，信贷资产证券化的行为监管构建必然成为一个严重而迫切的问题。

（三）我国信贷资产证券化的核心制度亟待完善

在立法与监管问题之外，信贷资产证券化中的某些核心制度仍存在一定争议或尚待完善，其实信贷资产证券化最核心的环节就是信贷资产证券化发起人将基础资产转让给受托人，这是结构化改造和流动性转换的前提和基础，只有“真实销售”才能实现“风险隔离”，而恰恰是在这个关键环节，我国当前还存在着许多的制度漏洞，这起码包括以下三个方面：一是受制于我国信托法对委托人控制权的诸项规定，我国信托模式下的信贷资产受托人对基础信贷资产的处置权有限，其所受让的更大程度上只是所有权能中的收益权，而对受让信贷资产的管理、处置乃至诉讼权利都受到各种各样的法律限制，在上述种种约束下，严格意义上的“真实销售”在中国语境下无疑大打折扣，效力成疑。二是由于我国缺乏真正意义上的信托登记制度，无法保障本意为“物权化”的受托信贷资产在交易中的规范流转，这使得所谓的“真实销售”行为难以获得具有公信力的制度保障，难以做到真正意义上的基础资产与证券化产品的风险隔离，从而也增加了嗣后证券化产品的法律风险。三是舶来的“真实销售”概念还需面临与我国基本经济制度的磨合，由于证券化的信贷资产主要来自我国国有银行与政策性银行，因此从严格意义上说，其应属于国有资产范畴，因此在转让过程中如何正确设定折扣率，从而防止国有资产流失成为了一个关键的问题，特别是在不良资产证券化的操作中，如何从制度层面防止其中的不当折价行为尤为突出。

除了真实销售存在的种种问题外，我国信贷资产证券化的另一个关键问题是风险控制的问题，而信贷资产证券化的主要风险来自发行人与受托人，这包括经营上的破产风险和信息不对成下的道德风险。就前者而言，虽然根据我国当前信托法律规范的规定，信贷资产证券化的载体即特定目的信托（SPV）在某种程度上能够实现与基础资产受托人和信贷资产证券化发起人的破产风险隔离，但破产风险隔离前提是真实销售，而如果真实销售存在瑕疵，则破产风险隔离的真实效果自然有待观察。随着我国信贷资产证券化的发展和准入的放宽，仅仅允许具有国企或银行背景的信托公司作为受托人是不太现实的，从而破产事件的发生将会愈发频繁，而我国当前信托制度下的SPV是否能免于因多元主体参与而产生的法律风险则尚难断言。更值得一提的是，随着信贷资产证券化模式的日益复杂，长远而言，信托型SPV必将逐步让位于公司型SPV，这是多元化基础资产以及高度复杂金融技术应用于证券化产品带来的必然趋势，公司型SPV灵活的交易结构和更高的经济效率在长期看将逐渐取代信托型SPV，而由此产生的破产风险隔离问题则需学界和政府监管部门加以预判。除了破产风险隔离的问题，防范道德风险的问题在信贷资产证券化中也极为突出，其核心制度就是风险自留，也就通过发起人持有一定比例的资产支持证券来控制发起人的道德风险行为，目前我国信贷资产证券化的风险自留已经从原有的水平自留改为现行的垂直自留，垂直自留虽然减少了发起人风险，提高其操作资产证券化的灵活度，但垂直自留同样存在问题，如只将风险自留的主体圈定为发起人，而实际上在信贷资产证券化流程中，受托人即信托公司在信贷资产证券化运行中处于中心位置，其不但负责SPV的组建和资产支持证券的发行，还是受让与管理基础资产，可以说受托人往往处于信贷资产证券化各方中信息强势最为明显的一方，而且随着信贷资产证券化的发展，受托人往往可以对多个委托人的不同类型基础资产进行“混合”证券化操作，因此受托人的信息优势与道德风险必将更为显著，如不通过风险自留的举措加以约束必然带来难以测度的后果。此外，风险自留的方式亟须改革，无论是水平自留和垂直自留都存在适用上的刚性，前者对最低档次资产支持证券的保留无疑增加了发起人的风险敞口,削弱了其参与信贷资产证券化的积极性,而后者对各个档次资产支持证券的平均保留无疑缩小了发起人的风险敞口,但由于发起人的风险水平降低至市场平均水平,使其具有道德风险的行为难以受到有效约束,因此对风险自留规定的进一步细化成为信贷资产证券化今后发展的必然方向。

七、其他影子银行监管法存在的问题:以融资性担保和小额贷款公司为例

(一)融资担保公司法律监管之问题

随着《融担条例》及其配套制度,还有相关地方法规的逐步出台,我国融资担保业规范体系的"骨干"似乎已经初步浇注成型,但其中也存在不少的问题,择其要言之,包括以下几个重要方面。

1. 如何正确的定位融资担保机构:准公共抑或商业性金融机构?

首先是对融资担保及其相关机构的根本定位问题,目前无论从2015年国务院发布的《国务院关于促进融资担保行业加快发展的意见》(以下简称《融担意见》),《融担条例》还是从各级监管部门的政策取向上看,对融资担保的定位都是一种具有普惠性质的准公共产品,正如《融担意见》所表述的,我国的融资担保体系指导思想是:"以缓解小微企业和'三农'融资难融资贵为导向,以大力发展政府支持的融资担保和再担保机构为基础。"在明确融资担保是准公共性质普惠金融的同时,监管层在具体实践中对融资担保机构的定位是由地方金融监管部门施以牌照管理,并在本质上属于普通商事组织的类金融机构,其主要职能是在政府主导的银担模式下完成对普惠群体的某种金融供给。

而在实践中融资担保公司以一种"类金融"的身份去提供准公共的金融产品造就了某种自相矛盾和无所适从的情境。一方面恪守提供准公共产品的类金融机构定位,将业务领域局限于银担合作业务模式,则融资担保公司难以摆脱将自身发展附属于正规金融机构的困境,最终会造成融资担保机构的无利可图,行业发展被窒息的前景;另一方面如果融资担保公司尝试突破银保模式而在民保模式中进行多元化运营,以法不禁止即为允许的态度打"类金融"的擦边球,那么则有可能触及我国非法集资的红线,我国当前实践中融资担保公司为生存计,大量以民间借贷担保的名义走钢丝,试图创新出

可持续的发展模式,但迄今仍难以成型,再加上互联网金融与融资担保的晚近以来的深度融合,融资担保行业的现状可谓雷声不断,隐患重重。

2. 政策性融资担保的顶层设计存在矛盾,可持续性存疑

目前我国融资担保业的国家顶层设计体现在 2015 年 8 月国务院提出的《关于促进融资担保行业加快发展的意见》(以下简称《融担促进意见》)中,在《融担促进意见》中,确立了融资担保的本质是普惠金融,而政策性融资担保是我国融资担保行业主力军,并将政银担合作机制作为我国融资担保运行的基本模式,而国家再担保基金和省级再担保机构网络作为政策性融资担保体系的最后救济途径。结合《融担促进意见》与前文述及的安徽与山东等地方融资担保实践的情况来看,政策性融资担保风险偏好明显较低,在实际运作的各个环节严重地依赖政府资源,虽然融资担保公司在政策性融资担保中的风险承担比例明显低于商业性融资担保,但无疑其也在业务范围和经营利润方面受到极大限制,因此积极性较为有限,当然与商业性融资担保的困境相比,政策性融资担保的优势在于商业风险和法律风险较低,但将其作为融资担保行业主力则必然导致融资担保业的整体可持续存疑。

目前就法律规范而言,政策性融资担保的问题存在以下两方面:一方面,从理想情况而言,政策性融资担保应与商业性融资担保在法律上做清晰划分,形成各自的业务边界,职能定位和监管规范,通过各行其道而又相辅相成的方式共同做大融资担保业的市场蛋糕。但目前《融担条例》中对政策性融资担保的相关规范仅仅简单规定为“由国务院财政部门制定”,而财政部也仅仅在农业信贷担保、创业贷款财政贴息和中小融资担保机构税收优惠等方面制定了一些优惠政策,但始终对政策性融资担保在准入、经营方面的基本问题语焉不详,此外《融担条例》与《融担促进意见》中对政策性融资担保和商业性融资担保的地位存在意见冲突,《融担促进意见》对政策性融资担保的主流定位未能在《融担条例》中得到恰当的反映,这就使融资担保行业发展路线图指向不明甚至相互冲突。另一方面,政策性融资担保各个环节都存在政策意味浓厚而法律规范细节缺失的问题,无论是中央与地方都完全是政府“搭台又唱戏”的模式,而从法律角度看却处于某种“裸奔”的状态。以政策性融资担保各环节中政府介入最深的再担保业务而论,有学者指出再担保行业规范仍属空白,法律概念和运作规则亦不明确,而与再担保相关的其他

重大问题也未厘清，这典型反映了政策性融资担保的法制建设现状，再以政策性融资担保的主流模式即政银担合作模式来看，政银担之间的相互关系和各自权利义务也未得到法律的界定，①因此在实践中几乎都是服从于政府一方的行政干预和主导，难以发挥银担双方的主动性。

3. 融资担保的民保模式存在较大法律风险

融资担保除了以银行商业性贷款债权为担保对象的银担合作和以政府支持普惠贷款债权为担保对象的政银担模式外，还有一种所谓的民保模式，也就是对民间借贷债权的融资担保，其债权人是除银行之外的其他法人、自然人和社会组织。民保业务是融资担保最具创新的部分，也很可能是融资担保业未来主要的利润增长点，但同时也成为融资担保行业最为敏感和潜伏风险最多的部分。具体来说，民保模式就是融资担保公司为民间借贷关系中的融资方提供融资担保，确保民间借贷中的债权人实现债权，并督促债务人履行债务。

民保业务被奉为样板的模式是所谓的"郑州模式"，在"郑州模式"中融资双方实行借款用途披露下的一对一借贷，交易现场公证，资金在双方间直接交付，融资担保公司收取担保费为融资提供担保。一目了然的是，以郑州模式为代表的民保模式相对于银保模式而言，其优势在于融资担保公司不必再因附属于银行等金融机构而压缩自身的担保费率空间，从而为自己开辟出更高的利润上升空间。但郑州模式劣势在于融资担保公司必须完全承担风控压力，且融资担保公司所面对的民间借贷风险也远大于银行借贷，在此情形下郑州模式将融资担保公司严格限定于以自有资金为民间生产经营贷款提供信息与担保服务，防止融资担保公司从"类金融"跨界到"金融"领域。②

从法律角度看，上述民保模式的挑战主要在两方面：一是民保模式下融资担保公司容易出现非法集资、超额担保或其他越界行为，各地也陆续开展了大规模的整治，但问题在于仅仅通过监管部门的运动式治理乃至"非法集资"罪名的刑事威慑是难以在根本上解决问题的，融资担保公司在民保业务

---

① 参见邢颂：《融资担保业的改革转型》，载《银行家》2017 年第 1 期。

② 参见马永祥：《融资担保公司非法集资活动规制研究——兼评国务院〈融资担保公司监督管理条例〉》，载《学习论坛》2018 年第 3 期。

中不时突破一对一，不摸钱和透明度原则从而游走于法律边缘的主要原因在于民间资金需求和合规融资渠道的缺乏，在于《融担条例》所规定的职能定位、运营模式与合规要求在某种程度上牺牲了融资担保的行业效率和企业利润，也侧面反映了具有正当性的民间金融一直在我国难以得到合理规范的现状，如果不从行政监管或刑事规则如非法集资罪中开辟出某些安全港空间，则法律与现实之间的冲突难以长久消弭而必将愈演愈烈。二是民保模式下融资担保公司的业务活动容易出现与其他民间影子银行子系统瓜蔓攀延，递相联结的倾向，这无疑大大增加了发生系统性金融风险的可能性。当前来看，与融资担保公司结合最为紧密的业态是互联网金融，特别是 P2P 网贷公司。当 P2P 网贷公司引入融资担保公司以加强对相关 P2P 债权的担保时，P2P 网贷的债权批量转让和资金池模式使其难以保证融资担保的对象是主体一对一的民间借贷，此外由于 P2P 网贷与融资担保公司之间的协议细节不属于强制信息披露的范畴，因此无疑构成了一种双重的信息不透明。而随着近年来包括 P2P 平台在内的各类互联网金融风险事件频发，人们已经越来越清楚地认识到，P2P 网贷与融资担保公司的业务勾连实际上大大提升了各自的风险水平，也指数级地提高了系统性金融风险发生的可能性，一旦危机莅临则将要发生业务全链条的爆仓，如何从审慎和行为监管视角恰当规制融资担保公司在互联网金融背景下民保业务的风险成为目前刻不容缓的重大课题。

(二) 小额贷款公司监管法律存在的问题

近年来，我国小额贷款公司得到快速发展，但迄今小贷领域的法律和监管仍问题重重，一是小额贷款公司的法律身份及其发展路径问题仍然待解；二是小额贷款公司的制度逻辑和监管体系相对混乱，如何理顺还需斟酌；三是小额贷款公司的风险问题较为突出，而风控机制和相关法律规范有待成型。

1. 确立小额贷款公司的金融机构属性仍存在诸多问题与争议

从我国金融体系的大趋势和行业自身发展的规律上来看，小额贷款公司未来的发展大方向是确然无疑的，那就是确立其金融机构的根本属性。就当前来看，虽则被明文定性为具有信用中介功能的贷款组织，但小额贷款公司从严格的法律意义上说仍是普通商事主体，除了针对若干特殊类型小额贷款的优惠政策，小额贷款公司在实践中几乎难以享受金融机构在财税、融资、同业市场方面的应有待遇，甚至与被匡定为类金融组织的融资担保机构相比也颇有不如。以融资为例，根据《融资担保公司监督管理条例》的规定，融资担保公司杠杆率可以达到净资产的10倍或15倍，而《融担促进意见》却规定小额贷款公司杠杆率必须在1.5倍以下，此外与一般金融机构相比，小额贷款公司更是处于全面的制度排斥处境中，包括放贷成本和税费负担等关键环节，①因此，从法律上尽快确立小额贷款公司的金融机构属性似乎成为当务之急。

目前监管层虽然对小额贷款公司在法律属性上的根本缺陷有所认知，但其仍采取较为保守的解决方案，即在回避小额贷款公司法律属性改变的前提下，引导部分实力雄厚的小额贷款公司升级成为村镇银行，②村镇银行不仅将改变小额贷款公司"只贷不存"的特点，而且能将小额贷款公司自身特点能与商业银行的制度优势相结合，从而更好地解决农村地区和小微企业金融获得困难的问题。村镇银行方案固然看上去很美，但实际上不足以形成对绝大多数小额贷款公司的发起激励，原因一方面是因为目前我国村镇银行准入方面仍实行以银行业金融机构为主发起人的制度，银行业金融机构将成为转制后村镇银行的实际控制方，丧失控股权的前景无疑是许多小额贷款公司难以接受的；另一方面是村镇银行虽然看似解决了小额贷款公司身份定位方面的尴尬，但同样引入了银行监管方面的条条框框，这使小额贷款公司在转制后实际上更少了更多的经营自由，这当然也促使小额贷款公司流于形式。

当然除了村镇银行方案外，更为激进的一种方案是将小额贷款公司定性为某种全新的金融机构类型即非存款类放贷组织，并通过专门立法如放贷组织条例对其加以全面规定，从而将小额贷款公司正式纳入金融机构范畴，迈出民间金融阳光化的一个重要步骤。上述放贷组织方案实际上在近年来已经为学界和监管部门所反复斟酌酝酿，而相关的放贷组织条例也已经列入国务院立法工作计划中，并处于征求意见阶段，但在目前金融去杠杆和严防系统性风险的政策大背景下，其具体内容、出台时间和实施效果仍有

---

① 参见邵潇猷：《基于普惠金融视角的小额贷款公司可持续发展研究》，载《经济师》2018年第5期。

② 《小额贷款公司改制设立村镇银行暂行规定》第3条，银监发〔2009〕第48号令。

待观察。

2. 小贷制度发展的历史错误及央地相关监管目标的冲突

与一般金融机构乃至类金融机构的商业属性不同，我国小额贷款制度从开始到现在都是以实现农村普惠金融为目的，其宗旨是为了“引导资金流向农村和欠发达地区，改善农村地区金融服务，促进农业、农民和农村经济发展，支持社会主义新农村建设”，①其逻辑是改善我国二元金融体制下农村金融抑制严重的问题，从而实现我国社会主义金融应有的促进社会公平与福利的功能。上述立法者的初衷与小额信贷的历史渊源一脉相承，也与相关的国际实践比较一致，但在制度演变的过程中，我国的小额贷款逐步脱离了支农普惠的初衷，将小额贷款纳入原有的国有金融资本或商业资本的业务体系，使得小额贷款业务成为金融机构在国家强制安排下的鸡肋业务或是商业资本利用监管失序而追求最大利润的新兴利基。此外相对“懒政”和外行的地方监管部门出于对金融风险问责的恐惧以及对中央监管初衷的误解，而对小额贷款在地方层面实施了叠床架屋式的监管升级，从而更加重了小额贷款公司的合规成本，并不当干预了小额贷款公司的经营自由，使其对服务本就利润微薄的涉农客户时越来越兴趣寥寥，并滋生了小额贷款公司追求诸如网络小贷和现金贷等少监管或弱监管业务的动力，从而适得其反的放大了全社会的金融风险。更有甚者，某些金融实体在非持牌的情形下完全经营与小额贷款公司相类似的业务，从而完全规避了现行小额贷款公司监管机制，在法律上仅可归类为普通民间借贷，但从侧面挤压了合规小额贷款公司的生存空间。

应该说，从小额贷款制度的上述演变来看，如果不重新定位小额贷款公司的作为放贷组织的法律地位以及通过一系列引导措施使其回归到支农本位，那么小额贷款公司发展路径上的这种“历史性错误”将会愈演愈烈。此外，从监管体系设置的角度看，小额贷款公司监管与融资担保公司一样，都是一种属地主义的监管模式，但小额贷款公司监管体系的问题则更为突出，主要是中央与地方的监管目标存在混乱冲突的情形，从《融担促进意见》来看，中央的监管目标是重视发挥小额贷款公司对正规金融体系的补充作用，尤其

① 《关于小额贷款公司试点的指导意见》序言，银监发2008年第23号令。

看重小额贷款公司在具有社会效应的支农领域的经营灵活性,而地方监管目标则是审慎控制风险,虽然也有若干的优先政策目标,但从整体上看对小额贷款公司的准入和经营制定了一整套较为刚性的控制措施,这无疑与中央层面的监管目标存在不一致。另外小额贷款公司地方监管主体相对经验不足,对于风险处置难以驾轻就熟,而各地的监管政策差异也无疑造就了小额贷款公司的监管套利空间,而各地模仿传统审慎监管内容而拟就的监管制度无疑也对小额贷款公司的创新业务有着相当的滞后性,使各级监管部门只能在努力适应新形势的心态下不断通过打补丁的方式加以制度微调,但始终存在这样或者那样的不足和遗漏。①

3. 小额贷款公司的风险状况及对应的监管疏漏

从小额贷款公司的具体监管内容来,其对风险的正确把握有欠火候,相应的监管细节存在力度过度或不足的问题。小额贷款公司的风险特征有以下几个方面:一是小额贷款公司资金来源主要是自有资本和有限的若干融资方,而且从目前来说小额贷款公司的杠杆比率也比较低,因此目前我国小额贷款公司监管制度中(特别是地方小贷监管文件中)的过度审慎是对小额贷款公司经营自由的不当行政干预。从这个角度说,小贷监管应有个回归市场常识和国际惯例,从审慎监管为主转向非审慎监管为主的过程,特别是在监管部门将小额贷款公司一方面作为普通工商企业对待。而另一方面则在具体监管中又仿照金融企业对其事无巨细的指导和限制,无疑是反映了当前立法和监管者正确认识和把握小额贷款公司风险上存在认识和行为的合成谬误。二是从金融体系内部视角观察,合规经营的小额贷款公司在体量和影响上远不能与正规金融机构相比拟,但从社会整体视角观察,由于小额贷款公司的客户群体庞大,而且多为分布广大的社会弱势群体,因此小额贷款公司的风险事件往往具有相当大的外溢效果和社会不良影响,因此在监管上应对小额贷款公司严格施加行为监管方面的内容,制止小额贷款公司利用制度漏洞进行掠夺性放贷,从而保护借贷者的作为金融消费者的基本权利。但目前来看,我国小额贷款公司监管内容上完全忽视了金融消费者保护或行为监管

---

① 参见张诚:《小额贷款公司可持续发展的监管制度约束与突破》,载《武汉金融》2017 年第 6 期。

的内容,这成为我国小额贷款公司监管上最显而易见的短板。三是虽然目前小额贷款公司监管制度似乎审慎有加,但实际上却是把板子打错了地方,许多该管的风险被遗漏,而又伸手管了太多不该管的东西。小额贷款公司虽然从金融风险外溢的角度看其自身问题不大,但小额贷款公司实际上通过非持牌经营,互联网+与其他影子银行机构合作经营等手段制造出了大量的非传统风险,这恰恰是监管层需要大力防控的对象,无疑需要在未来的小额贷款公司监管制度改革中进行大力研究与妥善地解决相关问题。

本章小结

影子银行的兴起成为2008年金融危机后我国金融市场上最重要的现象之一。本章基于历史与逻辑相一致的方法,深入分析了影子银行在我国兴起的背景与动因,并对其种类构成和运营机理作一探讨,而后从产生原因、运作主体、运作机制、融资模式、表现形式与风险传导机制六个方面比较了中外影子银行体系的差别。这种差别可以总结为我国的影子银行尚处成长的雏形阶段,其更多是商业银行本身或以商业银行为母体衍生出来的信用转换链条,主要表现为"商业银行的影子";而欧美的影子银行则经历了完整的发展周期,相当成熟发达,其更多是通过金融衍生品和证券化手段完成信用转换和创造,主要表现为"投资银行的影子"。显而易见,无论是风险暴露程度抑或是创新的深度,我国的影子银行与欧美都不可同日而语。然而,由于我国经济新常态的运行特点及影子银行市场的不断动态扩张,有关影子银行的监管立法未能重视各影子银行发展的整体性与联系性,依然存在诸如零散性、滞后性、不完整性与过于刚性等问题。故而本章后半部分对当前我国影子银行立法在规制与调整影子银行的现状、路径及疏漏上进行了较为全面的梳理与检讨,并从中发现:我国影子银行监管法无论是一般性立法如《关于加强影子银行监管有关问题的通知》抑或是专门性立法如银监会颁发的有关银行理财产品、P2P网贷平台等的规范性文件、证监会颁发的私募基金暂行管理办法等,它们都深受经济转型和社会维稳政策的影响,其立法目标多元而不均衡。总体立法倾向于加强监管、严控风险,前期对金融创新、竞争和效率欠缺应有的重视，偏于保守；[1]虽然后来局部有些立法条款在鼓励创新方面有所进步，但在推动和促进我国影子银行成长上仍远远不够。可以说，我国影子银行监管法在发展过程中始终存在规范（防范风险与保护金融消费者）与发展（创新激励）两种价值取向之间的平衡与协调问题。无疑，如何解决这个立法中的隐性问题理应成为我们重构现行影子银行监管法律制度的核心所在。

① 如在2008年金融危机后，我国管理层曾一度先后叫停了资产证券化和银信理财合作等金融创新业务，并对民间金融实施严格的管制，牺牲了金融效率。

第三章　他山之石：境外影子银行监管改革实践之观照

影子银行是一种在世界范围内普遍发生的金融现象，而其运行也跨越国境而呈现出全球联结的形态，所以循着比较法研究路径探讨影子银行监管，无疑应成为影子银行监管研究的题中应有之义。从历史和全球的视角看，美国是影子银行发展最早，也最具规模的国家，而欧盟和英国的影子银行虽然发展较晚，但也形成了具备自身特色和全球影响力的影子银行体系。如果将影子银行发展划分为若干阶段，那么最大的转折点无过于2007年美国次贷危机和之后的欧债危机，两次危机后全球影子银行经历了从自由放任到监管从严的转变，其不仅大大提高了传统审慎监管的各项标准，还对监管的权力配置进行了洗牌式重构，并重新打造了行为监管这一全新监管支柱，丰富了监管的层次。当然还需特别指出的是，后危机时代审慎监管也经历了从单纯注重微观审慎到同时强调微观审慎和宏观审慎监管的转变。①所谓宏观审慎指的是监管当局摆脱对单个金融机构的风

---

① 参见袁达松：《对影子银行加强监管的国际金融法制改革》，载《法学研究》2012年第2期。

险考量,而从金融体系全局来进行风险监测,以达到金融稳定的目的。[①] 宏观审慎的理念不仅存在于国际金融组织的监管建议中,也存在于各主要发达国家和地区的后危机立法与监管转型中。尤其对于跨界和链式发展的影子银行而言,其对金融体系发挥的“鲇鱼效应”而带来的相关风险更成为后危机时代宏观审慎的焦点。

影子银行的上述转变不仅体现在相关国际组织如G20下属金融稳定理事会(Financial Stability Board)即FSB的影子银行监管建议中,体现在巴赛尔银行监管委员会(The Basel Committee on Banking Supervision)即BCBS的相关政策文件中,还体现在主要发达国家和地区的立法和监管规则中,这里面最具代表性的包括美国《多德—弗兰克法案》(Dodd-rank Act)、欧盟一系列资本和基金指令(directive)与条例(regulation)以及英国以《金融服务与市场法》(Financial Services and Markets Act)为中心的金融立法。

问题的关键在于,上述国际组织、主要发达国家与地区组织的监管路径转向和相关最新立法是否已经遵循了某种国际共识?如果已有国际共识,那么其中的目标、价值和具体路径是否已经明晰?各国如何根据自己情况在上述或有共识的基础上寻找具有可行并适合自身的变革框架?这都是本章所要探讨的问题,这无疑也是影子银行监管比较法研究的最大价值所在。

但在回答上述问题之前,我们必须花费大篇幅对影子银行国际法制的变革加以描述与分析,对影子银行领域主要国际组织的政策建议和各主要发达国家及区域国际组织的立法与监管实践演进做出全面而系统的考察,从而为上述问题的解答提供线索乃至答案。

第一节 影子银行监管的国际法制变革

影子银行作为一种信用中介(Credit Intermediation)活动,因其载体、工具和市场体系的多元性与跨界性,与货币、银行、证券、保险乃至金融市场

① 陈阳:《化中央银行宏观审慎监管职能的国际实践研究》,载《金融发展评论》2015年第10期。

工具等多元金融领域都发生关联。甚少的国际或区域金融组织在其研究和政策建议中能够完全自外于或忽视影子银行对其职能专属领域带来的冲击与影响,如国际货币基金组织(IMF)、世界银行(WB)、G20下属的金融稳定理事会即FSB、国际证监会组织(IOSCO)、国际清算银行(BIS)、经合组织(OECD)以及欧盟(EU)等都对影子银行有着相当的关注、认知与政策供给。

在诸多国际金融组织中,对影子银行领域关注最早,介入最深的,并在研究与政策领域拥有最高权威性的当属G20下属的FSB,FSB提出的影子银行定义和基本特征被其他国际组织和各主要国家和地区组织所广泛接受,其对影子银行的一般性和特定领域的监管建议事实上也为各国和各地区组织所积极借鉴,因此可以说FSB是全球层面领导影子银行国际法制变革的核心力量。但FSB也尊重其他国际金融组织在各自专门领域中的职能,并通过会员机制将其纳入到自己的决策或咨询体系内,而在其中最有代表性的无过于国际清算银行下属的巴塞尔银行监管委员会(BCBS)。BCBS是商业银行监管方面的主要国际组织,由于影子银行与商业银行之间的特殊且紧密的联系,BCBS无疑难以忽视影子银行对商业银行监管的巨大影响,从而对两者间关联部分的监管提出了大量的建议,此类建议由此成为影子银行监管国际法制不可或缺且影响至为深远的组成部分。

一、FSB对影子银行的监管

本节首先对FSB的组成情况、设立宗旨、履职程序做出详细介绍,再对FSB涉足影子银行的缘起和相关政策文件做了点睛式的勾勒,而在本节的主要部分则依据对FSB组织机制的理解和影子银行相关政策文件中提炼出FSB在影子银行领域的一般性建议框架以及其在一般性建议框架下对于影子银行特定领域的具体举措。

FSB影子银行的一般性建议框架包含的主要内容有影子银行的定义、监测体系、监管原则和监管措施类别等。FSB还对影子银行的特定领域即非银行金融机构（除 MMF 外）、[①]证券融资（主要是证券借贷和回购）和资产管理领域的主要风险类型以及相应监管对策做了详细描述、分析与建议。

（一）FSB 组织简况及其影子银行监管建议概要

在影子银行国际法制变革中，FSB 是最为重要的国际组织，扮演着领导角色，其所制定各项政策建议和标准虽不具有强制性，但在影子银行监管国际法制构建中无疑发挥了全局和标杆作用。FSB 开放的组织体系保障了成员广泛性和代表性，FSB 在议程设定和规则拟定方面的灵活性也为其履行影子银行国际法制主导者的角色发挥了必不可少的支持作用。

作为 G20 的附属机构，FSB 并非具有正式地位的官方国际组织，但 FSB 的成员在世界经济和金融格局中极具代表性，其囊括了所有 G20 成员国以及四个关键国际金融中心即香港、西班牙、新加坡和瑞士，此外成员中还有当前最为重要的政府间国际金融组织（如国际清算银行、世界银行、国际货币基金组织和经合组织等）、国际金融规则制定机构（如巴塞尔委员会、全球金融体系委员会、国际支付和市场基础委员会、国际保险监督官协会、国际会计准则委员会和国际证监会组织）和地区性国际组织如欧洲央行和欧盟理事会。同时，FSB 还通过区域咨询机制（Regional Consultative Groups，RCGs），邀请大约 70 个非 FSB 成员的金融监管机构参与 FSB 的相关活动，从而对上述非 FSB 成员的相关政策制定或执行发挥广泛影响。[②] 因此也可以说，FSB 是目前最具广泛性的金融国际组织，汇聚了全球范围内金融领域的最重要的政策制定者和执行者。

当然，设立 FSB 的目的并非要取代或干预各国各地区或国际组织的监管主权或职能，而是通过多方协调来确定和推进金融稳定方面的政策议程，制定具有国际共识的政策和行为准则，通过督促和同行评议等柔性方式将其贯彻到国家和地区层面。FSB 履职程序一般有三阶段，首先是识别某个金融领域的系统性风险，其次是拟定政策建议作为回应，最后则是监督执行

① 货币市场基金（Monetary Market Fund，MMF）目前主要由国际证监会组织（IOSCO）加以监管，2012 年 IOSCO 发布了《货币市场基金的政策建议》，对货币市场基金的评估、流动性管理、评级使用、信息披露以及回购协议都做了详细的分析与建议，由于本书篇幅所限以及 IOSCO 在影子银行监管相对次要的地位，因此本书并不涉及 IOSCO 对影子银行监管的内容。

② FSB，“what we do”，Accessed May 1st，2018，http://www.fsb.org/what-we-do/.

并向 G20 汇报。而监督执行有三种方式，一是敦促成员遵守现有的一系列国际金融监管准则，并积极通过类似国际货币基金组织和世界银行的评估程序将之公布于众，上述的国际金融监管准则包含了 FSB 所认定的核心金融准则；二是加强成员监管合作和监管信息交换，从而保证任何跨境金融活动始终处于有效的监管中；三是对规则执行情况开展同行评议，并将评议结果予以公布，这包括主题评议和国别评议，前者是对某一个金融领域的规则执行情况加以评估，后者则是对某个国家的规则执行力度予以监督。①

FSB 对影子银行的关注始于 2010 年的 G20 首尔峰会，在美国次贷危机和巴塞尔Ⅲ银行资本新规则确立的背景下，该次峰会特别提及了影子银行的监管不足，并指示 FSB 就此问题与其他国际组织合作，加强对影子银行监管与规制的研究与建议。② 近年来，FSB 在影子银行领域依次通过意见征询反馈、政策文件制定、执行进度披露、同行评议和向 G20 汇报等环节开展工作，其核心集中在意见征询反馈和政策文件制定中，特别是将其最终工作成果体现在若干政策文件中，这包括 FSB 在 2011 年 10 月发布的《加强对影子银行的监管与规制——FSB 的若干建议》，2013 年发布的《强化影子银行机构监管和规制的政策框架》、《处理证券借贷及回购市场影子银行风险的政策框架》和《影子银行政策建议概述》，2015 年发布的《非中央清算证券融资交易最低折扣率的监管框架》和《全球证券融资数据采集及汇总的标准与程序》，2017 年发布的《处理资产管理活动结构性缺陷的政策建议》和《非现金担保物再利用：测算与度量》，其中 2011 年《加强对影子银行的监管与规制——FSB 的若干建议》的政策文件全面表述了 FSB 影子银行监管的一般性建议框架内容。除了一般性建议框架外，FSB 也为证券融资、资产管理和非银金融机构（除 MMF 外）等其所具体负责的影子银行领域提出了一系列具体的政策建议。

值得一提的是，FSB 除了制定一般及特定影子银行领域的审慎监管规则外，还与其他国际组织特别是二十国集团即 G20 从行为监管的视角制定

---

① FSB, "Implementation Monitoring and Effects of Reforms", Accessed May 1st, 2018, http://www.fsb.org/what-we-do/implementation-monitoring/.

② FSB, "Shadow Banking: Scoping the Issues-a Background note of the Financial Stability Board", Accessed May 1st, 2018, http://www.fsb.org/wp-content/uploads/r_110412a.pdf.

了金融消费者保护和投资者适当性事务的国际规则，虽然其属于金融领域的普适性规则，但其无疑也为影子银行活动施加了更深层次的约束。在诸多相关的规范性文件中，居于核心地位的是 2011 年 OECD、FSB、其他政府间国际组织、标准制定组织和各类行业协会所共同制定的《金融消费者保护高级原则》，该份文件在内容上涵盖了法律法规、监管职责、纠纷解决机制、公开公平交易、金融消费者教育和保护等方方面面的内容，其中公开公平交易以及金融消费者保护机制对影子银行产品有着相当积极的意义。

（二）FSB 对影子银行风险监管的一般性政策框架

FSB 在 2011 年 10 月发布的《加强对影子银行的监管与规制——FSB 的若干建议》的政策文件中对影子银行的定义是 FSB 对影子银行的概念框架和研究出发点，该定义指出所谓影子银行，指的是商业银行体系之外的包含机构和业务在内的信用中介体系。[①] 当然影子银行的具体结构和相关监管规则在不同的法律体系下各有不同，但影子银行的核心要点是一致的，即满足系统性风险和监管套利特征并处于商业银行体系之外的信用中介活动即为影子银行活动，上述信用中介活动不受商业银行审慎监管约束，但又发挥类似于银行的功能，因此成为商业银行的"影子"。

FSB 认为在影子银行领域的首要或基础性工作是对影子银行的状况通过一定的标准和方法开展监测。具体来说，FSB 认为监管当局应通过追踪宏观的国民账户现金流量表和部门资产平衡表、[②]中观的行业自律和统计报告以及微观的重点机构或业务（如银行控股公司）监管数据等信息大致监测非银行信用中介的规模和流向。在上述三层次监测的基础上，监管当局应进一步根据期限转换、流动性转换、有缺陷的信用风险转移、杠杆率以及与商业银行体系相关性等五个指标甄别出可能造成系统性风险和监管套利的影子银行活动。在应用上述指标进行监测的同时，监管当局应处理好影子银行链状结构和某些新兴影子银行形态（完全无监管）的特殊情况，监管当局也应鼓励金融机构报告其在影子银行链条运作中可能面对的最大风

---

① FSB，"Shadow Banking：Strengthening Oversight and Regulation"，Accessed May 1st，2018，http://www.fsb.org/wp-content/uploads/r_111027a.pdf.

② 上述国民账户数据应能提供普通商业银行、央行及非银金融机构的分类资金流动数据，也应能提供银行与非银金融机构之间的资产负债信息。

险敞口。最后监管当局应对特殊重要的影子银行机构、工具和市场加以优先监管,就其可能造成的系统性影响采取监管和法律应对。上述监测体系还必须预留足够的弹性、前瞻性和适应性以捕捉任何可能的具有影子银行性质并以监管套利为目的的金融创新和变异,这不仅需要跨学科的知识,还需要定性定量并重的监测技术,前者如现场检查、市场主体接触和评级及销售信息,后者则包括对异常财务指标的分析判断。为上述监测完善之目的,不但各机构监管信息的境内外交换极为重要,非银金融机构与银行体系间关联之监管覆盖状况也殊为关键。

FSB 认为对特定系统重要性金融机构(Systemically Important Financial Insitutions,SIFI)的监测是影子银行监测的核心。① 其应包含以下方面:首先是属 SIFI 范畴的商业银行与影子银行间关联所带来的跨部门风险集中和敞口状况;其次是 SIFI 规模数据,这包括其资产负债和具体业务的分项数据;最后是 SIFI 的资产或资本回报率(ROA 或 ROE)数据,这是考察 SIFI 经营质量的重要指标,可以用以确定相关机构的损失吸收能力和盈利可持续性。

FSB 下设的脆弱性评估常委会(Standing Committee on Assessment of Vulnerabilities,SCAV)通过上述监测体系对全球影子银行进行年度监测,并就相关结果向 FSB 理事会和 G20 汇报。在此基础上,兼顾不同法律体系特点和监管规则的国际一致性,FSB 下设的监管合作常委会(Standing Committee on Supervisory and Regulatory Cooperation,SRC)及其成员机构如巴塞尔委员会、国际证监会组织等在影子银行监管措施的政策建议上进行了五个方面的工作,包括:在商业银行体系与影子银行关联方面,巴塞尔委员会应出于审慎监管目的加强并表监管(consolidated supervision),制定集中度限制(limits of concentration)和大额敞口(large exposure)规则以及调整商业银行对影子银行敞口部分的资本风险权重(risk weight);国际证监会组织应审查货币市场基金(monetary market funds,MMF)的监管措施;FSB

① 根据国际货币基金组织(IMF)、国际清算银行(BIS)和金融稳定理事会(FSB)的定义,系统重要性金融机构(Systemically Important Financial Institution,SIFI)是指在金融市场中承担关键功能,其倒闭可能给金融体系造成损害并对实体经济产生严重负面影响的金融机构。李文泓、吴祖鸿:《系统重要性金融机构监管:目标和政策框架》,载《中国金融》2011 年第 3 期。

专设工作小组审查货币市场基金之外的其他影子银行机构;巴塞尔委员会应协同国际证监会组织审查相关机构风险准备金和透明度状况(retention requirements and transparency)规则;FSB应设工作组审查证券融资融券与回购(securities lending and repos)的监管,特别是针对保证金和最低折扣率(margins and haircuts)的措施。① 值得指出的是,FSB作为金融监管国际协调组织,特别注重监管经验国际交流,认为这是防止影子银行风险跨境传播与加固全球金融体系稳健性的重要途径,而上述SRC成员分布与职责分配就明显体现了FSB的跨组织合作思维。

FSB建议影子银行监管规则的制定应遵循以下几个原则:一是差别化原则,影子银行的商业模式及其系统性风险各个不同,并没有简单划一的监管方式,因此应依据监管对象自身的特点来设计监管;二是特异性原则,应通过精确监管的方式来消除特定的影子银行外部性和相关风险,这要求定性与定量监管措施的并举;三是比例原则,监管措施应与影子银行的系统性风险严重程度相匹配,防止过度监管和监管不力;四是预见和适应原则,监管不应只着眼于显而易见的影子银行活动及其金融风险,还应对不断创新和变异的影子银行形式具有高度的监管前瞻意识;五是有效性原则,监管措施不仅应在不同法律体系中切实有效,同时也应具有国际一致性以使其在防止跨境监管套利和全球金融体系动荡上同样有效;六是评估和审查原则,监管部门应经常性地对其监管实施情况加以评估和改进,并通过监管经验的国际分享完善自身的监管措施。

FSB的影子银行监管措施可分为四大类:一是规制影子银行与商业银行体系关联性的措施,称为对影子银行的间接监管;二是对影子银行机构的监管;三是对影子银行业务的监管;四是其他有关的宏观审慎措施。②

首先是对影子银行间接监管的四种建议措施:一是并表规则,针对那些与商业银行体系相关联的影子银行,须出于审慎目的将其纳入商业银行资产负债表(在表内通过风险资本、杠杆率和流动比率等指标对影子银行活

---

① FSB,"Strengthening Oversight and Regulation of Shadow Banking-An Overview of Policy Recommendations",Accessed May 1st,2018,http://www.fsb.org/wp-content/uploads/r_130829a.pdf.

② FSB,"Shadow Banking:Scoping the Issues-a Background note of the Financial Stability Board",Accessed May 1st,2018,http://www.fsb.org/wp-content/uploads/r_110412a.pdf.

动加以反映),从而实现对其并表监管,目前相关监管措施的具体制定主要由作为FSB成员机构的BCBS承担,体现在BCBS制定的巴塞尔资本框架特别是其中的巴塞尔协议Ⅲ中,意在提高商业银行从事影子银行活动的透明度,防止银行更深卷入无监管或弱监管的影子银行业务中;二是风险敞口规则,在并表监管之外,无论是否有关联关系,都须限制商业银行对影子银行业务的风险敞口程度(须同时考虑规模与性质),而这反过来将削减影子银行机构的规模和杠杆,从而有助于降低金融系统的整体性风险,风险敞口的具体监管规则制定也将由BCBS负责;三是同样属于BCBS职能范围的影子银行风险计提规则,具体来说,就是商业银行对影子银行业务的风险敞口是否已计提足够的风险资本,如对应于基金投资和短期流动性工具业务(巴塞尔证券化协议适用范围之外)的风险计提;四是隐性支持规则,BCBS应制定规则将银行因隐性支持(implicit support)影子银行活动而导致的信誉风险(reputation risk)纳入银行资本充足率评估中,从而最终有助于减少商业银行体系与影子银行之间关联性,补足并表监管的效果。

其次是对影子银行机构的监管措施,这包括对货币市场基金的监管和对其他影子银行机构的监管。货币市场基金(MMF)是短期批发融资的主要市场并极易遭受集中赎回,MMF也是影子银行创造信用中介链条的关键环节,承担着期限和流动性转换,以及杠杆搭建的重要职能,因此作为FSB成员机构的国际证监会组织IOSCO对MMF的角色、特征、风险加以审查,并特别考虑了对MMF适用浮动净值、资本和流动性要求或其他可能的监管安排。FSB也应成立工作组对其他类型的影子银行机构加以评估和做出审慎措施建议,其他类型的影子银行机构包括导管公司(conduit company)和结构性投资工具(structured investment Vehicle)、金融公司(finance company)、抵押保险公司(mortgage insurance company)和对冲基金(hedge fund)等。①

再次是对影子银行业务的监管,这主要包括证券化和抵押融资业务,因

---

① 导管公司一般是用于逃避或减少税收、转移或累积利润的公司,结构性投资工具是资产证券化的常用载体形式,金融公司一般是通过在货币和资本市场上筹集资金向个人与小企业发放小额贷款的金融机构,抵押保险公司顾名思义是对投资者或债权人因贷款人贷款抵押违约产生的损失提供保险的金融机构,对冲基金则一般指的是通过对冲手段进行交易的私募基金。

其是世界范围内影子银行活动的最主要方式。证券化是一种有效的融资和风险分散工具,但金融危机也揭示了证券化存在的诸多问题,如过度依赖评级、投资人注意义务缺失、风险定价不足以及发起人对基础资产池审查不严等,银行也经常利用证券化进行监管套利活动,因此加强证券化发起人的风险准备要求及提升证券化产品的透明度和标准化程度是证券化监管措施的两个方向,其具体工作由 IOSCO 与 BCBS 联合开展。抵押融资特别是其中的证券借贷与回购是开展证券化的基础担保工具,是影子银行机构的短期而低风险的有担保融资来源,其以背对背方式加强了金融体系内部关联,并通过对证券借贷中现金担保物的再投资为货币市场提供具备期限转换功能的融资来源。回购和证券借贷等抵押融资手段有助于影子银行乃至整个金融体系的期限与流动性转换和加杠杆,但在金融危机中也易于引发保证金和折扣率的顺周期性上升、金融体系流动性枯竭和金融机构破产(如美国国际集团即 AIG 事件)等。由此,FSB 须在三方面加强监管以防范相关风险,包括:(1)对与证券借贷相关的现金担保物再投资加以监管,限制现金担保物投资工具的种类和标的期限,限制将客户担保物用于为银行和券商做(再抵押)融资;(2)引入类似最低保证金和最低折扣率之类的宏观审慎措施以减轻金融体系顺周期性风险;(3)提升抵押融资市场基础设施,如回购清算设施和交易及结算报告安排机制等。

最后是影子银行监管的其他宏观审慎措施,这包括:在常规监测体系外要求相关机构持续提升影子银行活动的透明度,建立影子银行的信息披露或报告机制,从而有效的抑制影子银行的系统性风险和监管套利;建立严格的信贷承销①标准并不断加以强化,经济扩张时期金融机构信贷承销标准较为宽松,导致有缺陷信用风险转移(通过证券化技术)和风险抑价的出现,借款方期限和流动性转换能力及杠杆水平也得到加强,这无疑加重了金融体系的风险和顺周期性特征,因此提高影子银行活动中的信用承销门槛是有效缓解上述问题一个重要审慎措施;投资者广泛认可的评级活动对影子银行乃至金融体系整体的期限、流动性转换以及加杠杆有着相当的推动作用,而商业银行在信贷和投资活动中过度依赖外部评级也增强了其与影

① 信贷承销标准主要是适用于抵押贷款承销及发起,抵押贷款保险等业务。

子银行之间的关联,此外评级结果几乎也是投资者评估证券化产品风险的唯一依据,这使评级错误将极易引发系统性风险,目前各国主要参照IOSCO的评级机构基本行为准则来约束评级行为,而FSB也发布了相关的高级原则以抑制各类行政和市场行为对外部评级的过度依赖,这包括央行市场操作、银行审慎监管、投资经理的投资政策和内部禁令、私营部门的保证金协议和证券发行者的信息披露等。①(见表3-1)

表3-1 FSB的监管措施分类及其具体内容

具体内容分类	影子银行间接监管(从其与商业银行关联的视角)	影子银行机构监管	影子银行业务监管	其他宏观审慎措施
一	并表规则 巴塞尔协议Ⅲ将与商业银行关联的影子银行纳入商业银行资产负债表内,提高其监管透明度	IOSCO评估与审查MMF,重点是适用浮动净值、资本和流动性方面的要求	IOSCO与BCBS联合监管证券化活动,包括: 加强证券化发起人风险准备要求,提升证券化产品透明度和标准化程度	常规监测体系外要求相关机构持续提升影子银行活动的透明度,建立影子银行的信息披露或报告机制
二	风险敞口规则 BCBS制定规则(在并表监管之外)限制商业银行对影子银行业务的风险敞口程度	FSB评估与审查导管公司和结构性投资工具、金融公司、抵押保险公司和信用对冲基金等	FSB监管抵押融资: 监管证券借贷现金担保物再投资; 以最低保证金和最低折扣类措施减轻顺周期性风险; 提升市场基础设施如清算设施和交易及结算报告安排等	提高影子银行活动的信用承销门槛

① FSB,"Shadow Banking: Strengthening Oversight and Regulation-Recommendations of the Financial Stability Board", Accessed May 1st, 2018, http://www.fsb.org/wp-content/uploads/r_111027a.pdf.

续表

具体内容分类	影子银行间接监管(从其与商业银行关联的视角)	影子银行机构监管	影子银行业务监管	其他宏观审慎措施
三	风险计提规则 BCBS 制定规则要求商业银行对影子银行业务风险敞口计提足够风险资本	无	无	抑制行政和市场行为对外部评级的过度依赖,防止因不当或错误外部评级催化系统性风险
四	隐性支持规则 BCBS 制定规则将银行因隐性支持影子银行活动而导致的信誉风险纳入银行资本充足率评估	无	无	无

(三)FSB 对特定领域影子银行风险的具体监管建议

FSB 在一般性监管框架外,也对三个特定影子银行领域的监管问题进行了具体研究和建议,其分别是非银行金融机构(除 MMF 外)、证券融资(主要是证券借贷和回购)和资产管理领域。这三个领域都在商业银行体系之外进行信用创造,其一系列的金融工具和业务不但造成高度复杂的影子银行链条结构,也起到金融系统加杠杆的作用,从而极易造成金融系统性风险和监管套利活动的兴盛,制定上述三个影子银行领域的国际性监管建议无疑也是 FSB 在国际金融监管分工中的职责所在。

FSB 在确定某个非银行金融机构(除 MMF 之外)是否产生系统性风险和监管套利,从而应予监管时,主要从该机构的经济功能而非法律性质或外在形式出发,这些经济功能可以精确的反映此类非银行金融机构的实质。上述经济功能包括以下几点:经营极易遭受集中兑付风险的集合投资工具、针对短期融资的贷款供给、基于短期融资或客户资产抵押融资的中介业务、信贷创造的便利化举措和基于证券化的信贷中介和机构融资,这五种的经济功能都不约而同地具有期限及流动性转换、有缺陷信用风险转移和加杠杆等须加以规制的影子银行特征，从而成为界定影子银行的标志性功能。对上述划入影子银行范畴并予以监管的MMF之外的非银金融机构，在监管中应以如下原则为指导：一是监管机构不断地定义与更新监管半径，二是监管机构须收集必要信息以评估影子银行风险，三是监管当局须要求此类金融机构提高信息披露程度从而有利于其他市场主体的正确风险评估，四是监管当局须对此类金融机构的经济功能加以定性并从政策工具箱中选取合适的政策工具。而表3－2对FSB政策工具箱中针对上述五种经济功能的具体措施做了归纳。此外，各国各地区监管部门应共享监管信息以防止监管漏洞和杜绝监管套利，而监管信息共享也有利于各监管当局侦测本管辖区域内可能的金融市场创新和突变。此类共享监管信息应包含：某类非银金融机构有何种经济功能并会导致何种影子银行风险；监管当局采取何种政策工具以及如何具体实施。①

表3－2　非银金融中介（除MMF外）影子银行风险监管工具

监管工具经济功能	易受集中兑付冲击的集合投资	基于短期融资的贷款供给	基于短期融资或客户资产抵押融资的中介业务	信贷创造的便利化举措	基于证券化的信贷中介和机构融资
工具一	压力市场条件下应对赎回： 设置赎回门槛；暂停赎回；设置赎回费率或其他限制；不良资产隔离	对吸储的非银行贷款机构施加银行类审慎监管	施加银行类审慎监管	资本要求	期限和流动性转换限制
工具二	流动性风险管理： 限制投资低流动资产； 流动性缓冲； 限制资产集中	资本要求	流动性要求	营业规模和范围限制	合格担保物限制

① FSB, "Strengthening Oversight and Regulation of Shadow Banking-A Policy Framework for Strengthening Oversight and Regulation of Shadow Banking Entities", Accessed May 1st, 2018, http://www.fsb.org/wp-content/uploads/r_110412a.pdf.

续表

监管工具经济功能	易受集中兑付冲击的集合投资	基于短期融资的贷款供给	基于短期融资或客户资产抵押融资的中介业务	信贷创造的便利化举措	基于证券化的信贷中介和机构融资
工具三	限制杠杆	流动性缓冲	资本要求	流动性缓冲	对银行或其他金融中介的风险敞口或融资寻求限制
工具四	限制投资组合资产期限	杠杆限制	客户资产用途限制	加强应对尾部事件的风险管理	无
工具五	无	大额暴露限制	无	强制性风险分担机制（通过保险等）	无
工具六	无	债务类型限制	无	无	无

证券融资（主要是证券借贷和回购）在证券价格发现和二级市场流动性维持上十分重要，其既是金融做市的关键，也便利于金融市场中相关投资、风控和担保协议的履行，回购市场还是金融当局进行货币操作的重要渠道。但证券借贷与回购也造成了类银行的信贷扩张，包含了相关期限、流动性转换和金融杠杆的生成（如对长期资产的短期融资操作），从而可能导致市场流动性不足乃至资产减值的发生。证券借贷和回购所带来的金融风险基本可分为：单纯影子银行风险和同时波及商业银行和影子银行的风险，前者如基于回购的短期货币类债务及证券借贷现金担保物再投资，后者如加强系统杠杆顺周期性的证券融资、证券担保物抛售、无负担资产再抵押、强化商业银行

与影子银行关联的链式交易(含担保物再利用)以及实践中担保物价值低估等。①

FSB 认为,解决上述风险应从三方面入手:一是提高证券融资市场监管透明度:(1)监管部门优先获取大型国际金融机构证券借贷与回购业务的风险敞口数据,进而通过金融机构间尤其是 SIFI 间的隔离来降低市场中风险传染的可能;(2)监管部门获取证券借贷和回购市场日常交易和仓位数据,来源包括清算中介、证券中央存管机构等,此数据收集应以各国或各地区金融市场机构、既有数据收集程序和市场基础设施为依托,可以考虑通过诸如交易数据库或常规报告机制之类的办法予以解决;(3)回购和证券借贷市场国别和地区的宏观数据应由 FSB 月度汇总,并由此制作全球证券融资市场的趋势性报告,FSB 也须在全球层次制定数据收集和汇总的标准及程序,以保证数据获取的一致性并最大限度减轻重复计算;(4)提升金融机构在证券借贷、回购和担保管理方面的公开信息披露水平;(5)监管当局根据 FSB 建议审查基金经理对终端投资者报告要求的落实,弥补可能的不足。

二是现金担保物再投资、再抵押和担保物估值及管理的最低要求等监管措施,包括:(1)关于现金担保物再投资,监管部门应要求参与证券借贷活动的非银金融机构满足现金担保物再投资的最低监管标准,从而有效控制此类活动可能引发的流动性风险问题;(2)监管部门应确保客户资产再抵押规则遵循以下规则:首先是充足的信息披露,即金融中介对客户就再抵押进行足够信息披露,使客户对机构失败情形下的风险敞口有着正确理解,其次是保护客户资产安全,以客户平仓为目的之再抵押客户资产不能转用于为金融中介自持账户融资,而只有受到足够流动性风险监管的机构才能参与再抵押业务,监管部门应组建客户资产保护专家团队,从再抵押业务的法律、经济性质及其操作可能引发的系统风险出发,审查客户资产再抵押规则的内在协调性;(3)监管部门应对证券融资市场的参与者在抵押物估值和管理方面适用最低监管标准。

① FSB,"Policy Framework for Addressing Shadow Banking Risks in Securities Lending and Repos",Accessed May 1st,2018,http://www.fsb.org/wp-content/uploads/r_130829b.pdf.

表 3-3　证券融资的监管措施

	证券融资市场监管透明度	现金担保物再投资、再抵、担保物估值及管理	证券融资市场基本结构
一	监管部门优先获取大型国际金融机构证券借贷与回购业务的风险敞口数据	监管部门要求参与证券融资的非银金融机构满足现金担保物再投资的最低监管标准	交易商间回购市场引入中央对手机制(CCP)
二	监管部门获取证券借贷和回购市场日常交易和仓位数据	客户资产再抵押需要充足信息披露和保障客户资产安全的机制	取消回购市场主体的安全港待遇,降低回购引发系统性风险可能,尝试回购清算部门(RRA)作为风险缓冲机制
三	FSB 月度汇总回购和证券借贷市场国别和地区的宏观数据,制作全球证券融资市场趋势性报告	监管部门对证券融资市场参与者在抵押物估值和管理方面适用最低监管标准	无
四	提升金融机构在证券借贷、回购和担保管理方面的公开信息披露水平	无	无
五	监管部门审查基金经理对终端投资者报告要求的落实	无	无

三是完善证券融资市场的基本结构的监管措施。包括:(1)为降低系统性风险在交易商间回购市场引入中央对手机制(CCP),而对于那些已存在中央对手机制的回购市场则要慎重考虑接纳更多市场主体(特别是重要资金供给者)的利弊;(2)是取消破产法律对回购市场主体的安全港待遇,从而降低回购引发系统性风险的可能,另外可以尝试设立回购清算部门(RRA)来作为风险事件的缓冲机制。

全球影子银行的另一个重要组成部分是资产管理(Asset Management)领域,相关金融机构包括开放式共同基金、机构投资者基金(institutional fund)和 ETF 基金等,资产管理同样为各类资金需求者提供了传统银行之外的信贷来源,增强了金融体系的效率、弹性和竞争,是信用中介市场化潮流的必然的结果,但同时资产管理活动同样会造成危害金融体系稳定的全局性风险,同样会因为资产管理人从事监管套利从而造成市场的集体不理性,比如著名的1998年美国长期资本管理公司(LTCM)的崩溃,当时就造成了债市的系统性混乱。鉴于此,FSB建议在四种结构性问题上加强对资产管理活动监管,包括:(1)基金投资和(开放式)基金单位赎回的期限和条件间的流动性错配;(2)投资基金的内部杠杆;(3)资产管理人在压力条件下的操作风险和挑战;(4)资产管理人和基金的证券借贷活动,其中流动性错配和杠杆率问题是关键之所在。①

就资产管理活动中的流动性错配问题,FSB认为监管当局应在透明度、风险管理、特殊情况处置和市场整体流动性等诸多方面加强监管,而IOSCO也可以提供相应指导:(1)在透明度监管上,当局应基于金融稳定视角,按照潜在的风险大小来收集开放式基金流动性的相关信息,审查并强化既存的报告要求,使其足够充分、详细和及时。此外监管当局应基于金融稳定视角并根据潜在风险大小,审查开放式基金现有对投资者披露流动性风险的充分程度,并根据情况采取措施保障此种披露的质量和及时性。(2)在风险管理上,监管当局应对基金资产和投资策略与单位赎回期限及条件间的一致性(在基金创始和运营阶段)发布指导,从而降低因开放式基金结构而导致严重流动性错配的可能性,指导应考虑到正常和压力市场条件下的资产流动性及投资者行为;监管当局应适时对开放式基金放开更多的流动性管理工具,为其在压力市场条件下使用此类管理工具应对赎回创造条件;监管当局应向开放式基金提供流动性风险管理工具以降低可能存在的先动优势。② 此类工具包括摆动定价、赎回费和其他反稀释方法;监管当局应要求或指导开放式基金在个体层面进行压力测试以改善流动性风险管理,从而缓解金融稳定风险。(3)在特殊情况处置上,监管当局应要求或指导开放式基金在相应使用特殊风险管理工具时应遵循清晰的决策程序,并将其披露给投资者和监管

① FSB,"Policy Recommendations to Address Structural Vulnerabilities from Asset Management Activities", Accessed May 1st, 2018, http://www.fsb.org/wp-content/uploads/FSB-Policy-Recommendations-on-Asset-Management-Structural-Vulnerabilities.pdf.

② 先动优势(first-mover advantage)是市场营销方面术语,其指率先进入市场的企业会获得更佳的市场占有率、销售额和经济利润,先进入者可以通过领先的技术、稀缺资源和消费者转换成本的存在这三方面因素而获得先占优势,施卓敏:《论寡头企业的先动优势与后动优势》,载《学术研究》2005年第3期。

部门；开放式基金管理人负有运用特殊流动性风险管理工具的主要责任，但监管当局应具体指导其在压力条件下如何使用，从金融稳定视角评估运用该类工具的成本与收益。(4)在市场整体流动性上，监管当局应考虑进行全系统压力测试以评估金融市场和金融体系在面对基金或投资者的集体卖出行为时所具备的弹性。

就投资基金内部杠杆问题，FSB 认为，IOSCO 应通过一致性措施监测基金内部的杠杆并在全球范围内对不同类别基金的杠杆加以比较，IOSCO 还应该加入更多偏重风险考量的监管措施以强化监管当局对基金内部杠杆引发风险的理解与监控。监管当局应采集基金杠杆数据，监测未在限制范围内使用杠杆或可能引发重大风险(杠杆相关)的行为并适时采取行动，IOSCO 还应在适用一致性标准的基础上汇总成员国别或地区的杠杆数据。

在转移投资指令和客户账户的操作风险和挑战方面，FSB 认为监管当局应要求或引导资产管理人建立全面而稳固的风险管理框架和实务，特别是业务持续性计划和过渡计划方面，使得投资指令和客户账户在压力条件下实现有序转移，上述风险管理框架和实务必须与资产管理人可能对金融体系造成风险程度相匹配。

在资产管理人和基金的证券借贷活动方面，FSB 认为监管当局应监测资产管理人(借贷代理人)向客户提供的证券借贷相关赔偿，当觉察到对金融稳定有负面影响的严重风险或监管套利存在时，监管当局应该确认资产管理人已经从向客户提供的赔偿金中拨付了足以覆盖潜在信贷损失的金额。

表 3－4　FSB 建议的资产管理活动监管措施

	基金投资和基金单位赎回期限和条件之间的流动性错配	投资基金内部杠杆	资产管理人操作风险	资产管理人和基金证券借贷活动的风险
一	透明度监管上，主动收集基金流动性信息，要求基金履行报告要求和对投资者信息披露要求	IOSCO 应以一致性措施监测基金内部的杠杆并在全球范围内对不同类别基金的杠杆加以比较	监管当局应要求或引导资产管理人建立全面而稳固的风险管理框架和实务	监管当局应监测资产管理人向客户提供的证券借贷相关赔偿

续表

	基金投资和基金单位赎回期限和条件之间的流动性错配	投资基金内部杠杆	资产管理人操作风险	资产管理人和基金证券借贷活动的风险
二	流动风险管理上，对流动性错配处理发布相关指导对基金放开流动性管理工具应对赎回个体基金层面做压力测试改善流动性管理	IOSCO 应采纳偏重风险考量的监管措施强化监管当局对基金内部杠杆引发风险的理解与监控	在评估资产管理人可能对金融体系造成风险的基础上实施风险管理框架和实务建设	监管当局应确认资产管理人已从向客户提供的赔偿金中拨付了足以覆盖潜在信贷损失的金额
三	特殊情况处置上，基金应遵循清晰的决策程序，并予以披露基金管理人负处置主要责任，但由监管部门指导与评估	IOSCO 应敦促监管当局采集基金杠杆数据并监测未在限制范围内使用杠杆的高风险行为并适时采取行动	无	无
四	市场整体流动性上，应进行全系统压力测试以评估金融市场和体系面对基金或投资者集体卖出时具备的弹性	IOSCO 应在一致性标准基础上汇总成员国别或地区的杠杆数据	无	无

二、BCBS 对影子银行的监管

与 FSB 试图建构全面性的影子银行监管政策框架不同，BCBS 主要从商业银行监管的视角看待影子银行监管的问题，其主要出发点是防止影子银行的表外活动风险传递到商业银行体系内，并危及到商业银行经营和财务的稳健性。

因此 BCBS 的影子银行监管政策审视以下两个方面：一方面，是经典的巴塞尔协议Ⅲ对影子银行的因应，巴塞尔协议Ⅲ中以资本监管与流动性监管为中心的商业银行审慎监管措施,再加上其他各类行政监管、内控机制与市场纪律等都将直接或间接地对处于商业银行表外的影子银行活动产生影响;另一方面,BCBS 将考察两种商业银行与影子银行之间的特殊联结方式,一种是在同一个金融集团框架下的商业银行与影子银行,另一种是虽然既无合同义务也无投资权益,但商业银行与影子银行实体间有一定的金融支持关系,BCBS 对商业银行与影子银行间的上述两种联结产生的风险及其相应的监管措施提出了建议。

(一)BCBS 组织简况及其影子银行监管建议概要

一般认为,FSB 是全球影子银行监管的主要国际组织,但也不能忽视其他国际组织如 BCBS 和 IOSCO 的重要作用,前者主要负责全球商业银行的监管规则与监管事务合作,后者则掌管全球证券监管规则的制定与跨境证券监管事务的合作,两者都对影子银行的规则生成和业务进展有着重大影响。以 BCBS 而论,FSB 就确认了其在商业银行并表监管规则、商业银行对影子银行的风险敞口规则、商业银行参与影子银行活动的风险计提规则、商业银行隐性支持影子银行规则以及商业银行作为证券化发起人的风险准备规则等诸多方面的职责。由此可见,在遏制影子银行系统性风险,防止监管套利活动方面,BCBS 主要从商业银行的监管着手,从而在很大程度上间接地对影子银行发挥了约束作用。

巴塞尔银行监管委员会(BCBS)作为巴塞尔委员会的下属机构,是商业银行审慎监管全球标准的主要制定者,也是银行监管事务的合作论坛,其主要目标通过强化全球范围内的商业银行规制、监管与实践,提高金融体系的稳定性,从这点上看也是与 FSB 的宗旨不谋而合的。BCBS 主要从以下几个方面开展工作:就银行领域和金融市场的发展交流信息以识别当前或正在出现的影响到全球金融体系的风险;以增进共识为目的共享监管事务、方法和技巧,并提高跨境监管合作;构建和提倡银行规制、监管、指引及最佳实践上的全球标准;补足有害于金融稳定的规制与监管漏洞;监测 BCBS 标准在成员国的实施情况,意在保障相关标准及时、一致和有效的实施并为国际性银行整平游戏场地;与非成员中央银行以及银行监管部门磋商以使其加入政策制定过程中,从而在成员国之外倡导 BCBS 的标准、指引和最佳实践;与其他金融领域标准制定者或国际组织进行协调与合作,特别是那些关注金融稳定事务的组织。虽然 BCBS 制定的相关规则不具备国际法上的正式效力，但其在全球商业银行监管上的权威是毋庸置疑的，BCBS 成员的义务包括：共同努力达成 BCBS 的宗旨、倡导金融稳定、不断完善银行规制和监管、积极参与构建 BCBS 标准、指引和最佳实践、在议定时间框架内执行和适用 BCBS 标准和参与 BCBS 审查（内容为评估相关国内规则与监管实践的一致与有效性以及在参与 BCBS 工作和决策过程中是否着眼于全球金融稳定利益而非仅考虑国别利益）。

BCBS 对影子银行的关注可以说源于 2007 年金融危机，2009 年 G20 的匹兹堡峰会确定了银行业监管改革的基调，BCBS 借此开始全面梳理金融危机中的银行领域显现的问题，暴露出银行业普遍存在杠杆过高、资本质量不足及流动性缓冲缺乏等，再加上顺周期去杠杆的行为和系统重要性金融机构间的互相关联，都大大恶化了银行领域的风险状况，而上述种种问题的背后部分归因于银行表外信贷即影子银行活动的影响，为此 BCBS 适时推出了巴塞尔协议Ⅲ，从微观和宏观两个层面都加强了对银行的审慎监管，并特别对系统重要性银行的损失吸收能力在巴塞尔协议Ⅲ基础上提出了更高要求。除巴塞尔协议Ⅲ对银行领域固有的审慎监管的全面升级和强化，从而最大限度预防影子银行导致的商业银行体系风险外，BCBS 还通过修订后的《银行业有效监管核心原则》《金融集团监管原则》等一系列广义上的巴塞尔协议文件进一步充实了巴塞尔协议的内容，此外 BCBS 还对银行参与资产证券化链条以及银行介入相关影子银行机构的风险监管都提出了相应的政策建议。

BCBS 还从行为监管角度为影子银行监管引入了投资者适当性制度，投资者适当性制度是对金融零售领域投资者的一项保护机制，其在定义、边界与功用上与金融消费者保护制度相仿，因此可以纳入广义金融消费者保护制度的范畴。2008 年 4 月，国际清算银行、国际证监会组织和国际保险监督官协会共同发布了《金融产品和服务零售领域的客户适当性》报告，①从投资者适当性的角度切入金融机构的行为监管领域，从而希望在传统审慎监管视角

① BCBS, "Customer Suitability in the Retail Sale of Financial Products and Services", https://www.bis.org/publ/joint20.pdf, April, 2008.

之外为投资者主要是零售投资者提供更全方位的金融消费者保护。在该份文件中不但在国际层面上对适当性首次做了明确定义，还对如何实现投资者适当性的制度框架和细节给出了全面的建议，这包括适当性的概念与特征、监管者在贯彻适当性要求中的角色与相应职责、金融机构违反适当性的责任与相关投资者救济、金融机构实现适当性的风控要求与行业实践等。该份文件指出客户适当性的适用对象主要是投资产品，具体来说不仅涵盖了传统的金融投资产品如证券、共同基金、年金产品、寿险保单等，还包括了更为复杂的期权、对冲基金、变额保险产品、直接参股项目、有限合伙以及房地产信托投资等。虽然此份文件中的适当性着眼于所谓的“投资产品”，从而似乎有别于影子银行产品，但此文件中的投资范围极广，除了传统标准形式的存款之外，其可以包涵任何“含有投资成分”的金融产品，如结构化存款等，而由于银行表外的影子银行产品大量存在结构化特征，并在商业银行表外运行链条中发展出无可置疑的投资品属性，使其完全适用于广义金融消费者保护机制中的投资者适当性制度。此外，BCBS 也在商业银行表外介入性风险防范中着重强调了对影子银行产品投资者适当性制度的落实，投资者适当性制度也因此成为 BCBS 监管政策的一个重要组成部分。

（二）巴塞尔协议Ⅲ的基本内容及其对影子银行监管的影响

巴塞尔协议Ⅲ的诞生肇因于 2008 年金融危机所暴露出的全球银行业监管缺陷。其相较于巴塞尔协议Ⅰ和巴塞尔协议Ⅱ，意在进一步“强化全球银行业的资本和流动性规则，以期打造更有弹性的银行业风险监管规则”，从而“更好的提升全球银行业在经济和金融危机条件下的损失吸收能力，并降低金融领域对实体经济风险外溢的可能性”。①

巴塞尔协议Ⅲ所倡的审慎监管可归为资本和流动性两方面，并同时涉及宏观和微观层面。巴塞尔协议Ⅲ的资本监管措施主要有：（1）革新资本定义和适格标准以提高资本数量、质量、国际一致性和透明度，扩大风险覆盖范围捕捉表内外和衍生交易风险；（2）引入杠杆率指标弥补资本充足率措施的不足，防止杠杆率过低加重危机期间去杠杆溢出效应，引发资本下降和信贷收

---

① BCBS，“Basel Ⅲ：A Global Regulatory Framework for More Resilient Banks and Banking Systems”，https://www.bis.org/publ/bcbs189_dec2010.pdf，Dec. 2010.

缩间的正反馈循环;(3)缓和银行乃至金融体系整体顺周期性,包括改革最低资本要求以及通过正常时期的前瞻性拨备(抵御预期损失)和信贷过快增长时期的超额资本留存(抵御非预期损失)来吸收压力损失和提高银行稳健性,其中超额资本留存是典型宏观审慎措施;(4)通过资本监管要求消除包括SIFI相互关联在内的系统性风险,提出SIFI附加资本要求以增强其损失吸收能力、激励银行选择中央交易对手进行场外衍生品交易、对复杂交易和金融体系内部风险敞口施加更高资本要求等。①

巴塞尔协议Ⅲ流动性监管肇因于金融危机中所暴露的各国银行流动性管理不足,使其在资本充足情况下仍未能度过危机初期阶段,巴塞尔协议Ⅲ提出银行流动性监管的两个宏观审慎标准和相应监测工具,强化了具有国际一致性的流动性监管框架,包括:(1)引入两个流动性监管标准即流动性覆盖率(LGR)和净稳定资金比例(NSFR),②前者主要关注银行30天内抵御潜在流动性冲击的能力,后者主要是要求银行具有与资产流动性以及表外承诺潜在应急流动性需求相匹配的一年期最低稳定融资来源;(2)BCBS还多角度监测银行乃至金融体系流动性风险,包括合同期限错配程度、融资集中度、可用即时变现资产、各币种流动性覆盖率及市场化渠道相关信息等,使监管者能采取定量宏观审慎措施应对可能的流动性短缺。③

除上述审慎措施方面的增强外,巴塞尔协议Ⅲ在信息披露和内控机制等方面也进行了变革,加强了与银行相关资产证券化的风险敞口披露,也构建了涵盖范围更全面的风险治理框架和风险评估机制。而属于巴塞尔协议Ⅲ总体框架下的《银行业有效银行监管核心原则》则从风险评估和管理角度对监管权力配置和监管标准最佳实践加以阐述,指明了从监管者角度如何贯彻巴塞尔协议Ⅲ。

---

① 参见韩龙、包勇恩:《巴塞尔协议Ⅲ对规制资本规则的修订与影响》,载《江西社会科学》2011年第1期。

② LCR指标是Liquidity Coverage Ratio的缩写,NSFR指标是Net Stable Funding Ratio的缩写,两者都是巴塞尔协议Ⅲ中新引入两个互相独立而又有相互补充性的流动性监管指标。

③ 参见巴曙松、尚航飞、朱元倩:《巴塞尔协议Ⅲ流动性监管新规及其影响》,载《南方金融》2013年第5期。

表3－5　巴塞尔协议Ⅲ对影子银行的影响

具体监管措施 审慎监管类型	巴塞尔Ⅲ框架中的资本监管措施	巴塞尔Ⅲ框架中的流动性监管措施	巴塞尔框架中其他约束机制：内控、信息披露和其他监管举措
一	并表监管	短期流动性LCR指标	在内控机制上扩大了风险评估范围，包括： 风险集中，表外资产证券化交易风险敞口、压力情景下信誉风险以及经济周期全时段内金融工具估值波动
二	风险计提控制风险敞口	中长期流动性NSFR指标	信息披露内容包括再证券化风险敞口、交易账户资产证券化风险敞口、管道风险以及银行发起的表外机构信息等
三	信誉风险纳入资本充足率评估	合同期限错配与负债集中度的	无

虽然巴塞尔协议Ⅲ框架主要是针对商业银行的监管，但至少在以下三个方面会对影子银行体系产生直接或是间接的影响：一是巴塞尔协议Ⅲ框架中的资本监管措施。不仅包括将影子银行业务纳入商业银行资产负债表内进行并表监管，还包括对商业银行资产负债表外与其关联性较低的影子银行业务通过风险计提的方式加以敞口控制，甚至是将商业银行对影子银行业务的隐性支持所可能造成的信誉风险都纳入资本充足率范畴加以考量。这些资本监管措施的实行大大增加了商业银行直接或间接介入影子银行的成本，从而有助于以商业银行缩表方式达到削减影子银行业务规模的目的。二是巴塞尔协议Ⅲ框架中的流动性监管措施。流动性储备不足降低了银行在压力情景下吸收损失能力，其中包括对表外影子银行类风险敞口在压力情景所可能遭受损失的吸收能力。因此在流动性指标和监测中BCBS充分考虑了来自影子银行体系的系统性和非系统性风险，如短期流动性LCR指标涉及的批发融资能力下降、声誉风险维护、衍生品头寸风险敞口加大和抵押品质量下降等，还有中长期流动性NSFR指标涉及的资产负债期限错配。在监测工具方面对合同期限错配与负债集中度的监测无疑是对影子银行体系影响最

大的两项，前者对应于影子银行常见的融短放长操作，而后者则对影子银行机构和载体与商业银行的关联程度加以预警。三是巴塞尔协议Ⅲ框架中特别是巴塞尔支柱Ⅱ和支柱Ⅲ中各类对银行的其他约束机制，包括内控机制和以信息披露为核心的市场纪律等。巴塞尔协议Ⅲ在支柱Ⅱ和支柱Ⅲ中领域的革新主要是扩大了风险评估的范围，将所有类型的风险集中及相关因素，包括表外资产证券化交易风险敞口、压力情景下信誉风险以及经济周期全时段内金融工具估值波动风险等都纳入评估范围，并成为内控机制的常规组成部分。另外，在信息披露方面，巴塞尔协议Ⅲ强调了资产证券化的信息披露，从而通过市场纪律约束以资产证券化为核心的影子银行过度扩张，其披露内容包括再证券化风险敞口、交易账户资产证券化风险敞口、管道风险以及银行发起的表外机构信息等，从而有效约束包括 SPV 在内的各种联结商业银行与影子银行体系的证券化工具。

（三）BCBS 在特定领域监管建议及其对影子银行的影响

除了构筑针对商业银行体系的监管，BCBS 还对与商业银行运作紧密相关的特定业务或实体提出了一系列监管建议，而这些特定业务和实体不可避免的涉及大量具有影子银行性质的金融运作。其中比较典型的包括金融集团的监管和其他银行关联实体的介入式风险监管。以上两者的监管各有侧重，金融集团监管主要侧重于对金融实体和监管套利行为的防范，而介入式风险监管则是着眼于银行以非常手段介入影子银行运作所带来的特殊风险，其主要方式是银行内控机制与外在监管的相互协调。

首先是金融集团监管的问题，所谓金融集团指的是在受监管的银行业、证券业或保险业中，实质性地从事至少两类金融业务，并对附属机构有控制力和重大影响的所有集团公司，包括金融控股公司。金融集团监管并非是各国分业监管体系的替代性方案，而只是针对金融集团这一特殊金融机构类型的补充性监管方案。金融集团作为现代主流的综合金融平台，为金融监管套利行为提供了温床，从而成为大量影子银行活动的来源地，因此对金融集团的监管成为影子银行监管体系的一个重要组成部分。此外，金融集团在金融机构中规模较大，牌照众多，社会影响面较广，因此往往具备一定的系统重要性，而金融集团的综合经营方式和复杂交错的业务联系链条往往使其在金融体系中具有广泛的关联性。因此，一旦影子银行业务风险涉及金融集团，其很可能转化为系统性风险,由此必须对金融集团实施特殊的监管政策。BCBS于2012年修订的《金融集团监管原则》①就对上述问题做了全面而详尽的政策建议:首先是对监管制度的建议,核心是在分业监管基础上设立金融集团整体层面上的特殊监管机构,并由其牵头构建监管联席机制,以应对金融集团包括跨境金融集团组织的复杂与特殊性。集团范围的监管对象应包括所有在传统上未受监管的实体,并在监管标准上适用风险为本理念下的最低审慎标准,纳入对金融集团的特有风险如双重杠杆、风险传染、集中度风险、利益冲突和内部风险敞口等要素的考虑,这就无疑在监管范围上涵盖了金融集团表内或者表外的影子银行业务,同时也对金融集团各功能单元之间通过影子银行链条形成的风险传染、集中度增加和内部风险敞口过大等特殊问题做出监管上的回应。其次是对金融集团的资本和流动性监管措施,所谓的资本监管措施的核心是保持资本充足,这基于集团范围风险,包括集团内未受监管附属机构的风险的全面评估,上述评估须考虑并表监管不足导致的双重或多重杠杆效应、母公司发债注资导致的过度杠杆以及金融集团内部资本转移限制的影响;所谓流动性监管措施中心是要求金融集团母公司承担流动性的看守和管理职责,使集团整体在正常和压力情景下的流动性充足。金融集团上述资本和流动性监管将削弱影子银行在集团内部进行监管套利的可能性,增加了相关影子银行运作的合规成本。再次是对金融集团的风险管理,金融集团风险管理体系、程序和内容对于影子银行活动可能的影响主要体现在对风险加总、风险集中度、集团内部交易(包括其风险敞口)以及集团表外业务等方面的风险管理上。其中提出风险加总的原因是金融集团自身"跨界"属性带来的集团内部的风险传染和放大,通过风险加总可以有效控制影子银行在金融集团内部各功能板块之间的套利穿梭和杠杆放大,从而间接对影子银行的无序扩张施加压力。此外风险集中度和集团内部交易及其风险敞口的风险管理则可以降低金融集团通过影子银行链条形成的与集团外部或集团内部各板块之间的关联性,特别是与系统重要性金融机构的关联性,降低通过金融集团引发金融体系的系统性风险的可能。最后是把金融集

---

① BCBS,"Principles for the Supervision of Financial Conglomerates",https://www.bis.org/publ/ JOINT29. PDF,Sept. 2012.

团表外业务纳入并表监管的轨道，其中尤其是对特殊目的实体（Special Purpose Vehicle，SPV）及其与金融集团之间的关联加以识别和评估，从而有效防范特殊目的实体可能造成的风险，而特殊目的实体则是采用资产证券化形式的影子银行结构中最为常见的机构载体。

表3-6 BCBS与影子银行相关特定领域的监管措施

项目领域	监管文件	监管措施
金融集团领域	2012年《金融集团监管原则》	（1）设立金融集团特殊监管机构及相关联席机制，监管所有传统未受监管实体，适用最低审慎标准并适用于金融集团的特有风险； （2）资本监管措施应在全面评估风险基础上保持资本充足； （3）流动性监管措施使母公司承担流动性保障职责，使集团在正常和压力情景下流动性充足； （4）风险管理措施：包括风险加总、风险集中度、集团内部交易以及集团表外业务的管理
商业银行提供非传统金融支持的影子银行领域（介入式风险）	2017年《"介入式"风险的识别和管理框架》（征求意见稿）	（1）介入式风险管理是前瞻性的风险监管框架。以银行内控为主，监管机构检查监督为辅； （2）制定独立、明晰和常规的对相关影子银行实体进行识别和管理的政策与程序； （3）根据一定指标进行实际识别和评估； （4）进一步对介入式风险采取相关治理措施； （5）向监管部门报告上述举措以备审查评估

如果说影子银行可以渗透到金融集团这种特殊类型的市场主体运作中，从而金融集团监管也对相关影子银行运作产生了直接或者是间接的影响，那么介入式风险监管的目的是对银行表外非传统影子银行活动直接加以规制，防止银行卷入到相关影子银行风险中。所谓介入式风险指的是银行对那些与其既无合同义务也无投资权益，但有一定关联的影子银行实体提供金融支持的行为所可能带来的风险，BCBS通过对介入式风险的识别和现有监管工具的完善来构建具备前瞻性的介入式风险监管框架。介入式风险监管的特征在于以银行自身的内控机制为主，而以监管机构的检查监督为辅，BCBS监管建议的核心在于指导银行如何搭建自身的介入式风险管理框架，这主要

包括以下几点：首先是制定相关识别和管理的政策与程序，其主要特征是独立性、明晰性和常规性。所谓独立性指的是相关程序和政策应作为银行风险管理框架的独立模块存在并由高级别的内设机构加以独立运作；所谓明晰性指的是相关核心定义如介入式风险应得到准确的界定，从而为政策和程序的运作奠定前提和基础；所谓常规性指的是相关政策和程序是常设和定期的，从而应对相关风险状况的变化能有及时反应。其次是在上述程序和政策的基础上对介入式风险开展实际的定期识别和评估，将具有潜在介入式风险的实体先做一个广泛的定义，以涵盖所有的未纳入并表监管且与银行保持高度关联的保证人、债务或股权投资人以及其他契约或非契约的关系人。此类具有介入式风险的影子银行实体需符合以下指标：（从银行角度看）银行提供担保的程度、对银行的影响程度和银行隐性支持的程度，（从影子银行实体角度看）该实体杠杆化程度、流动性压力水平、透明度、声誉风险和投资者适当性等。再次是在上述识别和评估的基础上对介入式风险采取相关治理措施，这包括直接将蕴含介入式风险的影子银行实体纳入并表监管的范畴，或者是在未能合并监管的情形下通过加强流动性管理、修改压力测试框架、会计制度完善、惩罚性事后资本要求、信息披露和内部限制性要求等措施来应对银行的介入式风险问题。最后是相关银行须向监管部门提交各自对介入式风险的政策与程序、影子银行实体的审查概况及相关重要实体的治理措施等，从而为监管者对银行上述行动的审查和评估打下基础，而 BCBS 也鼓励不同区域的监管者对其审查和评估的方法与标准进行跨区域的合作与交流，从而增加银行介入式风险监管的国际一致性。①

第二节　影子银行监管的国内法制变革：以美欧英为例

应该说，影子银行是源起于美国并传播到全球的一种全球性金融现象，但影子银行的具体结构和历史路径则与各国原本的经济体制、金融发展水平

---

① BCBS, "Identification and management of step-in risk", Accessed May 1st, 2018, https://www.bis.org/bcbs/publ/d423.pdf.

乃至政治与法律的框架有着密不可分的关系，从而影子银行监管的理念、对象以及方法都存在歧义，这也是影子银行监管的国别比较研究的坚实基础。美国以直接金融为主的融资体制决定了投资银行在美国影子银行体系中的核心地位，而证券化则是美国影子银行运作的主要方式，后危机时代美国对影子银行监管的力度也是最为严格的。欧盟的融资体制则以间接金融为主，而商业银行在其中发挥了主导作用，欧盟对影子银行总体上仍是较为宽松和鼓励的，其长远目标是致力于建设更有弹性的和更独立的市场型融资体系，以摆脱商业银行畸重比例以及成员国政治利益对欧盟金融体系的不利影响。英国影子银行具有明显的跨境特点，是美欧跨境影子银行运作的枢纽之地，英国对影子银行的态度甚至比欧盟更为宽松，因为这是英国保持其金融业特色与国际影响力的重要砝码。另外，英国影子银行监管的一大优势是其对行为监管的强调，体现在其对双峰模式的推崇与应用上，这无疑值得各国考察和借鉴。

一、美国影子银行的监管演进

美国影子银行是“二战”后美国自由金融市场种种金融创新累积而得，并借助资产证券化的金融工程技术达到了极其复杂的程度，[①]这与其他国家与地区存在显著的区别。美国影子银行固有的脆弱性和风险性随着时间推移不断放大，特别是杠杆性、错配性、顺周期性等特征的不断加强，在经济大环境发生逆转从而导致底层基础资产出现问题时就会极快的引发系统性的金融危机，而这正是2007年的美国次贷危机的写照。由于影子银行是美国金融危机的罪魁祸首，因此影子银行监管的问题引发了美国各界超乎寻常的关注。危机前美国金融监管的主要特征包括金融自由化立法的盛行、双层多头的监管模式、金融机构内控与治理机制的薄弱以及对金融行为监管的严重轻视等，这些都在金融危机中得以充分暴露。由此，在对危机进行全面反思的基础上，美国立法者通过了里程碑式的《多德—弗兰克法案》，对美国金融监管的基本价值与理念、金融监管架构、金融机构内控与治理（其中最主要是沃尔克规则）、系统重要性金融机构特殊监管、场外交易和金融衍生品制度以

① 参见王勇：《美国影子银行发展及监管改革》，载《金融发展研究》2012年第4期。

及金融消费者保护都做出了全面规定，从而在方方面面将美国影子银行纳入了较为严密的规范网罗中。

（一）美国影子银行发展简史——“证券化”模式的繁荣与崩溃

作为影子银行规模最大，历史最悠久的国家，美国影子银行的起源、发展和监管所呈现的历史脉络和内生逻辑无疑可以成为影子银行法律治理的典型。与美国影子银行模式不同的是，中国影子银行的发展更多源于对金融抑制的应激反应，且主要针对商业银行垄断带来的金融供给结构性不足，以监管套利的方式获取商业银行体系之外的超额利润。而美国影子银行则主要是利率市场化与金融自由化的产物，并通过不断地金融创新加以壮大。

在本书第一部分中已经对美国影子银行的发展做了阶段式的概括，指出美国影子银行的核心是通过以资产证券化为中心的金融技术对各类尤其是商业银行的信贷资源进行表内移出和属性改造，从而规避监管并追求超额利润。在这个移表和改造的过程中，影子银行机构起到了最重要的作用，影子银行机构打造的金融产业链条将金融技术改造后的影子银行产品批发销售给各式各样的投资者，从而获得来自上述投资者的大量短期融资，而影子银行产品的投资者在这个复杂的“借短放长”的金融工程中无疑需要承担一定的风险，因此某种意义上也可以说美国影子银行体系是一种投资者自担风险的直接融资体系。清晰可见的是，美国影子银行产业链条将资本市场（证券化产品的交易场所）、借贷市场（基础资产的主要市场）和货币市场（影子银行短期融资市场）联结在一起，从而此种以规避监管和博取超额利润为目的的金融活动具备了对金融系统全局的影响，当然也埋下了金融领域的系统性风险的隐患，而如果基础资产池发生问题，或是维系影子银行链条的流动性出现断裂，那么看似恢弘壮丽的影子银行可能在极快的时间坍塌。① 美国影子银行固有的脆弱性主要源于其“证券化”链式运作和流转带来的杠杆率高企、借短放长带来的期限错配以及金融创新驱动之下的高风险偏好，这是金融产业利益驱动的本性使然，也是金融市场效率价值所带来的必然逻辑。

美国影子银行的上述特征与监管必要性在次贷危机以后才引起广泛的

① 关于次贷危机中影子银行的资产证券化运作，李永乐：《次贷危机中影子银行和资产证券化的角色与作用》，载《人民论坛》2015 年第 35 期。

关注,而次贷危机也是美国影子银行体系模式和风险的教科书级别的演示。2007年的美国次贷危机源于美国影子银行体系将以借贷和收取本息为特征的间接金融,通过复杂金融工程转变为牟取流动性溢价的直接金融,并将最后的风险交由以住房贷款为基础资产的证券化产品投资者来承担,而在经济上升周期阶段中,所有的风险都可以为资产价格即住房价格的上升所掩盖,影子银行链条的各个环节在乐观预期中不断进行杠杆、期限和流动性转换从而获取利润,并将越来越多的次级即不良住房贷款作为基础资产卷入这个扩张性的体系中,而当美联储开始加息刺破资产泡沫并改变市场预期后,所有的次级贷款的风险开始暴露和兑现,从而反向作用于影子银行链条的各个部分,导致了流动性紧张,资产抛售和价格猛烈下挫,并进而对货币、资本和信贷市场的金融系统全局造成不可逆转的影响,最终导致了2007年的美国金融危机。

(二)美国影子银行制度的阿喀琉斯之踵——监管自由化

从制度层面看,美国次贷危机的原因有以下几个方面:一是美国大量金融创新在20世纪60年代以来已经逐步突破了之前《格拉斯—斯蒂格尔法》及其中的Q条例对金融业的管制,并促成了从地方到联邦层面大量的金融自由化立法的出台,其中最具代表性的是1999年的《金融服务现代化法案》,其确立了美国宽松监管下金融混业经营基本制度,[①]在此历史期间,美国影子银行逐步从政府支持企业起步,由美国联邦政府所背书的两房即房地美和房利美对住房抵押贷款证券化运作,巧妙规避了《格拉斯—斯蒂格尔法》的约束,在联邦住宅贷款银行表外运作住房抵押贷款,实现了贷款期限、信用和流动性转换和超额利润。继政府支持企业而起的是美国大型金融控股集团,其在1999年《金融服务现代化法案》鼓励下大肆开展对影子银行的混业和跨境操作,从而将影子银行运营内部化和国际化,从而暴露了其时美国金融监管体制的缺陷。而将美式影子银行推向巅峰的是非银金融机构对金融控股集团影子银行模式的仿效与推进,其代表是美国主要的几个投资银行,其开发出更长的交易链条、更高的交易杠杆和更多的交易模式,其对金融自由化制度安排的充分利用,使影子银行的规模甚至远远超过了传统的银行

① 参见许多奇:《次贷危机的法律根源探究》,载《交大法学》2011年第2期。

部门。

二是美国在金融危机前普遍缺乏对金融企业公司治理和内控机制的监管，造成金融领域特别是透明度较低的影子银行领域道德风险频发，最终造成了金融市场逆向选择行为充斥，从而导致以次级贷款为代表的“劣币”充斥金融领域；美国“次贷”的制造者其实就是内控机制松懈的金融机构，美国企业文化中的管理层强势导致了金融机构在内部人控制下道德风险全面暴露，以公司所有者和经营者相互制衡为核心的公司治理机制形同虚设，市场充斥着本质为竞次(race to the bottom)的逆向选择行为和恶性竞争，在此情形下带有强制性来自政府的外部治理或他律几乎成了唯一的约束办法，但可惜的是美国监管部门对此问题仅仅是制定了一份不具强制性的监管指引，[①]除此以外几乎毫无作为，这无疑纵容了金融机构的上述行为。

三是作为现代金融制度供给的核心，美国次贷危机之前实行的双层多头金融监管模式已经在内容上难以适应美国20世纪60年代以来的金融创新，反而刺激了影子银行机构进行大量的监管套利。双层多头金融监管体系的规则导向、微观审慎和监管重叠或缺位已经完全不能适应影子银行创新发展，必须加以根本上的变革。首先从地方与联邦的双重监管来看，金融机构按照类别分别或同时接受联邦和州的监管，这虽然体现了美国固有的分权传统，但各州监管法律的不尽相同以及联邦与州监管衔接的缺漏反而便利了金融机构进行投机性的监管套利。其次既有的分业监管模式与混业经营放开之间有着极大的张力，分业下的多头监管格局更使得不同监管部门在应对影子银行创新上显得有心无力，不是监管重叠就是监管缺位，从而最大限度暴露了分业多头监管的缺陷。此外金融危机之前美国监管体制在监管内容上也存在诸多问题，概括起来有过度规则导向和单一微观审慎两方面：前者指的是监管部门过于刻板的依赖规则本身，而金融监管规则相对于金融创新总是滞后，这无疑导致了相当的隐患，因此美国财政部在对金融危机反思中提出了目标导向监管，并设立维护市场稳定、促进金融机构安全稳健发展和保护消费者权益的政策目标；后者指在具体监管手段上，危机前美国对影子银

---

① 参见高明华、赵峰：《次贷危机何以发生——公司治理视角的分析》，载《西部金融》2009年第7期。

行的监管依赖于单一的微观审慎措施,而微观审慎措施主要通过一系列的指标以及现场或非现场检查的方式来对单一金融机构的财务稳健加以核查,但对于金融系统整体风险状况和影子银行风险在金融机构之间的链状传播与扩散却无能为力。最后需指出的是,美国在金融危机前虽然已经有了行为监管即金融消费者保护的初步监管架构,但其并未得到有效统合,仍是以分业形态散置于各个金融监管部门中,其也从未得到类似于审慎监管的重视。

美国影子银行制度安排上的种种缺陷,无疑是酿成2007年美国次贷危机的一个根本原因,因此这也成为次贷危机之后美国金融改革的重中之重。

(三)后危机时代美国影子银行监管的变革与评析——以《多德—弗兰克法案》为中心

次贷危机对美国的教训是深刻的,从而也刺激了美国政府和财政部在金融监管上提出一系列的改革方案和具体建议,这包括《现代金融监管构架改革蓝图》(Blueprint for a Modernized Financial Regulatory Structure)、①《金融监管改革框架》(Treasury Outlines Framework for Regulatory Reform)②和《金融监管改革——新的基础:重建金融监管》③(Financial Regulatory Reform-A New Foundation:Rebuilding Financial Supervision and Regulation)等,2008年3月美国财政部公布的《现代金融监管构架改革蓝图》宣称其根本目标是从审慎监管、行为监管和金融稳定监管三个方面来重构美国的金融监管体系。而同样是美国财政部于一年之后即2009年3月发布的《金融监管改革框架》更详细的提出对系统性金融机构、消费者权益保护、监管权力明确以及监管国际合作等一系列问题的行政建议。继而奥巴马政府在2009年6月发布的《金融监管改革——新的基础:重建金融监管》,周详的提出如何对金融机构稳健监管、对金融市场全面监管、对消费者和投资者加以保护、对监管机构赋权以及增强国际监管合作机制。而上述种种构想和建议最终在2010年由美

---

① The deparment of treasury,"Blueprint for a modernized financial regulatory structure",Accessed May 1st,2018,https://www.treasury.gov/press-center/press-releases/Documents/Blueprint.pdf.

② The deparment of treasury,"Treasury Outlines Framework for Regulatory Reform",Accessed May 1st,2018,https://www.treasury.gov/press-center/press-releases/Pages/tg72.aspx.

③ The deparment of treasury,"Financial Regulatory Reform: A New Foundation",Accessed May 1st,2018,https://www.treasury.gov/initiatives/Documents/FinalReport_web.pdf.

国参众两院通过的《多德—弗兰克法案》转化为正式法律,从而开启了美国自20世纪30年代《格拉斯—斯蒂格尔法案》通过以来最大的监管变革,从而成就了美国影子银行制度框架的一次根本性的转折。

《多德—弗兰克法案》对美国影子银行监管进行了多方面的变革,而变革首先体现在立法理念和价值导向上,《多德—弗兰克法案》的主旨是遏制过度的金融自由化,认为实现在推行所谓金融自由化的同时也应施加相应的责任与义务,这包括为"金融全局稳定的目的要求保持金融体系的透明度与可问责性,防止因'太大不能倒'的目的过度使用救助措施从而浪费国家财力以及保护消费者免遭不当金融服务的侵害"等。换言之,应从制度入手,摒弃那种危害金融稳定、过度依赖国家救助机制和侵害金融消费者权益的所谓金融自由化的蔓延,从而构建安全与效率相平衡,自由与责任相和谐的金融体系。当然,显而易见的是,《多德—弗兰克法案》在纠正金融自由化倾向的同时也陷入了对金融机构特别是那些系统重要性金融机构的"父爱主义",①监管机构获得了以往不曾拥有的权力,可以对那些大型金融机构通过指定的方式加以保护,从而加强了其竞争优势,并往往对系统重要性金融机构产生兜底冲动。此外《多德—弗兰克法案》过于繁杂的改革举措不可避免让机构陷入了监管规则的丛林,大大增加了金融机构的合规成本,在美国这样的市场经济国家无疑会大大削弱乃至扼杀中小金融机构的生存空间,与金融自由化下的行业分化有着异曲同工的效果,而影子银行的业务份额原本就集中在大型金融机构手里,在《多德—弗兰克法案》下,无疑更加强了影子银行的集中度和风险敞口程度。由于意识到问题的严重性,美国现任特朗普政府在签署《促进经济增长、放松监管要求、保护消费者权益法案》(Economic Growth, Regulatory Relief, and Consumer Protection Act,以下简称《促进法案》)以修正《多德—弗兰克法案》时就表明了对此的鲜明立场:"金融监管必须更加高效、有力并作适当裁减",修正案提供了"基于常识的(对中小金融机构)的监管减负"并"去除《多德—弗兰克法案》所强加的那些(对中小金融机构)毫无

① 法律上或行政管理上的父爱主义,指的是法律或政府为了当事人利益,无视而其意志限制其个人自由,迫使其为或不为某种行为的一种干预模式。禹竹蕊:《从盛行到自持:法律父爱主义在行政管理中的演进》,载《深圳大学学报》(人文社会科学版)2017年第5期。

必要的监管负担"。[①] 但是，如何防止对金融自由的过度修正或反过来防范金融监管过度自由化的死灰复燃，在自由与公平，安全与效率之间寻求平衡，无疑是后危机时代影子银行监管的一个恒久的课题。

其次，在金融监管架构上，虽然美国混业经营实际上已经成为金融业的主流，但是《多德—弗兰克法案》之前的美国监管体制却仍然保留了适应于金融分业架构的"双重多头"监管模式，只是根据金融业实践的发展对其进行制度细节上的微调。对于影子银行业务而言，其相关监管部门众多，而且在实际运行过程中常常陷入山头林立、分工不清和合作匮乏的境地，使影子银行实体或业务完全可以利用上述监管滞后及不足进行套利活动。次贷危机之后痛定思痛的《多德—弗兰克法案》完全颠覆了既往的监管体制，在宏观审慎、行为监管和系统性风险监管等三方面做出全面规定，大大加强了美联储的既有职能，新设金融稳定监督委员会、消费者金融保护局和联邦保险办公室等一大批机构，并对既有的监管体系做了大量的统合与精简，美国的上述金融监管体系改革充分体现了次贷危机后美国监管设计从规则导向到目标导向的转型。在破除"多头"弊端的同时，法案也对美国"双重"金融监管架构也做了某种程度上的修正，在原有双重体系下，州政府对于某些金融领域保有相当大甚至是主要的金融监管权，比如保险行业，又如某些新型的金融业态，但在《多德—弗兰克法案》通过后，州政府诸多监管权以与联邦监管机构联席的方式加以行使，从而受到了更多的约束，最典型的就是美国财政部新设了联邦保险办公室，与地方保险监管机构联合监管保险公司，这无疑标志着美国金融监管体系双重架构的削弱与垂直监管模式的强化，是美国央地监管权力重新配置的一个最好例证。

当然，改革后的监管架构也存在诸方面的问题，其最主要的批评集中在对旧有监管架构的改革并不彻底，保留了基层分业与混业并存的监管结构，而同时又在架构顶层增添了一些新的监管部门，这无疑增加了美国金融监管体系运行的制度成本。特朗普政府新近提出对《多德—弗兰克法案》的大规

---

① White house, "President Donald J. Trump Supports Regulatory Reforms for Community Banks, Credit Unions, and Consumers", https://www. whitehouse. gov/briefings-statements/president-donald-j-trump-supports-regulatory-reforms-community-banks-credit-unions-consumers/.

模修改，其中一个重要内容就是减少对金融监管机构如消费者金融保护预算的预算，从而通过监管成本的控制来削弱《多德—弗兰克法案》之后美国金融监管机构过于严苛的监管行为，而这无疑将在某种程度上逐步抵销美国后危机时代对控制影子银行系统性风险所做出的努力。此外，即使在那些新设的监管机构，《多德—弗兰克法案》的相关授权也并不充足，从而导致了目标导向监管实施上的根本缺陷，以法案设置的核心机构即有“超级监管者”之称的金融稳定监管委员会为例，虽然其有着信息收集、有限宏观审慎监管、监管协调和政策建议方面的权力，但缺乏全面宏观审慎监管、监管执行、宏观经济政策建议以及金融危机处置方面的权力，从而为其维护金融稳定的目标的实现与否带来了较大的不确定性。① 以上种种监管体系的不健全，可能将导致法案确定的金融监管目标可行性的削减，从而可能导致危机后略有受控的美国影子银行总体风险状况回潮。

最后，在金融机构内控和法人治理方面，法案最显著的举措是提出了沃尔克规则。沃尔克规则的主要内容是逐步限制商业银行从事自营交易以及发起或投资对冲基金和私募基金。其目的在于隔绝联邦保险机制所覆盖的商业银行常规业务部分和高风险的影子银行部分，要求商业银行逐步退出大部分的自营交易和基金业务，并在确有必要保留的剩余部分与银行传统存贷款业务之间建立有效的金融防火墙。法案在法人治理上的改革措施主要集中在金融机构的薪酬体系改革方面，从而防止“内部人控制”引发的金融机构道德风险，这包括加强金融机构股东的发言权、监管机构对薪酬的审查权以及加强薪酬发放的信息披露等。沃尔克规则是后危机时代改革措施中争议最大的一项，表面上沃尔克规则极大限制了银行的表外业务活动，从而有助于抑制影子银行规模和切断影子银行的风险传播链条，但在美国低利率大环境下执行沃尔克规则的结果就是大大缩减了金融业的利润空间，②尤其加剧了竞争力较弱的中小金融机构的生存危机，造成了美国金融行业的进一步分化，而相对地位巩固的大型金融机构甚至是系统重要性金融机构却屡屡挑战沃尔克规则，并在具体执行沃尔克规则上竭力展开对监管当局的“俘获”，

① 参见叶文庆：《美国金融监管权评析》，载《商业研究》2013 年第 7 期。

② 参见苏洁澈：《后危机时代英美银行监管体系变革》，载《环球法律评论》2016 年第 1 期。

从而为其各种有利可图的不当操作留下巨大的想象空间,从而以抑制影子银行系统性风险为己任并不断延期实施的沃尔克规则在实施效果上不得不大打折扣。

《多德—弗兰克法案》在监管内容上也有大量创新,冀望能有效防止类似于次贷危机之类的影子银行系统性崩盘事件的再次发生,这些创新监管内容除了前述沃尔克规则之外,对影子银行而言还包括以下几个方面:首先是加强对 SIFI 的监管,在流动性、杠杆、资本充足率等方面对其提出更高要求,从而降低其监管套利的可能,而 SIFI 往往也是最重要的影子银行实体,这有助于从源头上防止影子银行链条系统性风险的积聚和传播。其次是对场外交易和金融衍生品制度加以变革,美国次贷危机的直接原因就是场外市场中各种金融衍生品的盛行,其是影子银行链条的直接体现及各类金融风险的载体,因此对场外交易和衍生品的监管无疑成为必要的内容。最后是对投资者保护上的新规定,这里的投资者是广义上的概念,其不仅包括在交易中处于弱势的普通金融消费者,还包括具有相当知识和经验的私募投资者。之前美国虽然已经有了初步的金融消费者保护机构设置,但主要内置于分业监管体系下的各个监管机构中,因此《多德—弗兰克法案》创立了金融消费者保护局对此加以统合,金融消费者保护局的监管对象包括银行和非银行等各类金融机构,其不仅有着独立的法律地位,还有从民事调查到刑事移送的广泛职权。法案还从信息披露和杜绝不公平交易两个方面规定了金融消费者保护的内容,除了普通的金融消费者之外,法案在某种程度上也引入了投资者适当性管理制度,表现在对有一定投资经验和知识的私募投资者也提供了某种程度的保护,不但提高了适格投资人的门槛,而且还取消了部分私募基金发行人的私募登记豁免资格。① 加强金融消费者保护等同于加强对金融机构

① 美国的投资者适当性制度由来已久,并在《多德—弗兰克法案》通过后得到进一步的强化,其表现在两个方面:一是《多德—弗兰克法案》出现之前美国在所有证券和基金类法律中都对投资主体的注册义务提供某些安全港规则,那些符合某种适当性标准的投资主体才可能得到发行注册或证券转让的豁免,《多德—弗兰克法案》之后,又增加了若干对券商或其他机构主体行为的“适当性”规定,使其行为有助于客户而非仅仅是其自身的利益;二是体现在证券市场券商公平对待证券投资者的自律义务中,其规定于某些自律规则中,如早期美国证券商协会即 NASD 的 2310 规则与美国金融市场管理局即 FINRA 的 2111 规则,表现为券商对证券投资者在证券交易市场上的适当性管理义务。

的行为监管,而金融机构的行为监管与金融机构的审慎监管是一种相辅相成的关系,强化金融机构行为监管将直接有助于相关微观审慎监管措施的改善,而从间接角度也有助于金融体系宏观审慎措施的效果,从而为防范美国影子银行的监管套利和系统性风险的累积发挥一定的作用。

但《多德—弗兰克法案》中的上述种种监管改革措施,即加强系统性重要性金融机构审慎监管、构建金融市场交易监管以及完善金融机构行为监管(体现为对金融消费者或投资者的保护)也有着种种弊端。首先是系统重要性金融机构的认定和从严监管表面上似乎加强了金融系统的稳健性,但实际上却提升了这些机构的道德风险,使其更乐于从事那些高风险的金融活动包括影子银行活动,并且获取了相对于其他金融机构的不正当的竞争优势,而政府对此类金融机构的定性类似于一种隐性担保,将会极大地扭曲金融资源的市场配置效率,从而严重降低金融体系整体的效率,长期看来将提升金融体系的系统性风险;其次是构建金融市场交易监管的动机在于从金融技术层面防止影子银行链条的形成和影子银行风险的快速传播,而实际上也将美国的商业银行几乎排挤出了某些重要市场如场外衍生品交易市场,使其几乎成为美国联邦政府的单边市场,①这似乎表明《多德—弗兰克法案》是对美国影子银行过犹不及的一种监管,从而完全否定了影子银行作为美国战后最大金融创新的积极作用;最后是美国以金融消费者保护为中心的金融机构行为监管问题,焦点集中在新设立的美国金融消费者保护局(Consumer Financial Protection Bureau,CFPB)上,其对金融消费者保护单一监管目标的过于强调导致了某种监管上的失衡,从而过度介入了金融产品的微观层面,“阉割”了大量的金融创新,而最佳的金融消费者保护应该是通过更加市场化导向的信息披露方式来进行,而非介入式的某种“父爱式”保护机制。

对于影子银行而言,《多德—弗兰克法案》后的金融消费者保护改革无疑大大增加了金融机构尤其是中小银行机构的合规成本,即使其对金融产品微观层面的简式要求也往往有利于强化大型金融机构的竞争力,这就使大型金融机构往往更加垄断了美国的影子银行业务,从而使美国影子银行领域的

---

① 参见王元凯、陈丰:《〈多德—弗兰克法案〉究竟影响几何——浅析法案实施后美国场外衍生品市场发展》,载《金融与经济》2015年第2期。

风险集中程度反而大大上升了。鉴于此,之前多次提到,特朗普新政府执政以来,共和党占多数的美国国会成功对《多德—弗兰克法案》做了大幅度的修正,并最终体现为2018年5月生效的《促进法案》。① 《促进法案》虽然并未全面逆转《多德—弗兰克法案》的整体框架,但却在合理限度内放宽了对社区银行、中型银行、地区银行和信用联盟的监管要求,对多德—弗兰克金融监管框架加以微调,以在新形势下寻找美国金融安全与效率之间更为合理的平衡点,促进金融机构创新潜力的发挥以更好地服务其客户和加速经济增长。以社区银行为例,特朗普政府认为,作为美国小企业的金融支柱,社区银行应受到特别关注,但"社区银行却受到《多德—弗兰克法案》过度且不公正的伤害,而与此同时大银行却能运用其庞大的资源规避《多德—弗兰克法案》复杂而成本高昂的监管",②因此《促进法案》的监管放松有助于逆转大银行此种比较优势,并增加社区银行的生存概率。《促进法案》对社区银行的监管放宽有许多,其中与影子银行活动相关的包括以下几个方面:首先是总资产100亿美元以下的社区银行只要杠杆率在8%与10%即可满足资本充足率指标,无须引入较为复杂的风险权重计算;其次是总资产小于100亿美元的社区银行进行数额小于总资产5%的自营交易时可豁免沃尔克规则的约束;最后是简化总资产小于50亿美元的社区银行的信息披露负担,减轻其从事各类金融业务的合规成本。随着上述三项措施的施行,预料将会在一定程度上推动美国社区银行包括影子银行在内的金融创新,从而有助于逆转美国金融领域的两极分化,使美国金融机构可以在准确定位和服务各自的客户群体方面有着更加广阔的制度空间。除了最为典型的社区银行外,《促进法案》还对其他中大型金融机构监管要求做了适当放松,其中对影子银行有影响的包括提高SIFI的门槛、修改杠杆率计算方式和扩大高流动资产的适用范围等。与社区银行的监管放松一样,上述措施也间接有利于提高大部分金融机构在影子银行领域的参与度,从而推动金融创新和金融安全在新时期取

① "Economic Growth, Regulatory Relief, and Consumer Protection Act", https://www.congress.gov/bill/115th-congress/senate-bill/2155.

② White House, "President Donald J. Trump Supports Regulatory Reforms for Community Banks, Credit Unions, and Consumers", https://www.whitehouse.gov/briefings-statements/president-donald-j-trump-supports-regulatory-reforms-community-banks-credit-unions-consumers/.

得某种再平衡。应该说,特朗普上述金融新政并非激进,而是一种态度较为稳妥的改良,但其在实践中能走多远,能在多大程度上取得预期的效果,仍有待观察。

二、欧盟对影子银行监管的演进

虽然欧盟金融市场传统上是以间接融资为主的市场,但晚近以来,特别是次贷危机和欧债危机以来,欧盟已经开始逐渐转向一种直接与间接融资并重的金融体系,直接融资已经占据了相当重要的地位。在此背景下,欧盟影子银行越来越摆脱了对商业银行的依附传统,而成为一种参与主体多元化和投资工具完全化的独立金融体系。但鉴于影子银行体系内在的不稳定性与风险性,欧盟也希望在 FSB 建议的基础上打造一个适合欧盟自身情况的欧盟层面的影子银行监管体系。欧洲央行作为欧盟影子银行监管体系的主角从监管视角提出了欧盟影子银行的风险所在,欧盟随之也通过了一系列相关的指令与条例。

欧盟金融监管体系在危机前主要是一种离散型的架构,是一种基于辅助原则的监管分割,虽然经过 2001 年的"拉姆法路西"修正,强化了成员国金融监管的一致性,但其离散型本质仍未改变。2009 年后危机时代的德拉罗西埃框架则正式开启了欧盟金融监管架构从离散型向集权型的转变,构建了以欧盟系统风险委员会和泛欧监管机构体系为核心的双支柱监管体系,而 2012 年欧盟金融监管的集权型监管向纵深发展,标志是包括单一监管机制、单一清算机制和单一存款保险机制在内的欧盟银行业联盟的建立。在欧盟金融监管模式转型的大前提下,2013 年欧盟提出的影子银行监管路线图包含了传统金融机构(主要指商业银行)、金融市场(衍生品、证券化资产和信用评级操作)和投资基金的较为全面的影子银行监管规则。

(一)欧盟影子银行的定义、发展与风险规制概况

欧盟对影子银行的官方定义见于其 2012 年 3 月发布的名为《欧盟委员会影子银行绿皮书》(以下简称《绿皮书》)的文件中,其把影子银行从机构和业务两个角度加以定义:前者包括(1)有期限/流动性转换功能的 SPV,(2)货币市场基金和类似有存款性质的投资基金或产品,(3)投资基金,(4)财务公司和证券机构和(5)有信贷功能的保险和再保险公司,而后者包

括:(1)证券化,(2)证券借贷和(3)回购。①

与美国影子银行的发展历史和现今规模相比较,欧盟影子银行历史较短,其到目前在市场份额上仍不及传统商业银行。但由于在欧债危机中原有间接融资模式的难度和障碍完全浮现出来,晚近以来欧盟融资模式不断提高直接融资的比重,以增加欧盟融资体系的弹性。随之,欧盟影子银行也摆脱了附属于传统商业银行的地位,而发展出类似于美国以货币市场基金、对冲基金、投资银行和结构性投资工具为载体,以资产证券化产品、回购业务、证券借贷为工具的独立体系。根据欧洲央行的最新统计数据,欧盟影子银行占欧盟金融资产整体的比例已经从五年前的不到30%提升到40%左右。当然,传统银行迄今仍占据了欧盟金融资产50%以上的比例,另外则是养老金与保险公司的份额,但上述传统金融机构的份额在明显缩减。而在欧盟影子银行中,占据最大资产比例的当属包括货币市场基金在内的投资基金(大约占据欧盟影子银行资产的三分之一)。此外依照资产比例大小还有特殊金融机构、金融载体公司、专属金融机构、非证券化SPV等影子银行机构。②

虽然历经了经由美国传导而来的次贷危机的冲击,欧盟总体上仍对银行间接融资主导下的金融抑制有着较深戒惧,认为其并不利于欧盟金融行业的长远发展和竞争力的提升。欧盟主席容克在2015年成立资本市场联盟的仪式上指出,欧盟应该减少对"银行一系列融资的过度依赖",并在该联盟的行动计划中对股票、债务证券化等资本化措施做出了短期规划。欧盟的动机是通过资本市场促进规范化市场机制的形成,从而避免政治利益对银行融资的俘获,此外创新型和服务型的企业也比较适合由直接融资模式提供金融支持。在欧盟发展资本市场的努力中,影子银行作为资本化信贷活动,是间接融资和直接融资的平衡点,在满足信贷需求的同时改善了金融体系弹性,是欧盟资本化战略的核心步骤之一。因此从总体上看,欧盟对影子银行发展持

---

① European Commission, "Green Paper on Shadow Banking A Cicero Consulting Special Report", Accessed May 1st, 2018, http://ec.europa.eu/internal_market/bank/docs/shadow/green-paper_en.pdf.

② European Central Bank. ECB, "Financial Stability Review", Accessed May 1st, 2018, http://www.ecb.europa.eu/pub/pdf/other/ecb.financialstabilityreview201711.en.pdf?7a775eed7ede9aee35acd83d2052a198.

有支持态度，但欧盟同时吸取了美国金融危机的教训，没有忽视影子银行对金融系统复杂性的增加和有效监管的挑战。因此，欧盟目前试图在FSB建议基础上打造一个适合自身情况的监测、识别、评估和监管影子银行的系统。此外还需注意，欧盟面对的一个特殊挑战是如何在成员国金融监管制度和金融体系各个不同的情况下通过欧盟层面的整合，打造一个泛欧影子银行市场和监管体系，在这过程中不可避免要处理成员国与欧盟在监管制度和执行方面大量歧义与磨合的问题。

作为欧盟金融领域的最终监管者，欧洲央行认为需要建立一个监测和评估框架以应对影子银行机构与业务所带来的风险，如影子银行机构在信用中介活动中对杠杆的运用完全可能放大相关系统性风险，而杠杆之外的期限与流动性转换引发系统性风险的可能性也同样存在，欧盟与成员国监管当局应在上述监测与评估基础上采取相应的监管应对措施。欧洲央行从具体业务的角度重点列举了几种影子银行风险，这包括投资基金的流动性风险及与杠杆相关风险（如持有低流动性投资但却承诺日回赎份额的投资基金以及高杠杆投资基金）；不同金融部门间及影子银行体系内部因关联而相互传染危机的风险，包括境内与跨境的关联；期货与证券融资交易等市场工具的顺周期性、杠杆和流动性风险及因评估不确定性导致的其他金融机构（Other Financial Institution，OFI）脆弱性风险等；其他风险还包括投资基金流动性与期限转换在压力时期所带来的基金流动性下降和抛售风险，投资基金因去杠杆溢出效应所造成的系统性风险，信贷机构与影子银行机构因各种债务或股权联结而导致的金融动荡风险等。但从监管需求的视角梳理，《绿皮书》将欧盟境内真正可能引发系统性风险的影子银行活动归纳为如下几项：（1）存款性质业务“挤兑”导致的流动性风险（期限转换风险也是某种流动性风险）；（2）隐蔽或较高杠杆风险；（3）监管套利下的竞次行为而导致的系统风险；（4）失败影子银行机构无序退出对相关联商业银行的溢出与传导风险。而无论是流动性转换、杠杆操作、监管套利还是无序退市，一般都涉及影子银行机构或市场工具两方面，因此欧盟监管者也主要从机构和市场两个层次展开对影子银行的立法和监管工作。

其实在《绿皮书》发布前后，欧盟对于影子银行风险展开相关立法活动，其相关成果包括适用于对冲基金活动的《另类投资基金经理人指令》

(Alternative Investment Fund Managers Directive,AIFMD),①适用于银行证券化业务并间接作用于相关影子银行活动的2010年《资本要求指令Ⅱ》(Capital Requirements Directives Ⅱ,CRD Ⅱ)、2011年《资本要求指令Ⅲ》(Capital Requirements Directives Ⅲ,CRDⅢ)②和《国际财务报告准则》第七版修订(International Financial Reporting Standards 7,IFRS 7),③欧盟系统风险管理委员会(The General Board of the European Systemic Risk Board,ESRB)制定适用于作为影子银行批发融资源头的货币市场基金(MMF)的政策建议,2012年生效用于规制柜台市场衍生品交易风险转移(在商业银行和影子银行之间)的《欧盟市场基础设施监管规则》(EMIR),《欧盟信用评级条例》Ⅰ(2009)和Ⅱ(2011)约束对影子银行信贷扩张和加杠杆起到重要催化作用的信用评级机构以及欧盟委员会为实现影子银行机构有序市场退出而就非银金融机构解散进行公开意见征求等。但上述立法或立法准备工作也存在种种不足,正如《绿皮书》所指出的,欧盟银行和保险立法对影子银行适用性问题待解决,欧盟资产管理立法(涉及投资基金等影子银行机构)中也存有大量漏洞与不足,证券化、证券借贷和回购等市场交易规则(涉及影子银行活动)具体标准及欧盟成员国之间相互协调也存在疑义。

(二)欧盟影子银行的监管框架与监管路线图

对欧盟影子银行监管做出全面了解离不开对欧盟整体金融监管体系的了解,因为对欧盟影子银行监管权力配置的脉络是内在于欧盟金融监管体系内部的,而非欧盟金融监管体系的独立板块。次贷危机之前,欧盟金融监管的最大特点是建立在辅助性原则基础上的监管分割,这使泛欧监管体系建设远远落后于欧盟金融市场一体化进程。为改变此种状况,2001年以来欧盟逐步接纳和实施欧盟前央行行长拉姆法路西(Lamfalussy)的建议,将欧盟金融监管确立为四层次行动框架,其主要特征是加强成员国金融监管的政

---

① The European Parliament and of the Council. DIRECTIVE 2011/61/EU. http://eur-lex.europa.eu/legal-content/EN/TXT/? uri = CELEX:32011L0061,May 1st,2018.

② The European Parliament and of the Council. DIRECTIVE 2011/61/EU. DIRECTIVE 2013/36/EU. http://eur-lex.europa.eu/legal-content/EN/TXT/? uri = CELEX:02013L0036 - 20150101,May 1st,2018.

③ International Financial Reporting Standards Foundation. https://www.ifrs.org/issued-standards/list-of-standards/ifrs-7-financial-instruments-disclosures/,May 1st,2018.

策趋同以及执行一致性,但仍保留了各国的金融监管权。[①] 当然这并未改变欧盟金融监管离散型结构的特质,使欧盟层面正确必要的监管决策往往因为迎合不同国家的利益而妥协或折中,以至于在次贷危机和欧债危机面前欧盟各国显得应对无力且各自为政,从而未能有效应对上述危机带来的动荡。

鉴于此,2009 年以来欧盟在欧元区确立了集中型监管架构的思路,从而在很大程度上克服了拉姆法路西架构的固有缺点,上述监管初始构想出自于法国前央行行长雅克·德拉罗西埃(Jacques de Larosière)2009 年 3 月的工作报告,[②]并由 2010 年欧盟《泛欧金融监管改革法案》得以实施,其核心是保障欧盟金融稳定的双支柱泛欧监管安排。首先是组建负责宏观审慎监管的欧盟系统风险委员会(European Systemic Risk Board, ESRB),以及时对系统性风险加以监测、预警和提出政策建议,当然由于 ESRB 仍是建立在欧盟中央银行体系下的非法人机构,因此可以说实质上负责欧盟金融宏观审慎监管的仍是在货币与监管职能隔离前提下的欧盟中央银行;其次是组建负责微观审慎监管的具有独立法人资格的泛欧监管机构体系(European System of Financial Supervisors, ESFS),包括欧盟证券与市场管理局(European Securities and Markets Authority, ESMA)、欧盟保险与职业养老金管理局(European Insurance and Occupational Pensions Authority, EIOPA)、欧盟银行管理局(European Banking Authority, EBA)和欧盟监管局联合委员会(Joint Committee of the European Supervisory Authorities, JCESA)在内,协同成员国管理当局做好欧元区内微观审慎监管的分工、合作与冲突裁判的工作,值得注意的是上述泛欧层面的微观审慎监管机构即 ESFS 已经从拉姆法路西框架下仅具有建议权的机构升级为具有实际决策和执行权的独立机构。

虽然泛欧金融监管改革法案在欧盟集中型金融监管上迈出了具有实质意义的第一步,但随后的实践表明,双支柱监管体系仍然存在诸多不足:第一,由于 2010 年以来的泛欧监管机构的监管权仍有较大局限,特别是在微观审慎监管和行为监管方面很大程度仍以各成员国为主;第二,欧债危机表明,

---

① 参见江涌:《金融全球化与欧盟金融一体化》,载《欧盟研究》2002 年第 1 期。

② 参见黄莺:《欧盟金融监管改革》,载《国际研究参考》2009 年第 11 期。

欧盟内部存在主权债务危机与银行体系问题间的恶性循环，银行业不但高度参与衍生品交易，且因主权债务危机承担着债务翻新任务，此种金融体系脆弱性与国家财政危机相叠加，行业利益与政治利益相纠缠的局面是 2010 年来的泛欧金融监管架构不足以解决的，需要一个更深层的经货联盟和独立监管体系来切断这种循环，从而摆脱政治利益的俘获；第三，欧盟金融市场一体化的快速进展导致了“金融不可能三角”理论下的典型问题，即金融稳定、金融市场一体化和成员国自主监管之间的不可调和，而包括市场救助机制和存款保险机制在内的保证金融稳定和一般民众利益的金融制度供给必须得到欧盟层面的深度整合才能实施，这也意味着成员国在金融监管方面必须服从于欧盟这个新的权力中心。

由此，2012 年以来，欧盟在最重要的金融部门即银行领域开始这种深度集中型监管改革，以塑造全新的完全摆脱母国控制原则的银行业联盟。欧盟银行业联盟框架是一种包括监管、清算和存款保险在内的银行业全面制度框架，它是单一监管机制（Single Supervisory Mechanism，SSM）、单一清算机制（SRM，Single Resolution Mechanism，SRM）和单一存款保险机制（Single Deposit Insurance Scheme，SDIS）①合一的欧盟银行业治理体系。所谓单一监管机制主要由欧盟中央银行负责实施，欧洲央行由此获得了广泛的微观和宏观审慎监管权，对欧元区所有银行特别是具备系统重要性的银行进行统一监管，②除了将金融消费者保护、反洗钱和日常监管任务下放给成员国监管机构外，独立承担着最终监管者的责任，对监管对象在牌照管理，资产运作，资本要求和压力测试及调整（杠杆率、自有资金、流动性、大额敞口限制和信息披露）等方面加以约束，并对可能出现的问题提前干预，这就将可能引发系统重要性银行直接置于欧盟层面的监管之下，将欧元区内银行监管权的核心部分从成员国内部剥离，而其宏观审慎监管职权仍通过其掌控下的 ESRB 承担。单一清算机制成立于 2014 年，是欧盟银行联盟架构的三支柱之一，主要负责欧洲央行直接监管下的机构和组织的清算工作，其主要手段是通过欧元

---

① 参见［德］斯特凡·朔伊雷尔、俞晓帆：《欧盟银行业联盟渐行渐近》，载《银行家》2012 年第 12 期。

② 参见李俊、袁婷：《欧盟银行监管改革新进展——欧盟银行单一监管机制框架评述》，载《中国金融》2013 年第 23 期。

区银行自己出资成立的破产清算基金对问题银行重组提供融资支持，从而创造有序退出的银行市场。单一存款保险机制指的是保护欧元区银行储户的存款，单一存款保险机制是单一监管和单一清算机制的必要补充，也是打造完整和有效的欧盟银行联盟最后一块拼图，但目前为止单一存款保险机制仍在成员国争议之中而未定案。

从影子银行监管的角度来说，欧盟金融监管的上述转型也是至关重要的，因为离散型金融监管与一体化金融市场间存在天然的不可调和性，从而天然有利于影子银行的监管套利活动，仅仅依靠较为松散的联席机制和不具强制性的监管标准难以对其形成有效的约束，从而在某种程度上反而造成了系统性金融风险的加剧和扩散，而这正是后危机时代宏观审慎监管的红线所在。再则欧盟不仅是美国影子银行产品链条的销售端（通过注册于欧盟的对冲基金进行），而且欧盟也对影子银行的发展总体上持宽松态度，这就诱发了大量的跨境影子银行的活动，从而使任何局部的监管政策不仅无法作用于欧盟全境，而且也无法形成合力与境外（如美国）或国际影子银行监管革新或进展相匹配。此外，欧盟事实上以欧盟中央银行为中心的集权型金融监管，有利于直接约束商业银行特别是系统重要性商业银行与影子银行间的关联关系，同时从较为成熟的商业银行领域入手，更有利于欧盟影子银行监管框架的全面构建，并进一步将集中型监管模式借鉴和引入与影子银行密切相关的投资基金和金融工具市场领域。

在上述集中型金融监管框架的基础上，欧盟委员 2013 年终于特别就影子银行监管提出了明晰的路线图，①意在防止影子银行系统性风险的发生（特别经由与商业银行关联路径），路线图关键点包括：透明度规则、货币市场基金监管框架、可转让证券集合投资计划规则更新、证券融资交易（主要是证券借贷与回购）法规以及对影子银行与商业银行关联的监管框架等。路线图最终目的是将适度的监管延伸至影子银行领域，减少欧盟金融体系内部的监管套利和系统性风险，从而增加储户和消费者对金融体系的信心。具体而

---

① See European Commission, "Communication from the Commission to the Council and the European Parliament", Shadow Banking-Addressing New Sources of Risk in the Financial Sector, Accessed May 1st, 2018, https://eur-lex.europa.eu/legal-content/EN/ALL/?uri=celex:52013DC0614.

言，欧盟影子银行监管路线图覆盖三大领域：传统金融机构（主要指商业银行）、金融市场（衍生品、证券化资产和信用评级操作）和投资基金。就银行和保险公司等传统金融机构涉及影子银行的业务监管而言，则包括通过欧盟资本要求条例和指令（CRD）加强对银行与影子银行机构间证券融资、柜台衍生品交易及短期融资等交易的资本要求、设立更透明的两者间并表会计规则以及（通过欧盟偿付指令Ⅱ）对保险公司特殊类型影子银行活动的较高风险管理要求等。就涉及影子银行的金融市场规则而言，经由欧盟市场基础设施监管规则（EMIR）提升 OTC 衍生品交易透明度，以中央清算机制将交易信息存储到交易报告库从而提高衍生品交易的监管透明度；修订欧盟金融工具市场法规（MIFID）和贯彻法人机构编码识别（LEI）体系以及提升证券融资透明度，通过欧盟证券立法规范证券融资行为（回购或证券借贷）；通过欧盟信用评级机构条例（CRAR）降低市场对外部评级依赖、提高评级质量和强化评级机构问责。就涉及影子银行的基金监管而言，加强货币市场基金（MMF）和以证券资产为主的欧盟可转让证券集合投资计划（UCITS）框架，并将 AIFMD 指令适用于对冲基金、私募股权基金和房地产基金等非主流基金上，其中包括资本、风险、流动性、透明度、存管和杠杆方面的监管要求。

（三）欧盟影子银行监管的三驾马车：商业银行、投资基金与金融工具市场监管

欧盟商业银行业不仅与欧盟影子银行体系密切相关，而且也一直是欧盟影子银行活动的积极参与者，这不仅体现在资产证券化、证券融资交易等常规影子银行业务上，还体现在欧盟商业银行自营交易业务上，这不仅符合欧盟商业银行全能型经营的传统，也是欧盟发展市场导向型融资体系的重要组成部分。

以最为重要的欧盟影子银行载体即欧盟资产证券化业务而论，欧盟商业银行就一直是相关市场上最重要的发起或赞助者群体，由于与美国影子银行中的表外证券化模式不同，欧盟资产证券化的主流是表内证券化①（证券化产品的基础资产仍留在证券化发起或支持者的资产负债表内），欧盟商业银

① 参见高蓓、张明、邹晓梅：《美、欧、日资产证券化比较：历程、产品、模式及监管》，载《国际经济评论》2016 年第 4 期。

行在其资产负债表内有着大量的证券化基础资产。因此,加强商业银行在资本、流动性、杠杆和信息披露上的监管无疑有助于加强证券化基础资产的安全性,从而有助于防范欧盟影子银行系统性风险发生。

目前,欧盟对影子银行最重要的间接监管正是通过商业银行监管规则的形式存在,这集中体现在最近几个版本的欧盟资本要求指令上:资本要求指令Ⅱ要求发起和支持证券化的银行承担基础资产的大部分风险,并且加强其对证券化目的机构信贷风险敞口和流动性基准的管理;资本要求指令Ⅲ进一步根据 BCBS 在 2009 年的相关建议加强了资本要求,特别是 2011 年之后要求银行遵守额外的信息披露规则,并在投资复杂的再证券化产品时大幅增加相关资本计提以覆盖相关风险;资本要求指令Ⅳ要求在 2015 年前引入明示的流动性要求,包括引入与 SPV 及任何其他涉及银行声誉风险的产品与服务密切相关的流动性基础机制。

可以看出,以上措施主要适用于银行通过资产证券化交易参与影子银行活动的场景,而在银行通过证券融资如回购和证券借贷进行影子银行活动的情形下,则需要遵守欧盟议会 2015 年 10 月通过的证券融资交易法(Securities Financing Transactions Regulation, SFTR),[①]并根据该法的规定提升证券融资交易的透明度。至于欧盟银行的自营交易问题,需要指出的是,目前欧盟尚未出台与美国沃尔克规则相似的隔离银行存款部门与自营部门的规则,而仅仅是初步考虑某种限制内容更少,适用对象有限的沃尔克规则替代版本(目前称为巴尼耶规则),并在实施上赋予成员国监管者更多的自由裁量权,从而使欧盟银行在影子银行相关系统性风险判断和处置上有着更大灵活性和市场弹性,从而有利于加强欧盟银行在影子银行方面的竞争力。

欧盟影子银行主体中范围最广当属投资基金,其中包括货币基金、UCITS 类基金和 AIF 类基金。而对于欧盟影子银行活动最重要的基金主体当属货币基金和 AIF 类基金中的对冲基金,因为传统的 UCITS 类基金主要

---

① The European Parliament and of the Council. REGULATION (EU) 2015/2365 of the European Parliament and of the Council, http://eur-lex.europa.eu/legal-content/EN/TXT/? uri = CELEX:32015R2365, May 1st, 2018.

仍是从事证券资产组合交易,主要资产配置为证券类资产和少量短期货币和其他类型资产,可以说是欧盟版的共同基金,其较少涉及信贷性质的影子银行业务。欧盟货币基金在美国《多德—弗兰克法案》出台后同样成为欧盟金融监管者关注的重点,欧盟证监局在《货币市场基金指南》(CESR's guidelines on a common definition of European money market funds)中指出:虽然货币基金在欧盟仍由成员国各自规范,缺乏泛欧层面的统一监管,但大量跨境货币基金已被欧盟投资者当成可替代存款的可靠投资且成为金融机构、企业和政府短期融资来源,欧盟货币基金信贷特征十分明显,是欧盟影子银行的重要类型,因此加强泛欧层面的货币基金监管显得十分必要。[①] 目前起草于 2013 年的《货币市场基金条例草案》(以下简称《草案》)虽在 2016 年已获得成员国同意,但其仍未成为欧盟正式立法,《草案》主要原则和内容无疑预示着欧盟货币基金监管的未来方向。《草案》的原则主要是提高货币基金的承压能力和保护投资者,其主要内容包括以下几点:一是投资政策方面,即对货币基金的投资标的从所属类别、适格条件、多样或集中度限制、评级标准和管理要求等诸方面做出规定,力图从源头遏制货币基金的风险;二是风险管理方面,通过期限类别划分、投资者适当性以及压力测试等方法进行货币基金的风险管理;三是基金运营方面,对货币基金资产价值、份额计算和外部资金支持提出严格门槛要求;四是透明度方面,不仅要保证货币基金对投资公众的透明度,还需要保证货币基金对监管机构的透明度。除了货币基金之外,监管宽松且资产配置为另类资产或混合资产的 AIF 类基金在次贷危机特别是欧债危机之后也成为加强欧盟影子银行监管的重点领域,特别是其中的对冲基金,因为欧盟对冲基金往往扮演着美国资产证券化产品在境内销售终端的角色,是从事大西洋两岸跨境影子银行业务的最重要机构载体。目前欧盟对冲基金监管的主要立法是另类投资基金经理人指令(AIFMD),与上述直接适用于货币市场基金的《草案》不同,AIFMD 适用于基金经理人,是一种属人监管,其意通过投资经理这个较为确定的联结点来确立和加强属地性不强的 AIF 基金的监管,指令涵盖了包括对冲基金在内各类 AIF 基金监管的方方面面:资本、薪酬、风险管理、流动性、杠杆、信息披露和利益冲突等,其中间

---

① 参见赵鑫臻:《论欧盟货币市场基金监管新规》,载《科技与法律》2015 年第 3 期。

接涉及影子银行业务的内容包括:首先是资产达到一定规模基金的经理人必须在基金设立国进行个人信息注册,且经理人投入的原始资本及追加资本金也必须达到一定数额,从而通过注册和资本要求实现对 AIF 基金的准入监管;其次是对上述基金经理人的销售行为适用以成员国相互承认为基础的单一护照制度,其可概括将促使欧盟各国对 AIF 基金监管趋同,使其在统一政策下透明运行,这对于防范 AIF 基金的风险及系统性金融风险、消除"暗箱操作"及隐秘运营、规范经营条件和程序、促进欧盟 AIF 基金的发展壮大都将发挥重要作用;最后是指令还对基金经理营业行为施加忠实、勤勉和公平的要求,要求其对注册地国家监管机构以及投资者履行信息披露义务,在基金使用杠杆情况下经理人还应注意杠杆的透明性和合理限度等。以上对 AIF 基金经理人的监管要求无一例外都适用于对冲基金,使其在影子银行业务特别是跨境影子银行业务中得到比以往更多和更全面的监管。①

如果说欧盟对商业银行和投资基金的监管是从机构角度加强对影子银行的规制,那么对金融工具市场的监管则是从载体角度对影子银行施加的规制。目前欧盟影子银行的载体主要是资产证券化中的证券衍生品和证券融资交易中的证券借贷与回购,而其由此也成为欧盟影子银行监管努力的重要领域。目前欧盟衍生品交易市场主要依据 MIFID 即金融工具市场指令(Markets in Financial Instruments Directive)和更为具体的 MIFIR 即金融工具市场条例(Markets in Financial Instruments Regulation)加以监管,其主要适用对象是所有金融机构的市场交易行为,这其中当然包括场外市场上的衍生品经纪和交易行为,目前最新的 MIFID 是 2014 年公布的二代 MIFID 即 MIFID Ⅱ,并于 2018 年 1 月开始实施。MIFID 的目标是实现欧盟金融交易市场的高效、灵活和透明,将原本分散的场外交易市场转变为有组织并受到联合监管的交易平台,并最终强化对投资者的保护。MIFID 框架下与影子银行相关的几个关键制度包括:要求交易商对监管机构提供交易报告,某些特定场外衍生品将在新设立的集中市场机制中进行交易,限制衍生品经纪商对客户提供的杠杆比例和持仓规模从而降低交易风险,经纪商须公开报价和交易执行

---

① 参见董新义:《论欧盟〈另类投资基金管理人指令〉的私募基金规制制度》,载《金融服务法评论》2013 年第 2 期。

情况从而保证交易的高效和公平。由于欧盟影子银行依托大量的场外衍生品交易构筑交易链条,因此 MIFID 框架的实施无疑有助于约束影子银行的证券化交易链条中的市场风险,从而防范影子银行风险对欧盟金融体系整体产生的扰动。除了场外衍生品之外,欧盟影子银行另一大载体是证券融资交易,证券融资交易通过证券借贷和回购交易等金融手段为影子银行提供信贷供给,涉及大量证券反复质押,本质应属于证券质押贷款,如果说场外市场衍生品交易是欧盟影子银行交易中面向最终投资者的链条末梢,那么包括证券借贷和回购在内的证券融资交易则是欧盟影子银行交易中在机构之间反复扩张信用的链条上游,是更具有指向性的影子银行活动。欧盟对证券融资交易规制的法律主要是 2015 年通过的证券融资交易条例(Securities Financing Transaction Regulation,SFTR),SFTR 着力于提高证券融资市场的透明度,其主要分为三大类措施:一是要求交易信息必须录入一个中央报告库,从而有助于监管者识别商业银行与影子银行的关联,以及由此导致的对证券融资交易的风险敞口程度,最终有利于及时和精确的监管行动;二是提高证券融资交易对投资者的透明度,具体方法是要求参与证券融资交易的金融机构(主要是投资基金)对投资者披露证券融资交易的详细报告,从而保障了投资者的基本知情权;三是通过制定再抵押最低标准来提升再抵押行为透明度,因为最低标准要求(主要是书面协议和事前同意等)有助于当事各方提前了解再抵押行为蕴含的风险。总的来说,SFTR 的透明度举措实际上从欧盟层面很好贯彻了 FSB 对于证券融资交易的监管建议。

除了从机构与市场角度描述欧盟金融监管内容之外,一个完整的金融监管体系不能缺少对金融消费者的保护(包含投资者适当性管理制度),而欧盟的金融消费者保护体系也是相对完整的,其在不同的金融领域颁布了一系列欧盟层次上的监管指令来构建金融消费者保护的法律框架,这包括:《消费者信贷监管指令》、《另类投资基金经理人指令》(AIFMD)、《金融工具市场指令(二)》(MIFID Ⅱ)、《集合投资和可转让证券指令》(UCITS)、《打包零售与保险类投资产品管理指令》和《保险分销指令》。其中金融消费者保护内容最为集中,完整且影响力最大的是《金融工具市场指令(二)》(MIFID Ⅱ),其中包括了如下几个方面:一是对金融消费者的概念和分类做了极为精细的划分,在精确划定金融消费者概念的同时也通过"投资者"概念的引入为适当性管理打下基础;二是在信息透明度方面,从信息提供和采集的双向角度对金融服务提供者的义务加以规定,包括为产品的适当性评估而对客户加以信息采集以及为保护客户知情权向客户披露自身的相关服务信息等;三是为适当性管理与金融消费者保护的落实提供相关的程序保障,这包括最优执行和激励机制的建立,前者是要求金融服务提供者按照对客户最有利的方式执行交易指令,而后者则是对可能造成金融服务提供者与客户利益冲突的激励方式予以禁止。[①] 由上可见,欧盟行为监管和金融消费者保护已经演进到了较为成熟的阶段,对基本范畴的界定及骨干制度的设计都在世界金融法律中有着独树一帜的意义,同时也无疑对欧盟成员国的金融消费者保护有着直接和深远的影响。

三、英国对影子银行监管的演进

英国影子银行不仅在本国经济中占有突出比例,而且也在世界上占有重要而独特的地位,这不仅是因为英国影子银行规模巨大,更因为其在全球影子银行跨境网络特别是美欧影子银行跨境链条中所占有的核心地位。英国影子银行领域的主要机构是充当证券交易商的商业银行与包括货币基金和对冲基金在内的投资基金。

后危机时代英国政府通过一系列专家组报告和白皮书拟定了英国包括影子银行在内的金融监管路线图,英国政府在此建议基础上通过了2010年和2012年两版的《金融服务与市场法》以及2009年和2013年两版的《银行法》,确立了以英格兰银行为核心,以审慎监管局和行为监管局为辅翼的双峰式监管架构。[②]

对影子银行领域而言,上述系列专家组报告中最为重要的是特纳勋爵就英国影子银行所做的系统性反思,即特纳报告。特纳报告对证券化信贷这个

① 参见胡雪:《欧盟行为监管与金融消费者保护法律框架分析解读》,载《中国银行业》2017年第7期。

② 需要指出的是,英国的双峰监管架构实际上是在危机后经过了两轮改革形成的,第一轮改革基于《2012年金融服务法案》,构建了一体双峰的框架,参见黄宪、杨姝怡:《英格兰银行监管聚合启示》,载《中国金融》2016年第11期,当然之后的《2016年英格兰银行与金融服务法案》又对监管架构作了微调,将审慎监管局从英格兰银行的附属机构转变为其内设机构。

英国影子银行的中心问题做了详细描述,并提出了对英国两大类影子银行机构即商业银行和投资基金的具体监管建议,而特纳报告中具体监管建议也最终体现在了之后通过的《金融服务与市场法》和《银行法》具体制度中。

(一)英国影子银行的发展、特点和规制概况

英国影子银行在世界上的绝对规模仅次于美国与欧元区,与中国影子银行规模相当,英国影子银行资产占GDP的比例则是世界其他主要国家和地区两倍以上。虽然看似庞大,但实际上相较于美国影子银行而言,英国影子银行如同欧元区影子银行一样对本国金融体系从系统性风险角度看负面影响相对较小,甚至可以说是最小的。因为以对系统性风险的边际贡献率(MCSR)计算,英国影子银行对本国系统性风险成因的贡献仅有7%。[①] 英国影子银行在历史上也并未造成如次贷危机那样的金融崩溃。美国次贷危机以来,英国影子银行的规模大体上仍在稳步增加,成为英国金融体系的重要部分,但其从资产总额角度衡量并未超过传统商业银行,这与美国影子银行超过传统商业银行的资产总额的情况是完全不同的,英国金融体系仍然是以银行借贷为主的间接融资体系。

英国影子银行另一个主要特征在于其全球性,其不但是美国影子银行最重要的海外扩展地,也是连接欧美影子银行的跨境枢纽之地。英国影子银行产业在全球的独特地位以及英国脱欧之后其市场和监管的独立性,使对英国影子银行的研究成为全球影子银行比较研究中不可或缺的板块。在英国影子银行体系中,以机构性质划分,OFI占比最大,接下来依次是证券交易商、投资基金、证券化机构和财务公司,除此之外英国还率先发展出了一些新型的影子银行机构如P2P网贷和众筹平台等。在上述诸多影子银行机构中,最为重要的当属证券交易商(其主要由英国的商业银行担当),其参与影子银行活动的方式主要是通过证券抵押和再抵押进行证券融资(融券)交易,实际上英国的证券化产品交易市场是世界上最大的证券化交易市场,占有全球交易额的40%以上。[②] 除了证券交易商外,英国影子银行机构中最值得注意

① IMF, "Global Financial Stability Report: Risk Taking, Liquidity, and Shadow Banking Curbing Excess while Promoting Growth", Accessed May 1st, 2018, http://www.imf.org/~/media/Websites/IMF/imported-flagship-issues/external/pubs/ft/GFSR/2014/02/pdf/_text.ashx.

② 参见姚斌:《英国影子银行的监管》,载《中国金融》2014年第12期。

的当属投资基金,这不但是因为英国包括货币基金和对冲基金在内的投资基金在影子银行领域占据仅次于证券交易商的市场份额,还因为英国投资基金在全球影子银行跨境运作中有着相当特殊的地位。至于英国其他类型的影子银行机构如金融公司和特殊目的实体等,由于其与商业银行之间关系紧密,并在规模和独立性上明显不足,因此可以视为商业银行在影子银行市场的某种延伸,并不能成为英国影子银行监管的重点。

虽然英美金融体系不同,且英国受危机冲击的程度较轻,但在美国次贷危机引发的全球金融风暴中,作为美国资本主要流入地的英国金融体系也受到了一定程度的冲击,从一开始的融资市场流动性枯竭到某些商业银行的资产损失再到更大范围的信贷收缩、经济放缓和金融风险爆发,英国也经历了一场罕见的金融风暴。英国此次金融风暴源于内外因素的合力,而其中作为内因的英国影子银行也是关键因素之一,从而影子银行的监管问题也浮出了水面。危机后,英国政府对影子银行乃至英国金融体系整体进行了一系列从民间到官方的反思,形成了一系列媒体调查、政府专家报告和部门白皮书,并最终出台了一系列相关立法。在上述调查、报告和白皮书中,有着广泛深刻影响的包括前述 2009 年 3 月对金融危机进行深刻反思的《特纳报告》(turner review)、①英国银行业独立委员会(Independent Commission on Banking,ICB)主席维克斯(John Vickers)的《维克思报告》(vickers report)、②詹诚信爵士(Lord James Sassoon)的《三方监管架构评估报告》(The Tripartite Review)(2009 年)③以及 2010 年 6 月英国新政府征求公众意见的《金融监管新方法》白皮书等。在上述种种准备的基础上,再通过公众参与和立法辩论,英国政府最终在 2012 年促成了新版《金融服务与市场法》在英国议会通过,从而于

---

① Financial Services Authority,"The Turner Review: A Regulatory Response to the Global Banking Crisis",Accessed May 1st,2018,http://www.fsa.gov.uk/pubs/other/turner_review.pdf.

② Independent Commission on Banking,"Final Report Recommendations",Accessed May 1st,2018,http://webarchive.nationalarchives.gov.uk/20131003105424/https:/hmt-sanctions.s3.amazonaws.com/icb%20final%20report/icb%2520final%2520report%5B1%5D.pdf.

③ 该报告对英国当时三驾马车监管机制(指的是英国财政部、英格兰银行以及金融服务局各司其职但又缺乏合作的监管机制)进行了批判性分析。See James Sassoon,"Tripartite Review",Accessed May 1st,2018,https://www.conservatives.com/~/media/Files/Downloadable%20Files/tripartite-review-preliminary-report.ashx.

2013 年对英国金融监管体系做出了深刻的变革。①

2012 年来以英国金融服务与市场法为代表的一系列全局性金融立法中与影子银行监管有关的内容主要集中在以下几个方面：首先是英格兰银行在监管体制中的中心地位，并通过货币政策委员会、金融政策委员会和审慎监管委员会的形式行使货币和金融监管职权，同时英格兰银行自身也受到英国议会的立法监督以及审计署的治理和问责；其次是监管协调机制，英国采取备忘录形式来确定国内监管部门之间的协调，并同样通过监管备忘录来协调国外监管机构在跨境金融监管中的合作事宜；再次是通过金融行为管理局统合金融消费者保护事宜，金融行为监管局（Financial Conduct Authority，FCA）的成立有利于消费者信心的增强，同时对金融机构的行为监管无疑会倒逼审慎监管指标的完善；最后是通过金融准入区域合作，做到既能鉴别和筛选境外金融机构和资本进入英国，又能利用区域金融合作平台来强化英国国际金融中心的地位。除了着眼于整体性变革的金融立法之外，与英国影子银行监管密切相关的具体立法还包括英国《2009 年银行法》、《交易行为的审慎制度》及《衍生产品场外交易市场改革方案》等。英国《2009 年银行法》加强了对英国商业银行的监管，特别在特别解决机制、银行破产、银行管理、金融服务赔偿计划等方面做出了规定，由于意识到英国金融危机的外源性以及某些具有系统重要性英国银行的全球化经营，银行法确认和强化财政部、英格兰银行和金融服务局的监管责任，并确定了英格兰银行的核心地位，赋予其维护金融稳定的独特职权，但也规定了各个监管者之间的协调机制。在此之外，2009 年银行法通过对银行管理、救助、破产和赔偿机制的相互配合，也实际上从微观角度设立了支持金融稳定的制度，从而为英国最重要的金融实体即商业银行设计了一张金融“安全网”。② 2009 年英国金融服务局与财政部发布了《衍生品交易市场改革方案》，要求场外衍生品的标准化、建立中央对手方清算机制以及加强交易对手的风险管理，2010 年金融服务局对评级机构的注册管理和行为规范做出了要求，同年金融服务局提出了减少银行和影

---

① 参见廖凡、张怡：《英国金融监管体制改革的最新发展及其启示》，载《金融监管研究》2012 年第 2 期。

② 参见杨松、宋怡林：《英国 2009 年银行法的发展与评价》，载《武大国际法评论》2011 年第 2 期。

子银行间结构性套利机会的《交易行为审慎制度》讨论稿。①

（二）英国影子银行的监管重构与特纳报告的改革路线图

要进一步了解英国影子银行的规制，除了介绍其发展概况及相关立法流变等背景外，更重要的是考察其监管体制，因为金融监管体制及其制度供给实际上是当代金融制度的核心。当然，分析英国影子银行的监管体制离不开对更广泛意义上的英国金融监管体制演变的了解。目前英国大金融的监管体制实行的是准双峰模式，而之前经历的1986年和2000年两次以《金融服务与市场法》为标志的立法变革，也使英国逐渐从传统的自律规制转向当前的法定规制路径，并逐步迈向从分权式的金融监管转变为以英格兰银行为中心的监管架构，因此可以说以英格兰银行为中心的双峰型法定规制是当前英国金融监管体制的根本特征。

当前英国金融监管的主要法律依据是英国议会在2012年通过并于2013年4月开始实施的新《金融服务与市场法》，其大致规定了以英格兰银行为中心，以审慎监管局和行为监管局为辅翼的监管架构。具体来说，是由英格兰银行所支持的金融政策委员会作为宏观审慎规制机构，负责监控和应对系统风险；而原来的金融服务管理局（Financial Service Authority，FSA）的职能由审慎规制局（Prudential Regulation Authority，PRA）和FCA分解承担，前者负责对各类金融机构进行审慎规制，后者负责规制各类金融机构的业务行为，促进金融市场竞争和保护消费者，而上述两个监管机构在宏观审慎规制上都受金融政策委员会的指导。作为对次贷危机的全面制度回应，英国上述监管架构无疑有利于对金融系统性风险的捕捉，有利于防止金融机构在原来的三驾马车监管体制下的监管套利行为，而且引入行为监管和消费者保护的理念无疑也有利于反向强化宏观和微观审慎监管的效果，提升金融危机之后的市场信心。至于具体到影子银行，由于其渗透性和全局性，因此在监管上实际涉及了上述各个监管部门，但现行监管架构如何具体适用影子银行领域，则相关的思考集中体现在特纳报告中。

2009年3月英国金融服务局（FSA）发布并由特纳勋爵（Lord Turner）领

---

① 巴曙松：《第五次全国金融工作会议后中国的影子银行如何透明化？》，载中国智者库网：http://www.chinathinktanks.org.cn/content/detail/id/3027250，最后访问日期：2018年5月17日。

衔撰写的影子银行报告即特纳报告实际上是对英国金融危机的一个最早和最全面的系统反思,其对影子银行做出了全球视角和颇具理论深度的论述,还特别围绕证券化信贷这一英国影子银行核心及其与其他国家的异同点做出描述分析。特纳报告认为作为证券化信贷产品的全球主要交易市场所在地,英国境内的证券化信贷市场有着大量英国本土和海外银行的参与,此外英国还是一些全球性银行的总部所在地,因此英国证券化信贷市场必然有着某些全球共通的特征,这包括:(1)商业银行、投资银行和对冲基金等金融机构间的资产负债通过信贷证券化链条深度绑定,从而容易造成金融资产相对于实体经济过度增长,金融体系的任何不稳定都可能对经济整体产生越来越大的影响;(2)信贷证券化杠杆率不断提升,存在大量的表外结构化投资工具(SIV)和管道公司,而大量的金融创新工具如结构化信贷产品也大行其道;(3)承担期限转换功能的影子银行实体在金融体系中比例增加,包括结构化投资工具、投资银行与共同基金等,而其期限转换有赖于相关金融市场流动性充盈,这在系统流动性枯竭下则难以实现;(4)证券化产品越来越复杂,相关风险数学模型也越来越难以掌握,其可靠性未经检验,大大增加了管理或监管难度;(5)证券化信贷模式也加深了英国金融体系整体的顺周期性,这不但因为信贷证券化高度依赖的信用评级的顺周期性,还因为作为信贷证券化载体的抵押融资或柜台衍生品也同样具有顺周期特征。英国信贷证券化模式与全球影子银行一样,有赖于高增长、低通胀和周期波动平稳的经济环境,而在次贷危机的大环境下,则立刻陷入不可自拔的危机丛林。

此外,特纳报告还对英国信贷证券化的本土特征做了细致的描述,这包括:(1)美国共同基金和结构化投资工具是英国证券化信贷的重要买家,因此可以说境外影子银行是英国信贷扩张的重要动力;(2)某些最大的英国商业银行热衷于"买入套利"的影子银行业务,造成自身资产负债表杠杆率飙升的同时,其对证券化市场流动性和体系内交叉持有模式的依赖日益加深,这加大了此类商业银行对系统性危机的风险敞口;(3)在次贷危机发生前,大量海外私人资本流入英国购买证券化信贷产品,同时为英国商业银行表内外的信贷扩张提供了大量的批发融资,同时英国也出现了房地产价格狂飙、抵押债务规模上涨和次贷比例增加的现象,某些英国商业银行的业务扩张大大得益于此,但他们对银行间融资——信贷证券化——金融产品销售的链条异常依赖，从而成为金融危机中的绝佳靶子。

面对以上种种问题，特纳报告提出了英国影子银行监管极为全面和系统的28条建议，这些建议从金融机构角度出发，可归结为两个方面：(1)在商业银行监管方面，应使其资本充足率高于巴塞尔协议最低标准，从事证券化产品交易的表内账户资本要求应予强化，革新会计准则使其反映未来潜在损失并限制最大杠杆率，加强流动性监管和融资比例约束，应在存款保险机制前提下实现市场有序退出，大型和跨境银行应实行更严格的监管标准并且积极推动国际层面的监管一致，杜绝监管空白和监管套利；(2)在非银金融机构方面，应注重穿透监管的理念，坚持按照金融机构业务的实质而非其法律形态进行监管，在收集非银金融机构如投资基金、对冲基金和离岸金融机构信息的基础上，监测、识别与评估可能存在的系统性风险，从而及时对其采取资本、流动性以及其他方面的审慎监管措施，特别是从宏观审慎角度加强对非银金融业务的敏感度。①

特纳报告的出台，为英国的影子银行监管奠定了理念基础和方法论，同时也标示了英国影子银行监管的未来路线图。当然，特纳报告作为专家报告，仅具有咨询和建议的属性，而真正的监管和立法跟进则取决于英国政府和议会的态度。所幸的是在特纳报告发布后，英国政府就发布了《金融市场改革》白皮书，对特纳报告的建议从政府角度予以全面的肯定与回应，并在特纳报告基础上对英国金融监管改革路线图做了进一步的强化和提升，以白皮书路线图为框架，英国最终通过了2010年及2012年《金融服务与市场法》，从而完成了英国金融监管大框架的建构。此外，以维克斯报告为蓝本的关注商业银行内在质量和经营行为的《2009年银行法》及《2013年银行法》也是与影子银行密切相关的两部专门立法，而FCA和基金行业组织也出台了与欧盟投资基金指令精神一致的指导意见或行业标准，上述改革从商业银行、投资基金等方面涉及了影子银行的运行规则，从而构建了与国际接轨并符合英国自身特色的影子银行规制体系，将双峰模式引入英国金融监管体系，对介入影子银行领域的英国金融消费者提供了全面的保护机制。

---

① Financial Services Authority, "The Turner Review: A Regulatory Response to the Global Banking Crisis", Accessed May 1st, 2018, http://www.fsa.gov.uk/pubs/other/turner_review.pdf.

(三)后危机时代英国影子银行规制的跨界整合——从商业银行到投资基金的规制

作为英国融资体系主导力量及信贷证券化市场的主要交易商,对英国商业银行参与影子银行活动的监管无疑是英国影子银行监管最重要的部分。但是英国以北岩银行挤兑事件(Northern Rock Bank Crisis)为标志的金融危机演化证明,英国商业银行的监管体制已完全不能适应影子银行发展背景下英国商业银行混业经营的新现实,因此如何通过商业银行的间接监管做好规制影子银行的文章无疑是值得英国监管者认真思考的问题。

对此问题解答的第一步是改革英国商业银行监管机构的权力配置,这主要体现在2009年的英国银行法中。在该法案中,规定了财政部、英格兰银行和金融服务局在启动问题银行处置机制即SRR(Special Resolution Regime, SRR,特别解决机制)中的分工与职责,但这无疑是一种事后的应急机制,其难以从根本上解决影子银行对商业银行监管产生的某些特殊性问题。① 而更为全面的思路则体现在维克斯报告中,维克斯报告的核心是通过对银行业的结构性改革来对混业经营条件下的英国商业银行进行风险隔绝操作,从而根本上解决因商业银行与影子银行的关联而带来的系统性风险问题。此种结构性改革就体现在所谓的栅栏概念上(ring fencing),所谓的栅栏的基本概念就是在同一个银行集团内部通过母子公司架构分离不同业务部门,使不同业务部门归属不同子公司但同时又能共享母公司资源,不同子公司之间则各自具备独立的信息披露、公司治理和审慎标准等,那些所谓入栏的子公司意味着必须具备较高的流动性、资本要求、杠杆和期限转换等考核指标,因为其主要经营那些存贷款和支付清算等核心金融业务,而那些在栏外的子公司则经营某些容易引发系统性风险和社会问题的金融业务如自营业务、投行业务和国际业务等。就影子银行而言这意味着栅栏设计在保持混业经营大框架的同时又能通过银行治理结构的设计将风险传播的路径切断,从而防止系统性危机的发生,对于英国这样容易发生输入型金融危机的国家,上述设计也是防止国际业务风险危及到英国本国的金融安全和稳定,进而转化成为英国纳税人的救济负担。维克斯报告的上述思路最终落实为《2013年金融服务(银行业改

---

① 参见杨松、宋怡林:《英国2009年银行法的发展与评价》,载《武大国际法评论》2011年第2期。

革)法》[Financial Services(Banking Reform)Act],①在该法案中正式引入了上述的栅栏方案。除此之外,该法案为改善混业经营条件下银行资产质量,提高了银行特别是那些具有系统重要性银行的损失吸收能力要求,表现在将其资本充足率提升到了17%以上的水平,这大大提升了商业银行从事影子银行业务等活动的经营成本,也有效防止了系统性风险发生的可能性,法案还要求英国商业银行增加自身业务的透明度,并降低了对银行业的准入要求,从而通过市场和竞争的力量来约束商业银行的非理性经营行为。

英国影子银行的另一重要机构载体是包括货币基金和对冲基金在内的各类投资基金,其在非银金融类影子银行业务中占据着绝对主导地位,远超过证券化机构和财务公司的份额,是英国影子银行监管直接和主要的对象,而其中最典型的当属英国对冲基金,这不但因为对冲基金在英国非银金融类影子银行机构中的特殊地位,还因为英国对冲基金是跨境影子银行运作的重要角色。目前英国对对冲基金的监管包括三方面的法律法规:一是欧盟的另类投资基金经理人指令即AIFMD,由于英国金融法制与欧盟的深度一体化,因此AIFMD在英国得到了很好的贯彻,对于对冲基金来说其无疑要满足生效后的AIFMD的一系列监管要求;二是英国自身的监管规则,这主要是英国PRA和FCA制定的针对对冲基金特殊问题及其可能引发系统性风险问题的一系列监管规则,其中FCA是对冲基金的主要监管机构,而PRA则主要从宏观审慎角度关注对冲基金的问题;三是相关的对冲基金行业自律组织,如对冲基金标准委员会(HFSB)②以及另类投资管理协会(AIMA)③等,行业组

---

① Financial Services(Banking Reform)Act 2013, http://www.legislation.gov.uk/ukpga/2013/33/pdfs/ukpga 20130033_en.pdf, May 1st, 2018.

② HFSB是成立于2008年Hedge Fund Standards Board的简称,现更名为Standards Board for Alternative Investments即Standards Board for Alternative Investments(SBAI),SBAI是国际另类投资行业的标准制定组织,其涉及的标准内容包括信息披露、估价、风险管理、公司治理和股东行为等方面。SBAI或HFSB的主要创始成员如Marshall Wace, Cheyne Capital Management, Man Group和CQS等都来自英国,因此SBAI或HFSB的各项标准实际在很大程度上反映了英国投资基金的行业准则。

③ AIMA是成立于Alternative Investment Management Association是1990年由少数欧盟投资经理人成立的国际组织,其最初目的是满足基金行业在互相代表方面的需要,目前已经发展成有1600名会员的对冲基金行业组织,AIMA的职能包括为其会员提供专门服务,与政策制定者及监管部门保持密切合作以及为投资者与市场机构提供全面指导。

织在制定国际通用的对冲基金经理人标准、推行最佳行业实践、与监管机构沟通以及争取最大国际影响力方面都成绩斐然。

概括而言,目前英国在对冲基金的监管内容上主要有以下几个方面:一是要求 AIF 基金管理人需要获得授权,其中分为小规模和普通 AIF 基金管理人的授权申请,两者在程序和提交的文件上有所差别;二是 AIF 基金管理人有着一定的资本要求,除了基金创始的初始资本之外,还必须根据 AIF 基金的性质和规模增加必要的自有资本;三是对基金的估值计算、杠杆限制和披露、经营信息透明度、风险和流动性管理、利益规避、管理人薪酬以及监管机构介入和检查权等都有着全面的规定,因此从指标到执行都全面锻造了英国对冲基金的审慎监管机制;四是针对英国对冲基金的作为跨境影子银行销售终端的特点,在发生金融推介的情形下可能需要同时遵守英国自身的国内法即《金融服务与市场法》以及欧盟 AIFMD 指令。英国在对冲基金上的一系列规制,无疑增加了对冲基金运作影子银行的经营成本与合规负担,限制了对冲基金制造影子银行链条的能力,从而有效降低了对冲基金这一影子银行关键节点的风险性,有效维护了英国乃至国际金融体系的稳定。

同样毋庸赘言的是,除了对商业银行和基金等机构主体的审慎监管改进外,金融消费者保护地位的确立在审慎与行为监管双峰并立的英国金融监管模式中是不可或缺的。2010 年《金融服务与市场法》成立了消费者金融教育局(Consumer Finance Education Bureau,CFEB)(之后改名为货币咨询服务公司即 Money Advice Service, MAS),其独立承担了原先由 FSA(Financial Service Authority,FSA)承担的公众金融教育职能,之后 2012 年的《金融服务与市场法》将 FSA 拆分成了 FCA 和 PRA,并由 FCA 来负责以金融消费者公平待遇为目标的机构行为监管,从而在机构设置的层面实现了审慎监管与行为监管的双峰并立,FCA 的相关职能也成为英国后危机时代行为监管和金融消费者保护的集中体现。FCA 在金融消费者保护方面的内容主要有以下几个部分:一是对金融产品加以预防性的管理与干预,其核心是要求金融机构在产品设计和销售过程中应针对目标客户群体的特征,遵守产品与客户需求之间的某种适当性匹配;二是提前阻止金融机构推广其服务与产品,其核心是在金融消费者遭受实际损失之前就对金融机构的推广行为加以约束,其触发条件是消费者可能遭受实际或潜在的经济损失或者推广行为对消费者在交易上造成了不利影响；三是实施促进市场竞争的监管政策，通过监管干预实现金融市场有效竞争，最终有利于金融消费者主权的实现；四是实现执法过程的公开透明，通过详细披露金融机构纪律处分的细节，使金融消费者增加对监管机构乃至金融市场整体的信心。[①] FCA 的上述职能再加上独立的 MAS 对金融消费者的广泛教育职能，就构成了英国金融消费者保护的主要内容，其中也融入了不少适当性管理的投资者保护举措，使英国金融消费者保护成为应用金融监管双峰理念的典范。

在发生美国次贷危机以及相继的英国本土金融危机之后，作为对危机的制度性反应，英国在商业银行和投资基金领域根据影子银行的特质与风险对其都做出了系统且必要的回应，同时也确立了行为监管与审慎监管并行的准双峰监管模式，大大强化了影子银行领域的传统监管与金融消费者保护机制，这不仅与 FSB 相关建议的精神保持高度一致，深度整合了欧盟层面的一系列指令和条例，同时也根据英国自身金融行业和市场的状况做了一定的调适。当然随着英国脱欧程序的开展，其如何在脱欧与保持其自身国际金融中心的地位之间取得平衡，并由此对其影子银行监管法制产生何种影响仍然值得密切的关注和跟进。

第三节　对境外影子银行监管改革的评析与总结

在上述两节制度介绍与分析中，我们涉及了影子银行监管的主要国际组织如 FSB 和 BCBS，也对主要区域组织和国家如美欧英的影子银行监管体系做了大量介绍和分析。可以看出，影子银行监管目前已经达成了不少的国际共识，在基本理念和指导原则方面已经没有太大的分歧，但关键在于如何根据各自的实际情况设计出一套适合自己的监管体制。

各国各地区的影子银行监管在内容上集中在以下几个方面：首先是监管机构的配置问题，由于监管机构配置是具有强烈主权属性的行政事务，因此

---

① 参见高田甜、陈晨：《基于金融消费者保护视角的英国金融监管改革研究》，载《经济社会体制比较》2013 年第 3 期。

国际组织在此方面并未发表也不适合发表监管建议，但美国次贷危机发生以来的历史表明，监管权力整合往往是监管体制改革的第一步，而监管机构作为金融立法的执行者和具体监管规则的制定者在金融监管中具有不可替代的作用；其次是不同性质监管规则的配比和整合的问题，这包括从影子银行角度对商业银行的间接监管规则，对非银金融影子银行机构的直接监管规则，对金融市场的监管规则，对金融终端即金融消费者的保护规则（从机构角度即是对金融机构的行为监管规则）以及对金融系统整体上的宏观审慎监管规则等，这些不同性质和目标的规则如何组成一个有机整体以适应各国不同的“金融体质”是值得思考的问题；最后是针对极具重要性或者特异性的影子银行事务的监管规则构建，如美国的投资银行监管问题、英国的信贷证券化监管问题、欧盟的全能银行监管问题，还包括在影子银行领域具有普遍重要性的证券融资问题、商业银行与影子银行关联问题以及具有信贷功能的非银金融机构问题。

一、影子银行监管改革的国际共识

众所周知，影子银行引起广泛的国际关注是在美国次贷危机之后，并主要以G20下属的FSB作为组织依托协调和凝聚影子银行监管国际共识，而世界主要发达国家和地区即美欧英等都在FSB、BCBS以及其他国际组织的推动和指导下对本国的立法和监管依据一致性的原则进行了修订或调整，使其不仅反映FSB等国际组织在影子银行监管上的主要理念，而且也根据自身国情做了调适，最终表现出对影子银行监管国际共识的尊重。

归纳而言，影子银行监管改革的国际共识包括如下几点原则：一是对影子银行的全面监管，与危机之前对影子银行的宽松监管不同，危机之后各个国际组织和主要国家都强调影子银行监管的多方位和全覆盖，这不仅包括传统对金融机构的审慎与非审慎监管，还包括对金融机构的行为监管，不仅包括对金融机构微观层面的审慎监管，还包括对金融体系整体的宏观审慎监管，①不仅注意加强传统的机构监管还积极发展以业务性质画线的功能监

① 参见王云泽：《影子银行监管比较分析——兼论中国影子银行法律规制》，载《江南大学学报》（人社版）2016年第2期。

管,通过对影子银行的上述监管达到防范金融系统性风险的最终目的,守住各国和国际金融安全的底线。不管是美国在危机后以《多德—弗兰克法案》为中心的立法与监管变革,还是欧盟同时期发布的影子银行监管路线图以及相关的一系列指令和条例,或是英国以特纳报告为指引做出的一系列规制变迁,无疑都是从机构配置、规则制定和监管执行的一系列层面把影子银行关进制度的笼子,有效约束了影子银行的无序逐利扩张。

二是根据相称性原则对影子银行加以适度监管,虽然后危机时代影子银行监管大力防止监管的缺位,但这不等于一味地加强对金融体系和金融创新的监管负担,这要求必须在相称性原则指导下合理分配监管资源,适度减轻被监管者的合规负担,从而在动态调整中发挥影子银行活动对经济的正面作用。适度监管不仅体现在 FSB 的监管建议中,也在各主要发达国家的影子银行监管改革中得到了不同程度的强调,英国 2011 年新《金融服务与市场法》的解释性文件暨《金融监管新方法:改革蓝图》白皮书中就指明了监管的一个重要原则是对特定主体或特定活动施加的负担或限制应当同施加该负担或限制的预期收益成比例,欧盟在影子银行绿皮书中同样强调影子银行监管的适度性,必须与现有的金融监管资源成比例。美国虽然是对影子银行监管态度和规则最严厉的发达经济体,但《多德—弗兰克法案》最核心的沃尔克规则的适度性却一直受到争议乃至指责,而特朗普执政以来的共和党国会更有意废除该条款。①

三是透明化原则,所谓的透明化原则指的是金融监管应该建立于充分的信息披露基础上,这不但包括金融机构对投资者或消费者的信息披露,也包括金融机构对金融监管者的信息披露,现代金融监管是信息公开保障下的行政行为,而现代金融市场运行和金融消费者保护也以获取信息为首要,因此在影子银行监管上各个国际组织和主要发达国家无不强调透明监管的重要性,FSB 在监管建议中对信息披露的要求贯穿到影子银行的各个领域,英国在危机后修订的银行法或投资基金各项立法中都明确要求商业银行或投资

① 2018 年 5 月 24 日,特朗普签署《促进经济增长、放松监管要求、保护消费者权益法案》,大幅修正了《多德—弗兰克法案》的监管要求,特别减轻了沃尔克规则的种种约束,这表明 2007 年金融危机后对影子银行监管态度最为严厉的美国,其监管历史的钟摆再度转向宽松和适度,这也是世界范围内影子银行适度监管原则的最新例证,详情参见下文论述。

基金增加自身透明度,欧盟在影子银行监管路线图中明确提出了透明化原则,而美国在《金融监管改革——新的基础:重建金融监管》中在大型金融机构监管、金融市场改革和金融消费者保护这三大支柱建构上都提及了透明化原则的必要作用。

四是差别化监管(安全港原则),所谓的"差别化"指的是对不同类型影子银行根据其引发系统性风险的可能性采取程度不一的监管措施,而安全港可以称之为广义上或更为彻底的差别化举措,即对于某些特定类型的影子银行完全豁免监管。FSB 在其监管原则中明确提出了应根据影子银行商业模式和系统性风险的大小适用差别化监管,英国在私募如对冲基金监管上实际上根据基金规模的大小进行差别监管,小规模和普通 AIF 基金管理人的授权申请有着不同的程序和申请文件,而在 P2P 和众筹等新型影子银行上更是实际上豁免了监管,美国在对冲基金监管上则设置了安全港规则。美国投资公司法和投资顾问法虽然要求投资基金在证交会注册,但对那些面向合格购买者募集和客户不满 15 人的私募基金提供了注册与监管豁免的安全港。

五是实质性原则,所谓的实质性原则指的是根据影子银行实际金融功能而非其表面法律注册形态进行监管,从而有效的防范影子银行产品的相关风险,实质性原则包含功能监管的意味,但又不止于功能监管,还包括监管协调的含义在内。提倡监管的实质性是由于各国传统监管架构都是在金融机构法律形式分类上的分业监管,在影子银行法律性质与业务实质名实不符的情况下,必然产生本质上相同的金融业务对应不同监管者和监管规则的情形,因此贯彻实质性监管意味着监管机构从分业到功能的转变和监管规则从冲突到一致的协调,最后达致由同一监管机构穿透金融机构或业务的表面法律形态,依据其实际金融功能适用同一监管规则。FSB 归纳出非银金融机构的五种经济功能和相应的监管工具,指出只有依据影子银行机构的经济功能而非法律性质或外在形式进行监管才能防止监管套利和系统性风险,英国特纳报告也指出应实施穿透监管,坚持按照金融机构业务的实质而非其法律形态进行监管。美国在金融控股公司的监管上也适用了功能监管,将非银行类的业务根据其实际经济功能划归美国证券会,从而开辟了分业监管向功能监管转型的路径。

二、影子银行监管改革的趋同及评析

在后危机时代影子银行金融监管变革意识潮流中,在有意识认同与执行FSB、BCBS等国际组织立法和监管建议的前提下,在对影子银行监管基本原则取得广泛国际共识的基础上,在金融市场全球化和金融机构跨境化的现实情境中,各国在影子银行乃至大金融监管上都呈现了某种制度趋同,此种趋同不仅压缩了金融监管套利的空间,也大大降低了再次发生全球性金融危机的可能性以及后果的严重性。各国影子银行监管具体制度的趋同主要表现在法定监管地位上升而自律监管渐趋式微,多头监管模式不断弱化以及行为监管开始与传统审慎监管并立等方面,以下将对此予以评析。

一是行政监管的地位越来越得到强化。在后危机时代,许多国家金融监管体制越来越呈现出以行政监管为主,自律监管为辅的图景。以英国为例,英国是世界上自律监管最为著名和典型的国家,一直到20世纪90年代,无论是证券、银行还是保险领域,英国行业自律组织往往置于英国金融规制体系的中心位置,政府机构的作用不如行业组织,国家法律的地位不如行业自律规章,这样使得规制体系保持一种面向真实市场的灵活,摒弃基于规则的行政监管的僵化属性。但随着英国金融市场格局的变迁和金融丑闻的频发,各方的态度已逐渐转向行政与自律监管的平衡,并在1986年金融服务与市场法中正式确立了法定框架内的自我规制模式,并进而在2000年金融服务与市场法中完成了从法定框架内的自我规制向法定单一规制框架的根本转变,而2007年金融危机及之后通过的《2013年金融服务与市场法》更是将英国的行政监管推向巅峰,英格兰银行实际上成为英国行政监管的核心,其进一步肯定和巩固了英国行政监管的优势地位。无独有偶,美国影子银行自律监管的范围也在危机后大大缩减,比如危机后美国加强了作为影子银行工具载体的场外衍生品市场的监管,把依据《商品期货现代化法案》长期豁免行政监管而仅依靠自律监管的场外衍生品市场依据危机后出台的《多德—弗兰克法案》纳入商品期货交易委员会的监管范围。在影子银行领域,自律监管之所以越来越让位于行政监管是因为一次次的现代金融创新与危机的循环中,自律监管不断暴露出其根本性的结构缺陷,概括起来就是那就是行业利益俘获监管,监管不经济以及对金融混业趋势的不适应。因此,在金融全球化背景下，各国监管者认识到金融监管特别是影子银行监管体系中，必须以行政监管为主，才能发挥自律监管专业性、经济性和时效性的特点。① 因此现代金融监管在具体制度上逐步转变为了以行政监管为主，兼顾自律监管的特征。

二是央行的监管地位越来越得到提升。在后危机时代，很多国家先前多头监管下的监管协调或者联席机制在解决影子银行风险上已经退居次席，央行或新设立的超级监管机构越来越处于金融监管体系的中心位置。提升央行监管地位的优势在于能够覆盖监管盲区、降低监管成本和提高监管效率，这对于混业经营的金融市场有着无可替代的制度优势，从而特别有利于影子银行监管的强化，但同时面临的问题是金融监管与货币政策之间的协调，这集中体现为央行是否应成为某种超级金融监管者，而这应根据各国“金融体质”的异同而寻找适合于自己的答案。美国在金融危机之后对监管体制作了重大改革，其中最重要的步骤就是确立了美联储在影子银行监管上的地位，使美国金融监管体制成为以美联储为核心的伞形监管框架。从影子银行监管角度考察尤其如此，因为美联储不仅是金融监督委员会的决策者之一，而且还是大型银行和一切系统性重要金融机构和金融市场设施唯一监管者，美联储通过内设的消费者金融保护局承担金融消费者保护的职能，因此可以说美联储也是美国金融机构行为监管的承担者。欧盟实际上将欧洲央行作为影子银行监管的核心机构，无论是泛欧金融监管的双支柱体系还是之后的银行业联盟，欧洲央行地位不停上升，其监管范围涵盖了宏观和微观的层次，就英国影子监管而言在后危机时代其最重要的权力中心是英格兰银行，金融监管权力从原来的三驾马车即财政部、英格兰银行和金融服务局统归到英格兰银行，通过其支持的金融政策委员会和审慎监管委员会行使金融监管职权。

三是宏观审慎监管越来越成为审慎监管的必要架构和关键特征。在后危机时代，宏观审慎的思维不仅体现在各国际组织、发达地区或国家影子银行监管变革的时间维度（对金融体系在经济周期波动中表现出顺周期性的关注）和空间维度（对不同金融机构跨界关联而产生系统性风险的关注）

---

① 参见李洪雷：《走向衰落的自我规制——英国金融服务规制体制改革述评》，载《行政法学研究》2016 年第 3 期。

上，还体现在对关键领域和关键部门的监管强化上（如对 SIFI 的直接垂直监管），从而引发了金融监管面貌的全面革新。FSB 把系统性风险作为影子银行定义的核心，并在影子银行活动监测和识别中引入宏观层次的国民账户考察，并在具体措施层次对可能导致系统性风险的金融机构业务关联、信息披露不畅、金融市场工具滥用、外部评级缺陷以及 SIFI 的特殊监管问题做了种种应对。BCBS 改革银行资本要求以减缓银行体系顺周期性、对银行体系的流动性监测与应对以及在内控与信息披露方面对各类风险敞口的全面和加总评估都渗透了宏观审慎的思维，而对金融集团的特殊监管措施也可以说是一种在银行领域的 SIFI 类监管。美国的宏观审慎监管体现在金融稳定监督委员会识别系统性风险、进行监管协调、认定 SIFI 和系统重要性市场设施上，还体现在美联储对 SIFI 的直接监管方面，欧盟的宏观审慎监管则主要体现在泛欧监管双支柱之一的欧盟系统风险委员会以及作为欧洲银行业联盟核心的欧洲央行宏观审慎职权中，而英国的宏观审慎监管体现在作为英国金融监管核心的英格兰银行及其所支持的金融政策委员会的广泛而超然的权威上。

四是行为监管的作用越来越得到重视。目前各国行为监管地位的调整普遍受到上述英国学者泰勒所阐述“双峰监管”理论的影响，“双峰监管”推崇审慎与行为监管机构的并行设置和彼此独立运作。危机前的大多数国家和地区的金融监管视角较为单一，仅仅重视从金融机构角度设置指标式审慎监管或仅仅是形式审查的非审慎监管，而在后危机时代各国普遍意识到恢复和保持消费者对金融体系信心的重要性，于是普遍采纳了双峰模式理念，并由此从金融消费者角度对金融机构实施行为监管，从而将行为监管提到了极高位置。

三、影子银行监管改革的国别特色与经验总结

如前所述，影子银行监管虽然有国际共识和制度趋同的一面，但也按照各国不同金融体质发展出了适合国别特色的监管体系。以美欧英为例，虽然都是发达经济体，但是三者的金融体系特别是影子银行体系仍有很大不同，美国的影子银行体系体系是以投资银行等非银金融机构为中心的证券化信贷资产运作体系，相对于商业银行而言基本上属于一种表外操作，美国影子

银行的规模基本上已经超过传统商业银行,影子银行及证券市场加总的直接融资规模远大于间接融资的规模。与美国不同的是,欧盟始终在总体上以间接融资为主,但由于欧盟对影子银行的大力支持态度,近年来以投资基金为主的影子银行规模已经接近商业银行,独立的非银金融影子银行与附属于商业银行的影子银行可以说是平分秋色,由于传统上政治利益对商业银行的操纵加上特有的表内资产证券化模式使得欧盟不得不寻求传统间接融资之外的独立影子银行体系,将其发展成为欧盟融资体系市场化的重要依托和未来重点发展的领域。至于英国的影子银行体系则与上述两者皆有所不同,虽然英国融资体系仍旧以商业银行的间接融资为主,但作为欧盟最早和最大的资产证券化市场,英国是世界上最大的跨境信贷证券化市场,其影子银行很大程度表现为跨境化甚至是两头在外的“过境化”特征,其商业银行往往是证券化信贷产品的主要交易商,而投资基金则主要扮演了影子银行跨境运作桥梁的角色。

在对待影子银行的基本态度上,美欧英也有一定差别。作为次贷危机的发源地,美国对影子银行的态度最为严厉,以《多德—弗兰克法案》为代表的一系列后危机立法实际上大大增加了影子银行的合规成本,并引起了业界巨大的反弹,可以说是对影子银行严监管的代表性国家,欧盟对影子银行的监管受制于成员国政治利益不同、解决欧债危机的急迫性以及融资体系的市场化取向,因此在影子银行监管上相对宽松,态度相对中立。而英国为了维持其国际金融中心地位需要对影子银行持鼓励态度,监管当局认为应鼓励金融市场竞争和透明,并根据影子银行实际影响加以动态监管,甚至对一些影子银行性质的金融创新如 P2P 借贷仍保持放任自由的监管态度,因此英国可以说是对影子银行宽监管的代表性国家。当然对于各国影子银行监管的差异化比较,不应只对其金融体制和监管态度泛泛而谈,而更应进一步对其最有特色的具体制度加以归纳才能阐述完整。

美国在影子银行监管的具体制度上最有特色的部分是对金融机构内控机制与法人治理的法定规制,这方面的内容首先体现在《多德—弗兰克法案》中的沃尔克规则上,即对商业银行从事自营交易和发起私募或对冲基金的禁止,沃尔克规则通过刚性的方式将商业银行与高风险的影子银行进行隔绝,从而有效防止了两者之间的关联导致的系统性风险,沃尔克规则是美国影子银行监管改革的核心部分，典型体现了美国影子银行监管的严厉化倾向。当然除了沃尔克规则的业务防火墙外，美国影子银行监管的特色举措还包括《多德—弗兰克法案》对金融机构内部法人治理的立法干预，这则集中体现为薪酬制度，薪酬制度是对"内部人控制"现象的积极防止，从而减少内部人控制现象导致的道德风险，不同金融机构道德风险的叠加无疑将大大提高发生金融系统性风险的可能性。除了内控机制和法人治理的特色制外，美国对影子银行监管的具体特色还体现在其广撒网式的监管应对上，美国监管者将各种影子银行机构都通过各种注册机制纳入监管范围，在此基础上再根据其系统重要性的大小进行相应的监管措施升级。可见，与欧盟及英国相比，美国影子银行监管更加注重法定规制的干预力度和干预深度，不仅在适用面上最广，而且还深入到金融机构运行机制内部。当然，对美式影子银行监管的批评也从不间断，这反映了美式影子银行监管的固有弊端：一方面美式影子银行监管的法定规制太强大而自律规制偏弱，监管形式过于刚性，这不利于金融他律与自律的合理分工；另一方面则是美式监管"父爱主义"泛滥，这增加了监管机构的行政成本和金融机构的合规成本，这削弱了美国金融行业的竞争力并导致金融行业内部的进一步分化。

欧盟在影子银行监管的具体制度上，与美国沃尔克规则为代表的严厉监管有所不同，[①]采取的是一种相对中性的监管立场，主要是通过对商业银行的间接监管以及对特定种类投资基金的直接监管达到相同的目的，这主要是欧盟金融体系的特点所决定的。通过商业银行的间接监管体现在后危机时代的欧盟银行立法上，这包括欧盟几代资本要求指令，其实际上借鉴了BCBS对商业银行与影子银行关联监管的一系列建议，对资产证券化场景下商业银行与影子银行之间关联所可能引发的流动性、风险敞口和信息披露等一系列问题作了规定。同时在商业银行作为证券交易商的场景下则需要遵守欧盟证券融资交易法中有关透明度规则的规定。而在投资基金规定上，从影子银行监管视角看欧盟主要对于货币基金和AIF基金中的对冲基金采取

① 欧盟也有起草类似于沃尔克规则的意图，其体现在利卡宁报告中，在利卡宁报告中，将仿效沃尔克规则对商业银行与影子银行进行强制分割，但在后续的版本中已经放弃这个思路，转而为单禁止商业银行自营交易而不禁止分割的巴尼耶规则，这典型反映了欧盟在影子银行监管上的中立态度。

了有关举措,前者主要从机构监管角度对货币基金自身加以规制,而后者则从基金经理人角度入手。相对于美国影子银行监管而言,无论是对商业银行的间接监管还是对对冲基金的直接监管,欧盟的监管规则显得较为宽松,如在欧盟最重要的融资来源即商业银行的风险管理方面,并不要求其与影子银行做完全切割,而仅仅是根据其表内证券化的特点要求其满足某些升级版的财务指标,但许多欧盟层面的影子银行规则落地仍需要逐个成员国积极的国内法转化以及对国别政治利益的摆脱,这无疑是一个艰难的过程。

英国影子银行监管具体制度体现了其对影子银行监管的宽松态度,如在商业银行与影子银行关联的问题上,英国既没有采取美国沃尔克规则强制分割的做法,也没有采取限制较少的欧盟巴尼耶规则,而是在2013年最新版的《金融服务(银行业改革)法》中仅仅通过栅栏概念将银行传统核心业务和影子业务做了内控机制层次上的防火墙隔离,而无须进行强制分割,在此基础上再对混业经营条件下的银行资产整体上做了资本增强。这充分表明了英国对影子银行业务的宽松态度,此外虽然英国在对冲基金监管上同时遵守欧盟AIFMD指令和英国的国内法规和自律规则,相对危机前而言增加了对冲基金的合规成本,但相对于美国就对冲基金监管而言,其以风险为基础的监管方法更为灵活,充分照顾了对冲基金业的特点,更多通过与对冲基金的合作而非强制执法来达到监管目标,同时随时根据对冲基金的实际风险状况来调整立场,这与美国对冲基金立法的滞后性也形成强烈对比,体现了英国监管者对对冲基金的理解与呵护,侧面反映了英国影子银行监管的基本特征。

本章小结

影子银行的勃兴是世界范围内的金融现象,其滥觞于美国战后的金融创新,在世界主要金融体系中得到了全面的呼应、传播与勾连,其中尤其以美、欧与英国的影子银行体系及其监管最为典型。本章基于历史与比较的方法,对影子银行在不同发达国家与地区的历史、发展现状、监管脉络、相关立法与政策以及彼此的异同等问题做了全面的归纳与评析,从中提炼出了影子银行的共有属性和监管的必要框架。

美国是影子银行发展最早且创新程度最充分的国家，美国影子银行的核心特点是以投资银行为运作核心的证券化链条，并在立法和监管的自由化导向下最终趋向了过度创新，从而导致了次贷危机的发生，由此美国在后危机时代启动了以《多德—弗兰克法案》为标志的根本性监管转向，重构自由与安全相平衡的金融体系，但《多德—弗兰克法案》有着显著的父爱主义特征，从而以矫枉过正甚至是严厉管束的方式侵蚀了金融企业的自由，而这正是美国特朗普新政府所着力纠正的地方。

作为以间接融资为主的金融体系，欧盟金融体系改革的方向是摆脱银行业对监管的俘获，力图提升证券化金融的地位，因此后危机时代欧盟对影子银行的态度是更为正面的，后危机时代欧盟就影子银行监管认识到原有离散型金融监管权力配置是防范影子银行系统性风险和监管套利的重大障碍，借鉴国际组织与其他发达国家对影子银行监管的成熟经验重构欧盟金融监管架构无疑是欧盟影子银行监管今后努力的方向。

英国影子银行有着自身的鲜明特点，英国影子银行是全球特别是美欧影子银行跨境联结的枢纽之地。虽然英国本国影子银行并未对英国金融体系产生过类似美国次贷危机的冲击，但英国仍围绕着商业银行和对冲基金出台了一系列影子银行规则，并注意与欧盟相关规则精神保持一致，此外英国政府也着力将英国改造为以英格兰银行为中心的准双峰监管体系，上述举措不但强化了英国金融体系的国际化特征，还大大增强了世界范围内投资者对英国监管体系的信心。

第四章 宽严相济：后危机时代我国影子银行监管理念之重塑

对影子银行监管法的研究不应当只是对规范进行解释，而应当深入涉及价值与理念层面的问题。这是因为理念是行动的先导和指南。相应地，影子银行的监管理念是金融监管当局基于对影子银行本质特征的认识后，在宏观层面形成的一种抽象思维。这一抽象思维把握的是整个金融监管工作的全局，事关金融监管的成败，故而成为指导和贯穿整个影子银行监管立法的灵魂与意识，是确立金融监管法基本原则的理论依据。本章首先将对金融监管理念与金融监管法的内在目标的相互关联作一阐析，然后对我国当前的金融监管理念进行深入的研究，并根据我国影子银行的自身发展规律和特点，借鉴危机后国际社会及欧美等国的金融监管变革思路和经验教训，提出重塑符合我国影子银行市场规律和特点的监管理念。最后，以重塑后的监管理念作为指导，本章第三节在一般金融监管原则基础上，借鉴前述影子银行监管的国际共识，提出了面向我国影子银行市场的七大监管原则。

第一节　我国现行的金融监管理念及其反思

一、金融监管理念的提出

“理念”一词的含义争议颇多，国内有很多学者认为其有“理想与信念”之含义，[①]但作为一个哲学概念，其系指“一种理想的、永恒的、精神性的普遍范型”。[②] 如最早提出“理念”一词的柏拉图就认为“理念”是万物的原型、是本体、是真实的存在。[③] 黑格尔也将之视为既是认识事物的最终形式，又是改造事物的最高价值目标。[④] 由此可见，“理念”作为一种上升到一定理论高度的观念，属于思想、精神和价值的范畴，不仅具有本体论的意义，而且还具有认识论和价值论的意义。简言之，“理念”是人们对事物的目标模式与功能体系理性思考的产物，凝聚着人们对其的一种信仰、期待和追求。

随着语言的发展变化，“理念”这个词已从哲学家的书斋走进现实社会的各个领域。它在生活中使用的频率越来越高。把哲学上的理念概念引入金融监管，形成的金融监管理念或称金融监管哲学，是指人们具有的有关金融监管的最一般、最基本的观念、思想倾向和价值追求。[⑤] 从监管机构这一主体出发，金融监管理念意指监管当局开展金融监管工作的目的、要求和行动指南，或者说是指导一切金融监管工作的方针政策、指导思想、原则乃至信念、理想和价值的集合体。其要解决的是为什么要施以金融监管以及如何指导金融监管这样一个根本性的问题，它反映的是金融监管的宗旨、指导

---

① 参见漆多俊：《经济法基础理论》，武汉大学出版社 2006 年版，第 158 页；陈岱松：《关于证券监管理念的法理分析》，载《兰州学刊》2009 年第 5 期。

② 参见中国大百科全书出版社编委会等编：《中国大百科全书 · 哲学》，中国大百科全书出版社 1987 年版，第 465 页。

③ 参见[古希腊] 柏拉图：《理想国》，商务印书馆 1986 年版，第 45 页。

④ 参见贺麟：《黑格尔哲学讲演录》，上海人民出版社 1986 年版，第 32 ~ 33 页。

⑤ 参见朱大旗：《金融法》，中国人民大学出版社 2007 年版，第 122 页。

思想和价值取向。[①] 然而,从内涵上看,金融监管本身就是监管当局依据金融法律或其他规范,为实现金融业合法、稳健运行等目标,利用相应手段和措施对金融主体及其金融活动所进行的一种规制与约束,[②]故而其天生就烙上金融法律的印记。进言之,金融监管虽是监管当局自上而下施以被监管对象(金融机构与金融产品)的一种公权力的行使表现,但这种权力的行使不能肆意妄为,而应接受既有法律的约束,在其规定的实体法和程序法框架下进行。因此,金融监管这种行为模式与金融法律关系紧密,相互依赖。一方面,金融监管对金融法律的发展方向、立法数量与质量,执法与司法的良好运作以及质量等提出了基本要求;另一方面,金融监管所依赖的法律即金融监管法不仅仅扮演着金融监管的工具性角色,还从根本上对金融监管的内容及运作方式加以指引和规范,努力将金融监管活动限制在合法性范畴,从而确保金融监管活动不会脱离法律的轨道,真正做到依法监管。就此而言,金融监管理念与金融监管法的理念并无二致。[③] 亦即金融监管理念不仅是一国金融监管的结构及其规律的反映,更是金融监管当局对监管活动的全面认识和对其他监管要素的系统安排。这种系统安排已然构成金融监管法的最真实存在或为金融监管法存在的最深层的原因和根据。因此,金融监管理念是金融监管法的意义、功能和价值目标,对金融监管法具有构成和指导作用,是对金融监管体制、监管模式的高度概括。其不仅是金融监管法的实践结晶,更是金融监管法立法与执法的行动指南,凝聚着人们对金融监管法的全部知识和终极寄托。

一言以蔽之,金融监管理念既是金融监管法的本质、存在的依据与追求的价值取向,又是指导一国金融监管实施和运作成败的关键。其构成了整个金融市场发展的思想基石。唯有确立切合我国金融发展实际的现代金融监管理念,才能正确地指导金融监管的立法继而充分发挥金融监管实践在

---

① 参见张清华:《全球金融危机下中国证券监管理念的历史审视》,载张育军、徐明主编:《证券法苑》(第3卷)(下),法律出版社2010年版,第330页。

② 关于“金融监管”的定义,可参见朱崇实、刘志云:《金融法教程》,法律出版社2011年版,第42页。

③ 本书以下的论证场合不再对“金融监管理念”与“金融监管法理念”进行区分,而是将两者作为同一个词义上加以使用。

促进和发展整个金融市场中的保驾护航作用。相反地，落后过时的金融监管理念则可能成为压制和阻碍我国金融市场发展的绊脚石。

二、对我国现行的金融监管理念之反思

以上分析表明，金融监管理念与其价值取向密切相关。可以说，金融监管法的价值构成了一国金融监管理念的内核。然而，笔者认为“理念”不仅仅停留在价值层面，而是一个比“价值”更为立体和灵动的概念。因为法的价值只是反映了人们终极的追求目标，表达了人们对理想生活的向往，充其量是对未来美好社会的一种客观现实描绘，至于通过一种怎样理性的必然途径去实现之，则是理念应当解决的问题。① 所以，“理念”本身具有本体论和方法论的双重含义。以金融监管理念为例，其不仅是一国金融监管诸多价值（如公平安全、自由效率等）取向的集聚与反映，而且还为监管当局指明和提供了实现和追求这些监管价值所应遵循的原则、依据或途径等。进言之，金融监管理念是支撑、调理、牵引和塑造一国金融监管安排和立法的原动力。一国的金融监管制度安排如市场准入、运营、退出、产品创新、风险防范等都是本国金融市场与监管理念互动下的产物。监管当局正是秉持着其所认可的监管理念，在自己法定的监管职权范围内对各种涉及金融市场的监管要素进行事先的统一安排，事中的监督评价及事后的查处纠正等活动以实现金融监管法所追求的公平、安全与自由的价值。这表明，探究金融监管法理念的优劣既可以从静态应然的层面如对一国金融监管法的价值目标定位展开分析，又可以从动态实然的层面如监管当局实现该价值目标的路径与方式切入。总之，金融监管理念在具体的监管法条规范和监管活动中是隐藏的、看不到的。唯有发掘才能评价其对一国金融市场乃至整个经济社会的深层影响。本书以下对我国现行金融监管理念的反思与检讨正是遵循着上述的逻辑思路展开。

（一）现行的金融监管理念重机构监管而轻功能监管

众所周知，“机构监管”与“功能监管”是各国金融监管当局推进和实现

---

① 参见李曙光：《经济法学》，中国政法大学出版社2007年版，第40页。

金融监管价值目标的两种基本理念进路。① 所谓机构监管(institutional regulation)是指以金融机构类型或性质作为划分监管权限的依据,即同一类型金融机构的所有监管事项由相应机构监管者统一负责,而无论其涉及何种金融业务。② 换言之,即使某一类型金融机构从事了其他类型金融机构的业务活动,则作为其他类型金融机构的监管主体也无权干预。与之不同,功能监管(functional regulation)关注的是金融产品或业务所实现的基本功能,即监管机构行使监管权的依据不是源于特定对象的机构类型,而是该机构发行的产品或提供的业务功能。其基本理念是功能相似的金融产品或业务应当受到相似的监管,而无论该产品或业务是由何种类型的金融机构所提供。③

毋庸置疑,从我国的《中国人民银行法》《银行业监督管理法》《商业银行法》《证券法》与《保险法》等金融基本法律对金融监管的相关条款规定来看,④我国现行的"一行三会"多边监管体制恪守的就是这种"一个萝卜一个坑"的机构监管理念。即银行业金融机构及其业务活动由银监会负责监管;证券类金融机构及其业务活动由证监会负责监管;保险类金融机构及其业务活动由保监会负责监管。如果说这种"谁家的孩子谁抱走"的机构监管理念在我国金融业发展初期,即在银行、证券、保险等金融机构之间业务类型单一且界限清晰可分的情形下有其相当的历史合理性,那么在今天金

---

① 显然,从下文对"机构监管"和"功能监管"的定义描述看,其更多的是指监管机构用何种方式(根据金融机构的性质抑或是金融产品的功能)进行监管的问题,与"监管体制"或"监管模式"无涉。因此很多学者将"机构监管"和"功能监管"视为一种金融监管体制或模式并不准确和严谨。顾名思义,监管体制或金融监管模式应属于监管顶层设计层面的内容。它们要解决的是一国中央层面应由谁担当本国金融机构、金融市场和金融业务的监管机构以及这些监管机构相互间的监管职权分配和协调问题,与之对应的应是"多边(分业)监管"、"统一监管"和"双峰监管"之类的表述。

② 以银监会为例,只要是商业银行的经营活动,都应被纳入其监管权力覆盖的范围,至于该商业银行提供的服务或产品在法律定性上是属于存贷款还是证券或保险则在所不问。

③ "功能监管"的提法最早见诸美国哈佛哈佛大学商学院教授,经济学家罗伯特·默顿(Robert C. Merton)1993 年发表的《功能视角下的金融体系运营与监管》一文。在该文中,默顿主张对发挥同一金融功能的不同金融机构所开展的类似业务与金融活动进行大体相同的监管。自此,功能监管的概念开始得到学术界和业界的关注。

④ 参见《中华人民共和国银行业监督管理法》第 2 条、《中华人民共和国商业银行法》第 43 条、《中华人民共和国证券法》第 6 条和《中华人民共和国保险法》第 8 条之规定。

融全球化、金融业务日益多元化和综合化的“新常态”背景下,其则受到越来越多的挑战和诟病:不仅传统的银行、证券、保险等金融机构之间的横向业务合作(如银证通、银宝通、各种通道类理财产品和业务等)、股权交叉投资和业务交叉经营的现象(如银行系基金、银行参股保险公司等)越来越多,而且还出现了越来越多天生就以跨机构、跨行业经营为使命的金融控股公司和影子银行,加之互联网信息技术和各种金融科技力量的助力和推动,金融机构间的业务渗透和风险关联早已突破了原有的行业范围和畛域,形成了你中有我,我中有你的局面。比如,对银行信贷产品进行资产证券化处理、打包、再发行,使股票、债券和信贷之间的界限模糊;保险公司提供类似投资和储蓄的保险产品;证券衍生品又带有保险特征;还有商业银行、证券公司、保险公司、基金公司和信托公司均经营理财业务。这些现象无不反映出金融机构间产品差异的淡化、共性的增强。如此再沿袭先前的以机构监管为主的理念不仅会使金融市场在一定程度上被人为地割裂,限制了金融机构的经营活动范围,造成监管空白和监管重叠,而且还将不同金融机构提供的相同或相近的金融产品置于不同的规范标准下,无疑会造成监管差异,使所受监管较为宽松的金融机构获得制度优势,不利于公平竞争,乃至诱发监管套利(把特定金融业务置于所受监管最为宽松的机构之中)和削弱监管效果。比如,对于法律性质和业务功能高度相似的金融理财产品,目前三会基于各自部门的工作考量分别颁行使用范围有限的规范性文件,引发了金融理财市场法律规范分散不一和行业竞争不公平的局面。此外,机构监管的理念虽强调每一种类型的金融机构都有它所明确对应的一家监管机构,但这是以该金融机构的合法化为前提条件的。换言之,在机构监管理念下,“合法性标准”(机构是否有被法律授权或经监管机构批准从事某种金融业务)成为决定该金融机构是否受到监管以及受到何种监管的关键。而在互联网金融和影子银行等创新频发的今天,必定有相当多一时没有获得合法身份的金融机构或不被列入金融机构范畴的平台企业的金融活动陷入无人问津的监管“死角”或监管真空。像早期的私募基金,近期的 P2P 平台、众筹平台等影子银行引发的监管争议都是典型的例证。

无疑,机构监管的这种缺陷与功能监管的优势恰好形成互补。因为与机构监管下由“合法性标准”确定金融监管的内外部边界不同,功能监管要求对从事相同金融业务的金融机构使用相同的监管法规，而无论这些金融机构在法律上使用何种名称或者是否具备“合法性”，这就有利于减少监管真空和实现金融机构的公平竞争。然而遗憾的是，面对混业经营的新格局和互联网金融及影子银行带来的上述挑战，我国金融监管当局在实践中对功能监管理念的应用场合并不多见。虽然“一行三会”早在2003年就通过签署《金融监管分工合作备忘录》建立了共同参与的联席会议制度，试图引入功能监管的做法以弥补上述机构管引发的监管真空，①但由于缺乏明确的制度构建和权力支撑，这种会议制度流于形式，以致不了了之。即便到了2013年8月，国务院发布了建立由人民银行牵头的金融监管协调部际联席会议制度的批复，正式赋予人民银行为金融领域“牵头监管者”的角色。②但由于人民银行在法律上与“三会”级别平等，仍无法在监管信息收集和共享上对“三会”的监管合作及协调形成有效的硬制约，故这种批复依旧改变不了“备忘录”的软法性质，协调效果依旧乏善可陈。

（二）现行的金融监管理念重审慎监管而轻行为监管

审慎监管（Prudential Regulation）是指监管机构为防范和化解个体金融机构或整个金融业的风险，通过制定一系列金融机构必须遵守的周密而谨慎的经营规则，客观评价金融机构的风险状况，并及时对之进行风险监测、预警和控制的过程。其目的是维护金融体系的安全和稳定，是以风险高低作为筛选标准的一种监管理念。③ 该理念源于1997年巴塞尔银行监管委员会（BCBS）发布的《有效银行监管的核心原则》（Core Principles for

---

① 这种功能监管主要体现在“三会”对金融控股公司的监管上。依据《金融监管分工合作备忘录》，“三会”确立了对金融控股公司的主监管制度，即对金融控股公司内相关机构、业务的监管，按照机构性质实施分业监管，而对金融控股公司的集团公司可依据其主要业务的性质功能，归属相应的监管机构负责。

② 参见《国务院关于同意建立金融监管协调部际联席会议制度的批复》，载 http://www.pbc.gov.cn/publish/goutongjiaoliu/524/2013/20130820153053035278021/20130820153053035278021_.html，最后访问日期：2017年8月25日。

③ 参见潘凌遥：《论宏观审慎监管与审慎监管的关系》，载《区域金融研究》2012年第10期。

Effective Banking Supervision)。[①] 在该文件中，审慎监管理念被作为其中一项最重要的核心原则确立下来，[②]并得到包括我国在内的大多数国家的认同。由于从时间序列逻辑来看，审慎监管包括市场准入、业务经营与市场退出等环节的监管，故其常被视为传统意义上金融监管的化身。可以说，审慎监管理念已然成为当前我国整个金融领域的统领性监管理念，并对我国金融监管法律体系的构建产生了直接和深远的影响。以银行监管法为例，现行的《银行业监督管理法》第 17 条、第 21 条、第 23 条和《商业银行法》第 39 条和第 71 条对有关商业银行的准入、运营和退出等环节的规定无不集中体现了监管当局对商业银行审慎监管的重视。[③]

审慎监管在整个金融监管中的重要性地位固然不容置疑，然而审慎监管不能也不应是金融监管的全部。根据前文提及的泰勒"双峰"理论，一国的金融监管除了确保金融机构或金融系统稳定的审慎监管之外，还应有保

---

① 《有效银行监管的核心原则》包括了 7 个部分、25 条原则。这些原则总体上可划分为七个方面内容：一是目标、独立性、透明度和合作(原则 1)；二是准入的业务范围(原则 2 至原则 3)；三是审慎监管法规(原则 6 至原则 18)；四是持续监管手段(原则 19 至原则 21)；五是信息披露(原则 22)；六是监管机构的正式权力(原则 23)；七是跨境监管(原则 24 至原则 25)。这些原则是世界各国近百年银行监管经验教训的系统总结，反映了国际银行业发展的新变化和银行监管的新趋势。

② 《有效银行监管的核心原则》列举了审慎监管可能涉及的内容和对象，主要包括：(1)资本充足率；(2)风险管理程序；(3)信用风险；(4)问题资产处置；(5)大额风险敞口的限制；(6)对手方的风险暴露；(7)国家风险和转移风险；(8)市场风险；(9)流动性风险；(10)操作风险；(11)银行账户利率风险；(12)内控和审计；(13)防止利用金融服务从事犯罪活动。相关内容的解析，可参见韩龙：《国际金融法前沿问题》，清华大学出版社 2010 年版，第 196 ~ 197 页。

③ 《银行业监督管理法》第 17 条规定："申请设立银行业金融机构，或者银行业金融机构变更持有资本总额或者股份总额达到规定比例以上的股东的，国务院银行业监督管理机构应当对股东的资金来源、财务状况、资本补充能力和诚信状况进行审查"；第 21 条规定："审慎经营规则，包括风险管理、内部控制、资本充足率、资产质量、损失准备金、风险集中、关联交易、资产流动性等内容"；第 23 条规定："银行业监督管理机构应当对银行业金融机构的业务活动及其风险状况进行非现场监管，建立银行业金融机构监督管理信息系统，分析、评价银行业金融机构的风险状况"；《商业银行法》第 39 条规定："商业银行贷款，应当遵守下列资产负债比例管理的规定：(一)资本充足率不得低于百分之八；(二)流动性资产余额与流动性负债余额的比例不得低于百分之二十五；(三)对同一借款人的贷款余额与商业银行资本余额的比例不得超过百分之十；(四)国务院银行业监督管理机构对资产负债比例管理的其他规定"；《商业银行法》第 71 条规定："商业银行不能支付到期债务，经国务院银行业监督管理机构同意，由人民法院依法宣告其破产。商业银行被宣告破产的，由人民法院组织国务院银行业监督管理机构等有关部门和有关人员成立清算组，进行清算"。

障消费者合法权益的行为监管。尤其是2008年金融危机后,国际社会普遍意识到,行为监管缺失所引致的金融市场公平、公正内涵缺失和金融消费者权益保护不足,同样也是金融危机产生的重要根源。[①] 我国虽然没有爆发金融危机,且现行的金融监管法也都开宗明义地将保护金融消费者权益列为监管的一大目标,[②]但立法对行为监管的重视和落实程度明显不及前述的审慎监管:不仅具体涉及金融消费者保护方面的立法安排寥若晨星,而且很多都只限于原则规定,可操作性不强。比如,《银行业监督管理法》第1条虽提到"保护存款人和其他客户的合法利益",但它却从属于"防范和化解银行业风险"之后,并没有对金融消费者给予倾斜保护。与之相应,该法第三章对银监会监督管理职责的规定清一色聚焦于审慎监管领域,丝毫没有一个条文涉及金融消费者保护的字眼。这种以审慎监管统领行为监管,认为只要确保金融机构的稳健经营就能达致消费者保护的立法思维显然并没有注意到两种监管理念的现实差异。此外,虽然迄今为止,我国已在"一行三会"内部设立了相应的金融消费者保护机构,但囿于所在监管当局重审慎监管而轻行为监管的偏好,这些机构在内部的地位一直都低于相应的审慎监管部门,运作效果乏善可陈。比如,近期爆发的一些非法集资大案(如泛亚、e租宝案件)以及引发的投资者群体性事件就暴露出这种从属于审慎监管的消费者保护机构的无能与乏力。还有,面对时下炙手可热的理财市场,"三会"虽在公开场合不止一次地宣称金融消费者保护的重要意义,但其颁发的部门规范性文件的重心依旧停留在于维系本部门金融机构的风险可控性及市场的系统安全性(审慎监管),而对消费者权利和金融机构的义务则鲜有给予清晰、完备的法律确认。[③] 应该说,近年来我国理财市场上金融机构及员工虚假陈述、误导销售,随意泄露客户信息和与他人勾结私售理财产品欺骗消费者的乱象之所以迭出,与我国"三会"监管当局对理财机构行为监管的重视不够不无关联。

---

① 参见冯乾、候合心:《金融业行为监管国际模式比较与借鉴》,载《财经科学》2016年第5期。

② 参见《中华人民共和国银行业监督管理法》第1条、《中华人民共和国商业银行法》第1条、《中华人民共和国证券法》第1条和《中华人民共和国保险法》第1条。

③ 参见季奎明:《论金融理财产品法律规范的统一适用》,载《环球法律评论》2016年第6期。

(三)现行的金融监管理念重微观审慎监管而轻宏观审慎监管

上文的分析表明,我国现行的金融监管理念偏向于审慎监管而忽视了行为监管对于保护金融消费者的实际意义。然而,即便在审慎监管的框架下,通过进一步分析,我们不难发现我国现行金融监管立法所强调的审慎监管其实是以微观审慎监管为主要特征。因为"三会"在日常中的例行监管主要是着眼于金融机构个体的运营,它们关注的是具体金融机构的合规与风险暴露情况。以银行监管为例,依前文提及的《银行业监督管理法》和《商业银行法》上的审慎监管条款,银监会除了审查批准银行业金融机构的设立、变更、终止以及业务范围外,其还采用非现场或现场检查的方式,通过跟踪具体银行业金融机构的资本充足率、资产质量、损失准备金、风险集中、关联交易、资产流动性等一系列审慎经营指标的发展变化来监测和发现该金融机构存在的风险。无疑,银监会的这种监管安排是一种典型的微观审慎监管。其蕴含一种只要控制好单个金融机构的风险就能保证整个金融体系良好运转的理念进路。然而,2008 年金融危机的爆发表明仅仅实施微观审慎监管而不考虑各个金融机构之间的风险关联和传染是不足以实现整个金融体系的稳定,故尚需从宏观层面寻求防范与应对系统性风险的审慎监管工具。同样,我国虽然在本轮危机中独善其身,但在当前金融服务日益综合化的背景下,个体金融机构尤其是系统重要性金融机构(Systemic Important Financial Institution,SIFI)一旦陷入经营危机或无序倒闭,很容易通过交易对手将风险大范围地传导、扩散至整个金融体系,形成系统性风险。① 加之近年来,我国金融机构业务同质化趋势较为明显。比如我国银行每年新增的信贷业务均大量集中于房地产和政府融资平台的中长期基础设施项目,风险暴露高度相似,这势必导致金融失衡不断扩大,从另一方面加剧金融的系统性风险。2013 年 6 月全国性的"银行闹钱荒"就是各大银行贷款业务过度集中引发的资金结构性错配所致。是故,我国当前这种强调微观审慎监管而忽视宏观审慎监管的立法安排在应对上述潜在的系统性风险上可谓有心无力。鉴于此,我国迫切需要汲取国际金融危机的教训,适

---

① 参见陈斌彬:《系统重要性金融机构的监管法制研究——以美国法为镜鉴》,载《重庆大学学报》(社会科学版)2016 年第 6 期。

应金融业改革发展和创新的需要，尽快整合形成我国的宏观审慎监管框架，使之与微观审慎监管相得益彰，以改变当前我国审慎监管只专注单个金融机构风险而忽视系统性风险的短板。

（四）现行的金融监管理念重顺周期监管而轻逆周期监管

依 FSB 的定义，顺周期（procyclicality）是指金融系统内部以及金融系统与实体经济之间存在的一种相互加强的正向动态反馈机制（positive feedback mechanism），其主要表现为金融系统会放大经济周期的波动性，同时反过来会造成或进一步恶化金融系统自身的不稳定性。① 金融市场顺周期效应的形成机制十分复杂，既有金融系统内在因素交织影响（如金融市场的盈利水平、贷款质量的变化、贷款损失的拨备水平及参与者对风险变化的不适当反应等）使然，也与外部金融监管尤其是资本监管的推动与催化作用不无关联。所谓资本监管，简言之，就是监管当局规定金融机构必须持有的最低资本要求。资本监管以资本充足率要求为代表，②以此确保每个金融机构有相应的资本和流动性应对外来的冲击，进而维护个体金融机构的稳健经营和整个金融体系的稳定。③ 前已述及，微观审慎监管的要义在于通过以资本充足率为代表的一些硬性微观指标来识别和判断金融机构的风险暴露状况，故而资本监管自然构成整个微观审慎监管的基础和内核。换言之，微观审慎监管在很大程度上体现为资本监管的实施和推进。正是基于资本监管在微观审慎监管中的重要性地位，我国的金融监管立法历来重视对资本监管的规范。以下笔者以银行监管为例，对我国涉及商业银行资本监管相关的国家立法和部门规章政策作了归纳与整理。

---

① FSB，"Report of FSB on Addressing Procyclicality in the Financial System"，Accessed Fed 11，2017，http：Financialstabilityboard. org/publications/r_0904a. pdf.

② 资本充足率是指金融机构（银行）资本净额与风险资产的比率，代表了金融机构（银行）对负债的最后偿还能力。

③ 资本监管最早见诸 BCBS 1988 年 7 月在瑞士巴塞尔通过的《关于统一国际银行的资本计算和资本标准的协议》上。该协议首次建立起一套完整的、国际通用的资本充足率监管标准。具体内容包括：（1）确立银行资本的构成，将其分为核心资本和附属资本；（2）根据资产风险的不同，分别配置相应不等级别的风险权重系数；（3）确立了商业银行资本充足率的计算公式，并规定其不低于 8% 的标准。

表 4－1　我国涉及商业银行资本监管的立法和监管规章政策一览

颁发机构	立法与政策	通过或颁发时间	内容要旨
中国人民银行	《商业银行资产负债比例管理考核暂行办法》	1994 年 7 月 7 日	确立以资本充足率为基础的商业银行资产负债比例管理监控指标
全国人大常务委员	《中华人民共和国商业银行法》	1995 年 5 月 10 日通过，历经 2003 年 12 月 27 日和 2015 年 8 月 29 日两次修正	规定商业银行的资本充足率不低于 8%（参见该法第 39 条第 1 款）
全国人大常务委员	《中华人民共和国银行业监督管理法》	2003 年 12 月 27 日通过，2006 年 10 月 31 日第一次修正	规定银行业金融机构的审慎经营规则应包括资本充足率内容。（参见该法第 21 条第 2 款）
银监会	《商业银行资本充足率管理办法》	2004 年 3 月 1 日，并于 2006 年 12 月 28 日作了修改	对商业银行资本充足率的计算、监督检查和信息披露做出专门的规定
银监会	《中国银行业实施新资本协议指导意见》	2007 年 2 月 28 日	对我国商业银行实施新资本协议的重大意义、目标原则、范围、方法和主要措施作了说明
银监会	《第一批新资本协议实施监管指引》，具体包括《商业银行银行账户信用风险暴露分类指引》《商业银行信用风险内部评级体系监管指引》《商业银行专业贷款监管资本计量指引》《商业银行信用风险缓释监管资本计量指引》和《商业银行操作风险监管资本计量指引》（以下简称 5 个监管指引）	2008 年 9 月 18 日	要求实施新资本协议的银行应对照 5 个监管指引逐条进行合规性评估，对未达标的领域和环节，应制定切实可行的限期达标方案。对监管标准尚不明确的，新资本协议银行应主动与监管部门沟通，尽早达成共识

续表

颁发机构	立法与政策	通过或颁发时间	内容要旨
银监会	《商业银行资本充足率信息披露指引》	2009年12月16日	对商业银行资本充足率信息披露的范围、内容和流程规范等提出了明确的操作指引
银监会	《商业银行资产证券化风险暴露监管资本计量指引》	2009年12月23日	对商业银行开展资产证券化业务的信用风险转移与监管资本计量、资产证券化标准法,内部评估程序作了规定
银监会	《商业银行资本充足率监督检查指引》	2010年1月13日	对涉及商业银行内部资本充足评估程序、风险评估标准及相应的监督检查做出规定
银监会	《中国银行业实施新监管标准的指导意见》	2011年4月17日	参照BCBS发布的《巴塞尔资本协议三》提出提高银行业审慎监管标准和加强系统重要性银行监管等建议
银监会	《商业银行资本管理办法》(试行)	2012年6月7日	对商业银行资本充足率计算、监管要求、信用、市场、操作风险加权资产计量、内部评估程序做出规定

通过上面的立法梳理,我们不难发现虽然自1994年以来,我国涉及银行资本监管立法从无到有,从粗放到精细,取得了长足的进展,且2008年金融危机之后也对资本监管进行了一系列的改革和完善,开始有意识地考虑和引入《巴塞尔资本协议三》的部分新要求,①但总体上资本监管立法及其实施的框架思路仍停留在危机前BCBS公布的两个资本协议,即1988年旧资本协议和2004年新资本协议上。② 然而,无论是BCBS公布的旧资本协议抑或是新资本协议,其所倡的资本监管方式都带有很深的顺周期性。比如,旧资本

① 这主要体现在《中国银行业实施新监管标准的指导意见》中的"指导原则"及"提高银行业审慎监管标准"这两部分的说明与规定上。

② 我国在1992年就提出按照巴塞尔旧资本协议对我国银行业实施资本监管,直至2007年2月28日,银监会颁发了《中国银行业实施新资本协议指导意见》。

协议要求银行的资本与风险加权资产之比不得低于8%。这就使当经济发展势头处于上升阶段时，银行出于盈利所需，信贷能力增强，会将大部分资金用作业务扩张，从而进一步推动经济的繁荣和泡沫的形成，资本监管的约束力较弱；而在经济进入下行通道时，银行的信贷损失高于经济上行时期的信贷损失，由此银行出于自身经营安全的考虑，会保留更多的资本，贷款能力及意愿较弱，而资本监管的约束力又进一步限制了银行的贷款能力，导致其对经济整体信贷供给减少，从而加剧经济衰退的周期。与旧资本协议相比，新资本协议虽然改变了旧资本协议分五挡计算贷款风险权重的方法，增强了资本监管的风险敏感性，①但无论其引入的是信用风险标准法，即采用外部评级公司的评级结果确定贷款的风险权重②，抑或是信用风险的内部评级法，即采用经监管当局批准的银行内部评级体系的结果计算风险权重，这些方法所确立的风险权重思路依然带有很强的亲周期性，都会导致资产的经济风险在经济良好的阶段被系统性地低估了。如以信用标准法为例，实践中外部评级机构所评定的分数在经济繁荣时会提高，在经济衰退时会降低。加之由发行人付费的评级机构经营模式使评级过程不可避免存在利益冲突，这些缺陷都使以外部评级分数作为确定银行自有资本储备的依据会带来顺周期性。银行内部的评级法亦同样存在类似的问题。因为在其他条件相同的情形下，经济繁荣时各贷款资产的风险权重较低，银行的资本充足率上升；而在经济萧条时风险权重较高，银行的资本充足率下滑。这必然会促使银行在经济上升期提高杠杆率，而在下滑时降低杠杆率，从而引发银行在繁荣期的泡沫积累与衰退期的资产抛售，加剧了周期性的波动。一言以蔽之，在新资本协议下，资本监管要求会随着贷款质量的变化而变化。在经济萧条期，贷款质量的下降会使其评级不断被下调，资产风险被高估，从而使以风险敏感为基础的资本监管标准不断提高，这反过来会进一步减少银行信贷的供给，影响经济的复苏。反之亦然。

---

① 旧资本协议按照国别、机构和期限的不同，将银行资产风险权重划分为五个档次，分别为0%、10%、20%、50%和100%，风险越大，权重越大。

② 该标准法确定风险权重的思路与旧资本协议五挡风险权重分类相似。其区别在于：(1)增加150%这一档次的风险权重；(2)根据外部评级而非国别来确定风险权重；(3)在信用风险缓释方面，增加了被认可的抵押物的范围。

BCBS新旧资本协议上银行资本监管的顺周期性决定了我国当前的微观审慎监管在本质上是一种顺周期监管。上述分析表明,这种顺周期监管最大的弊端在于其有可能在经济下行时人为地导致资金链的断裂和更多不良资产的出现,成为经济进一步下行的推手。对此,国内已有有识之士指出,我们很多的监管都是顺周期监管,事实上这是违背了基本常识。我们要形成逆周期的监管理念。① 是故,如何全面认识我国金融监管(银行资本监管)顺周期性产生的原因和机理,适时引入和增加一些逆周期监管工具,并依据经济周期进行反向调整以缓释顺周期监管的弊端则显得颇为必要。

(五)现行的金融监管理念偏重社会维稳之需而轻市场规律之求

"从历史发展过程来讲,金融活动的最初阶段,并不需要、实际上也没有专门的金融监管。"②这是因为在此阶段,金融风险尚没有成为影响经济社会稳定的因素。而现代金融市场中的金融风险具有以下特点:(1)数额巨大;(2)技术性强;(3)操作周期短;(4)潜在特性;(5)突发性和加速性;(6)扩散性和传染性。③ 这些特点使现代金融市场风险具有很强的负外部性,一旦政府处置不当就会酿成金融危机,引发社会动荡甚至威胁政局的稳定。就此而言,金融监管成为一国政府促进经济发展和维护社会稳定的一大利器本无可厚非。然而,"市场失灵是政府干预市场的基本逻辑"已清晰地昭示金融监管乃因金融市场失灵而生,故尊重市场固有的丛林性"适者生存与物竞天择"的自然法则实乃监管的首要之义。换言之,金融监管不能也不应被赋予太多与市场"自由公平"等精神要义相悖的维稳任务。遗憾的是,我国的金融监管理念从形成至今,仍以满足社会维稳之需为第一要务。如以证券监管为例,毋庸讳言,我国的证券市场自20世纪90年代初形成伊始就肩负着一个特殊的政治与经济使命,那就是保证金融资源向国有企业尤其是国有大中

① 中国人民大学副校长吴晓求教授在2017年7月15日由中国人民大学主办的"2017国际货币论坛暨《人民币国际化报告》发布会"上就公开做上述的表述。具体内容参见吴晓求:《金融监管重要的理念是逆周期》,载http://finance.jrj.com.cn/2017/07/15220922753924.shtml,最后访问日期:2017年11月12日。

② [美]艾伦·加特:《管制、放松与重新管制》,陈雨露等译,经济科学出版社1999年版,戴根有"中文版序言"第1页。

③ 参见许文斌、张亦春:《信息结构、制度变迁与金融风险演进》,中国财经经济出版社2004年版,第107~109页。

型企业倾斜配置，①以避免国有企业改制不成功失控而给全社会带来的消极影响。这一定位使建构在这种证券市场之上的证券监管脱离了其应有的保护投资者利益的目标而成为维护国家经济秩序和社会稳定的利器。因此，作为中央政府直接领导下的证监会在对证券市场实施监管时必然对政治与经济维稳大局考虑得多，而对市场本身运行规律和依法办事的规则考虑的少，从而使监管呈现出很大的不确定性。这集中表现为证监会执法的严厉程度会随着股市的枯荣而波动：当股市低迷时一般会放松监管，而当股市繁荣，交易活跃时则会加强监管，查处更多的违法案件，如此往往又会引起股市再次下跌，怨声载道，导致监管的权威性受到影响。② 此外，只要执法过程中纠缠着国有资本，为服从中央政府的上述意志和政策，证监会对这些带有国有背景的上市公司、大机构的违法作乱行为就不能不"投鼠忌器"，对它们违规认购新股、挪用保证金、操纵市场、内幕交易、非法融资等总会不自觉采取较私营机构更宽容的态度，结果往往是大事化小，小事化了。故此，有学者认为这种以"干预和控制，为经济改革和国有经济服务"的证券监管理念不是一种以完善法律制度及严格责任追加为基础的政府"守夜人"情节，而在事实上已异化为一种对证券机构及投资主体充分不信任的过于专制型的"家长式"管理理念。③ 该学者进一步批评道，这种隐性或显性的依产权亲疏决定国家所垄断的资源分配，而不是以证券市场应有的资源分配功能为制度设计的逻辑也滋生了一个国有企业与非国有企业在竞争起点上显失公平的问题。④

---

① 这从1987年《国务院关于加强股票、债券管理的通知》及中国证监会在审批制实施期间历年关于股票发行工作的若干规定，通知和政策中对申请企业的募集资金投向的重视及对国有大中型企业，特别是国家确定的重点国有企业的支持可见一斑。

② 远的不说，2015年上半年证监会对场外配资前后的查处大体可见。2015年我国A股市场的大盘指数从年初的3049点上冲至6月12日的5178点，而后又一路下跌至2850点，2015年A股市场暴涨暴跌引发的股灾与证监会自2014年7月中旬开始，我国股市因杠杆的作用出现了一轮过快上涨行情，从7月17日的2055点至2015年6月12日，上证综指上涨152%，深成指上涨146%，创业板指上涨178%。然而，在肖钢主政的"去杠杆"的监管利剑之下，2015年6月15日至7月8日的17个交易日，上证综指下跌32%。市场频现千股跌停、千股停牌，流动性几近枯竭。

③ 参见黎四奇：《对我国证券监管理念的批判与反思——一个监管者角色定位的问题》，载《经济法论丛》2009年第2期。

④ 参见黎四奇：《对我国证券监管理念的批判与反思——一个监管者角色定位的问题》，载《经济法论丛》2009年第2期。

无疑,这种“身份决定融资成本”是对市场运行规律的疏离。近年来我国民营中小企业普遍出现的融资难问题及各地非法集资大案要案的频发与我国上述证券监管理念的定位偏差可谓不无关联。

无独有偶,除了证券监管,我国现行的银行监管理念在某些方面亦有满足维稳大局之需的考量。比如,为维护金融和社会秩序稳定,银监会曾很长一段时间一直默认银行或信托理财市场“刚性兑付”现象的存在,甚至为防止银行或信托理财产品投资亏损而诱发群体性事件,还曾多次下发指导文件提示业界要注意信托产品的兑付问题。如2014年4月8日银监会发布了《关于信托公司风险监管的指导意见》,要求“项目风险暴露后,信托公司应尽全力进行风险处置,在完成风险化解前暂停相关项目负责人开展新业务”。在此条款的隐性要求下,为了避免发生社会风险事件导致自己的信托业务牌照被暂停,几乎所有的信托公司和与之合作开展通道类理财产品业务的商业银行在遇到兑付问题项目时,都会在第一时间尽力选择“刚兑”。这就进一步坐实了民众对管理层和金融机构会维持“刚性兑付”的心理预期。可以说,这种片面追求社会维稳目标的监管理念在价值取向上已同“买者自慎、风险自负”的市场文化背道而驰。由此所形成的事实是,从短期看,“刚性兑付”能在一定程度上起到暂缓金融风险的传导,扩大金融机构的资管规模和保证投资者的“稳赚不赔”,但从长期看,不仅会滋生投资者道德风险,不利于合格投资者的养成,而且还会弱化市场化机制的运行,使之无法反映风险溢价,从而降低金融资源的配置效率。此外,这种不以尊重市场内在运行规律的人为隐性保证也被实践证明是不可持续的。① 有业内人士用“魔咒”来比喻刚性兑付对影子银行发展的负面影响,呼吁管理层应彻底解决刚性兑付问题,否则影子银行风险最终将聚集成无解的难题。② 因此打破刚性兑付,树立起与金融市场运行规律相契合的风险自担文化势在必行。笔者认为,在这其中,我国就应该矫正这种过于重视社会维稳之需而忽视市场运行规律的

---

① 事实上,近年来,越来越多的金融机构由于自身资金的不足,已难再维持先前的“刚性兑付”的局面。比如2014年年初,规模约30亿元的中诚诚至金开1号集合信托计划就出现兑付危机。而2015年就有18家信托机构出现无法兑付,涉及资金11.1亿元;2016年,债券违约共计78起,涉及资金388.94亿元。

② 参见项峥:《“刚性兑付”难掩影子银行风险》,载《中国经济周刊》2014年第6期。

监管理念,让监管回归到尊重市场和为市场服务的本目。

(六)现行的金融监管理念重中央的集权监管而轻地方的分权监管

在《中国人民银行法》《银行业监督管理法》《证券法》和《保险法》等金融基本法律的授权下,我国金融监管目前采用的是垄断性的中央集权管理模式。即由"一行三会"分别代表中央政府集中统一行使对全国性银行、证券和保险等金融业的监管权(见表4-2)。在此背景下,我国金融监管理念的建构更多是以中央层面的统一垂直监管为基础,鲜有考虑地方政府在金融监管中的应有作用。当然,我国作为单一制国家,采用中央集权模式对包括金融监管权在内的国家权力进行纵向配置,这种建构本无可厚非。笔者在此无意否认中央金融监管机构在我国金融监管中的主导地位,只是面对庞大的全国统一性金融市场,既有的中央金融监管机构的监管力量毕竟有限,在区县级行政区以下普遍无暇顾及,[①]加之后危机时代以小额贷款公司、融资性担保公司、金融租赁公司、典当行、地下钱庄等为代表的各类地方性影子银行的兴起和民间投融资存量与增量的快速膨胀,地方金融已然呈现出爆发性增长。[②] 现行的"一行三会"中央垂直监管体制在应对地方金融风险扩张上越来越力不从心。温州、鄂尔多斯等地方性金融危机的爆发亦在实践层面对此予以证实。可见,在我国区域经济发展差异如此之大情境下,地方政府无疑要比中央更了解和熟悉本地的金融发展动态,没有地方政府对金融监管的介入和参与,金融监管显然难"接地气"。是故,我国金融监管理念的施行不能无视地方金融,而理应积极顺应地方金融扩张的发展趋势,超越传统的国家整齐划一的中央垂直金融监管范式,为地方政府有效介入地方金融监管提供

---

① 尽管中央金融监管机构享有对整个金融行业实施全面监管的法定权力,但"一行三会"的监管力量并没有覆盖全国,目前主要集中在省、自治区、直辖市以及计划单列市以上,除中国人民银行和银监会外,证监会在地级市和区县尚未设立任何分支机构,保监会也仅仅是在苏州、烟台、汕头、温州、唐山五个地级市设立监管分局,区县亦没有设立任何办事处。

② 统计显示,2012年中国民间融资超过3万亿元,近两年来民间借贷规模增长20%以上,并延伸出第三方支付、认证、评估、催收等服务市场。目前,我国小额贷款公司已近7000家,村镇银行1700家,典当行6000多家。加上地下金融,民间融资的规模将更为惊人。参见夏琳:《民间融资规模超过3万亿》,载《大众证券报》2013年11月22日,第5版。

相应的原则、依据或途径,实现央地金融监管的协同联动。①

表 4-2 我国现行的中央垂直金融监管体系

监管机构	法律依据	监管内容	监管力量(派出机构)
中国人民银行	《中国人民银行法》	金融机构的货币政策执行情况、银行间账户管理情况、支付结算规则的制定、对突发事件的处置	人民银行总行,下设9个跨省分行,326个中心支行,1827个县(市)支行 监管覆盖到县,实行垂直型管理
银监会	《银行业监督管理法》	银行业金融机构和非银行业金融机构及其业务活动	银监会总会下设36个省级分局,306个市级银监分局,1730个县级监管办事处,监管覆盖到县,实行垂直型管理
证监会	《证券法》	上市公司,证券、期货经营机构,及与之相关的投资咨询机构、律师事务所、会计师事务所、资产评估机构等中介机构的证券、期货业务活动	证监会总会下设36个省级证监局,监管覆盖到省和计划单列市,实行垂直型管理
保监会	《保险法》	财产保险公司、再保险公司、人身保险公司、保险中介机构、外资保险公司及其相关业务	保监会总会下设36个省级保监局。监管覆盖到省,实行垂直型管理

① 自2002年上海市成立金融办以来,截至2007年年底,全国32个省、市、自治区相继成立了金融办,地方金融监管已初具雏形,但从实质而言,这种金融办还不是严格意义上的地方金融监管主体。其因在于:一是金融办的地方监管职权缺失国家层面的法律依据和授权;二是实践中金融办的职责更多是服务地方金融发展及协调和处置地方金融风险。这表明我国当前地方金融监管在法律上依旧处于无行使主体的虚化状态。有关地方金融监管存在的系列问题与不足,本书第五章第四节会展开专门详细的论证,在此不予展开。

第二节　我国影子银行监管理念之定位

一、对欧美加强影子银行监管理念之审视

监管法制变迁的一项重要内容就是监管理念的现代化。就金融监管法制而言，观念变革与经济、金融、法律科学的理论密切相关，同时，每次重大的金融危机都会促使人们对金融监管理念进行反思和革新。以美国为例，20世纪30年代肇始于华尔街的股市危机，直接导致了金融业分业经营、分业监管理念的出现。而2008年金融危机的爆发，则使其一贯秉承放松监管的理念受到了极大的挑战。因为正是那些“不受监管”或“少受监管”的影子银行在西方发达国家进行大肆创新和过度交易，才导致风险不断地积聚膨胀，最终酿成跨国界的系统性风险，造成全球金融体系的失衡和实体经济不同程度的损害。所以危机后，以美欧为代表的主要经济体逐渐摒弃以往对影子银行一直奉行的“管得越少越好”的监管理念，纷纷重拳出击，掀起了一场声讨影子银行和加强对之监管的热潮。这集中体现于美国2017年7月的《多德—弗兰克法案》、英国2010年6月的《金融监管改革法案》与欧盟2010年9月的《泛欧金融监管法案》等。在这些法案中，尤以美国的《多德—弗兰克法案》最为典型。该法在美国的出台被誉为是20世纪“大萧条”以来改革力度最大、影响最深远的金融监管改革立法，标志着包括影子银行在内的美国金融体系“去监管化”的结束和加强影子银行监管的新时代开始。①

由第三章第三节的分析可见，危机后境外尤其欧美对影子银行的监管从放松放纵的立场转向严格收紧已是一个不争的事实。无疑，推动这种监管理念转向的基础性因素是欧美社会各界对过去放松影子银行监管给本国金融体系带来风险冲击的普遍认知。与美欧等相似，影子银行在危机后也引起我国各方的关注，国内学者主张加强影子银行监管的呼声也一直空前高涨。②

---

① 参见陈斌彬：《境外影子银行监管制度的新进展及其启示》，载《商业研究》2003年第2期。

② 典型的如北京师范大学袁达松教授就认为“考虑影子银行在我国的不断发展及其对金融体系带来的潜在的威胁，加强对其监管已势在必行……”对此观点，请参见袁达松：《对影子银行加强监管的国际金融法制改革》，载《法学研究》2012年第2期。

对此,笔者在本书第一章第四节已深入分析了对影子银行施以法律监管的必要性,故而对将之纳入法律监管范畴并无异议。只是,我们对影子银行施以法律监管是否就必然要附和境外的强化监管理念和举措呢?事实上,笔者在第二章第一节已清楚揭示,中外影子银行同为一种金融创新,但两者在运作主体、运作机制、融资模式、表现形式和风险传导路径上均大相径庭。这些差异决定了我国影子银行有自己的特色,其负面效应并没有如欧美影子银行那样,一旦放松监管就必然会给整个金融体系带来灭顶之灾。是故,众口一词未必代表真理,所谓"到什么山上唱什么歌",笔者觉得我们应有必要摆脱现有的单纯就以本轮金融危机事件论影子银行监管的思维窠臼。相反地,我们唯有针对我国影子银行的特殊成长阶段及结合其在我国金融业中的地位和作用等因素方能正确建构切合我国影子银行运行实际所需的监管理念。所以那种仅凭危机之后的一时激情和愤慨而将影子银行视为"过街老鼠",主张打入强化监管"冷宫"的主张值得商榷。而且,退一步讲,即便我国官方在影子银行监管文件上采用类同欧美的"加强(强化)监管"的表述,[①]但笔者认为这边的"加强(强化)"在程度上也不能与欧美等量齐观。这是因为,欧美金融立法的形成是其社会历史积淀与继承的结果,即使政府在金融危机后转向加强干预,对先前的金融政策加以修正或改变,但原有的金融制度安排常会发生抑制改革的传统因素,使法律会偏向于渐进式的改良。[②] 正是这种渐进主义(gradualism)的立法传统决定了危机后的欧美金融立法虽有强化政府监管之倾向,但其仍不可能完全取代或抹杀市场约束或市场纪律(market discipline)的基础性调节作用。可以说,欧美强化对影子银行监管的理念不仅是为树立监管机构的权威,而是为了更好地落实精心制定的监管法令以确保市场的公平竞争和有效运作。质言之,发生"转向"后的欧美影子银行监管立法在实际运行中并非如初看上去的那样只是一味加强监管机构的权力和强调监管机构的硬性介入,其更多的是堵塞监管漏洞,寻求一种政府监管权力的实施与市场约束的自发作用之间的一种平衡。反观我国的金融市场,其是一个从上而下的政策促发型市场,市场本身的内生性力量至今仍处于形

---

① 如2013年,国务院办公厅发布的《关于加强影子银行监管有关问题的通知》。

② William A. Lovett, *Banking and Financial Institutions law*, West Group 2001. pp. 28 -31.

成的早期阶段。与之相应的金融立法之形成并非是哈耶克所言的一种“自发秩序”(spontaneous order),而是政府人为设计之产物,其立法内容一直处于吴志攀教授所言的“行政主导法治阶段”。[①] 是故,如果我们在将影子银行纳入法律监管的伊始就盲目复制西方的模式,对之一概采取加强监管的理念,那么很容易强化政府插手和干预影子银行的固有偏好,加剧专制型的“家长式”管理,显然不利于新生影子银行的成长与壮大。就这个角度而言,湖南大学黎四奇教授针对影子银行监管提出的“在我国金融业还没有做大做强的时下,监管决策需要的理论不是抑制,而是自由”的观点不无道理。[②]

综上所述,在后危机时代,尽管对影子银行加强监管在西方已然成为朝野共识和舆论主流,但我们不能凭简单的表面观察就判断这种共识和舆论是我国新生的影子银行监管的方向标。在笔者看来,吸取本轮危机的教训,将影子银行纳入监管范畴,堵塞监管漏洞并无问题,但轻言加强影子银行监管则未必切合我国当前的实际。因为这种迷信政府权力高压,忽视市场纪律调节的作用很可能是人们理性自负在法学研究中的表现。[③]

二、我国影子银行监管理念之我见

出现问题是事物演进中的一种再正常不过的现象,而且事物发展中所内含的“失败是成功之母”的经验也给我们揭示了人类往往是在总结自己或他人的经验中取得进步与超越的。[④] 因此,危机后我国一方面当然应汲取欧美金融危机教训,尽快将影子银行纳入法律监管范畴;另一方面,则应积极寻求一种切合我国影子银行发展实际的法律监管理念。而且,从逻辑上讲,后者才是我们构建本国影子银行法律监管制度的关键所在。笔者在上文已对国内颇为流行的

---

① 有关“行政主导法治阶段”的表述,参见吴志攀:《从“证券”的定义看监管制度设计》,载吴志攀、白建军主编:《证券市场与法律》,中国政法大学出版社 2000 年版,第 9 页。

② 有关该观点的表述,参见黎四奇:《对后危机时代影子银行监管的冷思考》,载《暨南学报》(哲学社会科学版)2014 年第 8 期。

③ 诺贝尔经济学奖获得者,著名经济学家哈耶克曾在其一系列著作中对人类通过理性设计社会秩序的自负倾向给予严厉批评。有关理性自负的解释,参见[英]哈耶克:《致命的自负》,冯克利、胡晋华等译,中国社会科学出版社 2000 年版。

④ 参见黎四奇:《对我国证券监管理念的批判与反思——一个监管者角色定位的问题》,载《经济法论丛》2009 年第 2 期。

“加强监管”论作了批判性分析。对此,笔者始终认为,对我国影子银行的监管并非越严越好,而应秉承一种宽严相济,堵疏结合的适度监管理念,其因在于:

首先是影子银行内在的双刃剑效应要求使然。任何事物都有两面性,正如天使和魔鬼的隐喻。影子银行无论是作为一种机构、产品抑或业务,其都只是人们投融资的一种手段和工具而已,本身是中性的,没有绝对的好与不好,关键在于人们怎么利用它。笔者在本书第一章第三节中已对影子银行的这种“双刃剑”效应作了深入的分析。这表明即使影子银行危机后在欧美成为大家“千夫所指”的标靶,但其在我国的发展依旧没有“原罪”。进言之,不同的国家有不同的金融法律环境,影子银行也非个个都是“妖魔鬼怪”,故而我们大可不必谈影子银行色变。相反地,根据黑格尔的“存在就是合理,凡合理的就应该存在”的观点,我们应该从辩证法的角度审视影子银行:既不能因为心怕其可能带来庞氏骗局等负效应而对之施以严苛监管;也不能因为它代表现代金融创新发展方向而任之野蛮生长。诚如美国著名经济学家所言,任何制度安排都需要在“无序”和“专制”两种社会成本之间权衡。[①] 是故,对监管当局而言,其对利弊参半的影子银行市场的监管应有更持平的理解,过宽或过严的监管理念都会过犹不及,正确的做法是宽严相济、刚柔并用,即针对不同的影子银行所表现出的不同效应采取差别化的监管策略,做到“该放手时就要放手与该出手时就要出手”。如此,才能使未来影子银行的监管安排不是机械刚性的,而是既有交涉和裁量的余地,又有预测和限制的尺度。

其次是适应当前我国影子银行发展之所需。从本书第一章的分析可见,当前我国影子银行尚处于发展的雏形。其无论是表现为商业银行和第三方机构合作开展的银信、银证、银保等通道类理财产品,抑或是由第三方机构单独主导的各种直接复制商业银行信贷业务的行为活动如委托贷款、信托贷款、担保公司存贷款、民间借贷等,它们更多的是银行产品的替代,很大程度上都只是将银行存贷款业务平行转移到银行资产负债表外,由其他机构单独或与银行一道开展银行表外资产负债业务,并不涉及复杂的衍生产品,充其

① 这边的“无序”是指私人损害他人利益而导致社会成本增加,而“专制”则指政府或官员损害私人利益而导致社会成本的增加。参见[美]安德烈·施莱弗:《理解监管》,载吴敬琏主编:《比较》(第16辑),中信出版社2005年版,第111页。

量是“商业银行的影子”。其无论是在金融创新水平,还是运作机制或风险传导上都还处于非常初级的复制银行业务阶段,与欧美建立在资产证券化基础之上的独立发达的“影子银行体系”不可同日而语。① 这种发展阶段的差距表明,欧美那种因为影子银行创新过度而引发的超高杠杆、极端复杂等结构性风险因素在我国并不存在。相反地,囿于我国金融抑制的特殊背景,我国的影子银行当前恰恰不是创新过度,而是创新不足,特别是在有关资产证券化、私募股权投资及股权众筹等创新业务上仍然处于试点探索阶段,市场规模小。它们虽然结构上有风险暴露的隐患,但整体风险可控,出现大面积违约的可能性较小。② 而且,不容回避的是,包括影子银行在内的我国金融业整体在成熟度、创新力、套利力与竞争力等方面与欧美等老牌金融发达国家在实力上存在严重悬殊,倘若盲目复制欧美现行的强化监管理念,对影子银行采取全面严管,则无异于杀鸡取卵,容易使处于襁褓之中的影子银行丧失创新的活力。试想“创新”是影子银行的生命线,一旦创新被抑制,也就没有效率,更遑论其上述积极效应的发挥。而且,退一步讲,一味强化监管甚或取缔,也会徒增监管与被监管者之间无休止的“道魔之争”,形式越来越复杂。因为只要市场需求的基础存在(如中小企业资金资金的缺口),有时越是严格和全面的监管,越会导致监管套利活动和使一些影子银行以更新、更复杂的形式卷土重来,以致“过犹不及”,最终加剧了我国金融体系自下而上的不稳定性。是故,仅凭严管而缺乏宽管之配合,我国影子银行市场的持续健康发展将无从谈起。③

---

① 有学者从金融和监管周期做过对比研究,认为中国的影子银行所处阶段类似于美国20世纪60~70年代。参见陆晓明:《中美影子银行系统比较分析和启示》,载《国际金融研究》2014年第1期。

② 参见李俊霞、钟伟:《影子银行体系》,中国金融出版社2015年版,第238页。

③ 在笔者看来,从宽(松)到严(紧),金融监管的强度可以分为五个层次:第一层次是自律监管,即由金融机构和相应的行业协会颁布自律准则,主要采取的是一种自愿实施或自我监管的方式;第二层次是备案登记,即通过备案登记方式准确和及时地掌握有关被监管机构的信息;第三层次是监督,持续监测市场或机构的运行,并据此提出相应的预警或指引,如非不得已一般不采取直接监管措施;第四层次是较严格的审慎监管,包括市场准入的审批、对相关机构提出资本、流动性、信息披露等强制性监管要求,并有权进行现场检查;第五层次是最严格的事后监管,包括罚款、没收违法所得、警告、暂停或撤销从业资格及移送司法机关处理等。是故,笔者在此和下文言及的“宽管”特指前面三种层次的金融监管,而“严管”则指第四层次和第五层次的金融监管。

再次是基于当前我国经济新常态下实体经济亟须金融支持的现实背景之考量。在后危机时代,我国经济经历了30多年的高速增长后,开始陆续出现GDP增速放缓、工业增加值增速下滑等经济放缓现象。与此同时,也存在实体经济融资饥渴和金融市场资金利率大幅波动等金融现象。各种矛盾和问题相互交织,困难重重。尤其当2010年初国内经济面临通货膨胀压力时,人民银行两年内连续上调5次利率和12次存款准备金率,致使传统银行的信贷业务受到极大的限制,很多中小企业在融资上雪上加霜。而作为"第三方金融"的影子银行无疑能为当下我国实体经济发展开辟另一重要的融资渠道,其对破解中小企业融资难的问题意义重大。是故,我国的金融监管唯有为新生的影子银行创造宽松的法律环境,才能鼓励和推动其发展与壮大,形成满足经济新常态所需的持续多层次信贷供给机制。进言之,监管当局应注意通过宽管方式鼓励和引导影子银行创新并促其提高运行效率,唯此才能增强和释放其服务实体经济、服务大众的普惠功能。相反地,倘若对之采取一刀切的加强监管方式,其结果必然是阻碍甚或取消创新,导致影子银行运行效率的丧失,难以有效发挥对实体经济的支持作用。为此,国内就有学者竭力主张"只要不触碰政策和禁止性法律的红线,不存在诱发系统性风险的可能,对那些处于灰色地带的金融现象与行为并不需要强力监管"。① 笔者对此深以为然。

最后需要指出的是,笔者上文虽主张我国应更多通过宽管的方式为影子银行的发展与壮大创造宽松的法律环境,促其创新和提高市场的运行效率,但这并不等于我们要完全将西方式的强化监管理念拒之门外。事实上,对我国的影子银行而言,虽然其负债端已经脱离商业银行,即以发售各类理财产品方式获取市场化融资,但其资产端并未实现市场化,仍以原始信贷方式抢夺商业银行未进入的主营业务。这种长期博弈的后果必然带来信贷市场的无序扩张,导致影子银行间接将资金投向国家宏观调控不鼓励的经济领域,如"两高一剩"行业;或者疯狂推高资金价格,助长个别行业的资产价格泡沫高涨,形成"庞氏骗局"。此外,在影子银行市场失序、金融行为失范及发生金融异动(常)时,亦应采取特别的禁止、约束型严苛监管措施以维护金融稳

① 沈伟:《中国的影子银行风险及规制工具选择》,载《中国法学》2014年第4期。

定。是故，我国的金融监管立法在鼓励影子银行金融工具、产品创新的同时，也应严守防范金融系统性风险的底线，对那些打着创新旗号而暗地从事高风险交易、严重干扰市场秩序或实施庞氏骗局、侵害消费者合法权益的影子银行实施严格的监管。进言之，只有加强对此类影子银行的监管，才能夯实"保护金融消费者"的制度基石，弥补宽管之不足。

西塞罗说："为了得到自由，我们才是法律的臣仆。"①将这句古谚类比到影子银行监管上，我们也可以说：正是为了得到创新，影子银行才需要法律的监管。这是因为创新是影子银行的生命线，没有创新，影子银行也就没有发展，而监管若不能为影子银行的创新保驾护航也就失去了意义。是故，基于当前我国影子银行发展所处的雏形阶段及其迫切需要金融创新的现实需求，笔者力主对其应以宽管为主，即通过授权或委托行业协会自我监管或设置豁免、备案登记等软性机制对之加以疏浚和引导，以为影子银行的创新发展创造宽松的法律环境。当然，立法在呵护和激励影子银行创新的同时，也应提防出现类似欧美创新过度和创新泛滥带来的系列风险，尤其是其中随时可能暴露的系统性风险和损害金融消费者权益、扰乱市场竞争秩序的道德风险。对此，立法仍应未雨绸缪，采取必要的严管措施，即通过设置一些事前的准入审批规则、事中的监控预警及事后的严厉制裁等机制对之加以震慑和及时制止。一言以蔽之，笔者所主张的影子银行监管理念既非完全的放宽管制，也非完全的严格管制，而是宽严相济，堵疏结合。唯其如此，我们才能以之为摄，正确建构顺乎当前我国影子银行运行之常情的监管法律，实现创新激励与风险防范，提升金融效率与保护金融消费者之间的均衡。

第三节　我国影子银行法律监管原则之确立

从法理学角度看，能被立法所确认的监管原则，必须真实、全面、集中地反映出某一类监管关系的客观要求，并能够科学地抽象出以该类监管关系为调整对象的法律规范的基本精神和共同本质。具体到金融监管原则，其作为

① ［古希腊］亚里士多德：《政治学》，吴寿彭译，商务印书馆 1965 年版，第 276 页。

金融监管机构在金融监管过程中赖以遵循的行为准则和标准，本身就是金融监管理念的集中表现和可靠保证。如果说金融监管理念更多的是指人们所具有的有关金融监管的最一般、最基本的观念，思想倾向和价值追求，那么此处所指的金融监管原则就是这种观念、思想倾向和价值追求在立法上的“意思表示”，是金融监管理念得以彰显和投射于金融监管实践的必需载体。可以说，若没有金融监管原则，则抽象的金融监管理念是无法与具体的监管规则形成有效的对接。就此而言，科学地确立对影子银行的监管原则无疑是落实和推行上述监管理念的应有之义。在笔者看来，影子银行作为现代金融体系的新兴部门，现阶段我国对其的监管除了应遵循一般性的金融监管原则之外，尚需有切合其运行实际的特殊性监管原则。① 下面，笔者将秉承上文所主张的宽严相济的适度监管理念，借鉴第三章第三节所总结的影子银行监管改革的国际共识，试图在既有一般性的金融监管原则的基础上进一步提炼和归纳出以下若干面向我国影子银行市场的监管原则，以为今后影子银行相关监管法律规则的设置与完善提供可资参考的准绳与依据。

一、透明化原则

透明化原则，是指监管当局应从产品发行与交易环节对影子银行及其交易参与者课以必要的信息披露要求，以提高产品透明性和增强投资者的风险认知能力，缩减风险辐射范围。众所周知，信息披露不充分、不透明是国内影子银行很像“影子”的直接原因。以银行理财产品为例，据 2013 年普益财富银行理财数据显示，第一季度进入排名的 67 家银行中，有 35 家银行未对旗下运行期内产品公布任何投资运作信息。未披露理财产品投资运作信息率为 52.2%，并有接近六成的银行在产品运作期间未通过公开渠道对运行期内的产品信息进行披露。即使有银行对新发售理财产品进行说明，也仅侧重对理财计划本身的表述，而对可能影响投资者决策的信息却未作任何的提

---

① 关于一般性金融监管原则涵盖的范围，目前国内金融法学界并无定论，但很多主流的《金融法》教科书均认为其应包括：依法监管原则、安全（公正）与效率并重原则、合理适度原则、系统协调原则与国际合作原则等。关于这些原则的具体内容可参见朱崇实主编：《金融法教程》，法律出版社 2011 年版，第 55 ~ 57 页；朱大旗：《金融法》（第 3 版），中国人民大学出版社 2017 年版，第 95 ~ 97 页；笔者在此不再赘述，以下重点分析的是针对影子银行的特殊监管规则。

及。这种信息的不透明不仅造成了影子银行相互之间的逐底竞争，诱发欺诈等违法行为，而且也无形中加大了对其的监管难度。由于我国监管机构对影子银行信息披露的要求强度不足，无法做到对于影子银行操作彻底了解，其自然难以对影子银行运行中潜藏的系统性风险进行准确的识别和预警，更遑论能及时采取相应的措施与行动。是故，在"风险可控、成本可算、信息披露充分"的前提下稳步推进金融创新，是防范和化解影子银行风险的首要政策选择。与之相应，透明化原则理应成为我国对影子银行监管的首要原则。监管当局应像商业银行那样对影子银行课以符合一定标准的信息披露要求，①以降低影子银行与投资者、影子银行与监管者之间的信息不对称，避免谎话和流言等噪声的大量产生。

二、差别化原则

差别化原则是指监管当局针对同一时期不同类型的影子银行应施予不同的监管安排。虽然从整体属性上看，所有的影子银行都具有引发系统性风险的可能，但囿于交易结构的不同，其获利方式、风险表现和传染形式必然有所不同，因而系统性风险暴露的程度与方式也有较大区别。所以，对各影子银行实行统一、相同的监管措施显然不合适。那种面面俱到、一视同仁的监管不仅耗费大量的监管成本，还将分散注意力、影响监管效率。② 为防范系统性风险与监管套利、合理配置监管资源，笔者主张对影子银行的监管就应遵循差别化原则。具体而言，对那些交易结构简单，双方风险可控或能自行进行风险分配的影子银行，比如"一对一"的私人借贷，或小规模的资金众筹与单纯作为借贷信息中介的P2P平台等，监管当局就应运用行业自律、备案登记等温和、宽容的监管措施，为其提供创新所需的试错空间，让市场优胜劣汰机制的作用得以充分发挥。反之，对那些交易上存在"一对多"的公共属性且交易结构复杂，存有巨大的风险暴露头寸的影子银行，则必须通过严管的方式（如准入审批、构建防火墙等）对之加以制止或震慑，以严防个体的交

---

① 有关我国监管当局对商业银行信息披露的强制性要求，可参见银监会2007年7月3日颁发的《商业银行信息披露办法》。

② 参见谷秀军：《影子银行的表现形式与监管》，载《中国金融》2013年第8期。

易风险演化为区域性或系统性的金融风险。一言以蔽之,在当前我国金融结构市场化和社会融资多元化的背景下,差别化原则要求不同类别的影子银行应该面临不同类别的监管。在监管资源有限的现实因素制约下,监管当局正确的做法是应淡化银子银行的整体概念,抓大放小,将差别化原则贯穿于影子银行监管对象范围的选择、监管制度和程序的涉及、监管措施和监管力度的采取等诸多方面,努力避免像传统金融监管那样陷入“一刀切”的监管窠臼中。

三、相称性原则

如果说差别化原则是对影子银行监管的一种精细化要求,那么相称性原则更多的是对影子银行监管强度的一种精准化要求。它们两者相辅相成,共同成为践行上述宽严相济监管理念的一体两翼。可以说,相称性原则是差别化原则在具体实施中的应有之义和自然延伸,其是指对某一影子银行课以监管措施的严厉程度即监管的强度(力度)应与该影子银行内部脆弱性及其风险外部暴露程度或社会影响力相匹配或适应,既不能低估风险,实施过于宽松的监管政策,也不能过于夸大风险,实施过于严格的监管。换言之,监管当局既不能为大力培植、促进影子银行发展而一味放松监管,置若罔闻;更不能因为生惧影子银行身上潜藏的系统性风险爆发而将之一网打尽,施以重典。由于金融监管制度设计是相对固态的,必然会与影子银行发展的动态尤其是金融创新变化产生错位,因此适时调整金融监管制度边界和监管强度是极为必要的。进言之,监管不仅不能无视影子银行的差异性而对所有的影子银行“一刀切”,而且即便对同一个影子银行也应依其所处的不同发展阶段而有所区别。这就意味着监管当局应定期对被监管的影子银行的发展动态,影响程度(如所涉及的投资者人数的多寡)和“风险性”大小(如系统性风险的暴露程度)等变动情况进行评估,并根据评估结果来确定或调整对其的监管方式和强度,以确保监管范围宽窄适中、监管手续和程序繁简适中,监管措施松紧适中。只有这样,方能真正贯彻上述的宽严相济,堵疏结合的监管理念,实现“创新激励”和“风险防范”之间的有机均衡。

四、安全港原则

安全港原则又称豁免原则，是指监管当局对满足一定条件（如人数、时间、金额、交易方式或投资者对象等方面要求）的影子银行应豁免其不受现行的一般监管规则的约束与调整。在影子银行监管上，美国20世纪中叶对私募基金所确立的豁免规制就是一个成功的样本。关于豁免的原因，《1940年投资公司法》的主要起草人之一的众议员大卫·斯肯科（Dvaid Schenker）于1939年曾解释道："私募基金的投资是一个十分复杂的现象，要制定正确的条款来管制一个有如此多变及如此多不同种类的投资手段是困难重重，因此如果没有豁免制度，让私募基金去遵守一个死板的法律是十分困难的。"①与当年美国刚刚起步的私募基金颇为相似的是，现阶段我国影子银行也处于成长阶段，迫切需要创新。这就要求对其的监管必须体现出适当的风险容忍性和灵活性，给之留有一定的试错空间。否则监管法规铁板一块，则必然会扼杀和阻碍影子银行创新的积极性，逼其转向地下金融，从而引发越来越多的监管套利风险，造成"欲严则不达"局面。总之，安全港原则要求监管当局一方面应尊重影子银行的内部性、私约性和创新性，通过构建相应的豁免制度对之善加呵护，使之能正常发挥；另外，应对安全港制度设置必要的条件要求，厘清影子银行融资活动合法与非法的边界，避免合法的创新行为被当为非法集资活动。

五、实质性原则

实质性原则又称穿透原则，是指监管当局应透过影子银行产品的表面形态，看清其业务和行为实质，将资金来源、中间环节与最终投向穿透联结起来，综合全流程信息来甄别业务和行为性质，以对之进行有效、实质性的监管。比如，近年来涌现出的很多影子银行产品，其融资活动涉及多个行业、多种领域和多个监管机构，且往往借助多个通道和嵌套产品，延长资金交易链

① US Congress, 1940, Investment Trust and Investment Companies: Hearing Before a Subcommittee of the Committee on Banking and Currency. United States Senate, 76th congress, 3rd Session.

条较长,规避监管部门对底层资产的核查,将资金投向资质较差、无法通过正规渠道申请到贷款的企业,或者是房地产、地方政府融资平台和“两高一剩”等限制性行业。典型的如各种券商集合资管计划嵌套集合信托或基金子公司专项资管计划间接投资房地产。又如,银行发行的嵌套基金专户的理财产品,亦是要借助基金专户的通道间接投资银行理财无法投资的部分资本市场产品。无疑,这些类似的通道和复杂的嵌套既掩盖了最终负债方的实际风险,加大了影子银行风险的传播范围和系统性风险暴露的可能,又为大量未获牌照的影子银行迂回从事正规金融业务留下了空隙,使现行的以机构审批设立为原则的分业监管架构陷入“高射炮打蚊子”的尴尬之境。就此而言,坚持实质性的监管原则可大大扭转现行“一行三会”因监管“着力点”不准导致的监管低效,对防控影子银行系统性风险的生成具有重要意义。具体而言,穿透原则包括两个层面:一是从资产端考虑,即识别产品底层资产,最终投向是否符合相关监管规定和合同约定,风险是否经过适当评估及是否将相关信息向投资者充分披露;二是从资金端考虑,即识别合格投资者是否为最终风险承担者,防止风险承担和资产类别错配或防止私募产品公众化。[①] 通过这两个层面的穿透监管,不仅可以追本溯源,击穿一些结构复杂的影子银行产品或业务,使其真相毕露,让最终出资方无所遁形,而且还能最大限度地除掉那些伪平台,挤压虚假的泡沫,遏制资金的违规流向,引导影子银行更好地服务实体经济,进一步防控系统性风险。

六、协调性原则

所谓协调性原则,是指监管当局相互之间应通过必要的协调和平衡机制,对业务或交易行为本质相同的影子银行施予大致相同的监管标准。就如相称性原则与差别化原则一体两翼的关系,协调性原则也是实质性原则的应有之义。因为在现行的“一行三(两)会”多边监管体制下,我国各监管当局监管权力的分配是基于机构的类型划分而确定,这就导致监管者权力行使的指向不是针对金融业务或行为,而是聚焦于金融机构本身。这就导致那些业务或交易行为本质相同的影子银行在监管标准上面临“同质不同规”的尴尬

---

① 参见袁达松、刘华春:《论穿透式金融监管》,载《证券法律评论》(2017 年卷),第 123 页。

局面。仍以时下炙手可热的理财业务为例，尽管其发行主体囊括商业银行、证券公司、基金公司、保险公司、信托公司等机构，名目繁多，但透其本质均为信托结构，故从法理上讲，它们理应统一适用《信托法》和面临相同的监管标准。然现实中的“三会”基于各自部门的监管格局和工作考量制定了不同的监管规则和监管标准，从而造成了不同机构在开展本质相同理财业务时，却要遵守不同的监管要求。如此必然导致理财市场被人为割裂，引发行业竞争的不公平。[①] 可见，在我国现实语境下，实质性监管原则只是探明了影子银行的最终本质，并无法保证业务本质相同的影子银行接受相同的监管，唯有辅之以协调性原则，才能弥补上述穿透监管受制于机构“身份”标签的不足，避免因监管规则不统一导致的监管套利，从而确保监管的有效性与公平性。

七、协作性原则

如果说协调性原则是着眼于从横向维度对“一行三会”行使影子银行监管职权所作的一种要求，那么协作性原则却是从纵向维度对中央和地方两级影子银行监管主体所作的另一种要求。这是因为与正规金融如商业银行不同，我国的影子银行起源于民间，根植于地方，带有很强的草根性和自发性，遵循的是由下至上的发展路径。其本土化和多元化的发展态势决定了对其再沿袭正规金融的中央统一集权监管思路和方法显然难以奏效。这就需要中央适当放权，将影子银行的监管权限逐步下放到地方政府，赋予其相应的金融监管权限，形成中央与地方统分结合，相互协作的金融监管模式。事实上，党的十八届三中全会通过的《中共中央关于全面深化改革若干重大问题的决定》明确提出，要界定中央和地方金融监管职责和风险处置责任。2014年8月，国务院出台《关于界定中央和地方金融监管职责和风险处置责任的意见》(国发〔2014〕30号)，明确了中央和地方的金融监管职责和风险处置责任，提出要加强职能转变和制度机制建设、完善中央和地方金融监管工作协作机制的总体要求。是故，为因地制宜，较好地规范和促进影子银行市场的

① 比如，同为通道类银行理财产品的银信合作和银证合作，本质上都是信托理财产品，并无区别，但银监会对其中与银行合作的信托公司有净资本的监管要求，而证监会却对其中的证券公司无此要求。又如，银监会对集合信托资金投向房地产并无限制，而证监会则不允许证券公司的集合资产管理资金投向房地产项目。类似不同的监管标准比比皆是。

发展,我国中央和地方两级政府对影子银行的监管就应进一步贯彻相互协作机制,厘清中央和地方金融监管权限配置关系,切实防范系统性区域性金融风险,促进金融更好服务于实体经济。

本章小结

理念是行动的先导,相应地,监管理念就是监管当局开展监管工作的指南针。本章所言的影子银行监管理念亦然。由于在影子银行市场中,很多影子银行业务或工具产品不断地被推陈出新,影子银行机构间的区分不断模糊化,其交易手段凭借金融科技亦不断隐形化甚至无形化。进言之,影子银行的大量出现已使既有的金融生态、产品结构与交易方式等发生了前所未有的巨变,加剧了监管当局对市场不确定性与风险的认识不足。因此,我国先前盛行的针对正规金融市场的监管理念在一定程度上已经不再适应或者无法应对创新频发的影子银行市场,故其之转变也就势在必行。本章先对我国当前盛行的六种金融监管理念中不利于影子银行市场发展的负面因子做了检讨,然后结合我国影子银行市场的特质对我国影子银行监管理念做出不同于正规金融市场的定位。这种定位就是影子银行在我国的迅猛发展并没有原罪,后危机时代我国对利弊参半的影子银行市场的监管应有更持平的理解。意即我国加强影子银行监管的立法原旨既非完全的放宽管制,也非完全的严格管制,而是宽严相济,堵疏结合。进一步地,为使这种理念更具实践指导意义,本章基于当前我国影子银行发展所处的雏形阶段及其迫切需要金融创新的现实需求,还力主对当前影子银行的监管整体应以宽管或疏浚为主,而以严管或封杀为辅。在此理念统摄下,本章提出了切合我国影子银行运行实际的七个特殊性监管原则,即透明化原则、差别化原则、相称性原则、安全港原则、实质性原则、协调性原则和协作性原则。相信有了这些原则可依,我国监管当局就能建构顺乎当前我国影子银行运行之常情的监管框架和监管法律,实现创新激励与风险防范和保护金融消费者之间的均衡。

第五章　纵横并举：我国影子银行监管的体系化之径

欲对影子银行实施有效的监管，就必须明辨当前影子银行的迅猛发展对我国金融体系的积极作用及潜在威胁，深入思考政府与市场关系，努力寻求稳定安全与创新发展的平衡。缘此，本章基于上一章“宽严相济”这一监管理念对我国影子银行监管法的指引和调整性作用，针对当前我国影子银行监管立法的分散性、滞后性和不周延性等缺陷，批判性地借鉴泰勒“双峰监管”思路，以“防范金融风险”（安全）、“保护金融消费者”（公平）和“促进金融效率”（效率）这三大目标为统摄，[①]围绕监管权配置这一主线，从纵横两个维度探讨对其的完善与体系化之径。

具体而言，本章第一节先从横向层面厘清了现代金融监管权在审慎监管与行为监管上的分野，并对两者的

① 笔者在此之所以用“批判性地借鉴”，是因为泰勒的“双峰监管”理论认为金融监管目标是二元的，即一是防范和减少金融风险，而是保护金融消费者。而对我国的影子银行监管法而言，本书认为其监管目标除了防范、减少金融风险和保护金融消费者之外，还应注意金融效率，即金融监管不应导致金融机构效率的损失。即其监管目标是集安全、公平和效率三位于一体。

关联作了辨析。接着，在前文反思国内立法及借鉴境外影子银行监管经验的基础上，第二节和第三节分别从宏微观审慎监管及行为监管两个层面对我国影子银行法律监管安排提出相应的完善对策。而后，从第四节开始，本章的立论转到纵向维度，即从完善中央和地方金融监管权配置的视角，论证了我国地方政府参与地方性影子银行监管的必要性及其完善策略。最后，本章小结中提出了未来我国影子银行监管的体系化之径宜纵横并举，采取"双层+三元结构双峰"模式。

第一节　审慎监管与行为监管的并立耦合：我国影子银行监管体系化的横向之维

一、审慎监管及其特征

审慎即为周密而谨慎之意。相应地，金融审慎监管是指监管机构为防范和化解个体金融机构或整个金融业的风险，通过制定一系列周密而谨慎的经营规则，客观地评价被监管对象的风险状况，并及时对之进行风险监测、预警和控制的过程。[①] 或者说，金融审慎监管主要运用现场检查、非现场检查和外部审计等方式对金融机构经营的风险性、合规性、盈利性以及为监测、量化及控制风险而建立起的管理系统的指标进行综合评价，以此确定金融风险，并根据金融机构防范和控制风险的实际能力，提出监管措施，确保金融依法稳健运行。[②] 虽然上述对"审慎监管"的定义在形式上并不一致，但笔者认为学界对审慎监管所具备的防范与管理金融风险的本质认知并无歧义。

众所周知，金融稳定主要表现为一国金融体系抵御金融风险或冲击能力，[③]故一国金融风险的高低大小与该国金融稳定性与否密切相关。这就决定了审慎监管在维系一国金融稳定和安全所扮演的举足轻重的作用。

---

① 参见朱崇实、刘志云：《金融法教程》，法律出版社2017年版，第84页。

② 参见李宏伟、夏休：《从会计原则论中央银行的审慎监管》，载《西南金融》2000年第5期。

③ 参见吴念鲁：《对我国金融稳定性的再认识》，载《金融研究》2005年第2期。

1997 年，BCBS 在其发布的《有效银行监管的核心原则》就特别强调银行监管当局应认真检查、核实被监管银行机构的审慎监管规则执行情况，进行审慎评估，并及时进行风险预警和遏制。概括而言，金融审慎监管具有以下几个方面的特征：

第一，审慎监管是一种以防范及化解金融风险为本的金融监管。这边的金融风险既可以是一国单个或数个金融机构自身形成的微观金融风险，也可以是席卷某一区域或整个国家的宏观金融风险。与之相应，学界通常把防范和化解前一种金融风险的审慎监管称为微观审慎监管，而把防范和化解后一种金融风险的审慎监管称为宏观审慎监管。直言之，微观审慎监管着眼于管理金融机构的个体风险，其是宏观审慎监管发挥作用的基础；而宏观审慎监管着眼于防范由诸多个体金融风险累积形成的系统性风险，是对微观审慎监管的升华与扩大。一个成熟与完整的审慎监管应是宏微观审慎监管兼备，两者相辅相成，形成一个内连外通的有机监管整体。

第二，审慎监管是一种尊重金融市场运行规律，包容金融创新的新型金融监管。“创新”（Innovation）一词最早为经济学家熊彼特（Schumpeter）所提。在金融领域，金融创新主要包括金融工具的创新和金融制度的创新。虽然金融创新会带来金融风险，然而其是确保金融业和金融市场生机活力的根本，同时也是纾缓金融抑制之必需。进言之，金融创新是提升金融效率的根本，是整个金融业存续的生命线。没有创新，金融业就会因为缺乏效率而丧失生机，金融监管也就成了无本之木。就此而言，防范风险不能以抹杀金融创新为代价。进言之，一个科学合理、可持续的审慎监管不能为一味地防范风险而压制金融创新或打压金融机构正当竞争的开展。相反地，其应充分发挥金融市场规律和竞争淘汰机制的作用，在规范中引导、鼓励和呵护金融创新，从而促进金融业持续、健康和高效的发展。

第三，审慎监管是一种聚焦于资本要求和依赖现代会计准则的金融监管。审慎监管的运作机理是通过金融机构交易层面和客户层面风险计量的实现和优化完善风险管理数据、计量和流程来确保被监管对象运作风险的可控。在实践中，其主要通过时间和行业两种维度来评估和监督被监管对象的实力和脆弱性，并借此借助资本监管、贷款损失拨备、贷款成数、压力测试、风险集中度、流动性、偿付能力等审慎监管工具的运用，遵循现代会计准则的要求以达致防范和化解金融风险之目的。①

二、行为监管及其特征

行为监管是指监管机构为了保护金融消费者的各项合法权益(如收益权、安全权、知悉权、选择权、公平交易权、索赔权、受教育权等),通过制定系列公平的金融市场交易规则以对金融机构的日常业务经营行为(如产品销售、广告推介及投融资交易等)进行监督管理,内容包括禁止误导销售及欺诈行为、推行强制性信息披露、保护个人隐私信息、查处非法集资、打击市场操纵及内幕交易、规范债务催收和接受消费投诉等。简言之,行为监管主要是通过维护金融市场的竞争秩序和降低金融交易市场的信息不对称来推动保护金融消费者权益目标的实现。

"行为监管"一词在金融领域的出现最早见诸20世纪70年代美国国家保险协会(NAIC)发布的《市场行为检查手册》中,并在1995年被英国经济学家泰勒列为金融"双峰监管"模式中的"一峰"而开始走进学界研究和关注的视野。然而,正是基于金融风险与金融稳定的直接关联,自人类社会有真正意义上的金融监管以来,各国监管当局就将监管工作的第一要务聚焦于被监管对象经营风险的防范和管理上,致使实践中出现了以审慎监管统领金融监管的现象。与之相应,行为监管一直处于被边缘化的地位,始终未能引起监管当局的关注和重视。直至2008年国际金融危机爆发后,国际社会才意识到行为监管缺失所引致的金融市场公平、公正内涵缺失和金融消费者权益保护的不足,同样也是金融危机产生的重要根源。于是,如何强化行为监管,从源头治理金融市场环境,使金融消费者真正感受到其所处的金融消费场所是稳健和安全的,其所从事的交易是公平和不受欺诈的,逐渐成为危机后各国金融监管当局和国际金融监管组织反思的重要问题。在此背

① 在运用这些监管工具时,微观审慎监管和宏观审慎监管对其设计会有所不同。例如,微观审慎监管会在整个经济周期对所有的金融机构一视同仁,施以同样的资本监管要求。而宏观审慎监管则会依据经济上行或下行周期的不同对同一金融机构实施不同的资本监管要求,同时在同一经济周期内也会依据被监管对象在整个金融体系中的系统重要性程度调整对它们的资本监管要求。又如,微观审慎监管采用的贷款损失拨备只考虑当期的贷款损失,而宏观审慎监管则会考虑被监管金融机构在整个经济周期的平均损失采用动态拨备的方法。

景下，许多国家纷纷颁发新法、修改旧法，改革金融监管体系，设立专司行为监管和金融消费者保护的专门机构。典型的有美国和英国。如 2010 年 7 月，美国通过《多德—弗兰克法案》设立了消费金融保护署（Consumer Financial Protection Agency，CFPA），将原先由不同监管机构共同承担的消费者保护职责加以归并，统一强化行为监管和执行保护金融消费者的职责。无独有偶，2012 年 12 月，英国通过了《2012 年金融服务法》，在监管框架设计上撤除了曾经作为英国银行业、证券业和保险业单一监管者的 FSA，将金融消费者保护职能从审慎监管机构分离出来，交由独立的金融行为监管局（Financial Conduct Authority，FCA）承担。与此同时，许多国家组织如 G20、FSB、世界银行集团等也开始将行为监管与金融消费者保护作为倡议全球金融监管改革的重要议题，出台相应的指导性意见。比如 2011 年 10 月，G20 就通过了《金融消费者保护的高水平准则》，提出了包括法律和监管框架等在内的十项基本准则，以此作为指导各国实施行为监管的纲领性文件。[①] 2012 年 6 月，世界银行就如何更好地推行上述十项基本准则专门发布了《金融消费者保护的良好经验》，提出了适用于整个金融服务领域的 39 条通用良好经验建议，内容涉及消费者保护制度、披露和销售行为、消费者账户的管理和维护、隐私和数据保护、争端解决机制、保障和补偿计划、金融教育与消费者自我保护能力和鼓励竞争八个方面，从而为金融消费者保护国际准则的进一步发展提供了有益的支撑。概括而言，金融行为监管具有以下几个方面的特征：

第一，行为监管以保护金融消费者合法权益为归依。虽然行为监管的对象不仅包含了金融机构与金融消费者之间的零售交易行为，也涵盖了金融机构同业间的批发业务、内部的治理安排、企业诚信文化建设等，在内涵上要广于金融消费者保护，但金融业作为“三信”（信息、信用、信心）产业的特质决定了只有保护金融消费者，才能维系他们对金融市场稳定的信心。否则，一旦消费者丧失信心，整个金融市场的运作就成了无本之木或无源之

---

① 这十项基本原则包括：法律和监管框架、监管主体责任、公平公正对待消费者、信息披露与透明度、金融教育与金融意识、金融服务机构行为准则、保护金融消费者资产不被欺骗和滥用、保护金融消费者信息与隐私、投诉处理与赔偿、金融服务的充分竞争等。

水。[①] 再者,随着现代金融产品与服务的日益多样化、复杂化,金融市场信息不对称日益加剧,金融消费者无论是在交易信息的掌握上还是在交易风险的控制能力上,都与作为对手方的金融机构不可同日而语。一旦双方存在利益冲突,金融机构往往会凭借其优势地位为自己牟利,从而通过从事各种不当的销售行为或将风险及损失转嫁给他人。这使金融消费者遭遇误导性销售和不公平交易的概率远大于普通商品市场。2008 年金融危机中各种所谓的金融创新产品如 CDO、CDS 等泛滥成灾、被疯狂炒作,造成数以万计的机构和个人陷入难以挽回的巨大损失就是典型的明证。因此,要维持和提升金融消费者对金融市场的信心,监管当局有必要强调对金融消费者权益的保护,对作为信息优势方的金融机构加以规范和约束。这就要求行为监管一方面既要对金融机构的各种不当行为施以及时纠正、制止或惩罚,以此保证其销售方式及所销售的产品和服务都是有利于金融消费者利益;另一方面又要着眼于金融消费者的风险识别能力的培养,帮助其获得充分且足够的信息,以使其做出符合自己切身利益的投资决策。

第二,行为监管更强调对金融消费者权益受害的事前防范。这种事前防范更多地体现为主动的、早期介入式的干预,即采取“问题预防”的方式来规范金融机构行为。这种早期介入的干预措施包括:要求金融机构健全公司治理和内控制度,发布金融产品的信息披露标准和销售行为规则,以监督金融机构的行为规范;运用行为经济学和计量经济学原理等工具,通过构建风险模型对金融机构的新产品或新业务中所潜伏的系统性风险提前进行监测、识别和预警,提醒和纠正金融消费者的行为偏差,建立专门的风险准备金和对金融机构高管薪酬进行干预等。当然,虑及金融机构的日常业务经营行为(如金融产品的广告行为和销售行为等)直接与金融消费者的利益息息相关,故除了早期干预以避免金融机构不当行为愈演愈烈之外,行为监管也包括事中的现场检查与非现场检查、事后的查处和救济及金融消费者教育等内容。所谓“祸患常积于忽微”,概括而言,行为监管更多就是着眼于危机萌芽阶段的管理,即通过关注金融机构日常的各种业务经营行为及其对金融消费者各项权益的潜在负面影响,充分发挥其指向性、预测性作

① 基于此,本书认为金融消费者保护是行为监管的最主要内容及最重要的目标。

用，从而实现对问题的前瞻性研判和及时介入治理，以保障并增强金融消费者的信心，维护整个金融市场竞争的有序与公平。

三、审慎监管与行为监管的关系之辩

从外观上看，审慎监管直接关注的是金融机构的运营风险和整个金融体系的稳定，行为监管直接关注的是金融消费者权益的保护，两者目标迥异，但从前述言及的金融稳定与金融风险和金融消费者信心密切相关的逻辑关联出发，我们不难发现审慎监管与行为监管在应然层面均共同指向金融稳定目标的实现，故而两者存在着相互补充、相互促进的内在一致性。这种一致性表现在：首先，审慎监管能夯实行为监管的基础。众所周知，只有经营稳健的金融机构才能持续不断地向消费者提供可值信赖的金融产品或服务。就此而言，审慎监管通过制订资本充足率、资产质量、贷款损失准备、流动性、风险集中度等审慎指引，定期组织现场检查、监测、评估风险状况，及时进行风险预警和处置本身就是践行金融消费者权益保护的一种表现。因为如果审慎监管失效，金融机构资产质量恶化，流动性陷入困境，资本充足率下降，经营失败甚至破产清算，那么到期只能违约。结果作为交易对手方的金融消费者必将收益不保甚或颗粒无收，最终只能选择用脚投票远离市场。所以，审慎监管在防范金融机构完善经营风险，改善和提高金融机构的资产质量的同时，等于在确保金融机构的支付能力，而确保了金融机构的支付能力实则是为金融消费者权益的实现和增进打造了坚实的物质基础，从而间接稳住了金融消费者对金融市场的信心。其次，行为监管反过来有助于提升审慎监管的效果，确保审慎监管各项监管指标的稳健与优化。因为有效的行为监管，一方面可以规范和减少金融机构的不当行为，确保合适的金融产品卖给适格的金融消费者，降低金融消费者的违约率，有助于实现金融机构的资产质量，不良贷款率、资本充足率、流动性资产比率、杠杆率等审慎风险监管指标的稳健安全（如早期的介入干预）；另一方面又可以通过现场查处和事后惩罚等严厉手段震慑金融机构，防止和避免其过度投机的机会主义行为，保护金融消费者的合法权益，增强他们对金融市场的信心。很难想象，没有了行为监管，即使一国金融体系内的微观和宏观金融风险可控，但只要存在大规模侵害金融消费者权益的事件，则其无论如何都称

不上是稳定和安全的！可见，无论是针对金融风险的审慎监管抑或是保护金融消费者的行为监管，两者在深层次上都源自一个共同的目标，那就是“实现金融稳定”。①

虽然审慎监管与行为监管在本质上均服务于金融稳定这一大局，两者之间存在相互补充和相互促进的可能，但这种互动的可能性未必等于现实性。毕竟两者在监管目标、监管对象和分析工具等方面存在较大的差异，故一国监管当局尚需对这两种监管权限的行使进行科学有效的配置，否则审慎监管与行为监管在实践中很容易出现监管矛盾或监管抵牾。就以银行监管为例，在存贷利率大小的管制上，审慎监管可能倾向于利差越大越好，因为这对增进银行业的利润，维护整个银行体系的稳定较为有利，但此举会大大减损存款人的利益，显然不能为行为监管所容忍。又如，在具体金融纠纷问题上，审慎监管和行为监管在责任认定上经常截然对立。前者强调客户应“买者自负”，而后者则主张银行应“卖者有责”。再如，即使承认审慎监管具有夯实行为监管的功效，但这种功效也只能通过金融机构传导至金融消费者。因为对于审慎监管而言，其主要任务是建立与金融机构之间的合作关系，故首当其冲关注的是金融机构的稳健性，即通过设置前述所提的一系列审慎经营的红线标准，监测和督促金融机构保持财务健康，实现稳健经营。这就意味着只有在金融机构未能遵守或满足这些标准并对其稳健经营构成威胁时，审慎监管的介入才能产生支持行为监管的效果。反之，一旦金融机构在会计账目上满足或完成了这些标准（如通过短线操作以牺牲金融消费者利益，或者私下违规修改合同文本扩大理财产品销售收益等），审慎监管是难有动力去核查在这些“形式合规”的背后，是否做到了“实质合规”。更何况，金融机构是一个比金融消费者强大得多的利益集团，对监管政策、监管部门和监管人员的了解和影响远大于金融消费者。金融机构基于裙带关系“俘获”监管机构，导致监管机构偏袒于金融机构利益而任凭金融消费者利益受侵害的事件时有发生。可见，在审慎监管机构看来，行为监

① 对此，早有学者撰文认为有金融监管以“实现金融稳定”为归依，其确立、强化、弱化等都是紧密金融稳定的需要而展开。参见周子衡：《金融管制的确立及其变革》，上海三联书店、上海人民出版社2005年版，第8页。

管所关注的金融消费者保护充其量只是一种演绎的间接目标。要他们在任何场合都能将金融消费者与金融机构置于对等的保护位置是不可能的。加之,如前所析,无论是在理论体系和实践经验等各方面,审慎监管都较行为监管领先和成熟,故其一直成为危机前很多国家金融监管的首选。这使在同一监管机构内,金融消费者权益的保护职能完全从属于审慎监管。在此情境下,监管机构厚此薄彼,出现以牺牲金融消费者权益而保全金融机构的监管跛足局面不足为奇。2008 年金融危机的爆发再次证明了各国审慎监管当局对金融消费者保护的上述不足。如美国参议院银行委员会资深委员谢尔比(Shelby)就指责危机前美国的金融监管体制在消费者保护职责面前玩忽职守,更加关注所监管的金融机构的完好性而非消费者,没有给消费者提供充足的保护,是破碎的系统。① 英国财政部在 2010 年报告中就批评 FSA 在金融危机发生之前,过度仰赖对规则和指引教条的遵循,拘泥于金融机构的资本充足率、资产质量、贷款损失准备、风险集中度、流动性等审慎指标的安全上,而较忽略其经营行为对金融消费者的可能负面影响。不仅如此,美英等国家监管机构的预算来自对被监管机构的收费,一些案例表明,监管机构为增加其牌照的吸引力,极端情形下还可能会帮助金融机构免于行为监管的约束。② 如美国货币监理署,不仅没有履行好保护消费者的职责,反而通过解释《国民银行法》来帮助国民银行信用卡业务免于遵守各州反高利贷的限制。③

正是基于现实中的审慎监管容易与行为监管发生冲突的事实,前述的英国学者泰勒在其提出的"双峰监管"理论中就一针见血指出,审慎监管和行为监管在监管理念、思路和专业方面的要求完全不同。因此,一国监管当局不能也不应该将两者合二为一地置于一个机构之下,而应成立两个相应的独立的审慎监管机构和行为监管机构才能更加专业地实现金融监管目

① See Shelby Delivers Floor Statement on Consumer Protection Amendment, http://www.highbeam.com/doc/1G1-225608896.html, May 6, 2010.

② 参见岳彩申,张晓东:《金融监管制度发展的新趋势——消费者保护与审慎监管的分离》,载《上海财经大学学报》2011 年第 3 期。

③ 参见[美]布鲁姆,马卡姆:《银行金融服务业务的管制案例与资料》,何美欢译,法律出版社 2006 年版,第 258 页。

标,即让前者负责维护金融系统稳定和确保金融机构的稳健经营;后者负责保护金融消费者权益和防止市场欺诈行为的发生。[①]

总之,行为监管的提出纠正了传统金融监管法中只见“金融风险防范”不见“消费者权益保护”的倾向。其所具有的前瞻性、引导性和救济性的监管方式对前述的金融消费者与金融机构之间的不平等交易关系是一种极大的矫正,体现了金融监管法的人本化情怀,促使金融监管法内在价值目标体系中天平衡量的合理幅度的摆动,从而推动金融监管朝更公平和安全的方向发展。可以说,仅有审慎监管而缺乏行为监管的金融监管是不完整的。这种仅凭审慎监管实现的金融稳定充其量是暂时和不可持续的。进言之,审慎监管与行为监管是现代金融监管的两大支柱,不能偏废。从关系上看,两者之间既不必然冲突,也不必然和谐。一国监管当局唯有结合本国国情,在顶层设计上对这两种监管职权的行使进行科学配置和分工,寻求一种监管架构上的有机平衡,才能最大限度地发挥两者之间相互促进和相互补充的作用。

第二节 宏观审慎与微观审慎的有机结合:我国影子银行审慎监管的体系化

一、构建我国影子银行宏观审慎监管架构的法律设想

宏观审慎监管是与微观审慎监管相对应的概念,其指的是金融监管当局为减少金融危机或经济波动给金融体系带来的损失,从金融市场整体而非单一机构角度实施的各种制度安排。[②] 宏观审慎监管的勃兴与微观审慎监管抵御金融风险和危机的不力具有密切的关系。[③] 从本书第四章第一节对影子银行监管理念的分析可见,对影子银行而言,其天生跨市场、跨行业

---

① Michael Taylor,“Regulatory Reform in the U. K.”,*North Carolina Banking Institute*,2013(18),p. 230.

② 参见余绍山、陈斌彬:《从微观审慎到宏观审慎:后危机时代国际金融监管的转型及启示》,载《东南学术》2013 年第 3 期。

③ 参见韩龙:《金融法与国际金融法前沿问题》,清华大学出版社 2018 年版,第 380 页。

的运营偏好使其极易通过创新绕开审慎监管，将微观个体的风险扩散至宏观层面，从而形成席卷金融体系的系统性风险，故治理影子银行的这一消极面单靠微观审慎监管难以奏效。此次危机的爆发更是使欧美等发达经济体深刻认识到微观审慎在防范影子银行引致的系统性风险方面的乏力与短板，故而很快达成了从宏观层面寻求防范与应对系统性风险的政策工具的共识。借此共识，"宏观审慎监管"这一监管概念一改以往无人问津和无人关注的"落魄"局面，①在全球应运而出，一跃成为危机后各国监管部门和金融业界热议的焦点，并大量见诸各类会议报端。一时间，引入或加强宏观审慎导向成为后危机时代全球金融监管改革的主旋律。国际社会改革和完善金融监管体系、加强系统性风险监管的倡议如火如荼。如 G20 在 2009 年匹兹堡峰会上就将"宏观审慎监管"列入会议的最终文件，倡议各国重视宏观审慎政策。而在随后的 2011 年首尔峰会上，G20 更是进一步达成了宏观审慎监管的基础性框架，并要求 G20 各成员国开始落实执行。无独有偶，BCBS 也于 2010 年年底出台了全新的银行监管框架——巴塞尔协议Ⅲ，以解决先前的巴塞尔协议Ⅰ和巴塞尔协议Ⅱ在微观审慎监管上的缺陷和在宏观审慎监管上的相对空缺。除了 G20、BCBS 等跨国网络组织的推动和指引外，美英欧等发达经济体也纷纷出台相应的金融监管改革方案，试图从国内立法上构筑与本国相称的宏观审慎监管新体制。像本书第三章提及的美国 2010 年《多德—弗兰克法案》授权美联储对大型复杂金融机构进行监管，并创建跨部门的金融稳定监督委员会负责监测和处理系统性风险；欧盟 2010 年的《泛欧金融监管改革法案》创建的负责全欧金融体系宏观审慎监管的欧盟系统性风险管理委员会和英国 2012 年的《金融服务与市场法》及 2016 年的《英格兰银行与金融服务法》赋予英格兰银行宏观审慎监管主体

① "宏观审慎监管"一词并非金融危机后才出现的新名词。其最早是在 1979 年 6 月 28 日库克委员会（Cooke Committee）召开的一次会议上被提出，用于指称宏观经济与发展中国家快速增长贷款之间关系及相关处理政策。1998 年 1 月，国际货币基金组织（IMF）在《迈向一个健全金融体系框架》的报告中将"宏观审慎"明确用于系统性风险的防范，使之开始与金融监管相关联。2000 年 10 月，BIS 总裁克鲁克特（Crockett）在一次银行监管会议上正式提出"宏观审慎"之于金融系的重要性，并对其与微观审慎的差异作了全面的比较和分析。然而遗憾的是，在 2000 年至 2007 年，各国政府和学界对宏观审慎依旧不够重视，对其如何实施亦无过多探讨，研究进展缓慢。

地位的规定都是典型例证。

与美欧英等发达经济体相似,危机前我国的金融监管主要着眼于微观审慎层面,对宏观审慎的关注微乎其微。危机爆发后,我国虽然没有像这些国家那样大刀阔斧地进行金融监管改革,立即引入专门的宏观审慎监管机构,但理论界和实务界对宏观审慎监管的关注方兴未艾。在金融领域构建宏观审慎框架屡屡成为晚近以来国家政策和中央规划文件的主要目标。如2010年"十二五"规划就明确提出"构建逆周期的金融宏观审慎管理制度框架,建立健全系统性金融风险防范预警体系、评估体系和处置机制"。2016年"十三五"规划则继续指出"加强金融宏观审慎管理制度建设,加强统筹协调,改革并完善适应现代金融市场发展的金融监管框架,明确监管职责和风险防范处置责任,构建货币政策与审慎管理相协调的金融管理体制"。与此同时,为落实上述国家规划大计,我国的金融监管当局在借鉴国外经验的基础上也各自从自身职责出发,围绕加强宏观审慎监管,颁布了一些相关的规章和规范性文件,在现有微观审慎监管的基础上采取了多项旨在加强宏观审慎监管的措施安排(见表5-1)。

表5-1　危机后我国涉及宏观审慎监管的主要政策、法规及监管实践

时间	政策法规或监管安排	主要内容
2009年3月		中国人民银行和银监会代表我国加入BCBS
2010年10月	国家发改委《国民经济和社会发展第十二个五年规划纲要》	构建逆周期的金融宏观审慎管理制度框架
2011年3月	银监会《中国银行业实施新监管标准指导意见》	确立了"宏观审慎监管与微观审慎监管有机结合"的监管思路
2011年7月	银监会《商业银行贷款损失准备管理办法》	要求商业银行设置贷款拨备和计提贷款损失准备金,提升商业银行贷款损失准备的动态性和前瞻性
2012年6月	中国人民银行在常规政策工具外,实行差别准备金动态调整机制	将金融机构存款准备金与其资本充足率、资产质量状况等指标挂钩,起到加强流动性管理、遏制金融机构盲目信贷扩张,是流动性总量调节与宏观审慎政策框架相结合的体现

续表

时间	政策法规或监管安排	主要内容
2012 年 6 月	银监会《商业银行资本管理办法》	要求商业银行在最低资本要求基础上计提储备资本和逆周期资本、对系统重要性银行还应当计提附加资本
2015 年 7 月	证监会《证券公司融资融券业务管理办法》	提出建立健全证券公司融资融券业务的逆周期调节机制,对融资融券业务实施宏观审慎监管
2015 年 9 月	银监会《商业银行流动性风险管理办法》	要求商业银行建立健全流动性风险管理体系,对法人和集团层面、各附属机构、各分支机构、各业务条线的流动性风险进行有效识别、计量、监测和控制,确保其流动性需求能够及时以合理成本得到满足
2015 年 10 月	国家发改委《国民经济和社会发展第十三个五年规划纲要》	提出"加强金融宏观审慎管理制度建设,构建货币政策与审慎管理相协调的金融管理体制"构想
2016 年 1 月	人民银行将差别准备金动态调整与合意贷款管理机制升级为"宏观审慎评估体系"(Macro Prudential Assessment, MPA),并正式实施推行	从资本和杠杆、资产负债、流动性、定价行为、资产质量、跨境融资风险、信贷政策执行情况等七个方面引导银行业金融机构加强自我约束和自律管理,更好地发挥逆周期调节作用,有效防范系统性金融风险
2016 年 6 月	证监会《证券公司风险控制指标管理办法》(修订版)	通过改进证券公司净资本、风险资本准备计算公式,完善杠杆率、流动性监管等指标,明确逆周期调节机制等,提升风控指标的完备性和有效性,强化宏观审慎监管
2016 年 8 月	保监会《中国保险业发展"十三五"规划纲要》	提出坚持机构监管与功能监管相统一,宏观审慎监管与微观审慎监管相统一,构建全面风险监管体系

续表

时间	政策法规或监管安排	主要内容
2017 年 11 月	《人民银行关于全口径跨境融资宏观审慎管理有关事宜通知》	建立跨境融资宏观风险监测指标体系，在跨境融资宏观风险指标触及预警值时，采取逆周期调控措施，以控制系统性金融风险
2018 年 4 月	《人民银行、中国银行保险监督管理委员会、中国证券监督管理委员会、国家外汇管理局关于规范金融机构资产管理业务的指导意见》	提出坚持宏观审慎管理与微观审慎监管相结合、机构监管与功能监管相结合的监管理念
2018 年 5 月	人民银行等九部委《"十三五"现代金融体系规划》	将各类影子银行、资产管理产品、互联网金融等纳入宏观审慎监管框架，实现对所有金融机构、业务、活动及其风险全覆盖

资料来源：笔者根据公开的政策法规、文件报告所做的整理。

由上表可见，无论是逆周期资本缓冲机制、贷款损失风险拨备，还是金融机构杠杆率运用限制抑或是对系统重要性金融机构计提附加资本要求等，危机后我国金融监管当局对宏观审慎政策工具的应用也同样涵盖了时间和空间两种维度，在操作上与美英欧等发达经济体并无不同。[①] 然而，囿于传统的机构分业监管体制，我国"一行三会"对宏观审慎监管的上述探索和应用仍然局限于各自监管职权的范畴之内，主要是以防范或减缓本部门或本行业的金融风险为使命，并没有将其运用宏观审慎工具对本部门外的其他金融机构产生的（负面）影响纳入其决策函数。显然，这种"只扫自己门前雪，不管他人瓦上霜"的分部门宏观审慎监管与危机后国际社会着眼于整个金融业全局的宏观审慎监管相比仍有很大的差距。在笔者看来，导致这种差距的深层次原因并不在于宏观审慎监管政策工具应用上的差别，而在于我国缺乏一个覆盖整个金融体系的系统性风险监测者和管理者。换言之，现行我国对宏观审慎的引入仅限于工具创新而未真正触及体制的层面。因为我国迄今并没

---

① 时间维度的宏观审慎监管工具关注的是金融体系和实体经济的相互作用，意在削弱和遏制金融体系内在亲周期性；而空间维度的宏观审慎工具关注的是金融体系内部各金融机构相互作用的情况，意在对系统重要性程度不同的金融机构采取差别化要求。

有任何的法律法规明确赋予哪个机构行使跨行业或跨市场的宏观审慎监管之职责。即使是呼声最高的中国人民银行,现有的立法对其的定位也只是“在国务院领导下,制定和执行货币政策,防范和化解金融风险,维护金融稳定”,并没有明确赋予其宏观审慎监管者地位。① 是故,如果说我国在2008年全球金融危机中能独善其身是缘于彼时金融业综合化水平不高,在国际市场上风险敞口较小的特定因素,那么在今天“大资管”时代下,各种跨行业的金融创新产品如影子银行、互联网金融和衍生金融的层出不穷早已令这种特定因素不复存在了。因此,突破既有分业监管的樊篱,将原属于单一业态(如银行/保险/证券)的宏观审慎监管模式上升、扩大到着眼于整个金融体系的宏观审慎监管框架,实现跨行业和分行业风险监管的全覆盖就显得格外迫切。然而遗憾的是,在影子银行这一新兴金融领域,我国仍按照“谁批设机构谁负责风险处置”的原则,逐一落实影子银行主体的监管责任,本质上仍是分业监管,恪守的仍是一种微观审慎的思路。② 为此,立足本国实际,笔者就包括影子银行在内的我国金融宏观审慎监管架构的构建与完善提出了下列阶段性的初步设想。这些设想立足于本国宏观审慎政策实施的实际和紧迫性程度,分为近期和中长期两大阶段:(1)近期,在保留现有“一行两会”分业监管格局整体不变的框架下推进国务院金融稳定发展委员会的组织协调职能的法制化,变“横向的监管协调”为“垂直的监管协调”,以弥补当前宏观审慎监管协调立法的空白;(2)中长期,调整和制定相关法律规定,从法律上赋予人民银行的宏观审慎监管职责,确立以人民银行为主导,国务院金融稳定发展委员会为协助和补充的复合宏观审慎监管框架。

(一)近期:出台《国务院金融稳定发展委员会条例》,建立法治化、制度化的分部门宏观审慎监管协调机制

毫无疑问,微观审慎监管可由独立、专业的监管机构负责,而宏观审慎监管的基础是宏观审慎分析,监测和评估的是整个金融业的系统性风险,亟须各监管机构的配合。如果监管机构各自为政,则它们之间就不能及时了解和

---

① 参见《中国人民银行法》第2条。

② 参见国务院颁发的针对影子银行的第107号文,本书第二章第四节对此有过更详细论证,在此不再赘述。

获取整个宏观经济及金融体系的完备信息，自然也就无法评估金融业的整体风险状况，而且还会发生监管的重叠、空白和错位。是故，在分业监管体制下，加强和完善金融监管机构间的相互协调，促进它们之间监管信息的共享则成为危机后我国引入和加强宏观审慎监管的应有之义。鉴此，为弥补“三会”先前共同确立的“监管联席会议”因缺乏人民银行的参与而存在监管协调不足的局面，[①]2008年7月，国务院办公厅下发了《中国人民银行主要职责内设机构和人员编制规定》（以下简称《人民银行编制规定》），要求人民银行在国务院领导下会同“三会”建立金融监管协调机制，以部际联席会议制度形式，加强货币政策与监管政策之间以及监管政策、法规之间的协调，建立金融信息共享制度，防范、化解金融风险，维护国家金融安全。进一步地，为使上述部际联席会议制度落于实处，国务院又于2013年8月15日发布了《关于同意建立金融监管协调部际联席会议制度的批复》（以下简称《联席会议批复》），正式批准建立由人民银行牵头的金融监管协调部际联席会议制度，并要求联席会议办公室设在人民银行，由其通过季度例会或临时会议等方式开展工作，履行和完成以下六项职责和任务：一是货币政策与金融监管政策之间的协调；二是金融监管政策、法律法规之间的协调；三是维护金融稳定和防范化解区域性系统性金融风险的协调；四是交叉性金融产品、跨市场金融创新的协调；五是金融信息共享和金融业综合统计体系的协调；六是国务院交办的其他事项。[②] 至此，危机后我国金融业的宏观审慎监管基本形成了由“一行三会”和部际监管联席会议制度共同组成的监管框架。前者主要负责各自监管职权范围内的宏观审慎工具的实施和运用，实现的是本部门的宏观审慎政策目标；而后者以前者为基础，主要负责跨部门、跨行业、跨市场的监管协调工作，以识别影响整个金融业全局的系统性风险。具体到影子银行而言，前者的监管充其量只能影响和控制其风险的分布结构，而很难把握整体风险的暴露状况。因此，若没有后者的监管协调，则前者在本部门内各自实施的“宏观审慎监管”就无法有效衔接形成全面的风险监测体系，失去了意

---

① 早在2003年9月，银监会就同证监会、保监会达成了《金融监管方面分工合作的备忘录》，确立了三会之间的“监管联席会议”制度。

② 参见《国务院关于同意建立金融监管协调部际联席会议制度的批复》（国函〔2013〕91号）。

义。就此而言，部际监管联席会议制度构成了我国影子银行宏观审慎监管框架的重要基石。然而，这种部际联席会议制度却存在以下很多令人诟病之处：

首先，《联席会议批复》特别强调联席会议不刻制印章，不正式行文，不改变现行金融监管体制，不替代、不削弱有关部门现行职责分工。这就更给人感觉这种协调的非正式性，像是各会议成员单位之间定期碰面达成的一种"君子协定"，对参与各方只有道义上却没有任何法律上的约束力，难以保证协调的执行力。其次，即便人民银行在部际监管联席会议上获得了监管牵头者的地位，但其行政级别与银监会、证监会、保监会等其他联席会议成员单位相同，同属于国务院正部级单位，[①]无法在监管信息收集和共享上对同处平级单位的"三会"形成有效制约。换言之，这种部际联席会议制度与危机前"三会"共同发起的"监管联席会议"在本质上并无不同，仍然是一种水平协调，权威性不够。如果其他成员单位执意不参与人民银行牵头召集的联席会议，或者在会议上不愿意将本部门的金融监管事务提交讨论，或者提交讨论后大家观点出现分歧，则人民银行不仅无法对之加以问责，也不能将自己的观点强加于"三会"之上。可见，这种协调充其量只是起到议事功能，断无决策功能，效果自然可见一斑，无法与现行的美联储或英格兰银行相媲美。比如，2015 年 6 月至 7 月我国证券市场上 A 股出现雪崩式下跌。上证综合指数从 5178. 19 点掉至 2850. 71 点，跌幅超过 45%，出现了千股跌停和大量停牌的景象。个中原因，除了暴涨之后必有暴跌的市场经验，彼时的监管协调不顺畅也被认为负有很大程度的责任。这种不顺畅既产生了监管真空，又对及时有效的救市形成了掣肘。[②] 又如，在安邦事件中，从 2008 年开始，安邦通

① 根据《国务院关于同意建立金融监管协调部际联席会议制度的批复》(国函〔2013〕91 号)的规定，联席会议的成员单位包括银监会、证监会、保监会、外汇局，必要时可邀请发展改革委、财政部等有关部门参加。以上各成员单位除了外汇局隶属人民银行，受人民银行直接领导之外，其余都是正部级单位，与人民银行地位相当。

② 在笔者看来，引发此次股灾的直接诱因表面上看是证监会对场外配资业务的查处和股市杠杆的监管，但深层次的原因应是各监管机构协调的不顺畅所导致的监管真空和救市的滞后。这是因为，股票配资是投资者按一定杠杆比例向配资公司借钱炒股，本质上是一种借贷业务。所以，在事先没有与人民银行和银监会的监管配合下，单靠证监会一己之力自然无法预估到查处配资对整个金融市场造成的负面影响或为此制定出充分的应对措施预案。

过设立复杂而不透明的股权架构,虚假出资、循环注资,发行大量的“万能险”产品,违规构建起庞大的金融集团,并控制成都农商银行,在证券二级市场的多次高调举牌,资产杠杆涉及保险、银行和证券三大领域,达到3500倍。然而由于其所属监管机构为保监会,银监会和证监会无法准确获取安邦在本行业的运营信息,也无法对其施行有效监管。正是部际监管联席会议在监管协调上的低效与乏力,导致安邦泡沫问题不能被及时发现和制止,最后深陷保险偿付危机,终被保监会接管。再如,该联席会议的一个重要职能是研究应对并如何解决影子银行问题。然而,在对待如何通过控制银行表外业务来加强银行体系内部机构参与影子银行运作的问题上,人民银行主张强化立场,然银监会却不愿意因为调控银行的表外业务而冲击银行的盈利水平和资本水平。由此,不难看出由该二机构之间在如何整治影子银行问题上所产生的分歧,导致了传统银行业内部机构借助各种通道涉足影子银行业务。商业银行对这种表外业务的依赖不仅掩盖了银行的实际盈利能力,也为影子银行的野蛮生长创造了空间,从而威胁到了金融的整体稳定。可见,在“混业经营、分业监管模式”下,传统的同级别之间的协调机制已不能满足宏观审慎监管或影子银行体系发展与监管的需要,故而有必要建立起更高层次的协调机制。

不过令人欣喜的是,我国高层已注意到这种部际监管联席会议制度“水平协调”的局限性。2017年4月25日,中共中央政治局召开会议提出要高度重视防控金融风险,加强监管协调;2017年7月14日,中共中央召开全国金融工作会议,决定在国务院层面成立金融稳定发展委员会(以下简称金稳委)以增强金融监管协调的权威性与有效性。同年的11月8日,金稳委在北京正式成立并召开了第一次全体会议。彼时主管金融工作的国务院副总理马凯出任金稳会主任。这次会议将金稳委定位为国务院统筹协调金融稳定和改革发展重大问题的议事协调机构,[①]并对外公开宣布了其所承担的五项主要职责,分别为:(1)落实党中央、国务院关于金融工作的决策部署;(2)审

---

① 根据《国务院行政机构设置和编制管理条例》,国务院行政机构根据职能分为国务院办公厅、国务院组成部门、国务院直属机构、国务院办事机构、国务院组成部门管理的国家行政机构和国务院议事协调机构。国务院金融稳定发展委员会在规格上类似于国务院安全生产委员会和国务院食品安全委员会,承担国务院行政机构的重要业务工作的组织协调任务。

议金融业改革发展重大规划;(3)统筹金融改革发展与监管,协调货币政策与金融监管相关事项,统筹协调金融监管重大事项,协调金融政策与相关财政政策、产业政策等;(4)分析研判国际国内金融形势,做好国际金融风险应对,研究系统性金融风险防范处置和维护金融稳定重大政策;(5)指导地方金融改革发展与监管,对金融管理部门和地方政府进行业务监督和履职问责等。综上可见,金稳委的设立是上述部际监管联席会议的一次大升级。① 这是因为:

第一,金稳委的协调是一种组织或机构性质的协调。由于"组织为集体行动时间提供了持久的条件和力量。其无论是在思想上,还是在行动上,都具有深邃的意涵",②故而相比基于《联席会议批复》的部际联席会议制度,金稳委的组织身份显然更有利于明确协调的主体责任,更能有效地确保协调的正规化和常态化。要之,先前的部际联席会议制度充其量只是各成员单位之间的一种定期会晤沟通机制,结构相当松散,所设立的联席会议办公室与其他成员单位之间缺乏类似组织内部上下的科层管理安排,不够正式。比如,《联席会议批复》虽要求联席会议办公室设在人民银行,承担金融监管协调日常工作,但联席会议办公室与人民银行究竟是隶属关系抑或是挂靠关系却令人一头雾水!如果是隶属关系,那人民银行仅仅是召集人角色,其下设的办公室何以拥有协调"一行三会"日常监管工作的权力呢?如果是挂靠关系,由于其代表的部际联席会议制度又非行政组织,故而联席会议办公室成为没有上级主管单位认领的"弃儿",缺乏强有力的组织关系作为后盾和保障。显然,让这种处境颇为尴尬的联席会议办公室去担当和完成《联席会议批复》要求的系列协调职责和任务是难以奏效的。

第二,金稳委的协调是一种垂直或管理性质的协调。作为统筹协调金融稳定和改革发展重大问题的议事协调机构,金稳委设立在国务院层面,其主任直接由国务院分管金融工作的副总理兼任,行政级别高于"一行三(两)

---

① 习近平总书记在党的十九大报告中宣布中国特色社会主义进入了新时代。虽然这一判断的公开宣布是在2017年10月18日,但这并不意味着新时代的分水岭就是该天以后。此前国内刚刚设立的金稳委也应该被认为是新时代我国金融监管改革的重要举措。

② [法]埃哈尔·费埃德伯格:《权力与规则——组织行动的动力》,张月译,上海人民出版社2005年版,第3页。

会”,直达副国级,有能力协调“一行三(两)会”的监管政策制定。由此可见,金稳委的监管协调是一种自上而下的垂直或管理性质的协调。其不仅拥有对“一行三(两)会”争议进行拍板的权力,而且还可以对他们协调的不作为或相互推诿不执行协调共识等懒政行为施以监督和问责,从而有效地克服以往联席会议协调的议而不决和决而不行等弊端,提高协调效率。比如,2017年上半年以来,面对国内通过代币(如比特币、以太币等所谓“网络数字货币”)发行(ICO)进行融资活动的大量涌现,其涉嫌诈骗、非法集资等“造富幻象”的愈演愈烈,由人民银行牵头的包括“三会”在内的七大部委果断出手,于2017年9月4日联合发表公告定性了ICO的违法性质,并叫停和禁止了ICO所有的交易融资活动。不能不说,此次七部委能在短时间内迅速达成取缔ICO的立场,与新生的金稳委从中的协调与斡旋不无关联。有人因此认为此次管理层对ICO整治行动应被视为金稳委协调效应的初现。① 同样,在笔者看来,近期统一规范金融机构资产管理业务的《资管新规》能在短时间顺利出台、安邦集团这一保险领域的毒瘤能被整体迅速挖出及项俊波之流腐败分子能被及时清除,无不与新成立的金稳委背后强有力的协调和推动密切相关。②

第三,尽管金稳委的垂直协调权力相比以往部际联席会议制度的平级协调具有层级上的权威性和优越性,然而,与“一行三会”这样的法定机构相比,金稳委的垂直或管理权力仅仅有政策体现,并无法律保障,这势必会使其职能的发挥陷入“师出无名”、于法无据的尴尬局面。因为在当前依法治国的大背景下,职权法定是依法行政的应有之义,其要求行政主体行使职权的行为,自始至终需有法律依据,没有法律授权均不可为。换言之,职权法定涵盖了两个方面的内容:职权来源法定与职权范围法定。③ 这对作为副国级单

---

① 参见佚名:《监管层接近人士:ICO整治行动可视为“金稳委”开始发挥作用》,载 https://www.wdzj.com/hjzs/ptsj/20171112/103633-1.html,最后访问日期:2018年5月12日。

② 2017年11月17日,我国一行三会发布了《关于规范金融机构资产管理业务的指导意见》(征求意见稿),2018年4月27日,一行两会完成了草案意见的征求,正式联合发布了《关于规范金融机构资产管理业务的指导意见》,首次对不同金融机构的资产管理业务作出规范,确立了同类资产管理产品的统一监管标准。该意见被业界称为“资管新规”。

③ 参见江必新:《法治思维——社会转型时期治国理政的应然向度》,载《法学评论》2013年第5期。

位的金稳委也同样概莫能外。是故，为使金稳委的上述组织协调等职权法定化，弥补现行宏观审慎监管协调立法的空白，笔者主张近期我国可先由国务院出台类似《国务院金融稳定发展委员会条例》，尽早对该委员会的成员组成、协调职权、协调方式及问责机制等程序性规则进行清晰的规范，以实现协调结论从君子协定向法律义务转变。只有这样，才能确保金稳委当前的运作符合职权法定的基本法治要求，增强其金融监管协调的权威性与有效性，从而消除监管套利、有利于加强对影子银行的治理。

（二）中长期：修改和制定法律，从立法上构建以人民银行为主导，金稳委为补充的宏观审慎监管架构

相比既有的部际监管联席会议，金稳委的监管协调虽然可以促进各监管机构进行更有效率的监管信息交流，避免重复监管和减缓“一行三（两）会”各自为政使用宏观审慎监管工具在金融体系内部引发的负效应，弥补它们在防范系统性风险的不周延。然而，金稳委毕竟是一个议事协调机构，而非专业的监管机构。其在协调中虽拥有宏观审慎监管的决策权，但没有执行权。换言之，即使金稳委通过协调发现和研判了系统性风险源之所在，但其也只能回归到“一行三（两）会”层面来解决。即金稳委只能通过事前的协调建议和事后的问责机制倒逼各成员监管机构去落实，而不能直接以下达指令形式或代替成员监管机构采取相应的措施以应对系统性风险。这就使金稳委在处置系统性风险和维护金融稳定问题上不可避免会因对成员监管机构的依赖而产生滞后性。而且，从前文金稳委已公开披露的五大职责上看，其除了协调职责外，还要承担落实国家关于金融工作的决策部署、审议金融业改革发展重大规划和指导地方金融改革发展与监管等职能。这就表明在我国现有的金融分业监管体制下，金稳委的协调效率无论多高，充其量也只能从一定程度上减缓我国宏观审慎监管被“一行三（两）会”一分为三的困境，仍然无法从根本上改变我国金融业整体宏观审慎监管缺位，信息与政策分割的问题。是故，从中长期看，为确保宏观审慎措施实施的及时性和有效性，我国确有必要构建起真正应对整个金融体系的专门性宏观审慎监管主体，并由其执行金稳委监管协调的决策，形成两者相互配合的宏观审慎监管组织体制。在笔者看来，将宏观审慎监管职责赋予中央银行并非我国首创，而是危机后国际宏观审慎监管机构安排的一种发展趋势。

第一,中央银行具有的金融稳定职能决定了其在一国宏观审慎监管中居于核心地位。因为金融稳定原本就是宏观审慎监管的目标之一。而且,从历史演进的逻辑来讲,中央银行就是在不断应对金融危机中产生的。① 其不仅垄断货币的发行权,还独具最后贷款人职能,可以随时向金融机构和市场注入流动性以化解金融市场的风险和维护金融体系的稳定。这是其他任何监管机构所不能比拟和替代的天然优势。在我国,虽然无论是以往的"三会"抑或是当前的"两会",他们都承担本行业的宏观审慎监管职能,但在行业危机到来时都有心无力,无法也不能像人民银行那样提供相应的救助资金。因此,单就中央银行是金融市场流动性的唯一提供者这一角度而言,宏观审慎监管天生就有归属于中央银行的特性。

第二,中央银行具有的货币政策制定职能决定了其是一国宏观审慎监管不可缺少的主角。货币政策与宏观审慎政策虽属于不同的政策架构,具体目标有所不同,②但保持币值的稳定需要金融平稳运行,两者都是以实现一国宏观经济稳定为使命。就此而言,货币政策和宏观审慎监管具有内在的一致性,它们在操作上存在互相促进、相辅相成的关系:一方面,成功有效的货币政策可以降低顺周期倾向所引发的金融体系脆弱性,熨平金融资产价格,为宏观审慎监管工具的调节创造良好的外部环境;另一方面,宏观审慎监管可通过其部分逆周期的监管措施对货币政策运作造成的资产价格波动有所修正,确保货币政策更有效地发挥。诚如 IMF 前首席经济学家奥利维尔·布兰查德(Olivier Blanchard)所言,将宏观审慎监管职责集中于央行,有利于其考虑货币政策对杠杆率和风险偏好等因素的潜在影响,与此同时货币政策与宏观审慎政策结合又能提供大量应对危机的逆周期工具。③ 由此可见,一国要充分发挥货币政策和宏观审慎监管在政策上相互增强功能,实现币值稳定

---

① 参见刘志洋:《宏观审慎监管机构安排的国际实践》,载《国际金融研究》2012 年第 8 期。

② 宏观审慎监管是基于金融监管的现实需要而产生的,属于金融监管范畴,其目标是在综合考虑宏微观经济形式的前提下确定金融机构和市场的交易规则,不仅关注金融机构个体风险,而且关注系统性风险的水平和发展趋势;而货币政策则属于宏观经济管理范畴,其更关注通过"汲水"型的政策调控诱发公众预期和信心发生变化,以此平衡总需求和总供给两个方面,防止经济大起大落。有关两者区别的相关论述参见王刚:《浅析宏观审慎监管与宏观经济政策的基本关系》,载《浙江金融》2011 年第 5 期。

③ Blanchard, *Rethinking Macroeconomic Policy*, IMF Working Paper, 2010, p. 13.

与金融稳定的有机平衡,其除了赋予中央银行宏观审慎监管的职责外,别无他径。2017 年 10 月 18 日党的十九大报告要求人民银行“健全货币政策和宏观审慎政策双支柱调控框架”可以说在很大程度上为人民银行充当宏观审慎监管机构指明了方向。

第三,中央银行具有的专业技术基础决定了其是充当一国宏观审慎监管机构的不二人选。作为银行的银行,现代中央银行通常控制和维护着一国支付、清算系统的运营,为各银行和货币市场的公共支付清算提供平台,故相比其他监管机构,其在经验、技术、手段、人才、数据等方面更具天然的优势,不仅能连续、实时地掌握银行头寸状况和迅速捕捉支付清算链条中出现断裂风险等系统性风险信号,还可以监测各个区域的经济发展状况以及总体需求情况,从而使宏观审慎监管更具针对性和成效性。此外,央行还具有与大学、智库等外部专家合作的良好文化,这些也决定了央行可以承担宏观审慎的重任。①

第四,将宏观审慎监管职责赋予中央银行只需对既有金融监管格局进行微调,并没有触及分业监管的根基,因此较之于另外成立一个崭新的宏观审慎监管机构,显然可以大大减少转换期的过度成本,避免因设置新机构带来的大规模编制扩张和财力、物力的投入。②

综上所述,中央银行在一国所扮演的维护金融稳定、制定和实施货币政策及确保支付清算系统正常运行的角色和职能与宏观审慎监管目标和工具有着高度的契合性。这种契合性使之完全具备了开展宏观审慎监管所需的制度基础和技术储备条件。进言之,将宏观审慎监管整合进中央银行并非只是一国当局在危机中借用中央银行之力进行救市的权宜之计,而是具有充分的可行性和现实性。这也是 2008 年金融危机之后,以 IMF 和 FSB 为代表的国际组织及美英欧等发达国家或地区纷纷主张赋予或加强央行宏观审慎监管职责的原因所在。

就我国而言,尽管学界至今对宏观审慎监管组织实践模式仍有分歧,但

---

① 参见冯润强等:《英国新建宏观审慎的金融监管框架及启示》,载《中国货币市场》2011 年第 10 期。

② 事实上,另设一个全新的宏观审慎监管机构曾经在美国和欧盟的金融监管改革中被提出,但没有被采纳,一个重要的原因就是成本与收益的考虑。

大家对人民银行在构建宏观审慎监管框架中的核心作用并无异议。① 换言之,赋予或加强央行宏观审慎监管职责在我国已几成朝野共识。借此共识,2017 年 7 月 14 日中央金融工作会议就明确提出“设立国务院金融稳定发展委员会,强化人民银行宏观审慎管理和系统性风险防范职责”;2017 年 7 月 17 日银监会就对外公开表示,其将坚决服从金稳委的领导,主动配合人民银行履行宏观审慎管理的职责。② 2018 年 3 月 17 日,第十三届全国人大第一次会议于通过了《国务院机构改革方案》,正式批准国务院对“一行三会”监管格局的部署和调整,同意将银监会与保监会两个机构合并,组建“银保监会”,同时在此基础上将原两监会所承担的拟定银行保险重要法律法规草案与宏观审慎监管制度的权责转移至人民银行,并进一步重申强化人民银行宏观审慎管理职能,为打好防范化解重大风险攻坚战奠定重要基础。加之前述新成立的金稳委也将其办公室设在人民银行。所有的这些举措都表明和昭示着人民银行作为我国宏观审慎监管机构的定位已获中央高层和全国人大的首肯,其宏观审慎监管职能正在逐步被得以充实和强化。

然而,同上述金稳委的协调职能一样,笔者认为人民银行行使宏观审慎监管职能也必须要有法律层面上的保证才能名正言顺。尽管现行《中国人民银行法》第 2 条规定,“中国人民银行在国务院领导下,制订和执行货币政策,防范和化解金融风险,维护金融稳定”,但此一规定中的“金融稳定”是人民银行实施货币政策职能而非宏观审慎监管职能的应有之义,故而不能简单地从该条的“维护金融稳定”职责反推人民银行是当然的宏观审慎监管机构。退一步讲,即使撇开此处“制订和执行货币政策”这一前缀,单从“防范和化解金融风险”来界定“金融稳定”,我们也会发现该法对之的规定较为粗略。如该法第 32 条和第 34 条虽赋予了人民银行为维护金融稳定所享有的监督检查权,但除了制定和实施货币政策外,却没有其他实现金融稳定的具体手

---

① 相关文献包括尹继志:《中央银行在宏观审慎监管体系中的地位与权限》,载《财经科学》2011 年第 1 期;周永胜:《关于我国中央银行履行宏观审慎监管职能的若干思考》,载《武汉金融》2011 年第 6 期;周永强:《我国中央银行在宏观审慎监管中的核心作用》,载《财经问题研究》2012 年第 12 期;刘志洋:《宏观审慎监管机构安排的国际实践》,载《国际金融研究》2012 年第 8 期,等等。

② 参见傅苏颖:《银监会:主动配合人民银行履行宏观审慎管理职责》,载《证券日报》2017 年 7 月 19 日,第 4 版。

段和工具(如前文列举的带有时间和空间维度的宏观审慎监管工具)。[①] 事实上,综观整部《中国人民银行法》,其通篇都没有任何立法措辞提及宏观审慎。可见,与施行货币政策实现金融稳定的法定职能不同,危机后我国人民银行采用的包括存款准备金动态调制机制及社会融资规模监测等宏观审慎性监管工具实现金融稳定的做法并无直接的法律依据。因此,要从根源上扭转人民银行实施宏观审慎监管于法无据的尴尬局面,切实贯彻和实施党十九大报告中提出的"健全货币政策和宏观审慎政策双支柱调控框架"要求,从中长期看,我国不应仅仅停留在金稳委宏观审慎监管协调机制法制化的层面,还应建立起与人民银行履行宏观审慎监管职能相适应的法律体系。在笔者看来,这种法律体系的构建可以分从以下几个层面进行:

首先,将"宏观审慎"维度融入人民银行职能定位中,明确人民银行的宏观审慎监管职能,以此作为人民银行行使宏观审慎性监管的法律依据。是故,建议将《中国人民银行法》第 2 条修改为"中国人民银行在国务院领导下,制订和执行货币政策与宏观审慎政策,防范和化解金融风险,维护金融稳定",并分别在第 4 条"有关中国人民银行履行的下列职责"中增设"宏观审慎监管"、在第 12 条中增设"中国人民银行设立宏观审慎监管委员会。宏观审慎监管委员会的职责、组成和工作程序,由国务院规定,报全国人民代表大会常务委员会备案。中国人民银行宏观审慎监管委员应当在国家宏观调控、系统性风险防范和处置中发挥重要作用"。[②] 只有这样,才能使人民银行的宏观审慎监管职能与货币职能并驾齐驱,共同构成党的十九大所要求的支撑国家宏观调控和经济稳定的双支柱框架。

其次,明确人民银行履行宏观审慎监管职责所需的具体职权。徒有宏观审慎监管职责而没有赋予其履行该职责的相应职权和各种工具手段,则人民银行的宏观审慎监管仍然难以为继。基于此,建议在《中国人民银行法》第

---

① 《中国人民银行法》第 32 条规定,中国人民银行有权对金融机构以及其他单位和个人的下列行为进行检查监督:(一)执行有关存款准备金管理规定的行为……(九)执行有关反洗钱规定的行为。第 34 条规定,当银行业金融机构出现支付困难,可能引发金融风险时,为了维护金融稳定,中国人民银行经国务院批准,有权对银行业金融机构进行检查监督。

② 《中国人民银行法》第 12 条规定:"中国人民银行设立货币政策委员会。货币政策委员会的职责、组成和工作程序,由国务院规定,报全国人民代表大会常务委员会备案。中国人民银行货币政策委员会应当在国家宏观调控、货币政策制定和调整中,发挥重要作用"。

四章“业务”中增设有关“人民银行执行宏观审慎政策的具体职权”的规定。这些职权至少应包括：(1)规则制定权，即牵头制定面向整个金融业的宏观审慎监管规则和交叉性金融业务的标准与规范；(2)风险预警及开发和实施宏观审慎监管工具权，即有权分析和监测宏观经济变化对金融系统稳健性的影响，提前发出风险预警，并据此开发和实施包括动态拨备、逆周期资本要求等在内的宏观审慎监管工具；(3)信息收集权，即基于履行宏观审慎监管职责的需要向各金融监管机构和被监管对象收集一切可能导致系统性风险产生或发展的相关信息；①(4)监管决策权，即对收集的信息进行分析，识别系统性风险隐患以决定是否对相关金融机构采取相应的宏观审慎监管措施；(5)监管执行权，即根据做出的监管决策直接或间接指导其他监管机构运用宏观审慎监管工具防范或减少相关金融机构的系统性风险；(6)系统重要性金融机构的监管权，即对系统重要性的银行、保险和证券公司进行识别、评估与风险预防和处置。与此同时，也应一并修改《商业银行法》、《保险法》与《证券法》这三部立法，即在它们各自的总则中分别明确人民银行在本金融领域宏观审慎监管中的主导地位，以此为人民银行统摄和指导银保监及证监会的宏观审慎监管工作提供更为明确的法律依据。

再次，扩大人民银行最后贷款人的职能，提高其救助的范围。既然最后贷款人制度从其产生起是服务于货币政策与银行体系的，那么在我国商业银行与影子银行相互交融、相互渗透的情境之下，就有必要对该制度的效力范围问题进行重新的定位。从我国影子银行是商业银行的影子这一现实出发，笔者主张人民银行最后贷款人职能的范围不能过于狭窄，否则即使赋予其为宏观审慎监管机构，也会制约其宏观审慎政策的实施效果。是故，笔者认为，在我国金融市场日益脱媒和影子银行不断兴起的情况下，有必要修改现行的《中国人民银行紧急贷款管理暂行办法》，②将央行最后贷款人制度的适用对

① 虽然现行的《中国人民银行法》第35条第1款规定：“中国人民银行根据履行职责的需要，有权要求银行业金融机构报送必要的资产负债表、利润表以及其他财务会计、统计报表和资料”，但这种信息收集权仅限于银行金融机构，显然与人民银行所承担的宏观审慎监管职责不匹配。

② 《中国人民银行紧急贷款管理暂行办法》第2条规定：“本办法适用于经中国人民银行批准设立、具有法人资格的城市商业银行、城市信用合作社和农村信用合作社(含农村信用合作社县联社，下同)”，并不包括非银行的金融机构。

象从商业银行扩大到包括影子银行在内的所有金融机构。即人民银行不再以银行或非银行金融机构自身性质作为救助标准。凡是因头寸不足而影响商业银行和整个金融业流动性,并有可能形成系统性风险而对金融稳定构成威胁时,人民银行都可以考虑动用最后贷款人制度加以补救。

最后,以立法扩张人民银行的监管权力,确立其作为我国金融宏观审慎监管者的主体地位并不等于完成了我国宏观审慎监管框架的构建任务。因为宏观审慎监管不仅应关注金融体系整体、金融市场与金融创新产品、系统重要性金融机构,还应当关注宏观经济态势与宏观经济政策。① 这就决定金融宏观审慎监管政策与货币政策、微观审慎监管政策、财政政策和其他政策之间必须进行有效协调才能更好地发挥应有的监管效果。然在我国,固有的行政本位观念决定了唯有级别高的部门才能让级别低的部门服从。而人民银行作为一个正部级单位,在涉及跨行业维度的宏观审慎监管上,面对与之平级的银保监会和证监会,仅凭前述对《人民银行法》的修改是难以让人民银行肩负这种监管协调的重任。特别地,如果人民银行因施行宏观审慎监管需要向金融体系外相关部门如财政部、发改委等收集、调取相关信息时,其这种行政级别不够高的短板就越发明显。此时如果没有金稳委出面帮忙和协调,人民银行的这种信息收集权恐难以顺利得到这些部门的服从和支持。②而且,除了行使金融监管的协调职能,金稳委也应拥有监管执行权外的其他宏观审慎监管权力,以此在跨行业宏观审慎监管和系统性风险监测与识别等重大问题上补齐人民银行的上述监管短板,帮助和强化人民银行宏观审慎管理和系统性风险防范职责。这也是为什么中央将金稳委办公室设立在人民银行的深层次原因。就此而言,金稳委同人民银行一样,已然构成我国宏观

---

① 参见韩龙、彭秀坤、包勇恩:《金融风险防范的法律制度研究——以我国金融业对外开放为重心》,中国政法大学出版社 2012 年版,第 129 页。

② 虽然迄今国务院并没有正式发文明确金稳委的具体成员单位,但从 2018 年 7 月 2 日媒体对外公布出席的新一届国务院金融稳定发展委员会会议的人员代表身份可以发现:金稳委的成员单位除了金融领域固有的人民银行、银保监会、证监会和国家外汇管理局之外,还包括国家发改委、财政部与中央财经委员会。同时又设立了包括中纪委、中组部、中宣部、网信办、公安部、司法部和最高人民法院七个协作单位。这说明金稳委虽然是国务院序列机构,但其不再恪守以往条块管理思维,而是党政协同发力,其协调范围不仅限于传统的金融领域,而且还扩展到整个财政经济领域甚至金融司法领域。具体内容参见张奇:《新一届金稳委亮相,审议打好防风险攻坚战三年行动方案》,载《21 世纪经济报道》2018 年 7 月 2 日,第 2 版。

审慎监管框架不可缺少的组成部分。

综上所述,从中长期看,笔者建议我国的金融宏观审慎监管框架应采用以人民银行为主导,金稳委为协助和补充的复合模式。这种"金稳委 + 扩权版央行"模式既能充分发挥人民银行在实施宏观审慎监管上的专业优势,又能充分利用金稳委作为金融大管家的行政优势,实现两者的优势互补。为此这种模式有法可依,笔者主张我国可在前期立法的基础上通过以下两种途径加以完善深化:一是仿效通过宪法修正案将监察委相关内容写入宪法的立法路径,由全国人大通过《中国人民银行法》修正案,在其中增设有关金稳委的性质定位和职权条款;二是将前文笔者建议的《国务院金融稳定发展委员会条例》升格为《金融稳定法》,以作为金融领域基本法的形式明确金稳委在维护我国金融稳定中的地位与职责,并对之与"一行两会"、财政部、发改委等机构在金融宏观审慎监管协调方面的分工与合作关系作出原则的规定,再配以相应的问责机制,最终形成一个强有力和行之有效的宏观审慎监管框架。

需要指出的是,以上笔者对我国宏观审慎监管框架构建的论证虽然是立基于整个金融体系,并没有特别指向影子银行,但如前所析,我国引入宏观审慎监管很大程度上肇因于影子银行的扩张。毕竟,在当前严格的"分业经营、分业监管"体制下,以银行、证券、保险为代表的正规金融机构开展混业经营的空间不大,须经国家严格批准。① 故其滋生跨行业的系统性金融风险概率较低,对宏观审慎监管的要求并不迫切。然与上述正规金融机构不同,我国影子银行天生就以混业经营的面目出现。其中有一些机构和业务不仅与商业银行有着千丝万缕的联系,而且还不同程度跨越到保险、证券、信托、基金等其他行业,涵盖货币、资本、信贷、资管等多个金融领域,风险具有联动性和对外扩散性,难以明确被归属到传统的银行、证券或保险业之内。这就使现有的分业监管穷于应付。加之它们不像正规金融那样处在"金融安全网"的覆盖之内,抗风险能力相当脆弱,故而更凸显加强宏观审慎监管的紧迫性和重要性。换言之,尽管学界对宏观审慎的讨论较多集中于商业银行及系统重要性银行等传统金融领域,但影子银行构成当前我国宏观审慎监管的重点已

---

① 参见《中华人民共和国商业银行法》第 3 条第 14 款、《中华人民共和国证券法》第 6 条和《中华人民共和国保险法》第 8 条之规定。

是不争的事实。

并且，基于影子银行上述的运营特质，为提高影子银行宏观审慎监管的有效性，无论是近期还是中长期，除了遵循一般宏观审慎监管思路之外，笔者主张人民银行在将整个宏观审慎架构适用于影子银行时还应特别注意以下几点：一是不仅要将影子银行体系作为整体进行风险监控，还要高度关注影子银行与银行、保险、证券乃至整个金融体系的关联性与风险扩散等因素；二是不仅要监控影子银行机构，还要监控影子银行工具/业务/产品以及整个影子银行市场对金融体系和实体经济带来的风险隐患，尤其是重点关注其发挥信用转换、期限转换、流动性转换和运用杠杆所引发市场风险、信用风险及其可能形成系统性风险或监管套利风险的领域；三是密切关注那些体量庞大的影子银行，尝试以规范性文件形式从立法上对我国金融机构规模、可替代性与关联性这三个关键指标进行定量和定性的界定，以随时将符合系统重要性银行识别条件的影子银行纳入宏观审慎监管视野，避免由于监管缺失和漏洞导致风险积聚而引发系统性风险。

二、完善我国影子银行微观审慎监管的法律安排

所谓"不积小流，无以成江海"，"不积跬步，无以至千里"，微观审慎能将准确和完备的个体风险信息传递至宏观审慎监管框架，构成宏观审慎作用的前提和基础。故而一个强有力的宏观审慎监管框架的有效运行须臾离不开微观审慎监管的支持和保障。可以说，正是微观审慎和宏观审慎这两大金融审慎监管支柱的相辅相成，才能共同铸就一国金融体系的稳定。[①] 本书第三章的论证也表明了微观审慎和宏观审慎监管并重的立法安排不仅成为后危机时代美国、英国、欧盟等国家和地区进行金融监管立法改革的共识，更成为引领未来整个国际金融监管法制转型的主旋律。基于此，优化微观审慎监管也同构建宏观审慎监管一样，理应构成我国"十三五"规划中"改革并完善适应现代金融市场发展的金融监管框架"的应有之义。

虽然第四章揭示了我国金融监管体制长期偏重于微观审慎而疏于宏观

---

① 参见巴曙松等：《从微观审慎到宏观审慎：危机下银行监管的启示》，载《国际金融研究》2010年第5期。

审慎，但这并不表明我国过去以“三会”（现为“两会”）为主导的微观审慎监管安排无懈可击。相反地，面对着我国影子银行这种表内、表外业务交叉、同业、信贷业务交叉及科技与金融业务交叉的运营行为，既有微观审慎监管立法安排的不周延性和滞后性就越发明显。本书第二章所揭示的系列问题就是典型例证。是故，笔者以下以第四章所确立的影子银行监管原则为指导，试图在既有一般金融业微观审慎监管框架下提出如下完善和改进我国影子银行微观审慎监管的对策和立法建议。

（一）根据透明化原则，重点改进和完善影子银行的信息披露机制，降低信息不对称程度

综观第二章梳理的影子银行监管立法，目前除了《商业银行理财产品销售管理办法》《网络借贷信息中介机构业务活动管理暂行办法》和《私募投资基金监督管理暂行办法》这三部部门规章有分别对银行理财产品、P2P 网贷平台和私募股权基金这三类影子银行作相应的信息披露要求外，其余的则几无涉及。[①] 即便如此，从内容上看，既有的这些信息披露要求层次普遍较低，主要针对的是影子银行产品发行前的基本信息，对交易环节一些关键信息的披露则鲜有涉及。以银行理财产品为例，立法很强调售前产品的基本信息（如投资资产种类、投资品种、投资比例、销售费、托管费、投资管理费等）与风险的揭示，而对售后产品投资非标准化债权情况，包括具体融资客户和项目名称、交易结构，净值变动、投资比例和范围的变动等反映理财产品重要特性和重要事实的关键信息的披露则付诸阙如。[②] 这种重基本信息而忽视关键信息披露的做法不能动态地反映影子银行的实际运营状况，对投资者进行投资决策帮助不大，在一定程度上限制了市场优胜劣汰功能的发挥。为此，根据前文确立的透明化原则，笔者建议我国可由金稳委出台类似前述 107 号文的总括性文件，以将所有影子银行纳入信息披露监管的范畴，并从以下四个途径对既有影子银行的信息披露机制进行改进和完善：

一是明确各类影子银行信息披露的主体。即对那些不持有金融牌照、完

---

① 参见《商业银行理财产品销售管理办法》第 13 条，《网络借贷信息中介机构业务活动管理暂行办法》第 30 条至第 32 条，《私募投资基金监督管理暂行办法》第 24 条。

② 参见《商业银行理财产品销售管理办法》第 13 条。

全无监管或存在监管不足的信用中介机构,应将机构本身列为信息披露的主体。如新型网络金融公司、第三方理财机构和融资性担保公司、小额贷款公司等;而对那些持有金融牌照,但存在监管不足或规避监管的影子银行业务,则将开展、举办该业务的机构列为为披露主体。如货币市场基金、资产证券化及商业银行发行的各类理财产品及其开展的同业业务、委托贷款业务、未贴现汇票的承兑业务等。

二是确立影子银行信息披露的监管主体,负责监督影子银行履行信息披露义务。立法在明确各类影子银行信息披露的主体的同时也应根据主体机构性质的不同厘清相应的信息披露监管主体。在此,前述第 107 号文所确立的“谁批设,谁监管”的机构监管思路可资借鉴。此外,为更好地监督影子银行履行信息披露义务,“一行两会”也可适时出台诸如《商业银行信息披露办法》之类细则,以对本领域影子银行的信息披露行为加以规范,要求影子银行参与者定期、及时、自觉地履行向监管机构的信息披露义务,并建立信息披露的惩罚机制,以追究在信息披露中提供虚假的或者隐瞒重要事实的影子银行及其相关责任人员的法律责任。

三是全面设计信息披露内容,促进信息披露的标准化。在信息披露内容上,监管机构可将影子银行所应披露的信息分为基本信息和关键信息,并从发行披露与持续披露两个环节对业已确认的影子银行披露主体课以信息披露责任和要求。以银行理财产品为例,在发行披露方面,商业银行除了保持旧有的诸如产品类型、产品期限、风险等级、目标客户、过往平均业绩、预期收益率等基本信息外,还应该向投资者披露投资费标准化债权资产情况,包括具体融资客户和项目名称、经营状况、到期收益分配、交易结构等,使投资者能真正了解资金的具体投向和风险。而在持续性披露方面,商业银行除了编制季度、半年和年度报告以定期披露理财产品资金的使用和回收情况外,还要随时披露市场上发生的那些可能对理财产品投资者或理财预期收益带来重大影响的事件。

四是将影子银行信息披露义务扩展到影子银行的辅助机构。很多影子银行的辅助机构,如信用评级机构本身虽然没有直接参与到影子银行业务的信用链条创造,但囿于影子银行产品的专业性和复杂性的特性,它们的评级意见在很大程度上成为左右投资者购买影子银行产品的重要力量。故为吸取美国金融危机的教训,防范信用评级机构为追求利益最大化而与影子银行合谋进行虚高评级误导投资者,立法有必要对信用评级机构课以一定的信息披露义务,要求其在为影子银行产品提供评级服务时应向公众披露其主要收费来源的客户信息、评级的依据、方法、步骤及评级的准确率等,以促使评级机构控制利益冲突,更好地发挥其在影子银行信息披露过程中的监督作用。

(二)根据差别化原则,推行分类管理,重点加强信贷型影子银行系统性风险的防范

影子银行类型较为多样化,其内部构成也较为复杂化,这就导致影子银行具有不同的风险特征,其运营规模和社会影响力也不尽相同,故而监管当局自然不能也无法像对待商业银行那样对其课以整齐划一的监管标准。前已述及,在我国现有的三类影子银行中,相比机构类和机构、业务交叉类的影子银行,我国业务类影子银行即信贷型影子银行不仅市场规模最大、影响范围最广,而且风险暴露也相对最为集中,促发系统性金融风险的可能性最大,理应成为当前我国影子银行立法监管的重点。是故,笔者认为我国对影子银行的监管不能眉毛胡子一把抓,比较可行的监管路径是根据不同种类的影子银行实行分类管理,差别对待。通过抓住信贷型影子银行这一主要矛盾从立法安排上加以突破和完善。立基于第三章对境外影子银行监管制度的分析与借鉴,这种立法上的突破和完善主要有以下几个方面:

第一,推行中国版的“沃尔克规则”,构筑商业银行与非银行金融机构之间的防火墙。如前所析,信贷型影子银行主要依附于商业银行,其赖以生存的根基是商业银行的表外业务。故为防止影子银行风险通过表外业务通道向传统银行蔓延和扩张,波及商业银行运行体系的稳健,我国立法应引入类似美国法上的“沃尔克规则”,对商业银行与非银行金融机构之间的表外业务合作进行规范和限制,避免商业银行业务过度与影子银行业务进行交织。这种防火墙的具体内容包括:(1)资金隔离,严防商业银行表内资金向非银行金融机构进行不当转移。为此,监管部门要对银行流入非银行金融机构的资金进行分类定性,严格区分允许进入资金、高度关注的资金与禁止进入的资金,建立起影子银行动态资金去向及其运作监测机制,保证商业银行表内资产转移遵循真实出售和洁净出售的原则。(2)业务隔离,要求商业银行在操作上应确保其传统业务与影子银行业务相分离,对两者进行分账、入账核

算,并将其对影子银行的隐性担保作为负债计入到资本充足率、风险资产及财务杠杆等指标,据此提高商业银行的杠杆率限制和拨备要求,适度限制商业银行的信贷扩张能力。(3)设置通道门槛,推行与商业银行开展通道合作的非银行金融机构名单制管理,即明确合作机构准入标准和程序、存续期管理、信息披露义务及退出机制,并在此基础上对其增加一定的资本和拨备计提要求,以此提高它们与商业银行合作开展理财业务的成本,从源头上削弱和限制信托公司、证券公司等非银行金融机构与商业银行合谋参与监管套利的动机和能力。(4)倡议和推动商业银行在时机成熟时设立具有独立法人地位的资管(理财)子公司专门开展理财等资管业务,变内部类的影子银行为外部类影子银行,以此从法律上彻底切断商业银行表内业务与其影子银行业务的关联,确保商业银行承担风险责任的有限性。

第二,全面推进银行理财业务的合法化,对理财产品实施净值化管理,将刚性兑付行为纳入法律监管范畴。由第二章的分析可见,虽然当下我国银行理财产品如火如荼,但迄今能正式取得合法地位的仍只是其中的个人理财业务,而其他理财业务如机构专属理财在法律上仍属黑户状态,实践中只能依个案报请国务院银行业监督管理机构的批准才能取得牌照。是故,为改变这种理财业务于法无据的尴尬局面,实现理财产品监管的无死角,银保监会首先应尽早修改当前的监管规章,将对个人理财产品的规范扩大到非个人理财产品,以从法律上赋予所有银行理财产品的法律地位。① 其次,为彻底解决影子银行中的刚性兑付问题,实现影子银行产品的风险定价,监管机构一方面应要求银行及合作机构以公允价值方式确定理财产品所投资的资产净值,向投资者传递出理财产品价值波动的信号;另一方面应进一步明确刚性兑付行为的认定标准及处罚措施,将商业银行及其他金融机构无视理财合同责任约定的刚性兑付行为纳入法律监管范畴,以从源头上否定刚性兑付的存在,切实贯彻市场经济中“卖者有责,买者自负”的风险承担原则。

---

① 我国的银行业监督管理机构已注意到这个问题的存在。2018 年 7 月 20 日,新组建的中国银保监会公开发布了《商业银行理财业务监督管理办法》(征求意见稿),开始向全社会公开征求意见。与先前银监会出台生效的《商业银行个人理财业务管理暂行办法》不同,此征求意见稿在名称上已去掉“个人”这一限定词。如果其能正式生效,则就意味着商业银行今后在法律上拥有经营所有理财产品的权力。

第三,加强商业银行的操作性风险管理,严禁商业银行从业人员私下参与非银行金融机构各种融资活动或者利用其社会资源扮演融资中介的职能,杜绝“虚假理财”和“飞单”给商业银行带来声誉和财产损失的风险。

(三)根据相称性原则,积极探索规则导向与相机抉择相结合的适应性监管安排,强化影子银行的风险预警

分类监管只是着眼于各类影子银行的整体风险特征,其并没有深入考虑影子银行个体风险特征的差异。事实上,即便是归属于同一类别的影子银行,比如同属业务类的银行理财产品,也会因为与之合作的机构通道的不同而呈现出不同的交易结构和风险敞口(如银信合作理财、银证合作理财和银基合作理财等),加之这些影子银行产品上市的周期、资金规模及其参与交易人数不尽相同,风险水平参差不齐。监管当局欲提高影子银行微观审慎监管的有效性,仅对影子银行实施分类管理显然是不够的,还应在此基础上注意差异化地把握监管力度,探索切合不同影子银行运营实际的监管方式和监管强度,使其施行的监管措施与影子银行给金融体系带来的风险相对称。当然,这种相称性原则要求立法在对不同类别影子银行实施不同监管标准时不能光停留在传统的规则导向(如制定固定统一的市场准入、业务范围、交易流程及市场退出等规则)范式上,还应转变观念,赋予监管当局必要的相机抉择权,使之能依据被监管对象的最新动态和风险变化及时调整相应的监管安排。当然,这种适应性监管安排的成功实施是以监管当局事先能对影子银行风险水平进行准确评估和预判为前提的。因此,当务之急,我国影子银行监管立法要强化影子银行的风险预警机制,为监管当局的这种相机抉择提供科学的依据。这种可供选择的强化措施包括:(1)借鉴商业银行的风险监管指标的划分方法,按照各自的业务形式、风险状况、市场环境,从静态和动态两个维度明确各类影子银行的风险监管指标及标准;①(2)将影子银行纳入人民银行统计监测范围之内,由人民银行牵头,协调统计部门,建立一个统一、

① 如我国现行的《商业银行风险监管核心指标》将商业银行风险监管指标分为三个层次,即风险水平、风险迁徙和风险抵补。其中,风险水平类指标包括流动性风险指标、信用风险指标、市场风险指标和操作风险指标,属于静态指标;风险迁徙类指标用于衡量商业银行风险变化的程度,属于动态指标;风险抵补类指标则是衡量商业银行抵补风险损失能力,包括盈利能力、准备金充足程度和资本充足程度三个方面。

全面、共享的影子银行综合统计体系，确立金融数据的监控标准口径；[①]（3）构建包括信息收集、风险识别、风险衡量和风险应急预案在内的系统完整的动态审慎预警机制，并成立专门的影子银行风险预警机构负责施行；（4）建立地区和全国性的影子银行数据库，要求影子银行定期向所在的监管机构上报相关数据资料，包括详细的期限档次以及交易资产和表外头寸等。总之，有了一个完备的风险预警机制作为支撑，各监管机构就能根据市场形势的变化动态分析和综合评估影子银行的风险，形成预警方案，使其监管更具前瞻性和可调整性。

（四）根据安全港原则，设置豁免条款，容许符合一定条件的影子银行机构和产品免被监管

前已析及，我国的影子银行本身就是商业银行等金融机构为规避监管而进行创新的产物。换言之，创新就是影子银行的品性。这就意味着只要存在市场创新需求的基础，即便对影子银行施以严格监管甚或采用禁止取缔的方式都不足以消弭影子银行及其套利行为。相反地，这种一味强化监管或封杀只能刺激影子银行滋生更强的规避监管的“逆反心理”，使之以更复杂、更隐蔽的面目卷土重来。是故，在影子银行微观审慎监管上，那种因生惧影子银行创新风险而简单以强化监管或取缔了事的做法可谓是因噎废食。要化解监管安全与创新风险冲突这一难题，就应学习境外的先进经验，确立安全港原则，并据此在现行的影子银行监管立法中增设一些豁免条款，为一些特殊的影子银行及其业务提供品种、机构或管理人的规制豁免，以“呵护”影子银行必要的创新空间，避免监管过度。为此，具体建议如下：（1）设置资金池类理财业务的豁免。对于资金池类理财业务，就如本书第二章第五节所作的分析，其是商业银行为顺应利率市场化和金融脱媒趋势而自主研发的一种金融创新，体现了理财业务固有的资金募集性，并非个个都是庞氏骗局。监管当局不应像现在一样谈“池”色变和见“池”就禁，而应因势利导，通过例外条款豁免一些风险可控、资金投向符合国家法律和政策要求且投资收益足以支付理财产品收益的资金池业务的运作，以增强监管的弹性。（2）设置公开发行注册的豁免。现行监管立法明确禁止私募基金管理人和私募基金销售机构

---

① 参见阎庆民、李建华：《中国影子银行监管研究》，中国人民大学出版社2014年版，第287页。

利用互联网等公共传媒手段向不特定对象推介与宣传。[①] 加之,2010 年 11 月 20 日最高人民法院发布的《关于审理非法集资刑事案件具体应用法律若干问题的解释》(法释〔2010〕18 号)第 1 条第 1 款第 2 项也将“通过媒体、推介会、传单、手机短信等途径向社会公开宣传”列为界定《中华人民共和国刑法》第 176 条规定的“非法吸收公众存款或者变相吸收公众存款”的四个要件之一。这些禁止性规定对那些天生就具有涉众性的互联网影子银行(如 P2P、股权众筹等)的发展无疑构成极大的潜在威胁,使之一直笼罩在“非法集资”的阴影之下。为此,未来的监管立法必须正视互联网金融与生俱来的开放性与公开性,建立起互联网影子银行运营实际的公开发行注册豁免机制,厘清其与“非法集资”的边界。具体而言,影子银行利用网络公开发行融资应该依据《证券法》第 10 条的规定报经中国证监会核准,但在符合下列条件之一的可以豁免:(1)已通过网络会员邀请制消除不特定对象(通过网上调查问卷、密码设置等手段向“不特定对象”获取潜在的财务信息并评估和确认其为合格投资者,且总人数不超过 200 人);(2)不超过一定融资额(如规定任一主体及其关联方在最近一年内通过各类众筹方式累计筹资额不超过 100 万元人民币等)。如此才能做到既有效减缓单纯线下募资给影子银行发行带来的困难,又能将其公开的线上发行行为控制在法律安全边界之内。

(五)根据实质性原则,引入穿透式监管,消除和化解影子银行的系统性风险隐患

前已析及,我国影子银行对商业银行信用中介职能的复制实际上是由商业银行与信托公司等多个金融中介机构共同组成的业务链完成的。这条业务链在实践中无论是表现为商业银行理财计划、信托理财计划、还是券商资管计划或基金子公司资管计划,往往都是层层嵌套,相互交织,造成资产规模虚增,令人难以辨明其实质,并且横跨多个金融部门,风险叠加效应颇为明显,着实使现行“各管一段”的机构监管模式穷于应付。为此,根据第四章所确立的实质性监管原则,我国应有必要引入穿透式监管。所谓穿透式监管,

---

① 《私募投资基金管理暂行办法》第 14 条规定:私募基金管理人、私募基金销售机构不得向合格投资者之外的单位和个人募集资金,不得通过报刊、电台、电视、互联网等公众传播媒体或者讲座、报告会、分析会和布告、传单、手机短信、微信、博客和电子邮件等方式,向不特定对象宣传推介。

是指在监管过程中打破“身份”标签,遵循由表象到本质思路,将资金来源、中间环节与最终投向穿透连接起来,综合全流程信息对整个影子银行业务链的业务功能和分类属性进行甄别定性,并据此明确相应的监管主体和所适用的监管规则。可喜的是,自 2016 年 4 月 12 日国务院办公厅发布《关于印发互联网金融风险专项整治工作实施方案的通知》,要求各监管机构“采取‘穿透式’监管方法,根据业务实质明确责任,集中力量对当前互联网金融主要风险领域开展整治”以来,“穿透式监管”的提法就日渐为各监管高层所认可和接受。实践中,先前的“一行三会”也纷纷出台相应的规定,尝试对一些影子银行实施穿透式监管,敦促其合规经营。① 笔者认为,我国对“穿透式监管”价值虽然已成广泛共识,但要将其全面融会贯通到影子银行日常的微观审慎监管中,却需要以下相关配套制度和措施的支撑。概括起来,这些配套制度建设至少应包括:(1)建立便于穿透式监管的资产管理产品统计监测框架。包括研究制定资管产品代码唯一的统计标准、建立统一资管产品信息登记系统,直接全面收集各金融机构资管产品的发行和交易数据(如募集信息、资产负债信息和终止信息等)以实现资金链全流程的监测统计。② (2)明确要求监管机构应对影子银行实施向上和向下两个维度的穿透核查,即向上识别产品的最终投资者和风险类型;向下识别产品的底层资产,并按最终资产类型反推适用原有的监管规定。(3)积极推进功能监管,明确各监管机构在影子银行业务穿透监管中的职责,建立监管问责机制,追究监管人员对影子银行穿透监管不力的责任,避免穿透式监管走过场或沦为一种形式。

（六）根据协调性原则,推进机构监管向功能监管思路转变,强化影子银行监管套利的治理

除了系统性风险,我国影子银行对现行金融体系的另一个主要威胁就是监管套利。这种监管套利产生的一大肇因是我国机构监管体制下的政出多

---

① 如在银行业,银监会强化信用风险管控,要求各银行按照穿透式监管原则将表内外业务纳入统一授信管理。在信托业,银监会督促信托公司按“穿透”原则向上识别信托产品最终投资者,同时按“穿透”原则向下识别产品底层资产。在证券业,证监会对定增项目要求穿透式披露信息,并对相关认购方进行穿透核查。在基金业,证监会要求对私募基金的最终投资者,穿透核查其是否为合格投资者。在保险业,原来的保监会也曾要求对各类保险资管产品实施穿透监管,对信托计划等金融产品追溯穿透至实际权益持有人,下溯穿透至底层基础资产。

② 参见苟文均:《穿透监管与资产管理》,载《中国金融》2017 年第 8 期。

门和监管规则的“同质不同规”。影子银行正是利用这种监管规则上的差异性,想方设法通过各种嵌套安排选择适用其中最宽松的监管要求,从而达到规避法律监管之目的。实践中券商资管计划嵌套信托绕道投资房地产就是一典型的例证。① 同时,机构监管“人盯人”战术还会引发监管排斥和监管重叠,在应对影子银行跨行业、跨机构和跨市场运营行为上总是力不从心。相比较而言,功能监管能将那些形式各异,名称不同但功能相似的影子银行产品视为同类型的金融业务进行“一网打尽”,从而有效地克服机构监管的上述缺陷。因此,我国应改变当前重机构监管而轻功能监管的思路,在影子银行微观审慎监管上积极探索和引入功能监管的思维和方式,推动未来监管立法朝“功能监管”方向迈进。在此,笔者提出了系列可资参考的对策建议:(1)由新成立的金稳会“挂帅”推动各监管机构对业务功能相似的影子银行进行统一协调立法,并课予同一监管标准,以扭转当前金融部门立法各自为政的局面。晚近,我国银保监会、证监会和国家外汇管理局联合发布的旨在统一规范不同金融机构资产管理业务(包括发行各式理财产品)的《资管新规》无疑就是我国尝试引入功能监管的一次成功尝试。(2)重新审视法律对“信托”的理解,将信托纳入功能监管范畴。虽然2001年我国就出台了《信托法》,但囿于早期“一行三会”对监管权限的划分,实践中信托一直被作为区隔于银行、证券、保险之外的金融行业存在,在法律上排他地由银监会所核准的信托投资公司来经营。这就使很多没有“信托”之名(未能获得银监会颁发的营业牌照)但却利用信托法理设计交易结构的影子银行游离于《信托法》的调整之外,无法对受托人形成硬法上的制约。因此在未来的影子银行监管制度设计中,我国应当摒弃将信托视为一个行业的做法,转而从交易结构的实质切入以将当前各类影子银行普遍从事的资管业务定性为信托,据此援引《信托法》作为上位法加以规范,实现对信托业的监管从机构监管到功能监管的转变。(3)对“证券”概念做扩张性解释,拓展《证券法》的适用范

① 依证监会2013年6月26日修订的《证券公司集合资产管理业务实施细则》第14条的规定,证券公司设立的集合资产管理计划不能投资于房地产,但却可以投资于集合资金信托计划等金融监管部门批准或备案发行的金融产品。而银监会2009年2月4日修订的《信托公司集合资金信托计划管理办法》并没有对集合资金信托计划的投资范围作出限制。如此就导致很多券商集合资产管理计划嵌套信托计划,绕开证监会对其投资范围的限制,间接注资于房地产业。

围。以《信托法》作为规范影子银行资管业务的上位法固然可以统一有效地约束参与人尤其是受托金融机构的投资行为，但却无法对影子银行产品的发行销售、公开劝诱、募集条件、信息披露等施以统一的调整。是故，为改变当前机构监管下同类影子银行产品流通交易规则不一的局面，今后也可以考虑利用《证券法》修改的契机，对“证券”概念作扩张性解释，将理财产品或资管计划为代表的一些影子银行产品纳入《证券法》调整范畴，即以《证券法》作为上位法来对这类影子银行产品发行和资金募集进行统一规制。

第三节　强化我国影子银行行为监管的法律安排：以金融消费者保护为视角①

金融机构行为监管与审慎监管间有着相互依赖并相辅相成的深刻关系，但在世界范围内，直到 2008 年金融危机发生之前，对金融机构施加行为监管从而维护市场公平及消费者信心的重要性一直未能得到应有的重视，这在影子银行领域情况亦然。爬梳与厘清我国行为监管的理论与实践，必须自金融消费者的基本概念发轫，并逐步过渡到对我国影子银行领域金融消费者保护实践中存在的问题探讨，进而在最后提出上述问题的一般性对策。在此基础上，对影子银行热点领域即银行理财、互联网金融及消费金融中的金融消费者保护问题予以个性化的甄别与分析。

一、我国金融消费者概念之辨析

前文述及，金融行为监管对金融机构的经营活动及交易行为实施监督管理，其根本目标在于通过约束金融机构行为从而保护金融消费者的权益，以达到金融交易的公平公正。由此可见，金融行为监管与金融消费者保护是一体两面的概念，只是前者强调从规制金融机构行为的角度实现金融交易的公

① 如本章第一节所析，行为监管的内涵要广于金融消费者保护，故而两者在概念上并不等同。不过，基于金融消费者保护是行为监管的最主要内容及最重要的目标，本书并没有对两者作出严格的区分。这也是本节为何选取从金融消费者保护的角度来论证行为监管的原因所在。

平公正，而后者从保护金融消费者权益的角度实现同样的目的，因此在当前，虽然两个概念不尽相同，但都在相关学术研究或实际制度建构上大致能等同替换。本书也采纳同样的做法，主要从金融消费者保护的角度探讨我国金融市场中公平交易秩序的建立，这当然也就包括了从金融机构角度而言的行为监管内容。

应该说，“金融消费者”在我国迄今并无正式法上的定义，其仅有在央行部门规章暨《金融消费者权益保护实施办法》中所提及的“购买、使用金融机构提供的金融产品和服务的自然人”的概念，①但上述规定不仅效力层级和适用范围有限，而且在法理与司法实践中也存在颇多争议。与此形成对照的是，世界各国普遍从提升金融市场消费者信心以及金融交易公平的角度，对金融消费者在专门性金融立法中做出了较为明确但宽泛的定义。如《美国多德—弗兰克法案》认为“金融消费者”就是消费金融产品和服务的自然人或者代表该自然人的经纪人、受托人或代理人。《英国金融服务与市场法》对“金融消费者”的定义更为宽泛，尤其是那些“正在使用、已经使用，或者正考虑使用受监管金融服务的人”及相关利益人，或是那些“在使用金融服务（由授权人或其代理人提供的）时权利和利益会受到不利影响的人”，应该说英国的金融消费者定义可以说囊括了任何金融机构（包括不受监管或非持牌金融机构）的客户。《日本金融商品交易法》中“金融消费者”概念则直接从资讯弱者角度入手，其认为“资讯弱势的一方当事人，即在金融商品交易之际，相对于金融机构的专业知识，一般无论是自然人或法人，基本上属于资讯弱势者”。我国对于金融消费者虽无高位阶的法定含义，但从监管政策和司法实践中大致可以推论，我国一般从保护金融交易弱者的立场出发界定金融消费者，并在绝大多数情况下将股票投资者和参与金融交易的法人主体排除在外，②但对购买影子银行产品的“金融消费者”定义则保持开放态度。2018 年 3 月 28 日通过的《关于规范金融机构资产管理业务的指导意见》首次直接针

---

① 参见中国人民银行颁发的《金融消费者权益保护实施办法》第 2 条，银发 2016 年第 314 号令。

② 由于金融消费者是否包含证券投资者是广受争议的问题，因此各国的做法都存在差异，我国仿照美国的立法例，一般将证券投资者排除在金融消费者概念之外。而证券投资者的保护问题则由该领域的投资者适当性制度加以规制。

对影子银行产品投资者引入了准入和适当性管理制度，而这里的“投资者”不仅包括自然人还包括法人，这预示着我国金融消费者正在摆脱其上位概念“消费者”的园囿，而迈向更适应金融实践和公共政策取向的路径，而未来金融消费者的概念必将更为宽泛，包涵自然人与法人在内的一切金融交易弱者。

二、我国金融消费者保护的若干问题

虽然我国金融消费者概念日趋宽泛，且在精细化和类型化界定上有所发展，从而为金融消费者保护的理论与实践打下良好的概念基础，但反观我国目前的金融消费者保护，其仍存在种种问题。第一，是从总体上看，我国金融消费者保护水平较低，根据我国相关学者的研究，我国大陆金融消费者保护水平不仅大大低于欧美，也低于我国台湾地区，虽然存在诸多方面的原因，但其制度上的原因也不可忽视，主要是相关立法和监管滞后于金融产品与金融服务的发展，①具体到影子银行领域，金融消费者保护水平与较为成熟和传统的金融领域相比当然会呈现更大的落差。

第二，进一步从法律视角来看，我国尚未有专门性的金融消费者保护立法，上位的《民法总则》《合同法》《消费者权益保护法》或者是《证券法》《商业银行法》《人民银行法》和《保险法》等金融法，要么是难以适用于金融消费者的特殊情况，要么提供的保护较为片面、狭隘和不周全，而针对性较强的各个监管部门的规章和规范性文件，如《关于加强金融消费者权益保护工作的指导意见》《中国人民银行金融消费权益保护工作管理办法（试行）》《保险消费投诉处理管理办法》和《银行业消费者权益保护工作指引》等，相比于我国创新狂飙的金融领域又明显存在内容滞后、监管缺位以及效力位阶不足的问题。以影子银行中的最新业态互联网金融而论，相关金融消费者近年来在司法实践中所遭遇的维权无据的窘境就是最好的例证。

第三，从监管机构设置和监管体系角度来看，我国目前在金融消费者保护上实行的是“内双峰”模式。② 所谓的内双峰实际上指的是在不改变分业

---

① 参见梁涛：《中外金融消费者保护水平比较分析》，载《金融经济学研究》2014 年第 5 期。

② 参见贾晓雯：《内双峰模式下我国实施行为监管的挑战与展望》，载《银行家》2017 年第 11 期。

监管基本格局的情况下，在我国现行金融机构监管部门即“一行三会”内部分别设置金融消费者保护部门，其作为各个金融监管机构的内设部门，需要接受所在机构的领导，并不具有独立的法律地位。由于我国目前的金融机构监管部门主司审慎监管，因此可以说将金融消费者保护部门这一行为监管机构内设其间无疑反映了我国行为监管地位相对于审慎监管的弱势，并不有利于新形势下我国金融监管的平衡与长远发展。此外，面对诸如影子银行这样的跨领域、跨市场、跨部门乃至跨境运作的金融业态，内双峰模式下本质为内设部门的各个金融消费者保护机构难以越过主管部门和分业监管的天堑，建立起常设和畅通的监管协调机制，这无疑造成了很多监管真空和监管混乱现象，也使金融消费者在遭遇所谓“金融创新”骗局而引发纠纷之后求告无门。而此外需要注意的是，除了在同一层级的横向监管协调不充分之外，我国大量的金融监管特别是新金融业态的监管权是下放到地方政府，一般都由地方金融办等政府内设金融监管部门来实行，这就引发了中央和地方之间行为纵向监管协调的新问题。但目前我国在央地行为监管和金融消费者保护机制协调方面仍然处于空白，这无疑难以应付包括影子银行在内的大量金融创新，而根据国务院办公厅《关于加强金融消费者权益保护工作的指导意见》，目前对于上述纵向监管协调的问题的解决，只能处于“探索建立中央和地方人民政府金融消费者权益保护协调机制”的初级阶段。

第四，虽然我国在金融消费者保护领域初步形成了纵横交错的民间组织网络，比如在某些地区仿照传统的消协成立了金融消费者保护协会，又如在某些传统金融领域中的行业自律组织如银行业协会、保险业协会和证券业协会都有着金融消费者保护的规范指引或行业公约，但就影子银行金融消费者保护而言仍存在诸多问题：如既存的行业协会仍在分业框架下制定相应的金融消费者保护自律规则，而对于影子银行等具有混业性质的金融业态和金融创新则在适用上不免存在失焦乃至无法适用的状况；此外，目前还不存在全国性的专门金融消费者保护协会，[①]而零星成立的在银行、保险和证券体系

① 关于成立金融消费者保护行业组织的必要性及其相关职责范围的设计，参见罗传钰：《金融危机后我国金融消费者保护体系的构建——兼议金融消费者与金融投资者的关系》，载《学术论坛》2011年第2期。

之外的其他类别影子银行行业协会如中国互联网金融协会、中国小额贷款公司协会、中国担保行业协会等都在制度建设、行业服务甚至行业组织上都存在着这样或者那样的问题，甚至有些影子银行领域还尚未成立自律组织。因此，从整体上来说，目前各个行业协会还难以在影子银行金融消费者保护方面有所作为，只能通过有限的方式来推动行业金融消费者保护水平的提高，但其在影子银行金融消费者保护标准或指引厘定、消费者投诉和纠纷的解决、公众金融教育和知识普及以及与中央或地方金融监管部门就金融消费者保护事项展开沟通与协调等工作方面仍有很长的路要走。

第五，除了立法缺失、行政监管和行业自律不足外，在金融消费者保护制度的具体内容上，我国当前也存在不足。根据我国金融消费者保护领域的纲领性文件即《关于加强金融消费者权益保护工作的指导意见》（以下简称《指导意见》）对金融机构的行为规范、监督管理和保障机制三方面所做的规定，①其仍是按照规制传统金融机构的思路进行，不但在相关规定上过于原则使其难以具有操作性，即使在较为具体的制度层面也只是将传统的《消费者权益保护法》的内容简单的扩展到了金融领域，这使《指导意见》难以成为将来专门性金融消费者保护立法的基础。从《指导意见》的总体思路上看，其主要从行为主体即金融机构自身、金融监督管理部门以及各级政府和行业组织的角度出发规定其相应的金融消费者保护义务，而这完全忽视了金融消费者保护具体制度更应该从金融消费者的角度加以设计，应以金融消费者的基本定义和权利为指导，从金融消费的事前、事中和事后的全过程设计更具操作性的制度。此外，在分业监管体制下各金融监管机构虽然也在其职权范围内也发布了一系列金融消费者保护规章或指引，但由于视野或职权所限，其在具体制度上仅仅涉及对本行业金融机构的内部机制强化等单项内容，所涉面较为狭窄，对于混业和复杂条件下金融产品和金融业态的消费者保护并无太大直接帮助。

三、我国金融消费者保护体系构建——从影子银行的视角

综观上述种种问题，可以想到的是，为维护金融安全、防范系统性金融风

---

① 《关于加强金融消费者权益保护工作的指导意见》，国办发2015年第81号令。

险以及提升社会公众对金融市场的信心,必须对我国金融消费者保护及其相关金融机构的行为监管问题做出全方位的变革。尤其近年来,影子银行领域的金融消费者保护问题尤为突出,造成了我国局部地区的金融风险事件和严重社会后果,大大削弱了公众对影子银行的信任度。如被大量报道的e租宝事件、钱宝网事件、泛亚事件等一系列发生于影子银行领域但却严重危及我国局部地区金融安全并造成金融系统性风险和极其恶劣社会影响的事件,[①]其起因就是金融消费者保护机制的缺失或执行不力,恰恰反映了我国金融消费者保护机制在应对影子银行、互联网金融以及各种各样金融创新业态的无力,也昭示了我国必须对金融消费者保护的基本理念、顶层设计和具体制度方面做出全方位的改革,才能打赢"防风险、提信心"的金融硬战,从而发挥影子银行服务实体经济和提升金融效率的作用,使影子银行避免背上造成金融体系脱实向虚的恶名。[②] 构建我国金融消费者保护体系应该秉持的指导理念在2017年的全国金融工作会议中已经有了明确表述,那就是"服务实体经济、防控金融风险和深化金融改革",从而能"保护金融消费者权益"和"增强金融有序竞争"。概括而言,就是形成"脱虚向实"、安全有序和交易公平的社会主义金融市场机制,对于影子银行而言,就是通过严监管重处罚、杜绝监管套利和去杠杆等手段,引导影子银行资金投向实体经济,就是在日常运作中全面提倡责任金融的理念,将公平交易经由制度设计贯彻到影子银行领域的各个"毛细血管"。

为了实现上述最高价值目标,应做好相应的顶层设计,这主要包括两个方面:一是专门的金融消费者保护立法,主要是全国性基本法律和行政法规方面的制定或重整;二是"双峰监管"框架的确立,主要是在既有金融消费者保护的基础上提升其法律地位、扩张其基本职能和丰富其执法手段等。前者应对金融消费者保护中的基本法律问题做出制度上的回应,包括重新定义金融消费者,通过反映其本质和较为泛化的定义方式在概念上预留通过低位阶规范对其进行定性细分的空间,从而提高实施金融消费者保护的精确度,并

---

① 参见张燕:《代表委员支招打击非法集资　打击非法集资需"打早打小"》,载《中国经济周刊》2018年第11期。

② 参见贾壮:《把银行业风险锁进笼子》,载《人民日报》2018年1月18日,第5版。

适应我国金融创新发展变动不居的新形势。这还包括突出某些基本制度的重要地位，这些基本制度也是各国金融消费者保护的通行经验，可以将其规定在我国金融消费者保护的基本法律法规中，包括金融交易发生前针对金融机构的经营行为的信息披露制度和针对金融消费者的适当性管理制度，金融交易过程中保护金融消费者的冷静期制度，金融消费者信息安全和保密制度以及对金融消费者诸种权利的界定和维护，金融交易结束后的纠纷解决、权利救济和责任承担等。这包括金融机构自身、金融行业组织以及金融监管部门的内部投诉处理机制的建设，也包括改革现有诉讼、仲裁乃至金融 ADR 机制以适应金融消费者保护纠纷的特点。而新型金融监管框架是对我国现有"内双峰"模式的扬弃，其核心目标是设立真正独立于审慎监管并与之平行的行为监管机构，以专司金融消费者利益保护，从而能塑造审慎监管所引致的金融稳定之外的金融公平，并进而对审慎监管产生制度上的反哺作用。

"行为监管"这一提法为我国官方所认可，最早是见诸 2017 年 7 月 5 日人民银行公开发布的《中国金融稳定报告 2017》。在该报告中，人民银行在描述金融监管协调部际联席会议的工作目标时，就明确提出："推动强化功能监管、综合监管和行为监管，实现金融监管全覆盖。"①而紧接着召开的全国第五次金融工作会议的讲话上，习近平总书记也特别强调我国的金融监管要"加强宏观审慎管理制度建设，加强功能监管，更加重视行为监管"。② 由此可见，在中央高层和监管当局看来，行为监管在今天俨然与审慎监管目标处于平行状态，理应被赋予独立而同等的地位。是故，当务之急，我国应在《中国人民银行法》《银行业监督管理法》《证券法》与《保险法》等相关立法中强化保护金融消费者权益的目标，明确"一行两会"各自的消费者保护职责并设定专门条款规定消费者保护问题，改变当前对金融消费者保护"口惠而实不至"局面。同时，在时机成熟时，我国亦可借鉴美国或英国的做法，对"一行两会"三个内设的金融消费者保护部门加以整合，并在此基础上组建与审

---

① 参见中国人民银行金融稳定分析小组：《中国金融稳定报告 2017》，载中国政府网：http://www.gov.cn/xinwen/2017-07/06/5208092/files/572fec1a7b41440295c62fe548ad56fd.pdf，最后访问日期：2018 年 5 月 17 日。

② 申明宽：《习近平在全国金融工作会议上强调促进经济和金融良性循环发展》，载 http://china.cnr.cn/news/20170715/t20170715_523851780.shtml，最后访问日期：2018 年 1 月 17 日。

慎监管完全分离的金融行为监管局。如此,才能避免现行金融消费者保护的零散性与差异性,从根本上提升我国金融消费者的保护层次,补齐上述的监管短板。

除了在基本理念和顶层设计上进行改革外,我国还必须在金融消费者保护的具体制度上加以充实与完善。就我国影子银行领域而言,行为监管中最为重要的具体制度正着眼于影子银行某些最为鲜明的特点,即影子银行的隐秘性、复杂性和创新性。影子银行的隐秘性指的是影子银行在运行过程中鲜少公开透明,反而出于规避监管的需要而处于秘密状态。隐秘性当然是影子银行监管套利的本质决定的,但同时也在某种程度上侵害了金融消费者的知情权和交易安全权。影子银行的复杂性指的是影子银行相对于传统金融有着远为复杂的发行与交易结构,这既是由于影子银行的加杠杆倾向决定的,也与影子银行天然具备的跨市场交易特征密切相关,这当然对普通金融消费者的交易安全权构成了直接的威胁。影子银行的创新性指的是影子银行在交易结构和运行模式上完全不同于传统金融,由此可知影子银行的相关纠纷难以在既有的法律、监管和司法框架下得到完美解决,这无疑给金融消费者的救济权的行使造成了极大障碍。

针对影子银行的上述特点,其行为监管应着重三个方面:一是信息披露,信息披露是金融消费者知情权的基础,也是行为监管得以实施的前提,予以披露的信息应是能影响金融消费者决策的主要内容,并以简明易懂的方式呈现;二是适当性管理,适当性管理是在信息披露基础上对金融消费者的决策与判断加以"干预"和引导,在其间影子银行机构必须履行专业的注意义务,适当性管理是金融消费者公平交易权的逻辑必然;①三是创新纠纷解决机制,对影子银行领域金融消费者的求偿权的保护必然需要突破传统的纠纷处理机制,这包括在金融机构内设置纠纷部门,在金融行业和监管机构内设置消费者投诉与纠纷解决平台以及成立专门金融仲裁与诉讼试点,从而解决影子银行在传统纠纷解决框架下规则缺位,适用不明及难以裁判的问题。

① 资管新规《关于规范金融机构资产管理业务的指导意见》明确指出金融机构发行和销售资产管理产应坚持"了解产品"和"了解客户"的经营理念,加强投资者适当性管理,这表明适当性管理已经成为我国影子银行的基本制度,参见《关于规范金融机构资产管理业务的指导意见》第6条,银发2018年106号文。

当然需要指出,影子银行的金融消费者保护远不止以上三点,但其无疑是个中最为重要的部分。而除本节的一般性分析外,更为重要的是对影子银行某些热点领域的金融消费者保护问题作出更为具体的讨论,因为对于影子银行此种实践性和时效性极强的金融领域来说,可以说问题永远大于主义。而近年来,在影子银行领域较为社会关注的有银行理财、互联网金融和消费金融等,其不但成为金融维权的焦点,也是金融消费者保护的时代课题,值得做更为深入的论证。

四、我国影子银行热点领域中的金融消费者保护制度构建

在本部分内容中,笔者将对金融消费纠纷最多且业态最具代表性的三个影子银行热点领域的金融消费者保护存在的问题与相关对策加以讨论。其中银行理财是我国最为典型和重要的影子银行形态,互联网金融则是我国近年来最大的金融创新点,而消费金融中的电商消费贷和现金贷则是受众最广、社会影响最大以及监管最少的新兴影子银行领域,故而挑选这三个热点领域来研究金融消费者保护制度的构建极具典型意义。

(一)银行理财领域的金融消费者保护制度

在本书第一章第三节中,笔者已经对银行理财的性质和风险做了比较全面的阐述,将银行理财业务定义为商业银行在向客户提供理财顾问服务的基础上,通过发售理财产品的形式接受客户的委托和授权,而后按照与客户约定的投资计划和方式进行投资和资产管理的业务活动,并进一步将银行理财划分为保本型和非保本型,前者作为银行表内资产纳入银行常规监管体系,而后者作为银行表外资产属于"代客理财"的资管性质产品。而我国影子银行范畴中的理财产品实际上就是指非保本型的银行理财产品,其既包括银信、银证、银证信以及银基理财等通道类理财业务,也包括滚动发售和多元化投资的资金池类理财业务。

在我国当前的影子银行大图景中,银行理财可以说是第一层面的,也是最为典型和重要的影子银行形态,[①]这是基于以下几个方面的理由:一是银

① 参见谢磊:《我国影子银行的分类、规模及信用扩张效应》,载《经济研究参考》2015 年第 18 期。

行理财是一种内生于商业银行体系的影子银行业态,是我国影子银行间接金融本质特征的典型表现;二是银行理财实际上是我国银行表外资金的主要运作形式,并通过各种业务网络与非银金融机构紧密联结,打造了最具中国特色的混业信贷链条;三是银行理财面向的客户群体最为广泛且几乎不设门槛,而作为我国大资管领域最大和最重要的部分,其主动管理的本质也决定了其风险程度介于直接与间接融资之间,因此银行理财的状况无疑成为守卫我国金融安全底线的重要风向标。

银行理财在我国影子银行体系中虽然具备如此的显要地位和受众面,但就行为监管或金融消费者保护而言却未受到与其重要程度相对应的关注,从而与其有关的金融投诉乃至纠纷层出不穷,并且涉案金额及给社会公众带来的财产损失和社会负面影响也远远大于一般的影子银行产品。目前涉及银行理财的消费者纠纷大致可以分成以下几类:一是近年来所谓的飞单纠纷,其实质是银行员工私自代售第三方金融产品的行为,而一旦相关金融产品出现违约,相关银行拒为背书,从而引发客户与银行之间的纠纷,比较引人关注的飞单典型事件有2017年北京民生银行航天桥分行30亿“假理财”纠纷①和2013年上海华夏银行嘉定支行“中鼎计划”纠纷;②二是所谓的违规销售纠纷,其主要表现为销售理财产品过程中的虚假陈述和误导的问题,而一旦收益不及预期或有其他纠纷,银行往往推卸责任而消费者也难以通过正确及时的举证加以维权,比较引人关注的是违规销售事件有2015年南京银行鑫元基金产品纠纷③和2012年建设银行吉林白城海明路支行的东北证券产品纠纷;④三是不适当的产品销售,其主要是银行推荐了风险等级与客户承受能力不匹配或高度复杂超出客户认知水准的理财产品,违反了银行应尽的注意义务,在某些较为发达地区如上海此类纠纷就较为常见,根据2017年上海虹口区法院的金融审判白皮书所披露的相关案例,其结果是消费者和银行各

---

① 参见寇佳丽:《30亿!民生银行爆理财陷阱》,载《经济》2017年第9期。

② 参见张玉洁、王吉如:《华夏银行折戟》,载《金融世界》2013年第2期。

③ 参见刘照普:《南京银行违规销售“绝对赚”基金》,载《中国经济周刊》2016年第17期。

④ 参见《对于建行“理财门”银监会建议投资者司法解决》,载中国经济网:http://finance.ce.cn/rolling/201301/18/t20130118_17044696.shtml,最后访问日期:2018年5月17日。

自承担了一定责任。[①]

从上述纠纷可见，银行对于其理财产品至少应该承担三个层次的责任：首先是合法销售的责任，所谓飞单纠纷中的私自代售就属于典型的以银行平台为掩盖的非法集资行为，其可能涉及刑事责任的问题；其次是合规销售的责任，上述虚假陈述或误导的销售行为实际上就是银行对监管规章和行业自律规则的公然违反，必然要承担相应的行政与民事后果；最后是适当销售的责任，适当销售行为实际上是银行履行与其行业水准相匹配的注意义务，如果未能正确履行此种注意义务则银行应承担一定的民事侵权赔偿。而如果从金融消费者保护的角度考察，则上述合法、合规与适当销售义务就对应转化成为银行理财客户的金融消费者权利，这起码应包括交易安全权、交易知情权、自主选择权、公平交易权、依法求偿权和受教育权等。客户在购买银行理财中的交易安全权要求银行不得销售不法理财产品，在银行经营地点或设施中必须保障客户财产不受非法侵害，交易知情权指的是相关理财产品必须对客户作充分披露，有意的疏漏或是隐瞒也属于不合规的销售行为，同时信息披露也是银行进行适当销售的前提。自主选择权指的是理财客户在购买理财过程中应独立行使判断和决策权，免于受到银行销售人员的不当影响，但自主选择权并不意味着豁免银行的适当销售义务。公平交易权指的是理财客户应该在大致对等的交易条件下购买相关产品，任何合法、合规且适当的理财产品销售必然是公平合理且兼顾双方权益的交易。依法求偿权指的是理财客户一旦发生纠纷能够及时获得相应的救济，这不仅需要相应法律的完善还需要纠纷解决机制的专业与高效。受教育权指的是理财客户有权要求银行帮助其提高对相关理财产品的认知水平，受教育权是理财客户交易知情权的重要辅助，也是其行使自主选择权的知识前提，是理财客户提高自我保护水平，对银行合法、合规及适当销售进行有效监督的必由之路。

当前对银行理财的行为监管和金融消费者保护初步制定了一系列规范，其主要体现在银监会一系列规章和文件中，其中较重要的是银监会2011年5

---

① 上海市虹口区法院：《上海虹口法院金融消费者维权启示十大案例》，载上海法院网：http://shfy.chinacourt.org/article/detail/2018/03/id/css/2018/03/15/20180315103259455.pdf，最后访问日期：2018年5月17日。

号令发布的《商业银行理财产品销售管理办法》(以下简称《2011年办法》),银监发〔2011〕91号《中国银监会关于进一步加强商业银行理财业务风险管理有关问题的通知》(以下简称《2011通知》)、银监发〔2014〕35号《中国银监会关于完善银行理财业务组织管理体系有关事项的通知》(以下简称《2014通知》)和银监发〔2018〕9号《银行业金融机构从业人员行为管理指引》(以下简称《2018指引》)。[①]《2011年办法》涉及理财产品的宣传文本、风险评级和客户承受能力、销售行为与销售人员规范、客户信息保护及投诉处理等方面,《2011通知》进一步就银行发售理财产品的信息披露和公平交易义务作了规定,《2014通知》内容则是理财产品的销售行为规范和风险匹配原则(适当销售原则),而《2018指引》则明确了银行对从业人员行为的主体责任。概括起来,上述规章或文件就银行理财中的金融消费者保护有如下几方面内容:一是强调银行对理财产品纠纷的主体责任,强化银行机构对其从业人员的管理和监督责任,从源头上防止非法销售行为的发生;二是防范误导销售、准确和有针对的信息披露以及客户信息保护,杜绝销售中的违规行为;三是通过产品风险评级和客户承受力评估进行风险匹配,从而做到销售中的适当性管理;四是通过销售行为规范和事后投诉机制构筑,建立健全理财产品客户的权益保障机制。

应当说,目前我国理财产品销售中的金融消费者保护体系已经略现雏形,但是其存在的问题也是显而易见的,其中某些是我国金融消费者保护领域具有共性的问题,而另一些则是属于理财产品领域所独有的问题:首先,是理财产品行为监管的相关规范层级不足,部分内容散乱而重叠,而相应上位法又有欠缺,这里的上位法指的是金融消费者保护的专门性立法,由于上述不足,使某些根本性或前提性的问题在理财产品的消费纠纷中一旦出现便难以解决,比如购买理财产品客户是否都属于寻求固定收益的弱势群体,又如在现今理财产品渐趋复杂的情况下是否需要界分普通投资者和专业投资者而施以不同的保护力度,这都涉及金融消费者的基本定义与分类,也涉及对

---

① 除了上述规章或文件外,《银行业金融机构销售专区录音录像管理暂行规定》、《中国银监会关于进一步深化整治银行业市场乱象的通知》、《中国银监会关于银行业风险防控工作的指导意见》和《中国银监会关于印发银行业消费者权益保护工作指引的通知》也在方方面面重复、强调或补充了类似内容。

理财产品的统一归类与分级,这就必然需要对现有的理财部门规章和规范做一个统合,同时在专门性金融消费者保护上位法中予以规定,从而有效地解决上述种种问题;其次,是以分业架构下的行为监管模式应对日益“混业”的理财产品显得力不从心,相应立法从银行单一角度作出的种种行为监管或金融消费者保护规定难免挂一漏万,银行理财是银行作为受托人通过各种交叉金融手段在其表外管理客户资产的一种资管产品,在我国当前“内双峰”行为监管形态下,对银行理财的行为监管可以采取过渡性的协调机制,这包括强化人行主导的中央金融监管部际联席会议机制,也包括完善以地方人行为中心的地方金融消费者保护协调机制,从而克服现有银行理财立法的局限性;最后,当前理财产品种种规范中虽然有一些消费者保护的内容,但其规定失之笼统,且倾斜保护的力度远远不足,从而造成理财产品客户在纠纷发生需要维权时仍难摆脱弱势地位,因此应从实体到程序上进一步对相关制度做进一步增添和改进,这包括引进国外行之有效的产品说明性义务、劝诱限制义务和对消费者的教育义务等,①并通过针对性司法解释辅之以推定过错责任或无过错责任的机制,从而对银行业者课以严苛的金融消费者保护义务。

(二)互联网金融领域的金融消费者保护制度

根据人民银行等十部门于2015年发布的《关于促进互联网金融健康发展的指导意见》(以下简称《互金指导意见》),互联网金融指的是传统金融机构与互联网企业(以下统称从业机构)利用互联网技术和信息通信技术实现资金融通、支付、投资和信息中介服务的新型金融业务模式。作为近年来金融领域最大的风口,我国互联网金融的发展不仅极其迅速和活跃,而且发展出了一系列的全新业态,根据2017年互联网金融白皮书,目前互联网金融可以细分为P2P网络借贷、互联网小额贷款(以下简称互联网小贷)、金融科技、第三方支付和网络众筹等,而其中P2P网络借贷和互联网小贷由于其信用中介的属性可归入影子银行类别,因此可以说P2P网贷和互联网小贷是我国影子银行与互联网金融交集的部分。

---

① 参见杨旖、胡大雁:《理财产品销售中说明性义务制度的反思与改进》,载《浙江金融》2015年第5期。

当然随着近两年来P2P网贷风险事件频发以及由此带来的监管力度不断加强，P2P网贷平台有可能要逐步转型为纯粹意义上的金融信息中介，但实际上P2P网贷业务本身是超越P2P网贷平台的一条完整业务链条，是以P2P网贷平台为中心的多种金融机构与社会中介分工合作网络，因此P2P网贷平台属性并不妨碍P2P网贷成为以借贷信息在线撮合为核心特征的信用中介业务。而与P2P网贷不同，互联网小贷实际上是小额贷款的互联网形式，是传统小额贷款公司为进军消费金融①领域而开发的最新互联网金融业态。按照《小额贷款公司网络小额贷款业务风险专项整治实施方案》，②所谓互联网小贷指的是小额贷款公司利用互联网技术展开的小额贷款业务，同时由于截至目前网络小贷主要面向客户发放消费类贷款，因此互联网小贷也可以算是消费金融的一种形式。由于在准入和经营上存在的一系列问题，互联网小贷已经成为近年来金融风险与社会风险隐患巨大的领域，因此目前互联网小贷已暂时停止新设审批。

从风险特征上看，互联网金融风险特征与传统金融业态相比大有不同，这无疑对相关的金融消费者保护构建有着重要影响，近年来发生的e租宝事件、善林金融事件、系列校园贷事件等都对此提供了鲜活的例证。总体上看，互联网金融的风险主要表现在以下几个方面：首先是法律与监管风险突出，互联网金融与传统金融相比，商业模式迭代极快，业务重组乃至混业能力极强，而立法与监管者也往往碍于保护金融创新的顾虑对约束互联网金融有所顾虑，这大大有利于互联网金融的法律规避、监管套利乃至知法犯法。再加上我国金融监管传统上有重审慎监管而轻行为监管的倾向，以及互联网金融监管属地化造成的不同地方之间的监管竞争，这使我国互联网金融的消费者保护更是难上加难，正是由于法律与监管的不明朗，使互联网金融很多时候不仅仅涉及侵权，更有可能发展为非法集资乃至金融诈骗犯罪。其次是交易安全风险突出，交易安全包括客户信息安全和客户资金安全，而互联网金融在信息安全和资金安全两方面的风险都远远高于传统金融，这不仅是因为互

① 消费金融指的是满足日常金融消费需求的金融业态，其主要形式是向社会公众提供金融类消费贷款，因此也可以称为消费贷。

② 参见《小额贷款公司网络小额贷款业务风险专项整治实施方案》第2条，网贷整治办函2017年第56号令。

联网技术的深度渗透造成相关技术风险的无处不在，使操作性风险或其他技术性风险发生的概率大大增加，可能造成客户数据、隐私的泄露，还可能导致交易的失败与混乱，还因为互联网金融相对于传统金融在商业模式、治理结构和风控机制上的不成熟，所导致的平台自身的经营风险也比传统金融有所放大，平台经营风险可能间接导致客户的财产损失。再次是存在广义上的履约风险，这包括了信用风险、流动性风险和道德风险等，互联网金融信用风险目前明显高于传统金融，这是由于以节约交易成本和金融普惠为初衷的互联网金融反在实践中追求超额利润的结果，再加上目标客户群体整体的信用程度较低以及大数据、人工智能和征信系统的不成熟等，互联网金融流动性风险较高的原因则是互联网金融在当前监管宽松乃至缺位的情况下最大程度地提高资金周转效率以赚取利润，使其资金池组建、错配乃至杠杆操作成为常态，没有审慎监管下财务指标的系统性控制，无疑极易导致流动性风险。最后由于互联网金融提供乃是一个信息不对称的交易环境，这为信息强势一方在交易履约过程中追求自身利益最大化而损害对手方利益创造了条件，并逐步对整个行业产生逆向选择的效果，从而反过来进一步加剧了道德风险的普遍发生和不断加剧，这就表现为交易中平台或交易强势方欺诈交易弱势方的现象不断发生，具体形式包括网贷平台跑路、非法集资、资金侵占等。

鉴于互联网金融的风险水平、社会影响及对金融消费者权益侵害程度远远超过传统金融，近来目前互联网金融开始成为我国金融监管部门严防死守的头号对象，其趋向对互联网金融进行严监管，加速行业的规范，最终扶持一批较有实力和信誉的互联网金融机构。为此，国务院和相关部门密集出台了一系列规范和整顿互联网金融领域乱象的文件，成立了由人行牵头，包括银监会、保监会、证监会、工商局和住建部相关人员在内的互联网金融风险专项整治工作领导小组，对互联网金融开展综合治理，①上述各机构都颁布了大量适用于互联网金融监管和规范的行政规范和行业自律文件，其中较为重要的文件包括：《互金指导意见》《网络借贷信息中介机构业务活动管理暂行办

① 参见张振：《规范互联网金融业态 维护消费者切身利益》，载《中国经贸导刊》2016 年第 31 期。

法》《关于做好P2P网络借贷风险专项整治整改验收工作的通知》《小额贷款公司网络小额贷款业务风险专项整治实施方案》《互联网金融风险专项整治工作实施方案》《网络借贷资金存管业务指引》《中国互联网金融协会信息披露自律管理规范》和《关于进一步做好互联网金融风险专项整治清理整顿工作的通知》等。在以上一系列规范中,与金融消费者保护相关的内容有通过技术系统和客户资金存管来保护交易的信息和资金安全,通过信息披露满足金融消费者的知情权和受教育权以避免误导销售,通过杜绝不公平交易如格式条款和强制销售来保障金融消费者的公平交易和自主选择权,当然多个文件中反复提及的适当性销售制也是通过向金融机构施加注意义务来保障金融消费者公平交易权的举措,最后是建设多元纠纷解决机制来保障金融消费者的依法求偿权。但上述制度的缺陷也是相当明显的,首先是相关规范仍是以分业框架下的部门规章形式发布,而且具体内容上看也显得较为抽象笼统,不具有多大的可操作性,难以杜绝互联网金融的监管与法律风险;其次是虽然目前在P2P网贷领域已经出台了一系列客户资金安全和技术系统安全的监管指引或自律规范,但2018年上半年不断发生的P2P爆雷事件表明,上述监管指引或自律规范在实践中未能发挥预期作用,甚至是在最为成熟的互联网金融领域即P2P网贷领域,广大客户的基本交易安全仍难以完全保障。此外,上述规定虽提及了常见的信息披露、公平交易、适当销售和多元纠纷解决机制以达到金融消费者保护的各项目的,但总体上看规范内容本身只是一种原则性和劝导性的宣示,并未有具体的权利义务规定和相应的责任条款,因此其最终的约束力极为有限。

综上可见,我国当前的互联网金融的消费者保护机制仍处于起步阶段,其中相对来说P2P网贷领域是最为成熟的,但总体而言仍是任重而道远,应在以下几个方面加以建构和完善:首先是在立法和监管层面注意适用于互联网金融的上下位法及不同地方性法规之间的配套与衔接,上位法来说应制定我国专门的金融消费者保护立法,并通过修订互联网金融领域既有下位规范与之衔接,从而构建互联网金融消费者保护的专门法律规范体系,同时对我国包括刑法和民法在内的传统部门法的相关法律规范做出专门司法解释,从而解决互联网金融在传统法律部门适用范围内的许多问题。此外应在我国行为监管体制从原先的内双峰向真正双峰模式转变的过程中,注意设立金融消费者保护在中央和地方层面的垂直专属体制,并在其中设立互联网金融的专门机构,用以解决互联网金融消费者保护的监管机制问题。此外互联网金融行业自律组织的不断健全并承担其应负的义务也是必要的一种治理机制,通过上述的多管齐下解决法律和监管风险的问题。其次是对金融消费者交易安全权的保障,其中信息安全的问题主要是信息系统自身的技术特征及其对其正确使用的操作层面问题,这并非法律所能置喙的领域,但交易安全的另一个层面即资金安全的问题,则涉及的问题较为广泛,它不仅涉及资金存管机制的建设,也涉及互联网金融内控机制,还涉及互联网金融运营模式本身。因此在具体规范内容中除了需要对资金存管制度做出规定外,还需要对金融机构内控机制做出严格规定,防止员工对客户资金的各种侵害的发生,此外必须禁止那些难以保障客户资金安全的风险过大的商业模式,因而从根源上保障互联网金融领域的交易安全。再次是所谓的履约风险防范,应该说履约是交易中环节最多,各项金融消费者权利最为密集的部分,而这也是监管部门特别是地方监管部门和自律组织可以大显身手的部分,但其中最重要的应是信息披露、适当销售、公平交易和多元救济等方面的金融消费者权利,因此监管部门或行业协会应为不同的互联网金融领域制定信息披露程序和标准,可以制定交易合同范本和公平交易行为指引,可以设立多种多样的纠纷解决平台如仲裁、调解和金融 ADR 机制,①也可以制定客户评估和适当销售的行为细则。最后是由于互联网金融的前沿性和技术性,需要规定中央到地方的监管部门、自律组织乃至互联网金融机构在金融教育和知识普及方面的法律义务,从而全面保护客户受教育权,以真正实现客户的知情权。

(三)消费金融领域的金融消费者保护制度——以电商消费贷和现金贷为例

消费金融是一个学理上而非实定法上的概念,且根据不同的学术视角和国别实践有着不同的内涵与外延。但无论如何,消费金融概念的核心是明晰的,那就是为社会公众的生活消费所提供的金融服务。消费金融在发达国家是久已有之并历经百年的一种金融形态,并已经形成了市场主体多元、产品

---

① 参见刘辉:《论我国金融 ADR 机制的完善——金融消费权益保护视阈下的考察》,载《海峡法学》2017 年第 3 期。

类型丰富、信用体系完善和相关法律与监管体系健全的格局。而在我国,消费金融的发展前后不过三十年的时间,历经了以银行、汽车金融公司和消费金融公司为服务供给者的消费信贷产品阶段,扩展到了普通商事主体提供大量消费储蓄产品的阶段,再到电子支付平台提供的消费支付产品阶段,每一个阶段都从不同维度转变了普通社会公众的消费方式并促进了其消费开支。[①] 晚近以来,随着互联网技术及金融创新的发展,消费金融服务的供给主体、供给方式和相关内容都不断多元化,电商与分期购物平台、P2P网贷平台以及小额贷款公司等非持牌机构都陆续进入了这个领域。除此之外,消费金融衍生品即消费金融ABS也成为我国金融衍生品大家族的一个新成员,从而加剧了消费金融的风险和监管难度,这对于消费金融领域的金融消费者保护制度构建当然也有一定的间接影响。

从消费金融所依托的平台加以划分,我国消费金融业务包括以下几种:一是商业银行的消费金融业务,这包括信用卡业务和消费贷款业务,作为最为传统的和悠久的消费金融业务,其在性质上属于银行表内业务,受到银行监管体系的严格规制,因此并不属于影子银行范畴。二是银行体系之外的持牌消费金融公司及其所提供的消费金融业务,这包括银监会监管的汽车金融公司和消费金融公司,前者主要是指经银监会批准设立的,为中国境内的汽车购买者及销售者提供金融服务的非银行金融机构;而后者主要指经银监会批准,在我国境内设立的,不吸收公众存款,以小额、分散为原则,为中国境内居民个人提供消费信贷的非银行金融机构。在汽车金融市场的供给主体中,产业系占据了主要份额,也就是汽车制造商是汽车金融服务的主要提供者;而在消费金融服务提供者中,以银行为出资背景的消费金融公司则绝对占优。三是线下零售商业、线上大型电商平台或分期购物平台所发起的消费金融业务,前者主要是通过消费储蓄方式,严格上来说并非能成为影子银行意义上的信用中介,而后者以消费记录与征信信息的大数据为基础发放消费信贷,为注册用户全体提供小额、分期和在线信用贷款,这已经超越了传统线下零售商业的消费储值业务,而带有了某种信用中介的性质。四是非持牌金融机构所发放的消费类信贷,这其中最有争议的就是小额贷款公司开发的现金

---

① 参见杨鹏艳:《消费金融的理论内涵及其在中国的实践》,载《经济问题探索》2011年第5期。

贷业务,[①]现金贷是否属于用于消费的个人信用贷款存有争议,但根据互联网金融风险专项整治工作领导小组办公室发布的《关于规范整顿“现金贷”业务的通知》,现金贷虽然在现实中逐渐成为无场景依托、无指定用途、无客户群体限定、无抵押的信用贷款业务,但其中部分用途确实是用于正常消费信贷需求,只是在具体经营过程中逐渐偏离合法合规的轨道,涉及大量的“过度借贷、重复授信、不当催收、畸高利率、侵犯个人隐私”的行为,因此成为了我国近期金融风险和社会风险集中的火山口。上述四类消费金融业务中,源于汽车金融公司、消费金融公司、电商与分期购物平台、P2P 平台和小额贷款公司的可归入影子银行的范畴。其中非持牌的电商与分期购物平台消费贷(以下简称电商消费贷)、P2P 平台和小额贷款公司的现金贷业务更属于消费金融发展的最新阶段,但由于其“非持牌”的特征,也成为消费金融领域监管最薄弱和消费者纠纷数量最多的部分,其风险程度之高和影响面之广是其他消费金融领域所难以比拟的,因此电商消费贷和现金贷理应成为我国消费金融领域行为监管和消费者保护工作的中心所在。

目前我国电商消费贷和现金贷领域的消费者保护纠纷呈指数级上升态势,根据广州仲裁委的统计,仅以网络仲裁渠道解决的消费贷和现金贷纠纷就从 2014 年的 1000 多件上升到了 2017 年的 7 万件以上,增长了 60 多倍。[②]电商消费贷和现金贷的相关纠纷标的数额较小,属于典型消费金融性质,其引发的风险集中在以下几个方面:首先是交易安全方面的问题,主要是由于电商消费贷现金贷都严重依赖于互联网技术,这无疑滋长了系统自身的技术风险如系统崩溃或黑客攻击等操作风险,可能导致客户个人信息被泄露和盗用,特别是消费记录和信用记录等与用户切身利益密切相关并具有较大经济价值的金融信息的泄露,这与第二节中的互联网金融信息安全风险高度相似,但有所不同的是大型平台的电商消费贷由于存在海量大数据驱动和分析的优势,其有可能通过错误算法对客户进行“不适当”信息推送和主动诱导,此种对客户来说也构成了另类的信息安全风险,就交易安全的另一个层面即

---

① 当然提供现金贷的金融机构不仅限于小额贷款公司,还包括 P2P 网贷公司和银行和其他银行业金融机构,但前者并非以现金贷为主业,且现金贷属于其违规经营行为,而后者则归属于银行和银行业其他金融机构的表内业务,也非本书的讨论范畴。

② 参见魏丽娜:《网贷被赖账,网上讨回来》,载《广州日报》2018 年 3 月 27 日,第 2 版。

风控机制崩溃导致的资金安全问题来说，电商消费贷和现金贷的表现形式也比较特殊，其主要表现为消费端对信用账户的套现和洗钱行为等隐患。[①] 其次是交易公平方面问题突出，电商消费贷容易在逾期费用收取、催收方式和高额利息计算等环节存在不公平行为，而现金贷则更是容易违反适当性原则而对客户从事不当诱导，进行掠夺式放贷，进而榨取高额利息并辅以违法违规的各式催收手段，让处于交易弱势方的客户陷于极不公平的境地。最后是交易合规方面的问题，目前电商消费贷和现金贷在监管上与其他消费金融存在相当的落差，就是与晚近发展起来的 P2P 网贷相比其规范程度也远远不如，如果说 P2P 网贷的监管刚刚起步，那么电商消费贷和现金贷的监管则处于裸奔状态。一是在准入环节上，绝大多数电商消费贷和现金贷不持有任何牌照，而剩余少数持有的则是地方政府的网络小贷牌照，因此可以说在这个领域社会上存在大量的不合法也不合规的金融机构；二是在经营环节上，虽然最新的两份通知即《关于立即暂停批设网络小额贷款公司的通知》和《关于规范整顿"现金贷"业务的通知》对电商消费贷（主要持网络小贷牌照）和现金贷踩了刹车，并列出了现金贷行为监管的负面清单，即那些应予禁止的经营行为，但审慎监管和行为监管细节上仍未确定，而如不尽快从正面制定电商消费贷和现金贷的准入和经营规范，不用说这两个领域那些非法存在的金融机构，即使是以网络小贷牌照经营电商消费贷和现金贷的机构也会利用负面清单模式来从事一系列监管套利行为，从而构成在交易合规问题上制造更多的灰色乃至黑色区域。

对于我国电商消费贷与现金贷领域存在的上述危害金融消费者权益的问题，目前能够适用的专门性规范还是寥寥无几，在很大程度上仍是依靠针对性不强的传统法律部门中的一般规则加以解决。以阿里花呗套现纠纷为例，其在审判实践中大量依赖民法总则中的一般性原则条款如诚实信用，以及刑法中的某些一般化罪名如诈骗罪和盗窃罪等，而在许多无法可依的情况下甚至阿里平台属于格式合同范畴的《淘宝规则》也成为某种意义上的"软

① 参见叶文辉、马春芬：《电商平台个人信用支付产品存在的风险即应对建议》，载《农村金融研究》2015 年第 12 期。

法”。[①] 而从程序机制上说,由于电商消费贷和现金贷都存在标的数额小,周期短、风险频发和依赖互联网的特点导致其争端解决不经济的问题极为显著。因此,构筑电商消费贷和现金贷的金融消费者保护机制应围绕既有的交易安全、交易公平和交易合规的问题制定出具有针对性和便利性的实体和程序机制。首先应该明确的是,金融作为现代经济的核心具有相当的特殊性,需要国家通过特殊的法律、监管和自律规则予以主动干预,金融失败风险的外溢对社会公众都具有广泛而巨大的杀伤力,但同时也应看到电商消费贷和现金贷对我国经济结构转型升级,消费需求的释放和经济发展路径的转换具有相当的积极作用,因此对其规范和监管应当寻找适当的平衡点,避免“一刀切”的刚性监管方式。基于上述考虑,并考虑电商消费贷和现金贷的自身特点,应缓急并行,着力构筑金融消费者保护的多元治理机制,发挥刚性监管与金融软法各自的优点,并让政府、行业、金融机构和消费者广泛参与到治理进程中来。具体来说,一方面应严格立法和行政监管,目前市场上提供电商消费贷和现金贷的主体良莠不一,而仅有的准入方式是通过地方网络小贷牌照,这无疑从源头上大大助长了各种行业乱象的发生,应考虑由银保监会制定统一且严格的网络小贷监管规则,覆盖审慎监管和行为监管的内容,并将相关监管权限分别委托地方政府金融工作部门以及金融消费者保护的直属部门执行,而当然相关行为监管规则必须符合或有的金融消费者保护上位法,使之成为影子银行行为监管谱系的一部分。目前有关部门下发的两份《通知》仅仅起到了行业初步清理整顿的作用,只能说是一个良好的开始,而网络小贷全面监管规则的制定以及适当监管架构的设置才是防止套利和行业风险聚集的唯一途径,是解决电商消费贷和现金贷合规问题的必由之路。但值得指出,面对电商消费贷和现金贷这种前沿消费金融,上述法律与监管规则“宜粗不宜细”,但应该包括信息披露、公平交易、适当性管理、冷静期、信息保密等通行制度的框架,而将行为监管细节留待行业组织根据行业发展的实际状况不断地加以完善。此外选取并推广行业中处理客户投诉与保护金融消费者权益的最佳实践(best practices),实现多元治理模式下的“软硬兼

---

① 林慰曾:《互联网虚拟信用套现的法律分析——基于花呗套现判决的研究》,载《海南金融》2017 年第 8 期。

施”,从实体角度满足相关金融消费者的交易知情权、交易财产安全权和公平交易权;从程序角度来说,由于电商消费贷和现金贷的独特性,使其不太适合于传统成本高和时间冗长的纠纷解决方式,勉强适用传统纠纷解决机制将难以维护金融消费者的依法求偿权,因此必须积极发展专门的金融消费纠纷ADR解决机制,并充分考虑互联网的便捷性与即时性。当前在我国电商消费贷与现金贷纠纷解决中盛行的网络仲裁就是一种很有前景的金融ADR机制,当然也可以在诸如行业协会或其他第三方纠纷解决平台通过调解或者和解机制来解决金融消费纠纷,此种金融ADR在日本就有着很好的实践经验,而且在日本此种金融ADR机制是由行政监管部门指定并加以监督的,①并最终通过和解的方式解决金融消费者与金融机构间的纠纷,由于中日之间法律体系与金融体系的相似性,我们完全可以在电商消费贷和现金贷纠纷解决中借鉴日本的做法,从而更好地从程序角度维护金融消费者的依法求偿权。

第四节 央地金融监管权配置之优化:我国影子银行监管体系化的纵向之维

一、影子银行的草根性和地域性亟须地方政府的监管

与正规金融体系(如商业银行、证券市场等)由中央政府这只“有形的手”自上而下主导创建的生成路径不同,我国的影子银行则根植于市民社会,主要由市场这只“无形的手”自下而上推动形成的,故而带有与生俱来的草根性和地域性。尤其是那些独立于商业银行的“外部类”影子银行,如私募股权基金、小额贷款公司、融资担保公司、典当行、融资租赁公司及民间合会等都是由当地闲散的民间资本力量为因应本地中小企业融资需求而自发创建的,故而他们在运作上都离不开一定的地缘、血缘、亲缘或者业缘关系作为保障。这就造成了这些影子银行的经营范围一般是限于其所在地域或某个特定范围,产品供给呈现地方化、区域化态势,信用链条较为封闭,鲜有像商

① 参见杨东:《日本金融ADR制度的创新及其对我国的借鉴》,载《法律科学》2013年第3期。

业银行那样进行跨省(市)或县(区)经营和具有明显的金融风险传播性。[①]同样,这些地方版的影子银行也具有前文所分析的"双刃剑"效应。它们固有的期限错配和高杠杆运作模式使之在服务地方实体经济发展的同时也无形中增加了当地的金融风险。有学者以2005年至2014年为区间,分东部、中部、西部三大区域,对我国各省市影子银行规模进行测算比较,通过非线性回归模型研究了影子银行发展规模与地方金融风险之间的关系,结果发现一个地方影子银行规模与该地金融体系稳定性之间呈倒"U"形关系,存在较为显著的"阈值效应"(其中阀值点就是倒"U"形关系的拐点)。这种"阈值效应"证实了影子银行对于地方金融稳定性影响的双重性:一方面,它有力地弥补了当地正规金融信贷覆盖的不足,满足了中小企业日益增长的融资缺口,故而对当地就业和经济的增长有着积极的意义;另一方面,它的过度扩张会在一定程度上弱化和扭曲传统的信贷渠道,增加地方金融体系的不稳定性和调控难度。[②] 此外,在经济新常态下,随着国家对银行信贷监管的日益趋紧,我国地方财政收入与支出间的缺口日益增大,很多地方政府融资平台为破解地方基建资金的不足而不得不转而寻求当地影子银行的帮忙,包括借助私募股权基金、信托公司的信托贷款、委托贷款等方式获取融资。这就使很多影子银行与当地政府融资平台联结缠绕在一起,造成两者间风险的相互交织。[③] 有实务界人士以河北省为例做过统计。即截至2011年6月末,河北省有信托公司1家,信托公司信托资产840亿元;租赁公司1家,总资产17.03亿元,租赁资产11亿元;财务公司2家,贷款及投资33亿元;小额贷款公司193家,资产总额108.25亿元,累计发放贷款400.2亿元,贷款余额99亿元;融资性担保金融机构387家,总资产100亿元,担保额340.34亿元;典当行

---

① 个中的原因除了影子银行与生俱来的地域性,也有法律的规定使然。如福建省出台的《试点小额贷款公司暂行管理办法》第14条就明确规定小额贷款公司暂不允许跨县(市、区)域经营和设立分公司。相比商业银行发行的理财产品和网上P2P理财、众筹等互联网金融平台等,笔者把这类影子银行称为地方性影子银行。

② 该研究结论可参见王擎、白雪:《我国影子银行发展与银行体系稳定——来自省际面板数据的证据》,载《财经科学》2016年第4期;刘宇桦:《我国影子银行对区域金融风险的影响研究》,载《中国集团经济研究》2017年第13期。

③ 地方政府融资平台通常由地方政府及其部门和机构,所属事业单位等通过财政拨款或注入土地、股权等资产设立,具有政府公益性项目投融资功能,并拥有独立企业法人资格。

132 家,总资产 23 亿元,典当总额 97 亿元。这些影子银行体系资金向实体经济提供的融资流量在 3300 亿元左右,占到河北全省传统银行融资总量的 20% 左右。[①] 可见,影子银行不仅因自身流动性问题会引发地方金融风险,而且因其在地方政府融资总量中占有较大的比重,会造成地方金融风险与财政风险相互传导,从而加剧了地方政府债务违约的风险。

针对影子银行可能给地方带来的金融风险和财政风险,美国经济智库彼得森国际经济研究所(Peterson Institute for International Economics)的尼古拉斯·伯斯特(Nicholas Borst)博士于 2014 年以中国人民银行 2013 年底公布的各省(市)地区社会融资规模及涉及影子银行的三大社会融资类别(**信托贷款、委托贷款和未贴现银行承兑汇票**)的数据为基准,利用回归分析手段对上述两种风险进行汇总,绘制出了一幅关于中国不同省市(港澳台除外)影子银行风险暴露图及表格,并给出了具体的风险暴露系数(见表 5-2)。[②]

表 5-2 中国地方社会融资规模及影子银行风险暴露系数

单位:亿元人民币

省、自治区(市)	地区社会融资规模	其中,涉及影子银行的三大融资类别			风险暴露系数(%)
		委托贷款	信托贷款	未贴现银行承兑汇票	
北京	12,556	2552	286	257	39
天津	4910	552	529	397	44
河北	6247	813	843	720	38
山西	3701	711	168	148	36
内蒙古	2730	245	401	-124	15
辽宁	5654	815	-49	612	39
吉林	2172	280	61	10	41
黑龙江	3333	407	1120	-32	45

① 参见邵延进:《影子银行资金流行图谱及风险——以河北省为例》,载《中国金融》2011 年第 18 期。

② See Nicholas Borst. A Map of China's Shadow Banking Exposure. https://piie.com/blogs/china-economic-watch/map-chinas-shadow-banking-exposure.

续表

省、自治区（市）	地区社会融资规模	其中，涉及影子银行的三大融资类别			风险暴露系数（%）
		委托贷款	信托贷款	未贴现银行承兑汇票	
上海	7964	1884	1783	26	46
江苏	12,070	1901	482	432	44
浙江	8345	1365	724	-1090	45
安徽	4969	607	551	277	32
福建	6923	1022	1562	64	38
江西	3898	383	917	147	31
山东	10,838	1329	935	2036	40
河南	5691	577	269	512	34
湖北	6114	781	1096	529	39
湖南	4165	417	136	362	29
广东	13,826	1960	886	1106	39
广西	2801	543	0	60	19
海南	1084	131	0	72	17
重庆	5031	845	466	346	36
四川	7137	1449	693	-275	21
贵州	3541	485	486	525	42
云南	4268	564	1157	62	42
西藏	773	21	315	12	45
陕西	4254	677	268	245	36
甘肃	2617	253	11	289	31
青海	1229	86	292	26	28
宁夏	664	67	0	-32	12
新疆	2854	-152	347	94	14

数据来源：Nicholas Borst. A Map of China's Shadow Banking Exposure.

以上表格所列的数据大致揭示了中国不同省（市）自治区社会融资中涉

及影子银行融资的规模,也从另一个侧面反映了这些地区影子银行风险的暴露程度。从中可以看出,我国包括上海、天津、浙江、山东、云南、贵州、吉林和黑龙江在内的一些内陆省份的风险敞口都比较大,类似的还包括河北、广东、福建、浙江、辽宁和湖北。而且,随着很多信托产品、理财产品的到期,上述风险敞口较大的省市的影子银行可能会更容易出现违约。近期全国各地接连发生的 P2P 爆雷潮可谓是地方影子银行风险爆发的冰山一角。据网贷天眼跟踪报告显示,截至 2018 年 7 月底,中国 P2P 网贷行业平台数量达到 6385 家,其中问题平台累计为 2286 家,而单单 2018 年 7 月一整月,全国就有 250 多家地方 P2P 平台出现集中逾期、提现困难、跑路失联或网站无法访问等情形,创近一年以来新高。在这其中,被称为"互联网金融创新中心"的浙江杭州则成为全国 P2P 爆雷的重灾区,累计发生问题的 P2P 平台就超过 100 家,粗略统计,杭州的这些问题平台目前合计欠款金额高达 1000 多亿元,有上百万受害人被卷入其中。此外,近年来各地方除了接连不断的 P2P 爆雷事件,也出现了诸多的影子银行非法集资大案、要案(典型的如 2016 年北京的 E 租宝案、云南的泛亚有色金融案,辽宁的大大集团案;2017 年的惠州 E 速贷案、北京的华融普银案等)。无疑,这些问题平台和非法集资大案不仅极大地损害了投资者的合法利益,造成了当地的金融恐慌,而且还会引发受害民众群体性的维权事件,对当地金融秩序和社会秩序的稳定构成了威胁和冲击。可见,我国影子银行经营上的这种草根性和地域性决定了对其的监管单凭中央政府一己之力是难以奏效的,其须臾离不开地方政府的全面参与。其因在于:

首先,我国地方政府应有动力也有义务参与对本地影子银行的监管。前已述及,在经济新常态下,我国的影子银行与所在地方经济金融秩序和城市开发建设的发展息息相关,对地方的影响较为敏感。故而一旦其流动性受阻或不能兑现投资者收益而爆雷,则地方无疑将是首当其冲的受害者。更何况,地方金融风险愈演愈烈的后果势必会带来风险的跨区交叉传染,直至形成席卷全国的系统性风险。因此若地方政府对本地影子银行的运营置若罔闻,甚至为求一时融资之便而纵容其一味地进行大肆扩张和违规经营,则必然会酿成地方金融风险。就此而言,在影子银行监管上,我国地方政府绝不能袖手旁观,而应积极参与其中,以及时对本地影子银行的风险提前进行预警和处置。这不仅是出自地方政府干预金融资源,维护本地金融秩序和社会秩序稳定的内在强烈需求,更是其防范和阻止本地影子银行风险外溢,避免影子银行形成系统性金融风险的职责所在。基于此,诚如习近平总书记在2017年4月25日的中共中央政治局第四十次集体学习时也特别强调的,地方各级党委和政府要"做好本地区金融发展和稳定工作,做到守土有责"。①

其次,地方政府在对影子银行的一线监管上较中央政府更具效率。依美国经济学家奥茨(Oates)著名的"分权化定理",一国公共产品和服务功能应当尽可能下放到能够使成本与利益内部化的最小地理辖区内。意即一种公共服务职能如果地方政府和中央政府均能同时提供,则地方政府理应优先中央政府行使。除非地方政府无法实现规模经济效应或可能影响宏观经济稳定,该职能才交由中央政府。无疑,这种优先性的立论基础在于地方政府对区域内资源、信息的了解要比中央政府更充分,能够最大程度减少信息的不对称,从而提高政府监管的有效性与针对性。具体到我国影子银行的监管上,由于地方政府具有天然的地理上便捷优势,其对当地居民的投融资文化、投资者的认知偏好和影子银行的发展需求、风险运行状况等都要比居庙堂之高的中央监管机构更为熟悉,由其参与影子银行监管显然会更接地气,更容易做出切合影子银行运营实际的监管措施。

最后,地方政府参与本地影子银行监管,不仅可以有效弥补现行中央垂直监管范围有限、力量不足的局面,还可以矫正其监管刚性有余,柔性不足的弊端。虽然当前我国金融监管主要掌握在中央政府手里,具体由"一行三(两)会"负责,但监管主要聚焦于银保证体系内的正规金融机构,且其力量主要集中在省、自治区、直辖市以及地市级以上。② 而恰恰与中央这种有限的监管布局形成鲜明对比的是,我国的很多地方性影子银行均是活跃于市县或市县以下的乡镇。它们不仅分布广,数量多,而且逐年呈不断扩张的趋势,使中央金融监管派出机构在监管上越发的力不从心和捉襟见肘。是故,由地方政府设立金融监管机构,参与包括本地影子银行在内的金融监管,既可以

① 《习近平主持中共中央政治局第四十次集体学习》,载 http://news.sina.com.cn/o/2017-04-27/doc-ifyetxec6664583.shtml,最后访问日期:2018年9月1日。

② 现行的"一行两会"中除了中国人民银行和银保监会外,证监会在地级市和其他区县尚未设立任何分支机构,更遑论在县(区)级以下的行政区域。

分担和减轻中央的监管负荷,降低监管一对多的周旋成本,又可以弥补中央垂直监管力量不足形成的监管死角,实现监管的全覆盖。此外,虑及我国不同地区的影子银行需求和承受能力存在显著差异,风险暴露程度不尽相同,中央对其施以"一刀切"的准入条件和监管标准,不但不适合所有的地方,而且还会打乱地方原有的平衡,造成金融资源配置的"马太效应"。是故,让地方政府参与监管可以针对本地区实情进行量体裁衣,实施区域差异化的监管措施,从而克服中央垂直监管过于刚性的监管弊端。

二、我国地方政府对影子银行的监管现状及问题揭示

我国属于单一制国家,中央政府在政治体制中具有高度的权威。这种权威性决定了我国国家权力的纵向配置必然以中央主导的集权模式为主。金融监管权力的纵向配置亦不例外。如 1949 年新中国成立之后,为了与高度集中的计划经济体制相适应,我国就一直实行由中国人民银行统揽一切金融业务(银行、证券、保险和信托等)的"大一统"金融监管体制。不过,中央对金融监管权的主导并不等于对金融监管权的垄断。事实上,在 1978 年改革开放之后,为了激发地方发展经济的积极性,中央就曾经向地方政府下放过部分的金融监管权。典型的如 20 世纪 80 年代初人民银行信贷计划权力的下放以及地方政府对本地证券业的监管等。① 只不过到了 20 世纪 90 年代的中后期,囿于彼时我国宏观经济增长过热和通货膨胀率的居高不下,加之适逢东南亚金融危机的爆发和地方许多重大金融风险事件的发生,出于确保经济的"软着陆"和防止地方政府过度干预和滥用金融资源之考量,我国才在 1997 年 11 月召开的全国第一次金融工作会议上做出将银行业、证券业与保险业的金融监管权力统一回收至中央的决定,并在会后对人民银行一家主导的金融监管体制进行了改革:先是于 1998 年成立中国保监会,专司负责保险业的监管工作;然后于 2003 年组建中国银监会,正式确立了"一行三(两)

---

① 虽然中国证监会 1992 年 10 月就挂牌成立,但上交所和深交所在证监会成立后仍一直归口上海和深圳两地的政府管理。直至 1997 年 7 月 2 日《国务院关于将上海证券交易所和深圳证券交易所划归中国证监会直接管理的通知》的出台,中国证监会才真正在实质意义上获得对两个交易所的直接管理权(直接任命两大交易所的总经理和副总经理),获得"统一监督管理全国证券期货市场,维护证券期货市场秩序,保障其合法运行"的垂直监管地位。

会”为代表的分业垂直监管体制。毋庸置疑,这种由中央部门分业垂直监管的最大亮点就是中央机构能通过事先精密的“顶层设计”,借助行政力自上而下地发号施令,从而在短时间内实现对各地金融的发展走势和节奏进行统一的规划和控制,但也因此留下了“一刀切”监管、信息失真和无法因应地方金融市场发展等弊端。于是,随着近年来各地以影子银行为代表的样式繁多的地方金融组织类型和民间投融资存量与增量的快速膨胀,中央金融监管机构及其分支机构鞭长莫及的弊端越发明显(见表5－3、表5－4),已然难以对之进行强有力的监管。在此情境下,为缓解地方影子银行数量扩张带来的监管供给与需求的失衡,从2008年5月开始,中央以小额贷款公司为试点,开始尝试将部分影子银行机构和影子银行市场的监管权和风险救助责任赋予地方政府,形成了沿用至今的以中央集中分业垂直监管为主,地方政府协助配合为辅的纵向金融监管体制。

表5－3　2010～2017年全国主要地方性影子银行机构的数量统计

单位:家

年份	小额贷款公司	融资性担保公司	典当行	融资租赁公司	商业保理公司
2010	2614	6030	4433	182	23
2011	4282	8402	5273	286	25
2012	6080	8590	6084	560	84
2013	7839	8185	6833	1026	284
2014	8791	7895	7574	2202	1220
2015	8910	8123	8050	4508	2514
2016	8643	—	8280	7120	5584
2017	8631	6101	8202	7027	5498

资料来源:笔者根据中国人民银行、银监会、商务部及中国租赁联盟网站发布数据和《中国商业保理行业发展报告2016》中的数据整理而成。

表5－4　“一行三会”及其分支机构布局与数量

机构级别	人民银行	银监会	证监会	保监会
一级	9个(大区分行)+2个(北京、重庆营业管理部)	31个(省、自治区、直辖市银监局)+5个(计划单列市银监局)	31个(省、自治区、直辖市证监局)+5个(计划单列市证监局)+2个(专员办)	31个(省、自治区、直辖市保监局)+5个(计划单列市保监局)

续表

机构级别	人民银行	银监会	证监会	保监会
二级	25 个(省会城市、副省级城市中心支行)+305 个(地市中心支行)	306 个(地市分局)	0 个	5 个(苏州、烟台、汕头、温州、唐山保监分局)
三级	1778 个(县市支行)	1730 个(办事处)	0 个	0

资料来源:笔者根据“一行三会”官网上披露信息所作的归纳与整理。

概括而言,中央对地方政府上述部分监管权力的下放主要通过颁发规范性文件的直接授权。总结起来,这些规范性文件及其具体内容如下:(1)2003 年 6 月,国务院发布了《关于印发深化农村信用社改革试点方案的通知》,规定省级政府对农村信用社的管理权;(2)2008 年 5 月,银监会和人民银行联合出台了《关于小额贷款公司试点的指导意见》,将小额贷款公司的监管权授予省级人民政府,即要求“凡是省级政府能明确一个主管部门(金融办或相关机构)负责对小额贷款公司的监督管理,并愿意承担小额贷款公司风险处置责任的,方可在本省(区、市)的县域范围内开展组建小额贷款公司试点”;(3)2009 年 2 月,国务院办公厅发布了《关于进一步明确融资性担保业务监管职责的通知》,该通知明晰了地方监管责任,要求各省(区、市)人民政府作为融资性担保业务的监管责任主体;(4)2011 年 11 月,国家发改委发布了《关于促进股权投资企业规范发展的通知》,提出资本规模小于 5 亿元人民币的股权投资企业的审批及日常管理由省级地方政府相关部门负责;(5)2012年 12 月,商务部发布《典当行业监管规定》,规定省级商务主管部门(含计划单列市)对本地区典当行业监管负责,制定并组织实施本地区监管工作政策、制度和工作部署;(6)2014 年 1 月 7 日,国务院办公厅发布了第 107 号文,进一步明确了小额贷款公司和融资性担保公司归地方人民政府负责具体监管,并在影子银行监管上首次提出“建立中央和地方统分结合,国务院有关部门分工合作,职责明晰、权责匹配、运转高效的监督管理体系”的建议;(7)2014 年 8 月,国务院办公厅出台了《关于界定中央和地方金融监管职责和风险处置责任的意见》,明确省级人民政府的监管职责,即承担不吸收公众资金、限定业务范围、风险外溢性较小的金融活动的监管。依法对本地区小额贷款公司、融资性担保公司、区域性股权市场、典当行、融资租赁公司、商业保理公司、地方资产管理公司等机构实施监管，并承担相应的风险处置责任；(8)2016年8月，银监会、工信部、公安部和国家互联网信息办公室联合制定的《网络借贷信息中介机构业务活动管理暂行办法》正式对外公布，其要求各省级人民政府负责本辖区网络借贷信息中介机构的机构监管。这就意味着包括P2P平台在内的网络借贷信息中介将同样被纳入地方政府监管的范畴。

表5-5　中央授予地方政府部分金融(包括影子银行)监管权的主要规范性文件

中央机构名称	规范性文件名称	发布或出台的时间	主要授权内容
国务院	《关于印发深化农村信用社改革试点方案的通知》	2003年6月	由省级政府承担辖区内本地农村信用社的指导、协调、服务和管理
银监会和人民银行	《关于小额贷款公司试点的指导意见》	2008年5月	由省级政府指定金融办(或相关机构)负责对小额贷款公司的监管
国务院办公厅	《关于进一步明确融资性担保业务监管职责的通知》	2009年2月	由各省(区、市)人民政府依"谁审批设立，谁负责监管"的要求指定融资性担保业务的监管主体
银监会、发改委、财政部、商务部等七部委	《融资性担保公司管理暂行办法》	2010年3月	由省、市、自治区人民政府对融资性担保公司实施属地管理
国务院	《关于清理整顿各类交易场所切实防范金融风险的决定》	2011年11月	由省、市、自治区人民政府对各类交易所实施属地管理
发改委	《关于促进股权投资企业规范发展的通知》	2011年11月	省级政府负责对资本小于5亿元人民币投资股权公司的监管
商务部	《典当行业监管规定》	2012年12月	省级商务主管部门负责对本地区典当行业的监管
国务院办公厅	《关于加强影子银行监管若干问题的通知》即第107号文	2014年1月	小额贷款公司和融资性担保公司归地方人民政府负责具体监管

续表

中央机构名称	规范性文件名称	发布或出台的时间	主要授权内容
国务院办公厅	《关于界定中央和地方金融监管职责和风险处置责任的意见》	2014年8月	省级人民政府对七类金融机构的监管和风险处置责任。(该文件没有公开发布,只在内部传阅)
银监会、工信部、公安部和国家互联网信息办公室	《网络借贷信息中介机构业务活动管理暂行办法》	2016年8月	省级人民政府负责本辖区网络借贷信息中介机构的机构监管

为承接和落实上述中央规范性文件所授予的地方金融监管权,自2008年开始,地方政府开始不同程度地对各自既有的金融服务办公室(以下简称金融办)进行扩权改造和机构升级。① 根据近年来,全国各省级、自治区或直辖市政府公布的关于金融办"三定"(定职责、定机构、定人员)方案,②我们不难发现将金融办打造成承担地方政府履行地方金融监管职能的专业机构已成共识。各个地方政府都在金融办原有的金融"服务、规划、协调"职能的基础上增加了"监管"方面的职能。③ 与之相应,金融办这一机构组织的性质也

① 除了"金融服务办公室"这一称呼外,实践中还有诸如"金融工作领导小组办公室""金融稳定办公室""金融管理办公室"等诸多称谓。本书将它们统一简称为金融办。无论作何称谓,早期的金融办并不在政府机关的编制序列,一般都为省级政府办公厅的挂牌机构,属于议事协调机构,并无行政审批权。

② 为分析方便,除非有特别的说明,否则本书以下涉及的金融办均指省、自治区或直辖市政府层面设立的金融办。

③ 各省公布的关于金融办"三定"方案的通知中对金融办新增的"监管"职责的表述虽会因本地金融发展的实情不同而不同,但核心内容都离不开如下的规定,"贯彻落实党和国家关于金融工作的法律法规和方针政策,配合国家金融管理(监督管理)部门做好货币政策落实及金融监督管理工作……负责金融工作的组织协调。加强省人民政府与金融监督管理部门的联系沟通,建立沟通协调机制……牵头负责地方金融机构的经营业绩考核、指导改制重组和协调服务;按规定负责地方金融机构有关管理工作,指导地方金融机构有关改革发展工作,促进地方金融建设。…… 会同金融监督管理部门和省有关部门建立金融稳定协调机制,协调防范和处置金融风险,维护金融稳定与安全。承担省处置非法集资领导组的日常工作,牵头组织有关部门整顿与规范金融秩序,打击各类非法金融活动"。典型的参见《山西省人民政府办公厅关于印发山西省人民政府金融工作办公室主要职责内设机构和人员编制规定的通知》(晋发〔2014〕9号)的规定。

基本从政府挂靠机构(事业单位)增容扩编为地方行政机构。[①] 如很多副省级城市的金融办均按照正局建制,而市地级或县级的金融办也都转为政府机关,纷纷加挂金融工作局或金融监管局的牌子。[②] 金融办当前的监管扩权和机构升级无疑填补了先前地方专门性金融监管机构的空白,是地方金融监管改革的一大进步。然而,在笔者看来,扩权后的金融办或金融局虽拥有了部分地方准金融或影子银行机构的监管权,正朝强化金融监管职能的方向发展,但其要真正成为担当和肩负起我国地方金融监管工作重任的实体化部门,尚需澄清和解决以下几个较为突出的问题:

一是金融办固有的融资职能与新增的监管职能之间的冲突。截至2012年年底,我国大陆地区的31个省、市、自治区层面的政府均已成立金融办。但毋庸置疑,政府创建这些金融办的初衷是为联系配合彼时"一行三会"在地方的监管工作和服务本地投融资发展之所需。进言之,在当前财政分权体制下,金融办固有的"服务、规划、协调"职能实际上是一体的,即都以如何帮助本地政府获取和争夺金融资源这一核心使命为归依。尤其在区域内金融资源匮乏的中西部地区,像广西、四川、重庆及河南等地的金融办,相关业内人士透露,很多为了配合地方政府筹措项目建设资金,经常主动协调所在地方的城商行、农商行及信托公司、担保公司、小额贷款公司等影子银行机构为本地政府融资平台注资"输血"或提供项目担保。[③] 更有甚者,不仅突破上述中央监管机构的授权范围,暗中支持地方融资平台发行具有融资功能的影子银行产品——城投债,而且还出自于维护本地利益之考量,放纵一些具有融资功能的影子银行机构进行违规经营来截留全国跨地域流动的金融资源。无疑,在以"GDP为纲"的地方政绩考核体制下,金融办这种以发展地方为使

---

① 典型的如2009年,上海市政府办公厅印发《上海市金融服务办公室主要职责内设机构和人员编制规定》(沪府办〔2009〕85号文),将金融办定位为政府直属行政机构,内设8个职能处(室)。从目前全国31个省、市、自治区人民政府公布的金融办"三定"方案来看,除了广西壮族自治区、重庆市人民政府继续将金融办定性为议事协调机构外,其余的均定性为同级政府的组成部门。

② 典型的如山东省于2013年12月出台《关于建立健全地方金融监管体制的意见》,明确要求县级以上人民政府单独设置金融工作办公室,并同时加挂地方金融管理局的牌子。

③ 参见张莫、蔡颖:《地方金融办将被剥离融资职责——分层监管仍面临多重博弈》,载《经济参考报》2014年5月8日,第5版。

命的融资职能不可避免会使其以行政之手干预金融市场,从而与以“安全”为核心的“监管”职能形成冲突。这种抵牾与冲突的结果必然会削弱金融监管的独立性,使金融办沦为地方政府开展融资工作的“抓手”,①久而久之会引发地方金融监管行为的扭曲,影响区域金融秩序稳定。②

二是金融办作为地方金融监管机构的地位和监管权责并无充分的法律授权。权力来源的合法性是权力运行正当性的逻辑起点。任何无法律依据的权力都是“无权者的权力”,并非真正的权力。我国金融办所拥有的监管权正处在这种合法性不足的尴尬之境。首先,虽然各省“三定”方案均都不约而同地赋予金融办拥有对地方金融的“监管”职能,然而这种“三定”方案只是地方党委、政府对其内部机构编制管理工作的一种体现,充其量是一种行政分权,并不具有法律上的授权效力。这种缺乏法治授权基础的金融办在行使监管职能时不可避免会存在非制度化、非规范化的问题。其次,从上述中央专门授予地方政府金融监管权的规范性文件来看,除了《关于小额贷款公司试点的指导意见》有明确要求省级政府指定金融办负责小额贷款公司监管外,其余的都只是授权给省级政府。然迄今各地的省级政府并没有将其获得的剩下六类地方影子银行的监管权划归分配给其属下的金融办负责。这些监管权依旧分散在省级政府的多个职能部门。比如融资性担保公司由同属省级政府组成部门的经信委负责监管;地方典当行、融资租赁公司、商业保理公司则由商务厅监管。可见,由于缺乏相应的法律对金融办监管权力和运行程序加以追认,金融办目前拥有的地方金融监管权是残缺不全的,这在某种程度上增加了金融办协调各机构的成本。最后,退一步讲,即使金融办经过上述中央规范性文件的授权对小额贷款公司拥有监管权,但这种监管权的授予却存在合法性危机。因为根据《立法法》,作为与省级政府平级的人民银行和银监会是无权通过这种授权。③ 此外,上述的指导意见还授权由金融办设置一项行政许可,即规定:“申请设立小额贷款公司,应向省级政府主管

---

① 这集中体现在大多数省公布的金融办“三定”方案中最后都有“承办省(市)政府交办的其他事项”这一兜底性条款。

② 参见刘志伟:《地方金融监管权的理性归位》,载《法律科学》2016 年第 5 期。

③ 《中华人民共和国立法法》第 91 条规定,部门规章之间、部门规章与地方政府规章之间具有同等效力,在各自的权限范围内施行。

部门提出正式申请，经批准后，到当地工商行政管理部门申请办理注册登记手续并领取营业执照。”依照《中华人民共和国行政许可法》第14条的规定，[①]这种作为小额贷款公司试点审批的行政许可，在目前没有法律法规依据、国务院也未以发布决定的方式加以设定的情形下，地方性法规和省、自治区、直辖市人民政府规章是不能设定这种作为企业设立登记的前置性许可。可见，且别说这种授权是否于法有据，单是对小额贷款公司的批准设立，各地省级政府实际并不具备相应的权限。[②]

三是金融办与中央金融监管派出机构之间的关系定位模糊不清。从管理体制看，中央金融监管是一种由上至下的垂直监管，属于“条”型专业管理。而地方监管是一种由点带面的横向监管，属于“块”型综合管理。倘若两者关系定位没有厘清，监管权责配置不明，很容易形成条块分割，引发监管重叠、监管推诿甚至监管异化。因为两者监管的目标诉求不一。中央金融监管派出机构多从整个国家视角来考量和关注地方金融问题，而金融办显然无法从国家高度系统考量和控制本地的金融风险，其更多地从地方利益出发，倾向于选择性地配合中央金融政策，导致金融监管和宏观调控在基层执行受阻；有的地方甚至突破中央有关部门的监管规定，滥设具有融资功能的准金融机构，不仅削弱了国家监管政策的权威性，还易导致监管套利行为的发生。[③] 此外，虽然上述的中央政府及其各部委所颁发的专门授以地方政府金融监管权的规范性文件在一定程度上缓解两者因监管配置不明引发的监管冲突，但毕竟这种授权性规范性文件的效力层次低，而且只能适用于个别具体的影子银行，并非一种顶层的制度安排，依旧无法从根本上解决中央与地方金融监管权配置的模糊问题。

四是金融办的监管能力严重不足。撇开上述法律授权合法性与否不谈，地方政府要把金融办打造为具有地方金融监管职能的实体化部门，首先就必

---

① 《中华人民共和国行政许可法》第14条规定，行政许可事项应由法律、行政法规、地方性法规设定，地方政府规章可以设定临时性的行政许可，而且临时性的行政许可实施期满一年仍需继续实施的，应提请同级人民代表大会及常委会制定地方性法规。同时地方性法规及省级人民政府规章不得设定企业或其他组织设立登记的前置性行政许可。

② 参见陈斌彬：《完善我国小额贷款公司法律监管的思考》，载《南方金融》2009年第12期。

③ 参见周学东：《央地金融监管职责的边界与协调》，载《上海证券报》2015年3月24日，第A版。

须先夯实其自身的监管能力。从上表 5 - 3 的数据可见,截至 2017 年年底,先不说融资性担保公司,单就小额贷款公司而言,全国各省批准设立的就高达 8631 家,数量已经超过了现行中央"一行两会"监管的所有金融机构的总和。而与如此数量庞大的被监管对象相比,全国各地金融办人员编制、技术储备和经费支持普遍不足已是一个不争的事实。以地方金融发展最为活跃的广东省为例,目前其金融办的行政编制 46 人,扣除正副处级领导 16 名及后勤服务人员数 7 名,真正在地方金融发展处负责小额贷款公司和融资性担保公司一线监管的只有 6 人(其他人负责其他任务),但广东省目前小额贷款公司就有 525 家,融资性担保公司 529 家,这导致金融办对两者每季度上报数据的工作都难以完成。还有,在监管专业性方面,整个金融办有金融业从业经验的监管人员也才 15 人,仅占 32% 左右,显然无法满足专业监管的需要。① 事实上,广东省金融办的人员编制配备在全国地方金融办中还算名列前茅。据《21 世纪经济报道》记者的实地调查,一般省级金融办往往只有十几位至二十几位编制人员,地市级金融办也就 3 人至 4 人,县区 1 人至 2 人。更有甚者,有的县(区)级金融办仍与其他部门合署办公,并无专门编制和人员。② 因此,如果银保监会再把其刚从商务部承接的对典当行、融资租赁公司、商业保理公司三大影子银行机构的监管权下放给地方金融办,则单单新增的 2 万家"类金融"公司就使本来能力不足的金融办更加不堪重负。③ 由此可见,金融办现行监管能力与其监管对象范围的急剧扩张严重不匹配,已然对地方金融监管职能扩张推进构成掣肘和阻碍。

---

① 数据系作者根据广东省金融办官方网站公布的信息整理而成,参见广东省金融网 http://www.gdjrb.gov.cn/index.php/data,最后访问日期:2018 年 7 月 12 日。

② 参见辛继召:《2 万家"类金融"公司监管变局:租赁、保理、典当将由银监会指导,地方金融办监管》,载《21 世纪经济报道》2017 年 9 月 5 日,第 3 版;谢水旺:《地方金融办 P2P 监管乏力困境》,载《21 世纪经济报道》2017 年 7 月 17 日,第 11 版。

③ 2018 年 5 月 14 日,商务部办公厅正式公布《关于融资租赁公司、商业保理公司和典当行管理职责调整有关事宜的通知》,将融资租赁、商业保理和典当行三大类影子银行机构的业务经营和监管职责划转给银保监会。2018 年 5 月 15 日,广州金融局就发布了《广州市决胜防控金融风险攻坚战三年行动计划(2018 ~ 2020 年)》,公开将融资租赁、商业保理和典当行纳入其监管工作的范围,并把规范影子银行等类金融业态列为重点行动。虽然银保监会尚未就这三类金融机构的监管问题做出公开的说明,但广州局的这一举措已被业内人士解读为银监会未来会将这三类业务监管工作下放给地方金融办负责的信号。

三、完善中央与地方影子银行监管权配置的思考和对策

虽然早在 2013 年 11 月 12 日,中国共产党第十八届中央委员会第三次全体会议通过的《中共中央关于全面深化改革若干重大问题的决定》就明确提出"界定中央和地方金融监管职责和风险处置责任",但迄今我国对两者监管权配置的具体方案迟迟没有对外公布。① 这就导致实践中中央与地方监管权博弈中的"二律背反"。就中央而言,面对地方影子银行的大量涌现和地方金融发展的日益差异化,其囿于自身的监管能力,不得不寻求身处一线的地方政府的监管分担与支持,但是却又对地方政府滥用监管权干预地方金融发展心存忧虑。在此两难情境下,中央各监管部门只能严控手中的金融监管权,采用逐一、试点的方式将部分地方影子银行的监管权(如小额贷款公司、融资性担保公司及典当行等)渐进授予地方政府行使;而对地方政府而言,其固有的地方经济管理职能决定了其所需要的地方金融监管权理应是一种"块"型综合管理权,仅靠中央授予的这种零散化的金融监管权显然难以为继。于是,为突破中央对金融监管权的垄断,地方政府要么通过"打擦边球""用足政策"等方式自行扩展中央下授的监管权力,要么打着方便管理或金融维稳的幌子自设监管权力,从而导致大量事实上无法律依据的监管行为的存在。② 无疑,地方政府在金融监管上的这种"蠢蠢欲动"和"暗箱操作"反过来又会加剧中央对金融监管权力下放的忧虑与担心,从而在两者间形成一种相互攻防的"恶性循环"。地方金融办上述所处的尴尬之境不能不说就是这种"恶性循环"的折射与反映。

由上可见,虽然地方金融蓬勃发展的事实已迫使我国垄断性的中央垂直

---

① 虽然 2014 年 8 月国务院办公厅曾颁发了《关于界定中央和地方金融监管职责和风险处置责任的意见》,试图对央地金融监管职责和风险处置责任的边界作出界定,但遗憾的是,该意见至今迟迟未向社会公开。显然,根据国务院办公厅 2018 年 5 月 16 日发布的《关于加强行政规范性文件制定和监督管理工作的通知》的要求,这种未经公布的行政规范性文件不得作为行政管理依据,自然无法用于指导中央与地方金融监管权的配置关系。

② 典型的例子如深圳金融办早在 2017 年 12 月 15 日就宣布将融资租赁、商业保理、典当行等影子银行业务划入其负责监管的范围。然银保监会也才在 2018 年 5 月 14 日刚从商务部承接了这三大类影子银行机构的监管权,迄今其尚未像小额贷款公司、融资性担保公司那样就租赁、保理、典当等影子银行牌照下发监管授权文件。

监管体制出现松动,逐渐形成了中央集权和地方有限分权的双层监管格局,但与中央集权监管有法可依形成鲜明对比的是,我国地方政府享有的金融监管权在立法上始终语焉不详。① 这就意味着地方分权配置的内容、配置区域和分权期限不是建立在法治化基础之上,全凭中央一手决定,地方享有的金融监管权存在很大的模糊性和不确定性。可见,欲切断中央和地方在金融监管博弈中的"恶性循环"。首先,我国应在立法上澄清当前两者监管权纵向配置模糊不清的问题,按照监管责权利统一的原则划分中央与地方监管的权力边界。具体而言,在监管的客体上,凡是涉及国家金融稳定的全国性事务由中央监管机构继续保留监管权,即中央主要监管系统重要性金融机构即包括商业银行、证券公司、保险公司等正规金融机构及全国性的影子银行业务(如各类理财类产品、第三方支付等)。② 而就地方政府而言,其不仅要遵循"谁审批,谁监管"的原则,负责"一行两会"驻地派出机构监管范围之外的新型金融组织和金融业务的监管,包括辖区经其审批的地方性影子银行,地方交易场所、民间借贷等属地金融业务,而且还要担当起各种未经其批准但主要活动在当地展开的各类影子银行业务,从而实现监管的全覆盖。

无疑,笔者上述建言的立法内容已非中央金融监管部门规章或规范性文件所能承载,而应上升到一国金融顶层设计的高度。是故,这种立法至少应由国务院负责承担。在笔者看来,若一时无法形成行政法规,那国务院也应尽快对先前既有的《关于界定中央和地方金融监管职责和风险处置责任的意见》这一内部文件加以充实完善,及时向社会公开发布,使之真正成为指导我国中央与地方金融监管权配置关系的规范性文件,从而彻底消弭当前地方金融监管权来源上位法缺乏之不足。

其次,将金融办打造成地方金融监管局,通过立法赋予其对地方金融市场的统一监管权。前已述及,截至 2012 年年底,我国大陆地区的 31 个省、

---

① 我国目前对地方金融监管权的确认主要集中在《中共中央关于全面深化改革若干重大问题的决定》,《我国国民经济和社会发展"十二五"规划纲要》及"一行三会"制定的《金融业发展和改革"十二五"规划》等政策性文件,尚未形成法律。

② 在这其中,对地方性法人金融机构如农村商业银行、村镇银行与农村信用合作社等,虑及其经营地域主要下沉在县域农村,与当地社会的利益关联更强,故为充分发挥地方政府一线监管的信息优势和积极性,立法亦可允许由地方政府负责或配合中央监管机构对其施以全面监管。

市、自治区政府均已成立金融办,而且最近各省公布的金融办“三定”方案皆将其定性为承担地方政府属地金融监管职责的职能机构。是故,为名至实归,笔者建议地方尤其是省级政府应积极推进,将现行的分散在经信委、商务厅等部门对融资性担保公司、典当行、融资租赁公司、商业保理公司等的金融监管权加以整合、统一归口至金融办,并将之升格为地方金融监管局以负责本地金融业的监管。无疑,地方金融监管的统一化不仅可以避免现有各主管部门集地方金融资产所有权与监督管理权于一身,而且可以有效克服既有的多部门监管相互扯皮和推诿形成的监管盲区(如网络贷款公司的监管),形成监管合力,减少不必要的协调成本和提高监管的整体效率。

然而,金融监管的良性发展离不开金融法治。地方政府在完成地方金融监管权整合,将金融办升格为地方金融监管局的同时,还应通过立法形式对之加以明晰和确认,以防改革成果于法无据。如前所析,目前地方金融办履职依据基本是中央部委和省级政府颁发的行政规章及其规范性文件,然这种文件不仅不成体系,而且法律效力层级低,无法为违反监管规定的金融机构设定全面的行政处罚。[①] 为此,笔者建议地方在遵循前述国务院对中央与地方金融监管权配置意见的前提下,可提请中央金融监管机构制定统一的授权规则或按照法律规定提交省级人大制定类似《地方金融监督管理条例》,赋予地方金融监管局对包括地方影子银行在内的地方金融市场实施全面监管的职权。地方政府和地方金融监管局再以《地方金融监督管理条例》为“母法”,制定相应的监管实施细则和操作办法,包括监管机构设置、人员配备和监管方式、手段等,以确保地方金融监管工作的开展在法治化轨道中运行。[②]

再次,通过制度创新强化地方金融监管的独立性,防止监管权再度被异

---

① 根据《中华人民共和国行政处罚法》第 12 条,国务院部、委员会制定的规章对违反行政管理秩序的行为,只能拥有警告或者一定数量罚款的行政处罚的创设权,而对“没收违法所得、没收违法财物”和“责令停产停业”等处罚措施并无权创设。

② 山东省就循此路径率先在全国启动地方金融监管的法治化改革。2014 年 4 月 25 日,山东省向中央编办上报了《山东省政府机构改革方案》,提出对金融办加挂省地方金融监督管理局的牌子,以推动地方金融业务统一归口至金融办管理。2016 年 3 月 31 日,山东省第十二届人民代表大会常务委员会第二十次会议通过了《山东省地方金融条例》。该条例明确了地方金融组织以及地方政府的金融服务内容,规定了地方金融监管的权限、手段及内容,并要求山东省编办、法制办等部门为地方金融监管人员办理行政执法证,保障各级地方金融监管部门依法开展地方金融监管。

化成政府融资的工具。众所周知,独立性是监管机构维护市场公平竞争秩序和保证监管有效性的重要基石。然如前所析,我国金融办的监管职能深受所在地方政府“融资”目标的影响,其独立性问题一直令人诟病。[①] 因此,立法在赋予地方金融监管局对地方金融市场统一监管权的同时如何避免其重蹈金融办的覆辙则是一个不得不审慎思考的问题。以笔者见之,在短期内我国中央与地方经济权力结构改革无法获得有效突破的情境下,贸然采用剥离金融办(地方金融监管局)“融资”职能的做法并不现实。[②] 相反地,我们只有在肯定金融办“融资”职能对当前地方政府发展地方经济作用非凡的基础上,通过制度创新限制地方政府的随意干预才是正确处理“融资”与“监管”职能冲突的可行之举。具言之,这些可供选择的制度创新包括:(1)设置地方金融监管的权力清单制度,明晰其与地方政府其他部门的权力界限,并向社会全面公开,使公众得以知晓和监督地方金融监管局的权力行使,避免其在地方政府的压力和胁迫下沦为地方政府融资的工具。(2)推行地方金融的省级垂直管理体制。为减少地方政府尤其是市、县(区)政府对本级地方金融监管权的干预,确保金融监管政令在地方各级上下畅通,建议对组建后的金融监管局在运行架构上推行省级直管模式,即地方金融监管局设置在省级层面,隶属于省级政府,而省级以下的金融办则与本级地方政府脱钩,直接改制为省级金融监管局驻地的派出机构,其先前的机构编制管理工作、人事任免和监管业务等上收归至省级金融监管局统一管理和部署。如此,既可在一定程度上强化地方金融监管的权威,又能大面积减少市、县(区)政府对金融办履行监管职责的不当干预。(3)引入中央金融监管的督察机制。上述省级金融监管局垂直管理模式虽可在很大层面上缓解“融资”与“监管”职能合二为一的矛盾,增强地方金融监管的独立性,但仍不能从根本上解决。原因在于这种半垂直监管模式对直管的省级政府依然无能为力,无法杜绝省、市、自治区人民政府为竞逐辖区金融竞争力排名而以“监管之名”,行“融资之实”的干预策略。故为弥补这一缺陷,保证省级层面地方金融监管权行使的有效

① 参见刘志伟:《地方金融监管权的理性归位》,载《法律科学》2016 年第 5 期。

② 参见潘宏晶、吕庆明:《地方政府金融办职能定位问题研究》,载《西部金融》2014 年第 1 期。

性,我国亦可像对国有土地一样建立类似的中央督察制度,①由金稳委挂帅代表国务院对各省、自治区、直辖市地方金融监管情况进行定期的监督检查,对监督检查中发现的地方金融监管被干预或滥用于为地方“融资”的服务问题,则金稳委可以向相关省级、直辖市和自治区人民政府提出整改意见。对整改不力的,则报请国务院进行通报批评、或对地方党政一把手进行公开约谈,责令其限期整改。② 无疑,监管督察犹如悬在地方政府头上的“达摩克利斯之剑”,其对促成地方政府的自我约束和防止地方金融监管权独立地位被侵蚀意义重大。

最后,由金稳委牵头,建立中央与地方金融监管工作的协调机制,提高对地方影子银行监管的有效性。金融的内在脆弱性与社会公共性决定了地方金融监管工作的推进不能与中央隔绝开来。为避免地方影子银行运营风险外溢扩散成区域乃至全国性的金融风险,在纵向层面建立中央与地方的金融监管协调机制已必不可缺。在此,作为国务院统筹协调金融稳定和改革发展问题的金稳委应该发挥关键的作用,以笔者之见,金稳委这种协调机制至少应涵盖以下几个方面的内容:一是监管信息的对接共享。即建立中央与地方的金融监管信息共享平台,实现地方监管信息优势与中央监管专业优势的互补,从而为中央金融管理部门更好地指导地方金融监管工作和防范、化解系统性风险提供全面的决策依据。二是行业征信信息的对接共享。即督促地方金融监管局制订本地金融的征信标准,推动辖区内地方影子银行完善信用管理制度和征信平台的建设,使之尽快纳入人民银行的征信系统,从而实现信用信息共享,为地方金融风险的防范提供信用支持。三是建立定期的监管会商机制。即中央金融监管机构和各省地方金融监管局负责人定期(如以一季度为准等)通过联席会议形式进行相互监管情况通报和跨省区金融风险的预警和部署,确立中央督促和指导地方金融监管工作的常规化模式。四是风

① 有关国有土地督察制度运作的具体内容可参见国务院办公厅2016年7月24日颁发的《关于建立国家土地督察制度有关问题的通知》(国办发〔2006〕50号)。

② 在金融督察制度中,从节省行政运作成本的角度考量,笔者并不赞成我国沿袭既有的土地督察模式,另起炉灶成立专门的土地总督察机构,而是主张由金稳委担任地方金融监管督察主体。因为监管督察工作本身就是中央要求金稳委履行的“指导地方金融改革发展与监管,对金融管理部门和地方政府进行业务监督和履职问责”这一职能的应有之义。

险处置的协调。毋庸置疑,按照责权利统一原则,中央金融监管机构承担全国性的或区域性金融风险的处置,地方政府承担属地风险的处置。然属地风险、区域风险和全国性风险有时并非那么泾渭分明。尤其是一些地方性影子银行表面上深耕于地方,但借助互联网等金融科技,其交易已不受传统物理网点的限制,风险传播范围早已突破了区域性限制,超出地方的处置能力,故而亟须中央监管机构的援手。可见,在风险处置上,中央和地方有必要在事先的风险识别与风险评估中展开沟通协调,建立立体化、全面化的地方及区域风险预警体系,从而为双方各自的风险处置及合作提供准确的指引,避免因信息不对称或相互避重就轻而错过最佳的风险处置时机。

本章小结

本章从横向和纵向两个维度出发,围绕金融监管权配置法治化这一主线,深入探讨了法律制度在影子银行监管体系化中的建构作用。

首先,从横向维度看,借鉴泰勒"双峰监管"理论,本章主张将中央金融监管权整合配置为审慎监管权和行为监管权:让前者致力于维护金融稳定、实现金融机构稳健经营及防范和化解金融风险;而让后者则用于防范和制止金融机构可能出现的道德风险、欺诈和不公正交易,保护金融消费者权益。不过,虽然这种目标导向型的"双峰监管"模式在后危机时代得到了广泛认可,并渐为各国金融监管改革所青睐。但具体到我国,本章并不赞同彻底抛弃既有的分业监管体制,贸然在中央层面引入或设置与泰勒所倡的"双峰监管"完全相同的二元监管框架。相反地,基于我国金融市场结构和既有监管体制的稳定性与连贯性之考量,本章主张在保留当前"一行两会"机构监管基础上,汲取"双峰监管"理论的养料,循序渐进地推进包括影子银行监管在内的中央金融监管框架的改革与调整,使之臻于系统化。具体而言,在审慎监管的层面上,本章分从宏观审慎与微观审慎展开。对于前者,为弥补我国系统性风险监管的不足,本章提出近期(推进金稳委的组织协调职能的法制化,变"横向监管协调"为"垂直监管协调")和中长期(赋予人民银行的宏观审慎监管职责,确立以人民银行为主导,金稳委协助补充的复合宏观审慎监管机构)两步走的策略;对于后者,本章则依据第四章所确立的监管原则,从信息披露、风险预警、运行豁免、日常穿透、套利治理等方面对影子银行微观审慎监管提出了改进建议和对策;而在行为监管层面,本章则力倡我国可借鉴境外的做法,将金融消费者保护职能从微观审慎监管机构中分离出来,交由独立的机构承担,即将"一行两会"中三个内设的金融消费者保护部门加以整合,并在此基础上组建完全独立于审慎监管机构的金融行为监管局。

其次,从纵向维度看,本章探讨了地方政府在(地方)影子银行监管上的地位和作用,指出影子银行经营上的草根性和地域性决定了对其的监管仅凭中央政府一己之力是难以奏效的,亟须央地上下通力协作。进一步地,本章分析了当前我国地方政府在参与影子银行监管中面临的各种困境,提出了相应的破解对策,主要包括:(1)从立法上澄清中央和地方监管权纵向配置不清的问题,按照监管责权利统一的原则划分央地监管的权力边界;(2)将地方金融办打造成地方金融监管局,通过立法赋予其对地方金融市场的统一监管权;(3)通过设置监管权力清单等制度强化地方金融监管的独立性,防止监管权被异化成政府融资工具;(4)由金稳委牵头,建立央地金融监管的协调机制,提高地方金融监管的有效性。

综上所述,本章建言的我国影子银行监管体系化思路可以简单概括为:"双层+三元结构双峰"模式。其中的"三元结构双峰"是指在中央的横向层面建构以人民银行为主的宏观审慎监管机构、银保监会和证监会为主的微观审慎监管机构及专门的行为监管机构(如金融消费者保护局等);①而"双层"就是指从纵向层面完善中央和地方两级对影子银行监管权的配置,继而形成中央与地方(省)政府适度分权的二元监管体制。

---

① 泰勒提出的"双峰"监管原型,不仅实质上要求审慎监管与行为监管分离,还在形式上要求将微观审慎和宏观审慎放在一个审慎监管机构之下,从而与行为监管机构遥相呼应,形成双峰。显然,若从形式意义而言,这里是宏观审慎监管机构、微观审慎监管机构与行为监管机构组成的"三峰",还不是严格意义上的"双峰"监管体制。有学者将此类没有"双峰监管"之形,但有"双峰监管"之实的监管架构为"三元结构双峰"。笔者在此也采用此义。有关"三元结构双峰"的提法,可参见吴云、张涛:《危机后的金融监管改革:二元结构的"双峰监管"模式》,载《华东政法大学学报》2016年第3期。

结束语

英国著名作家阿道司·赫胥黎(Aldous Huxley)曾言,“历史的魅力和神秘就在于:世世代代,历史总是惊人的相似,但不会简单地重复”。[①] 2008年,由美国次贷危机引发、演化的国际金融危机重创了全球经济金融体系。其规模之大、影响之深可以比肩上世纪30年代西方世界的“大危机”(The Great Depression)。至今危机仍余波未了,令人心悸。然与之前历次危机不同的是,2008年金融危机爆发、传导和蔓延的主要推手不是传统金融机构,而是以往闻所未闻却又长期被各国监管当局“不屑一管”的影子银行。于是,危机过后,“影子银行”开始浮出水面,大量进入公众媒体的视野和各国金融监管文件之中,一跃成为国际金融界关注的焦点。我国虽然受2008年美国金融危机的影响相对较小,但同欧美一样,近年来理论界和实务界对影子银行关注的热度也一直有增无减。而且,在当前的经济新常态下,发展影子银行对推动金融为实体经济服务,破解我国中小企业融资“瓶颈”和缓解金融抑制意义重大。然而,影

① [美]努里埃尔·鲁比尼、斯蒂芬·米姆:《末日博士鲁比尼的金融预言》,巴曙松等译,万卷出版公司2010年版,第20页。

子银行是一把“双刃剑”,其天生跨市场、跨行业的运营偏好和规避审慎监管的运营动机无疑对建构在正规金融基础上的“一行三(两)会”式中央分业监管体制提出了如下的挑战与拷问:一是宏观审慎监管主体的缺失导致系统性风险的监管乏力;二是微观审慎监管的各自为政导致了监管套利和监管盲区;三是行为监管的不独立导致了消费者权益保护的不周延;四是央地监管权配置的模糊导致了地方政府对影子银行监管的低效。

令人欣慰的是,影子银行的这些挑战与拷问正唤起了国人对我国既有金融监管理念和监管法制的省思。相应地,如何破解当前我国影子银行宏观审慎监管缺位、微观审慎监管分散、行为监管乏力及它们与影子银行创新之间的张力和冲突,为金融市场的安全、高效运行提供应有的制度保障则成为后危机时代我国管理层亟须解决的一大难题。本课题的立项可谓正当其时。作为对破解该难题的一种关切与回应,本课题在深谙本次金融危机的形成原因和当前我国影子银行市场所处发展阶段特征的基础上,试图通过增量式制度变革设计以对现行影子银行监管法的效率和安全价值目标进行更深层次上的均衡与整合,继而创设出一种既切合我国影子银行运营实际又顺应后危机时代国际监管改革趋势的中国式影子银行监管模式。为达致此一目标,四年来课题成员孜孜矻矻,通力协作,对上述影子银行监管存在的问题逐一进行了深入的论证与探讨,并形成了如下的诸多见解与对策建议:

第一,本书提出了“功能、风险与监管”三要件组合的影子银行界定思路。虽然2008年金融危机之后国内外对何谓影子银行见解纷呈,莫衷一是,但学界一直鲜有对之作一汇总和类型化的归纳。本书开篇第一章正是通过各种纷争性定义的表象,将现有影子银行的定义模式分为组织机构论、业务工具论及综合论三种,并通过对比分析揭示了综合论这种定义模式的科学性、合理性及与实际的兼容性。进一步地,在借鉴FSB对影子银行定义要义的基础上,遵循保罗·麦卡利提出“影子银行”这一术语的最初本意和后危机时代各国防范控制影子银行运营风险的现实意图,主张在现有综合论的基础上嵌入“功能、风险与监管”这三要件来限缩影子银行的边界,以避免将“影子银行”泛化为所有的非银行金融机构或准金融机构。当然,本书并不认为上述三要件限定下的综合论就是完美无缺和令人绝对信服。

因为“影子银行”自身的复杂性和多样性决定了试图在影子银行概念上寻求“一统江湖”的做法是几无可能的。[①] 然而，即便如此，追本溯源，从“影子银行”提出者即前文的保罗·麦卡利对影子银行是“游离于监管体系之外，从事类似于传统商业银行业务并与之相对应的非银行金融机构”这一表述来看，我们不难发现麦卡利对影子银行“游离于传统监管体系”和“复制商业银行功能”这两个特征是颇为看重的。是故，那种认为“监管程度”或“监管与否”等条件与影子银行定义无涉显然与保罗·麦卡利创造“影子银行”这一术语的本意背道而驰。有鉴于此，本书第一章章名所言的“正本清源”更多的是强调我们在认识和界定“影子银行”概念的内涵与外延时理应遵循“影子银行”提出者的最初本意，避免出现诸如影子银行就是所有非银行金融机构或准金融机构这种漫天撒网式的圈定。当然，诚如有学者所言，如果在金融法律制度的创新中，对某一个或某些重要性的概念认识不清或半知半解，那么在行为模式的确立上就很可能会出现“一步走错，满盘皆输”的结果。[②] 是故，本书第一章就是试图通过援引上述三个限定要件以对现有综合论加以优化，以使影子银行的边界更为清晰和可被识别，从而为全书研究的展开奠定逻辑起点和标靶。

第二，一个制度如果不受到批判，就无法得到改进；任何东西如果永远不去找出毛病，那就永远无法改正。[③] 是故，本书第二章转入对我国影子银行监管的法律梳理与反思之中。这种梳理和反思分从以《关于加强影子银行监管有关问题的通知》为代表的一般性影子银行监管法和以“一行两会”颁发的有关银行理财产品、P2P 网贷平台、第三方支付、私募股权基金等监管规章为代表的专门性影子银行监管法这两个维度展开。通过梳理和反思，本书发现我国既有的影子银行监管立法不仅分散碎片，不成体系，而且它们普遍都深受经济转型和社会维稳政策的影响，立法目标多元而不均衡，

---

① 个中的原因不仅在于大家对影子银行的认识视角各异，更重要的是影子银行自身的复杂性和多样性。对此，FSB 早在《2012 年全球影子银行监测报告》的最后就曾一针见血指出，“具体何种对象才算影子银行，并不存在国际通行口径，要视不同经济体的金融体系和监管体系的具体情况而定”。

② 参见黎四奇：《对后危机时代影子银行监管的冷思考》，载《暨南学报》（哲学社会科学版）2014 年第 8 期。

③ 参见［英］边沁：《政府片论》，沈叔平等译，商务印书馆 1995 年版，第 99 页。

立法内容刚性而又不周延。主要表现在实践中,这些监管立法总体都倾向于严加管理、严控微观风险,对金融创新、宏观风险和金融消费者权益的保护欠缺应有的重视,偏于"一刀切"。有的监管立法甚至无视我国影子银行的运营实际,在相关规定中要么"落得元嘉草草",仓促地将之简单化定性,要么"磨刀霍霍向猪羊",动辄对之施以封杀取缔。① 这些监管立法上的畸轻畸重和碎片化与影子银行运营实践的落差无不昭示着对其完善与重构的必要性和紧迫性。

第三,作为滥觞于美国的金融创新,影子银行在美国、欧盟与英国等世界主要金融体系中得到了全面的呼应、传播与勾连,并成为后危机时代世界范围内较为普遍的金融现象。本书第三章基于历史与比较的分析方法,从国际和国别两个层面深入探讨了以 FSB 和 BCBS 为代表的国际组织和以美、欧、英为代表的主要经济体影子银行监管框架的调整和相关立法政策的演进、变动情况,从中提炼和总结出了影子银行的共有属性和各国因应影子银行监管改革思路和监管举措。这些思路和举措包括:强化行政监管、扩大央行的监管职权、构建宏观审慎监管框架及推动行为监管与传统审慎监管分离等。

第四,本书既重视通过比较方法研究挖掘和汲取境外影子银行监管的先进经验和变革趋势,也十分强调中国影子银行与欧美影子银行差异性所带来的监管建构理念与方式的不同。毋庸置疑,中国影子银行与欧美影子银行发展阶段不同,影子银行的结构表现也大不相同。简言之,欧美的影子银行经历完整的发展周期,相当成熟发达,在很大程度上是资产证券化和衍生化的结果,主要表现为机构组织形式,更多属于"外部"类的影子银行,为"投资银行的影子";而我国的影子银行则处于成长的起步阶段,在很大程度上是商业银行本身为规避监管或以商业银行为母体衍生出来的信用转换链条,主要表现为业务(工具)形式,更多属于"内部"类的影子银行,是"商业银行的影子"。中外影子银行结构的差异不仅一方面表明当前我国影子银行不是创新过度,而是创新不足,欲发挥其对实体经济支持作用则亟须立

---

① 典型的例子如前述所析的我国监管当局罔顾 P2P 网贷平台的信用中介功能,通过立法强行将之简单定位为网贷信息中介及对银行理财产品资金池运作模式的一概禁止和封杀。

法（监管）加以呵护鼓励；另一方面也暗示着其潜藏的运营风险不可小觑，容易通过商业银行传导到整个金融体系，故而也亟须立法（监管）加以防范和疏导，同时保护金融消费者的合法权益。显然，在影子银行监管上，我们不能凭危机之后的一时激情和愤慨而盲目地全搬欧美强化行政监管的理念和举措。进言之，本书认为我们汲取欧美危机的经验教训，将影子银行纳入法律监管范畴，堵塞监管漏洞和弥补监管盲区并无疑义，但若一味强调加强影子银行监管则未必切合我国当前的实际。基于此，本书第四章针对我国影子银行所处的成长阶段及结合当前经济新常态亟须发展影子银行的背景提出我国应树立起宽严相济，堵疏结合的影子银行监管理念。进一步地，为使这种理念更具实践指导和操作价值，第四章还通过进一步的论证，力主当前我国对影子银行的监管立场整体上应以宽管或疏浚为主，慎用诸如禁止或取缔的严管措施。最后，第四章在一般金融监管原则的基础上还别出心裁地凝练出切合我国影子银行运行实际的七个特殊性监管原则，即透明化原则、差别化原则、相称性原则、安全港原则、实质性原则、协调性原则和协作性原则。

第五，在综合前面各章论证的基础上，本书第五章从横向和纵向两个途径深入探讨了我国影子银行法律监管安排的完善和监管体制的重构之径，力图最终形成如下图 1 所示的体系化影子银行监管架构：①

① 需要说明的是，虽然本书研究的金融监管架构是针对影子银行而言，但由于金融监管面临金融业不断变化是一种常态，而今天的影子银行体系在我国已然构成现代金融市场业不可缺少的组成部分，故本书提出的影子银行监管体系化之径不仅对影子银行市场本身，也对整个金融市场的监管都具有普遍的指导意义。

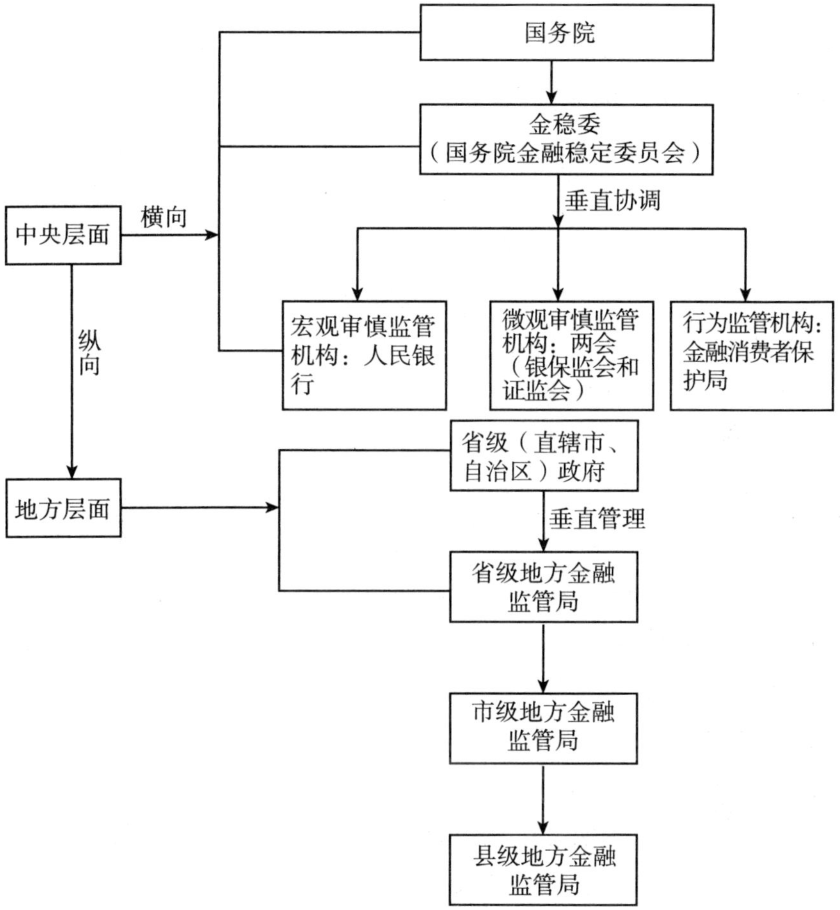

图1　体系化影子银行监管架构

为实现上述的影子银行监管框架，本书建言未来我国可作如下的调整与改革。首先，从横向途径看，包括：(1)从立法上提升和赋予人民银行的宏观审慎监管职责，确立以人民银行为主导，金稳委垂直协调为补充的复合宏观审慎监管机构以负责影子银行系统性风险的监管与处置。(2)保留"两会"的微观审慎监管机构地位，但依据第四章业已确立的监管原则，从信息披露、风险预警、运行豁免、日常穿透、套利治理等方面对"两会"的微观审慎监管安排加以统合、完善。(3)将行为监管从传统审慎监管中分离出来，即将"一行两会"中三个内设的金融消费者保护部门剥离出来加以整合,组建完全独立于“一行两会”的金融消费者保护局,将金融消费者的保护职能上升至与审慎监管相同的高度。(4)充分发挥金稳委的垂直监管协调职能,令之做好以下三方面的监管协调工作:一是协调好宏观审慎监管政策与货币政策、微观审慎监管政策、财政政策和其他政策之间冲突,帮助人民银行更好地行使宏观审慎监管职能;二是协调好银保监会与证监会在微观审慎监管标准上的冲突,严防影子银行与商业银行等其他机构之间风险的系统性传导,推动“两会”引入功能监管,使业务功能相似的影子银行在统一协调立法下遵循同一监管标准,以杜绝当前“两会”审慎监管各自为政所引发的监管空白和监管套利;①三是协调好新增加的行为监管机构(金融消费者保护局)与宏微观审慎监管机构(人民银行和两会)之间的冲突,使中央层面的四个监管机构在各司其职的同时又能互通有无,相得益彰。

其次,从纵向途径看,本书的建议包括:(1)从立法上澄清中央和地方监管权纵向配置模糊不清的问题,按照监管责权利统一的原则划分中央与地方在影子银行监管上的权力边界。(2)将地方金融办打造成地方金融监管局,通过地方立法赋予其对地方金融市场的统一监管权。(3)通过设置监管权力清单等制度创新强化地方金融监管的独立性,防止监管权再度被异化成地方政府融资的工具。这些制度创新包括设置地方金融监管的权力清单制度、推行地方金融监管局的省级垂直管理体制和引入中央金融监管的督察机制等。(4)由金稳委牵头,建立中央与地方金融监管工作的上下协调沟通机制,确保对影子银行监管的全覆盖,从而消弭监管死角和盲区。

综上可见,本书孜孜以求的中国式影子银行监管模式既非对既有的分业监管体制推倒重来,也非完全采用泰勒所倡的“双峰监管”模式,而是在保持“一行两会”监管格局的基础上做出适应影子银行发展的变革与调整。这种变革与调整最终指向的是一种“双层 + 三元结构双峰”模式。其中,“双层”是从纵向层面而言,指的是完善中央和地方(省)两级对影子银行监管权的配置,继而形成中央与地方(省)政府适度分权的二元监管体制。而

---

① 2018年4月27日,我国人民银行、银保监会、证监会和国家外汇管理局联合(简称“一行两会一局”)下发了《资管新规》,首次对不同监管机构管理下的同类资产管理产品的监管标准作出统一的规定。《资管新规》的顺利出台就是金稳委协调职能在此方面的一次成功发挥。

这里的“三元结构双峰”则指未来我国中央横向层面可建立由宏观审慎监管机构(人民银行)、微观审慎监管机构(“两会”)和行为监管机构(新增的金融消费者保护局)三机构并立的监管体制。无疑,这种纵横并举的体系化思路是在“盘活”既有影子银行监管架构(“一委一行两会”)存量效应的基础上,进行增量式的影子银行监管立法(新设宏观审慎监管机构、行为监管机构、组建地方金融监管局优化央地监管配置等),而后再充分发挥金稳委这一议事协调机构在其中的穿针引线作用,以循序渐进地对变革后的“一行两会”进行统筹协调与耦合,使之臻于系统化。只有这样,才能使中央层面的各个监管机构监管目标明确,相互之间既分工有序,各司其职又互通有无,相辅相成,与地方通力协作,从而发挥影子银行监管上的范围效应和协同效应,以达致影子银行监管的全面性、稳定性和有效性。

主要参考文献

一、中文文献

(一)著作、教材类

1. 朱崇实、刘志云主编:《金融法教程》,法律出版社 2017 年版。

2. 沈伟等:《后金融危机时代的金融监管》,法律出版社 2016 年版。

3. [美]哈维尔·E. 杰克逊、小爱德华·L. 西蒙斯:《金融监管》,吴志攀等译,中国政法大学出版社 2003 年版。

4. 韩龙:《金融法与国际金融法前沿问题》,清华大学出版社 2018 年版。

5. 李俊霞、钟伟:《影子银行体系》,中国金融出版社 2015 年版。

6. 彭冰:《互联网金融的国际法律实践》,北京大学出版社 2017 年版。

7. 周莉萍:《影子银行体系:自由银行业的回归》,社会科学文献出版社 2013 年版。

8. 辛乔利:《影子银行——揭秘一个鲜为人知的金融黑洞》,中国经济出版社 2010 年版。

9. 唐红娟:《影子银行体系:功能、脆弱性与监管改革》,知识产权出版社 2012 年版。

10. 管彬:《金融法的风险逻辑》,法律出版社 2015 年版。

11. 李昌麟主编:《经济法学》,法律出版社 2007 年版。

12. 阎庆民、李建华:《中国影子银行监管研究》,中国人民大学出版社 2014 年版。

13. 李国安主编:《金融服务国际化法律问题研究》,北京大学出版社 2011 年版。

14. 徐孟洲主编:《金融监管法研究》,中国法制出版社 2008 版。

15. 黎四奇:《金融监管法律问题研究——以银行法为中心的分析》,法律出版社 2007 年版。

16. 张守文:《经济法理论的重构》,人民出版社 2005 年版。

17. 洪艳蓉:《资产证券化法律问题研究》,北京大学出版社 2004 年版。

18. 李莉莎:《第三方电子支付法律问题研究》,法律出版社 2014 年版。

19. 阎庆民主编:《现代银行业监管前沿问题研究》,中国金融出版社 2010 年版。

20. 郭田勇主编:《金融监管学》,中国金融出版社 2009 年版。

21. 祁敬宇、王刚:《后危机时代的金融监管研究》,首都经济贸易大学出版社 2011 年版。

22. 丁邦开、周仲飞主编:《金融监管学原理》,北京大学出版社 2004 年版。

23. 刘隆亨主编:《银行金融法学》,北京大学出版社 2010 年版。

24. 巴曙松、邢毓静等:《金融危机中的巴塞尔新资本协议:挑战与改进》,中国金融出版社 2010 年版。

25.《多德—弗兰克华尔街改革与消费者保护法案》,董裕平、全先银等译,中国金融出版社 2010 年版。

26. 李扬、胡滨主编:《金融危机背景下的全球金融监管改革》,社会科学文献出版社 2010 年版。

27. [美]丹尼尔 · F. 史普博:《管制与市场》,上海人民出版社 1999 年版。

28. 李文泓:《宏观审慎监管框架下的逆周期政策研究》,中国金融出版社2011年版。

29. 黄婷婷:《宏观审慎监管操作框架研究》,中国金融出版社2011年版。

30. 巴曙松:《2010年全球金融衍生品市场发展报告》,北京大学出版社2010年版。

31. 钱小安:《金融监管体制、效率与变革》,中国金融出版社2006年版。

32. [法]埃哈尔・费埃德伯格:《权力与规则——组织行动的动力》,张月译,上海人民出版社2005年版。

33. [美]塔玛・弗兰科:《证券化——美国结构融资的法律制度》,潘攀译,法律出版社2009年版。

34. [美]肯尼斯・斯朋:《美国银行监管制度》,中国银监会国际部译,复旦大学出版社2008年版。

35. [美]霍华德・戴维斯、大卫・格林:《全球金融监管》,中国银监会国际部译,中国金融出版社2009年版。

36. 吴志攀:《金融全球化与中国金融法》,广州出版社2000年版。

37. 殷剑峰、王增武:《影子银行与银行的影子》,社会科学文献出版社2013年版。

38. 王曙光:《普惠金融:中国农村金融重建中的制度创新与法律框架》,北京大学出版社2013年版。

39. 岳彩申、盛学军主编:《金融法学》,中国人民大学出版社2010年版。

40. 李国华主编:《普惠金融的国际经验与中国实践》,中国金融出版社2014年版。

41. 李仁真主编:《后危机时代的国际金融法》,武汉大学出版社2010年版。

42. 陈斌彬、张晓凌:《股指期货和股票现货跨市场交易监管研究》,厦门大学出版社2015年版。

43. 陈斌彬:《证券投资基金管理人不当行为的法律规制》,厦门大学出版社 2009 年版。

44. 陈斌彬:《我国证券市场法律监管的多为透析》,合肥工业大学出版社 2012 年版。

45. [美]努里埃尔·鲁比尼、斯蒂芬·米姆:《末日博士鲁比尼的金融预言》,巴曙松等译,万卷出版公司 2010 年版。

46. 于永宁:《后危机时代的金融监管变革之道》,法律出版社 2013 年版。

47. 李国安主编:《现代国际金融监管法制变革》,法律出版社 2016 年版。

48. 巴曙松、朱元倩:《巴塞尔资本协议Ⅲ研究》,中国金融出版社 2011 年版。

49. 胡滨主编:《中国金融监管报告(2016)》,社会科学文献出版社 2016 年版。

50. 朱大旗:《金融法》(第 3 版),中国人民大学出版社 2017 年版。

51. 韩龙、彭秀坤等:《金融风险防范的法律制度研究——以我国金融业对外开放为重心》,中国政法大学出版社 2012 年版。

52. 胡风云:《中国影子银行体系监管研究》,中国金融出版社 2016 年版。

53. 王文宇主编:《金融法》,台北,元照出版公司 2014 年第八版。

54. 郭春松:《金融危机、影子银行与中国银行业发展研究》,经济管理出版社 2016 年版。

(二)期刊论文类

1. 周仲飞、李敬伟:《金融科技背景下金融监管范式的转变》,载《法学研究》2018 年第 5 期。

2. 袁达松:《对影子银行加强监管的国际金融法制改革》,载《法学研究》2012 年第 2 期。

3. 沈伟:《中国的影子银行及规制工具选择》,载《中国法学》2014 年第 4 期。

4. 郭雳:《中国式影子银行的风险溯源与监管创新》,载《中国法学》2018 年第 3 期。

5. 杨东:《市场型间接金融:集合投资计划统合规制论》,载《中国法学》2013 年第 2 期。

6. 朱慈蕴:《中国影子银行兴起、本质、治理与监管创新》,载《清华法学》2017 年第 6 期。

7. 沈伟:《银行的影子——以银行法为中心的影子银行分析框架》,载《清华法学》2017 年第 6 期。

8. 冯果、蒋莎莎:《论我国 P2P 网络贷款平台的异化及其监管》,载《法商研究》2013 年第 5 期。

9. 杨东:《日本金融 ADR 制度的创新及其对我国的借鉴》,载《法律科学》2013 年第 3 期。

10. 邢会强:《国务院金融稳定发展委员会的目标定位及职能完善——以金融法中的"三足定理"为视角》,载《法学评论》2018 年第 3 期。

11. 杨东:《论金融法的重构》,载《清华法学》2013 年第 4 期。

12. 冯果:《金融法的"三足定理"及中国金融法制的变革》,载《法学》2011 年第 9 期。

13. 岳彩申、张晓东:《金融监管制度发展的新趋势:消费者保护与审慎监管的分离》,载《上海财经大学学报》2011 年第 3 期。

14. 黎四奇:《对钓鱼欺诈中第三方支付机构作为或不作为法律问题的思考》,载《法律科学》2012 年第 3 期。

15. 杨松、宋怡林:《英国 2009 年银行法的发展与评价》,载《武大国际法评论》2011 年第 2 期。

16. 刘国辉、卢晓康:《小额贷款公司影子银行特征探析》,载《福建金融管理干部学院学报》2012 年第 2 期。

17. 高蓓、张明、邹晓梅:《美、欧、日资产证券化比较:历程、产品、模式及监管》,载《国际经济评论》2016 年第 4 期。

18. 蔡真:《中国影子银行:特征、模式与监管》,载《银行家》2012 年第 11 期。

19. 李建军、田光宁:《影子银行体系监管改革的顶层设计问题探析》,载《宏观经济研究》2011 年第 8 期。

20. 李波、伍戈:《影子银行的信用创造功能及其对货币政策的挑战》,

载《金融研究》2011 年第 12 期。

21. 袁增霆:《中外影子银行体系的本质与监管》,载《中国金融》2011 年第 1 期。

22. 李扬、殷剑锋:《影子银行体系:创新的源泉、监管的重点》,载《中国外汇》2011 年第 16 期。

23. 中国人民银行合肥中心支行金融稳定处课题组:《金融稳定理事会关于加强影子银行监管的政策建议及对我国的启示》,载《金融发展评论》2011 年第 8 期。

24. 杨松、张永亮:《新自由主义、金融危机与金融监管体制之变革》,载《法学杂志》2012 年第 1 期。

25. 彭兴庭:《公平、稳定与自由的权衡与协调——〈多德—弗兰克法案〉述评》,载《证券市场导报》2010 年 10 月号。

26. 巴曙松:《加强对影子银行体系的监管》,载《中国金融》2009 年第 14 期。

27. 易宪容:《影子银行体系信贷危机的金融分析》,载《江海学刊》2009 年第 3 期。

28. 周莉萍:《影子银行体系的机制及其脆弱性》,载《金融市场》2010 年第 10 期。

29. 崔莹:《金融稳定理事会(FSB)近期工作与国际金融监管改革》,载《金融发展评论》2010 年第 5 期。

30. 鲁篱、熊伟:《后危机时代下国际金融监管法律规制比较研究——兼及对我国之启示》,载《现代法学》2010 年(第 32 卷)第 4 期。

31. 杨巍、董安生:《后金融危机时代的美国金融监管改革法案——2010 年华尔街改革和个人消费者保护法案初评》,载《证券法苑》(第 3 卷)2010 年。

32. 杨东等:《后金融危机背景下欧盟金融监管改革的新发展》,载《证券法苑》(第 3 卷)2010 年。

33. 钟春兰:《影子银行的发展及监管的研究综述》,载《中南财经政法大学研究生学报》2015 年第 2 期。

34. 单畅:《中国式影子银行系统的风险特征与监管边界分析》,载《理论月刊》2015 年第 5 期。

35. 张旭阳:《影子银行的辨析与应对》,载《金融市场研究》2014 年第 4 期。

36. 张春华:《我国银信合作理财业务面临的监管政策及其发展趋势》,载《江西财经大学学报》2011 年第 6 期。

37. 于永宁:《我国影子银行监管法律制度的反思与重构》,载《法商研究》2015 年第 4 期。

38. 康书生、董铁峰:《中国影子银行发展及监管问题研究》,载《河北大学学报》(哲学社会科学版)2012 年第 5 期。

39. 黎四奇:《对后危机时代影子银行监管的冷思考》,载《暨南学报》(哲学社会科学版)2014 年第 8 期。

40. 韩龙、包勇恩:《巴塞尔协议Ⅲ对规制资本规则的修订与影响》,载《江西社会科学》2011 年第 1 期。

41. 孙国峰:《中国影子银行界定及其规模测算》,载《中国社会科学》2015 年第 11 期。

42. 曾刚:《监管套利视角下的"影子银行"》,载《金融市场研究》2013 年第 4 期。

43. 张驰:《美国影子银行机构的最新发展》,载《银行家》2014 年第 7 期。

44. 孙艳军:《基于 P2P 金融模式变异法律性质之论证构建其监管模式》,载《中央财经大学学报》2016 年第 3 期。

45. 隋平:《论影子银行风险及监管制度构建》,载《亚太经济》2013 年第 4 期。

46. 尹振涛:《影子银行监管更需顶层设计》,载《中国金融》2013 年第 17 期。

47. 黄辉:《金融监管现代化:英美法系的经验与教训》,载《广东社会科学》2009 年第 1 期。

48. 钟震、董小君:《双峰型监管模式的现状、思路和挑战——基于系统重要性金融机构监管视角》,载《宏观经济研究》2013 年第 2 期。

49. 吴云:《危机后的金融监管改革:二元结构的"双峰"监管模式》,载

《华东政法大学学报》2016 年第 3 期。

50. 刘震:《影子银行体系的运作机制及其监管取向》,载《中国证券期货》2012 年第 5 期。

51. 陈斌彬:《危机后美国金融监管体制改革述评》,载《法商研究》2010 年第 3 期。

52. 陈斌彬:《系统重要性金融机构的监管法制研究》,载《重庆大学学报》(社科版)2017 年第 1 期。

53. 陈斌彬:《美国对证券私募豁免规制及启示》,载《国际经济法学刊》2016 年第 1 期。

54. 王洪凯、陈斌彬:《论第三方支付的消费者保护机制构建》,载《武汉金融》2017 年第 4 期。

55. 陈斌彬:《完善我国小额贷款公司法律监管的思考》,载《南方金融》2009 年第 12 期。

56. 余绍山、陈斌彬:《从微观审慎到宏观审慎:后危机时代国际金融监管法制转型及启示》,载《东南学术》2013 年第 3 期。

57. 陈斌彬:《境外影子银行监管制度的新进展及其启示》,载《商业研究》2013 年第 2 期。

58. 沈伟、余涛:《影子银行的监管逻辑和进路:以影子银行本质属性为切入点》,载《学海》2017 年第 2 期。

59. 王达:《论美国影子银行体系的发展、运作、影响及监管》,载《国际金融研究》2012 年第 1 期。

60. 刘志伟:《地方金融监管权的理性归位》,载《法律科学》2016 年第 5 期。

61. 方先明、权威:《信贷型影子银行顺周期行为检验》,载《金融研究》2017 年第 6 期。

62. 赵鑫臻:《论欧盟货币市场基金监管新规》,载《科技与法律》2015 年第 3 期。

63. 董新义:《论欧盟〈另类投资基金管理人指令〉的私募基金规制制度》,载《金融服务法评论》2013 年第 2 期。

64. 胡雪:《欧盟行为监管与金融消费者保护法律框架分析解读》,载

《中国银行业》2017年第7期。

65. 卢川:《中国影子银行运作模式研究——基于银信合作视角》,载《金融发展评论》2012年第1期。

66. 夏纯、井维维、梁青:《英国〈2010金融服务法〉评述》,载《金融服务法评论》2012年第1期。

67. 高田甜、陈晨:《基于金融消费者保护视角的英国金融监管改革研究》,载《经济社会体制比较》2013年第3期。

68. 李洪雷:《走向衰落的自我规制——英国金融服务规制体制改革述评》,载《行政法学研究》2016年第3期。

69. 张清华:《全球金融危机下中国证券监管理念的历史审视》,载张育军、徐明主编:《证券法苑》(第3卷)(下),法律出版社2010年版。

70. 易宪容:《"影子银行体系"信贷危机的金融分析》,载《江海学刊》2009年第3期。

71. 王启迪:《小额贷款公司的特殊法律地位研究》,载《南京邮电大学学报》(社会科学版),2015年第6期。

72. 秦岭:《美国影子银行的风险及监管》,载《金融法苑》2009年第79辑。

73. 姚斌:《英国影子银行的监管》,载《中国金融》2014年第12期。

74. 姚海放:《网络借贷平台的法律规制研究》,载《法学家》2013年第5期。

75. 谢平等:《互联网金融监管的必要性与核心原则》,载《国际金融研究》2014年第4期。

76. 吴凤君、陈坤:《影子银行的法律涵义及我国的监管路径》,载《海南金融》2012年第5期。

77. 潘宏晶、吕庆明:《地方政府金融办职能定位问题研究》,载《西部金融》2014年第1期。

78. 李将军:《我国信托业是银子银行吗?——兼论我国信托业的经济逻辑和价值》,载《中央财经大学学报》2012年第3期。

79. 黎四奇:《对我国证券监管理念的批判与反思——一个监管者角色定位的问题》,载《经济法论丛》2009年第2期。

80. 周丽萍:《论影子银行体系国际监管的进展、不足、出路》,载《国际金融研究》2012 年第 1 期。

81. 罗传钰:《金融危机后我国金融消费者保护体系的构建——兼议金融消费者与金融投资者的关系》,载《学术论坛》2011 年第 2 期。

82. 贾晓雯:《内双峰模式下我国实施行为监管的挑战与展望》,载《银行家》2017 年第 11 期。

83. 梁涛:《中外金融消费者保护水平比较分析》,载《金融经济学研究》2014 年第 5 期。

84. 苟文均:《穿透监管与资产管理》,载《中国金融》2017 年第 8 期。

85. 巴曙松等:《从微观审慎到宏观审慎:危机下银行监管的启示》,载《国际金融研究》2010 年第 5 期。

86. 刘志洋:《宏观审慎监管机构安排的国际实践》,载《国际金融研究》2012 年第 8 期。

87. 李洪雷:《走向衰落的自我规制——英国金融服务规制体制改革述评》,载《行政法学研究》2016 年第 3 期。

88. 季奎明:《论金融理财产品法律规范的统一适用》,载《环球法律评论》2016 年第 6 期。

89. 潘凌遥:《论宏观审慎监管与审慎监管的关系》,载《区域金融研究》2012 年第 10 期。

90. 冯乾、候合心:《金融业行为监管国际模式比较与借鉴》,载《财经科学》2016 年第 5 期。

91. 李俊、袁婷:《欧盟银行监管改革新进展——欧盟银行单一监管机制框架评述》,载《中国金融》2013 年第 23 期。

92. 许多奇:《次贷危机的法律根源探究》,载《交大法学》2011 年第 2 期。

93. 李文泓、吴祖鸿:《系统重要性金融机构监管:目标和政策框架》,载《中国金融》2011 年第 3 期。

94. 张诚:《小额贷款公司可持续发展的监管制度约束与突破》,载《武汉金融》2017 年第 6 期。

95. 王勇:《美国影子银行发展及监管改革》,载《金融发展研究》2012

年第4期。

96. 杨小平:《我国影子银行体系及影响》,载《中国金融》2012年第16期。

97. 王浩云:《对我国影子银行的产生、现状与法律监管的思考》,载《福建农林大学学报》(哲学社会科学版)2012年第4期。

98. 刘辉:《金融禀赋结构理论下金融法基本理念和基本原则的革新》,载《法律科学》2018年第5期。

99. 陆晓明:《中美影子银行系统比较分析和启示》,载《国际金融研究》2014年第1期。

100. 李文莉、魏晟:《信贷资产证券化法理基础与法律控制——以不良资产处置为视角》,载《法律适用》2017年第13期。

101. 何颖:《论金融消费者保护的立法原则》,载《法学》2010年第2期。

102. 杜晶:《金融消费者的界定及其与金融投资者的关系》,载《中国政治青年学院学报》2013年第4期。

103. 马永祥:《融资担保公司非法集资活动规制研究——兼评国务院〈融资担保公司监督管理条例〉》,载《学习论坛》2018年第3期。

104. 王鑫:《美欧经验下中国资产证券化风险自留规则的完善》,载《法学评论》2017年第5期。

105. 王启迪:《小额贷款公司的特殊法律地位研究》,载《南京邮电大学学报》(社会科学版),2015年第6期。

106. 江必新:《法治思维——社会转型时期治国理政的应然向度》,载《法学评论》2013年第5期。

107. 苏洁澈:《后危机时代英美银行监管体系变革》,载《环球法律评论》2016年第1期。

(三)学位论文类

1. 潘静:《中国影子银行体系监管的路径选择与制度构建》,西南财经大学2014年博士学位论文。

2. 王玚:《影子银行发展成因、影响及其监管研究》,中央党校2015年博士学位论文。

3. 宋巍:《中国影子银行风险管理研究》,辽宁大学2015年博士学位论文。

4. 张宏铭:《中国影子银行效应、风险及其监管研究》,辽宁大学 2014 年博士学位论文。

5. 马晔:《资本账户开放背景下影子银行系统性风险及监管模式研究》,上海社会科学院 2015 年博士学位论文。

6. 董运佳:《我国影子银行监管有效性研究》,天津财经大学出版社 2016 年博士学位论文。

7. 谢鸿:《论我国商业银行资金池理财业务的法律规制》,厦门大学 2014 年硕士学位论文。

二、外文文献(含外文期刊/著作/报纸/研究报告等)

1. Li Guo and Daile Xia, "In Search of a Place in the Sun: The Shadow Banking System with Chinese Characteristics", *European Business Organization Law Review*, 15, 2012.

2. Alessandro Giustiniani, "Post-crisis Financial Reform: Where do We Stand?", *Journal of Financial Regulation and Compliance*, 19(4), 2011.

3. Tobias Adrian, *Shadow Banking System: Implications for Financial Regulation*, DIANE Publishing, 2010.

4. Harvard Law Review, "Notes Danger Lurking in the Shadows: Why Regulators Lack the Authority to Effectively FightContagion in the Shadow Banking System", 127 *Harv. L. Rev.* 729, 2013.

5. FSB, *Strengthening the Oversight and Regulation of Shadow Banking*, April 16, 2012.

6. FSB, Global *Shadow Banking Monitoring Report*, November 18, 2012.

7. FSB, *Shadow Banking: Scoping the Issue*, April 12, 2011.

8. FSB, *Shadow Banking: Strengthening Oversight and Regulation*, October 27, 2011.

9. FCIC, *Shadow Banking and the Financial Crisis*, Preliminary Staff Report, May 4, 2010.

10. Lynne L. Dallas, "Why Regulators Lack the Authority to Effectively Fight Contagion in The Shadow Banking System", 127 *Harv. L. Rev.*

729,2013.

11. Alexander Goodenough. Dodd-Frank, "Regulating Systemic Risk in the Offshore Shadow Banking Industry 3", *Geo. Mason J. Int' l Com. L.* 137,2011.

12. Steven L. Schwarcz, " Regulating Shadow Banking ", 31*Rev. Banking&Fin. L.* 619,2012.

13. Wei Shen, "Shadowbanking System in China: Origin, Uniqueness and Governmental Responses", *Journal of International Banking Law and Regulation*, Vol. 28, No. 1, 2013.

14. Morgan Ricks, "Regulating Money Creation after the Crisis", 1 *Harv. Bus. L. Rev.* 75,2011.

15. Jenkins, Patrick and Brooke Masters, "Shadow Banks Face Regulator' s Security", *Financial Times*, 2010 – 11 – 16.

16. Brooke Masters, "Call on Rein in Shadow Banking", *Financial Times*, January 16,2012.

17. Andrew Verstein, "The Misregulation of P2P Lending", *UC Davis Law Review*, Vol. 45. No. 2,2011.

18. Michael Taylor, *Twin Peaks: A Regulatory Structure for the New Century. Center for the Study of Financial Innovation*, London, December 1995.

19. Geoffrey Ingham, *The Future of Money*. OECD Publications Service, 2002.

20. Gross, B., *Beware our Shadow Banking System*. Fortune, 2007 – 11 – 28.

21. Zolltan Pozsar, *Shadow Banking*. Federal Reserve Bank of New York Staff Report, No. 458, July 2010.

22. European Central Bank, *Shadow Banking in the Euro area: An overview*, Occasional Paper Series No. 133, April, 2012.

23. William A. Lovett, *Banking and Financial Institutions law*, West Group 2001.

24. Jan A. Kregel, " Margins of Safety and Weight of the Argument in Generating Financial Fragility", *Journal of Economic Issues*, Vol. 31,

No. 6, 1997.

25. Douglas Diamond& Philip Dybvig, *Bank runs Deposit Insurance, and Liquidity. Journal of Political Economy*, University of Chicago Press, Vol. 91, No. 3, 1983.

26. The department of treasury, *Blueprint for a modernized financial regulatory structure*, https://www. treasury. gov/press-center/press-releases/Documents/Blueprint. pdf, May 1st, 2018.

27. The department of treasury, *Treasury Outlines Framework for Regulatory Reform*, https://www. treasury. gov/press-center/press-releases/Pages/tg72. aspx, May 1st, 2018.

28. The department of treasury, *Financial Regulatory Reform: A New Foundation*. https://www. treasury. gov/initiatives/Documents/FinalReport_web. pdf, May 1st, 2018.

29. BCBS, *Identification and management of step-in risk*, https://www. bis. org/bcbs/publ/d423. pdf. May 1st, 2018.

30. Economic Growth, *Regulatory Relief, and Consumer Protection Act*, https://www. congress. gov/bill/115th-congress/senate-bill/2155.

31. White House, *President Donald J. Trump Supports Regulatory Reforms For Community Banks, Credit Unions, and Consumers*, https://www. whitehouse. gov/briefings-statements/president-donald-j-trump-supports-regulatory-reforms-community-banks-credit-unions-consumers/.

32. European Commission, *Green Paper on Shadow Banking a Cicero Consulting Special Report*, http://ec. europa. eu/internal_market/bank/docs/shadow/green-paper_en. pdf, May 1st, 2018.

33. European Central Bank. ECB, *Financial Stability Review*, http://www. ecb. europa. eu/pub/pdf/other/ecb. financialstabilityreview201711. en. pdf?7a775eed7ede9aee35acd83d2052a198, May 1st, 2018.

34. Henny Sender, "China Groups Fuel Shadow Banking", *Financial Times*, September 7, 2011.

35. *International Financial Reporting Standards Foundation*, https://

www. ifrs. org/issued-standards/list-of-standards/ifrs-7-financial-instruments-disclosures/, May 1st, 2018.

36. European Commission, *Communication From The Commission to the Council and the European Parliament. Shadow Banking-Addressing New Sources of Risk in the Financial Sector*, https://eur-lex. europa. eu/legal-content/EN/ALL/? uri = celex:52013DC0614, May 1st, 2018.

37. Financial Services Authority, *The Turner Review: A regulatory response to the global banking* crisis, http://www. fsa. gov. uk/pubs/other/turner_review. pdf, May 1st, 2018.

38. Independent Commission on Banking, *Final Report Recommendations*, http://webarchive. nationalarchives. gov. uk/20131003105424/https:/hmt-sanctions. s3. amazonaws. com/icb% 20final% 20report/icb% 2520final% 2520report% 5B1% 5D. pdf, May 1st, 2018.

39. James Sassoon, *Tripartite Review*, https://www. conservatives. com/ ~/media/Files/Downloadable% 20Files/tripartite-review-preliminary-report. ashx, May 1st, 2018.

40. Blanchard, *Rethinking Macroeconomic Policy*, IMF Working Paper, 2010.

41. FCIC, *Financial Report of the National Commission on the Causes of the Financial and Economic Crisis in the United States*, January 2011.

42. G20 Working Group, *Enhancing Sound Regulation and Strengthening Transparency*, http://www. g20. org/Documents/g20_wg1_010409. pdf, Mar. 25, 2009.

43. Ern Pent, *Third Times the Charm: Will Basel Ⅲ Have a Measurable Impact on Limiting Future Financial Turmoil*? Penn State Journal of Law & International Affairs, Vol. 3 No. 1, 2014.

44. Geithne, Timothy F, "*Rebuilding the American Financial System*" Speech Presented at New York University Stern School of Business, Aug. 2, 2010.

45. IMF, *World Economic and Finance Surveys: Global Financial Stability*

Report, http://www. imf. org/external/pubs/ft/gfsr/2011/01/pdf/text. pdf, Mar. 1,2013.

46. FSB, *Intensity and Effectiveness of SIFI Supervision: Progress Report on Implementing the Recommendations on Enhanced Supervision*, Oct. 27,2011.

47. IMF, BIS and FSB. *Guidance to Assess the Systemic Importance of Financial Institutions, Markets and Instruments: Initial Considerations*, Report to G20 Finance Ministers and Governors, Nov. 2009.

48. Rosa M. Lastra, *Do We Need a World Financial Organization*? Journal of International Economic Law, 2014.

49. Roman Inderst, *Retail Finance: Thoughts On Reshaping Regulation and Consumer Protection after The Financial Crisis*, European Business Organization Law Review, 2009, 10(3).

50. Roberta Romano, *For Diversity in the International Regulation of Financial Institutions: Critiquing and Recalibrating the Basel Architecture*, Vol. 31, Yale J. on Reg., 2014.

后　记

自2014年本课题获国家社科基金立项资助以来，我们就本着巨大的责任感，承受着沉重的思想压力，踏上了学习、研究和探讨我国影子银行及其法律监管的学术征程。说是责任，因为今天的影子银行俨然是现代金融市场创新不可缺少的组成部分，更是“经济新常态”下我国破解中小企业融资难，提振实体经济的迫切问题和重要出路。故而，如何从法律上对影子银行这一新生的金融成员做出准确的定性及如何运用法律手段防控影子银行的风险外化蔓延，阻其脱实向虚的同时激发其为实体经济的造血功能无疑是当前践行和落实中央对“金融为实体经济服务”这一要求的应有之义，也是广大金融法学者义不容辞的任务。说是压力，则是缘于本课题研究的难度甚大。一方面，影子银行作为现代金融的创新产物，于我们而言也是全新的研究对象。单就对其概念的把握和范畴的厘定就非易事，更遑论要对整个影子银行体系进行法律监管制度的建构。另一方面，影子银行监管法源自一般金融监管法但又与其存在很大的差异，如何凸显法律在影子银行监管中的特质，探寻切合我国影子银行实际的法律监管原则和监管路径就构成本课题研究的难点。而这些难点的突破，不仅需要

"读万卷书"(阅读大量涉及影子银行的中外文献),还需要"行万里路"(进行相应的实地考察和一线影子银行机构的调研),绝非三两载就能做到。不过,虽然课题研究起来困难重重,但令人欣慰的是,我们还是按照既定的计划提交了专著的初稿。当然,我们深知自身学力不逮、能力有限,所提交成果充其量也只是研究影子银行监管法的一个初步尝试,必存很多的缺陷与不足。因此,尽管课题初稿在结项鉴定中得到五位匿名评审专家一致不错的评价,但我们还是宁愿将其视为一部抛砖引玉之作,冀望能因此引起广大金融法学者对影子银行法律监管的关注与兴趣,使更多人能积极投身到影子银行的创新激励与风险防范相互平衡的研究上来。

作为国家社科基金项目"后危机时代我国影子银行监管法律制度构建研究"的最终成果,本书的写作思路,研究框架和纲目的拟定均由课题主持人陈斌彬负责,正文内容则由陈斌彬和原凯共同撰写,共计 35 万字,具体分工如下:

陈斌彬,撰写绪论、第一章,第二章(第一节、第二节、第三节部分,第四节部分和小结),第四章,第五章(第一节、第二节、第四节和小结)与结束语,合计 24 万字左右。

原凯,撰写第二章(第三节部分,第四节部分)、第三章和第五章第三节,合计 11 万字左右。

由于本书系两人的合著之作,加之各个章节分析对象联系紧密,尽管我们两人在分工执笔和统稿时也进行了多次的协调,但出于论证前后的连贯和书稿体系的完整性,我们在一些相关问题的阐述上仍然会有一些不可避免的交叉和重复。再者,影子银行的创新节奏之快和近期我国中央金融监管体制的变革之大都是本课题彼时申请和立项之时所始料不及的。尤其是在本书主体内容撰写即将宣告完成之际,中央对我国的金融监管体制做出了重大的变革与调整:先是在 2017 年 7 月 14 日成立金融稳定发展委员会,而后又于 2018 年 3 月 17 日对银监会和保监会施以合并,组建中国银行保险监督管理委员会,变以往通行的"一行三会"为"一委一行两会"。而新生的"一委一行两会"运作尚未一年,相关的样本实践并不多见,一些监管中的问题也尚未完全展现和暴露。这就使本书对我国影子银行监管问题的系列反思仍以先前"一行三会"框架下的监管生态为主,难免会有一些不周延和滞后之处,在此祈望读者见谅和批评。

最后,我们要衷心感谢厦门大学法学院李国安教授和刘志云教授对本课题研究的多年鼓励和关心。尤其是刘志云教授,自课题成果结项通过后,其就一直在帮我们张罗和联系书稿的出版事宜。可以说,没有他倾力倾为的付出,本书是无法在短时间内被入选厦门大学金融法学文库和交付出版。还有,华侨大学法学院领导和同仁的鼎力支持、法律出版社黄琳佳编辑不遗余力的帮助及我们双方家人背后的默默付出也令我们一直感怀于心。一句话,谢谢大家,谢谢友善的亲师朋友们,是你们让我们更加感恩和珍爱这个世界!

陈斌彬　原凯　谨志

2019 年 3 月底于华侨大学法学院

图书在版编目(CIP)数据

后危机时代我国影子银行监管法的反思和重构 / 陈斌彬, 原凯著. -- 北京 : 法律出版社, 2019
ISBN 978 - 7 - 5197 - 3532 - 6

Ⅰ. ①后… Ⅱ. ①陈… ②原… Ⅲ. ①非银行金融机构-银行监管-银行法-研究-中国 Ⅳ. ①D922.281.4

中国版本图书馆CIP数据核字(2019)第105237号

后危机时代我国影子银行监管法的反思和重构
HOUWEIJI SHIDAI WOGUO YINGZI YINHANG JIANGUANFA DE FANSI HE CHONGGOU

陈斌彬 原 凯 著

策划编辑 黄琳佳
责任编辑 黄琳佳
装帧设计 马 帅

出版 法律出版社
总发行 中国法律图书有限公司
经销 新华书店
印刷 三河市龙大印装有限公司
责任校对 晁明慧
责任印制 陶 松
编辑统筹 学术·对外出版分社
开本 710毫米×1000毫米 1/16
印张 24.75
字数 372千
版本 2019年7月第1版
印次 2019年7月第1次印刷

法律出版社/北京市丰台区莲花池西里7号(100073)
网址/www.lawpress.com.cn
投稿邮箱/info@lawpress.com.cn
举报维权邮箱/jbwq@lawpress.com.cn
销售热线/400-660-8393
咨询电话/010-63939796

中国法律图书有限公司/北京市丰台区莲花池西里7号(100073)
全国各地中法图分、子公司销售电话:
统一销售客服/400-660-8393/6393
第一法律书店/010-83938432/8433 西安分公司/029-85330678 重庆分公司/023-67453036
上海分公司/021-62071639/1636 深圳分公司/0755-83072995

书号:ISBN 978-7-5197-3532-6 **定价**:78.00元
(如有缺页或倒装,中国法律图书有限公司负责退换)